蒋心焕志

——一个师范人及一代人的历史

魏建 李宗刚 等著

本书由山东省双一流建设学科经费资助出版

山东人民出版社·济南

国家一级出版社 全国百佳图书出版单位

蒋心焕

一个平凡而不普通的教师

总序

“中国现当代文学学科‘山师学人’研究资料丛书”的缘起

李宗刚

“中国现当代文学学科‘山师学人’研究资料丛书”是一套旨在呈现山东师范大学（原名为山东师范学院，以下简称“山师”）中国现当代文学研究和资料梳理发展脉络的丛书。该丛书分为学科著名学者的研究资料和学科著名学者的研究著作两部分。研究资料不追求体例上的一致性，而是根据每部作品的具体情况确定其体例——这样的妙处在于使每部作品的个性完整地保留下来。尽管每部作品的体例有所差异，但其价值指向是一致的，那就是呈现或还原学科的整体风貌，为读者了解山师中国现当代文学学科提供便利。

近年来，学界对学术史、学科史予以特别关注，已经有人着手编写著名学者的研究资料，这与作家研究资料一样，对我们从整体上了解研究对象具有积极作用。基于此，我也萌发了编写山师中国现当代文学学科教师研究资料的想法。那么，如何来命名这套丛书呢？起初命名为“山东师范大学中国现当代文学学者研究资料丛书”，这样命名的好处是比较周正，但缺少一种鲜活的气息；后改为“山师现当代文学学者研究资料丛书”，这样命名的好处是比较简便，但指代性不够准确；后来，将其命名为“中国现当代文学学科‘山师学派’研究丛书”，这样命名的好处是通俗明了，不足是有些人对“山师学派”心存疑惑——山师的中国现当代文学研究团队称得上“学派”吗？在“朱德发及山师学术团队与现代中国文学学术研讨会”上，多位专家在其发言或论文中使用了“山师学派”这一概念。其实，无论依据“学派”的工具书定义，还是依据人们对“学派”的理解，中国现当代文学研究界的“山师学派”早就存在了，其正式出现的时间可追溯到60多年以前。刘增人教授总结了山师中国现当代文学学科的学术贡献和学术特色的三大传统，可视为“山师学派”的重要根据：一是“源远流长的中国现代文学史撰写实践与理论升华”；二是“延绵不绝且逐步深入的史料发掘整理”；三是“已成系列的鲁迅与中国现代著名作家研究”。魏建教授还对“山师学派”三部分组成人员的情况进行了限定：一是山师中国现当代文学学科团队中传承和发扬该学科学术传统的团队成员，二是在外单位工作、山师中国现当代文学学科培养的传承和发扬该学科学术传统的研究生、本科生等各类学生，三是与山师中国现当代文学学科发生密切联系并传承和发扬该学科学术传统的学科周边成员。

客观地讲，从《现代汉语词典》对“学派”的解释来看，“学派”指“同一学科中由于学说、观点不同而形成的派别”。据此，我们可以这样理解：同一“学派”应该是在同一学科中“学说”“观点”相同。按照这一解释来看，任何一所大学的中国现当代文学研究都无法称得上“学派”，一个人在不同时期的观点会有所变化，更何况不同的人在不同时期的观点呢？但是，细加考察便会发现，这些处于同一物理空间的学者，他们的观点尽管不甚相同，他们产生的不同观点却具有某种共同的学术背景，哪怕是身处对峙的阵营，也在某种程度上标示出他们的观点是以对峙一方观点的存在为前提的。从这样更为宽泛的意义上来理解“学派”，我们便可以把曾经处于同一物理空间的学者视为一个有机的学术共同体。这样一来，我们便确定把这套研究资料丛书命名为“中国现当代文学学科‘山师学人’研究资料丛书”。

从历史发展来看，山师尽管是一所省属师范院校，但其中国现当代文学学科在全国具有较大的影响。早在1952年，这所学校便设立了由八位教师组成的现代文学教研组，形成了由田仲济先生领衔的中国现代文学教学和研究队伍。1954年，由中央人民政府高等教育部和中央人民政府国家统计局批准，山东师范学院开始招收中国现代文学专业的研究生，由此该学科成为全国屈指可数的几个中国现代文学研究生招生单位之一；1955年，首批研究生入学；1981年，获得中国现代文学首批硕士学位授予权；1989年，中国现代文学专业更名为中国现当代文学专业；1998年，获得中国现当代文学专业博士学位授予权；2007年，被评为国家重点学科。这使得一所省属师范院校凭借其中国现当代文学学科而获得全国其他高校的认可。当然，该学科之所以得到学术界的认可，主要缘于第一代学者田仲济、薛绥之、冯中一等前辈在学科建设初期的筚路蓝缕之功，得力于第二代学者朱德发、蒋心焕、宋遂良、吕家乡、袁忠岳、查国华、韩之友以及在1986年便调离学科的冯光廉等学者在学科建设中期激流勇进的提升之功，得力于新世纪以来的魏建以及已调离学科的吴义勤、张清华等学者在学科建设上的延展之功。

多年来，“山师学人”在学术园地里辛勤耕耘，为我们奉献出了一批丰硕的学术研究果实，为山师现当代文学学科的发展做出了卓越贡献。学术界对山师中国现当代文学学科的成就给予了充分肯定，本学科向全国输送了一大批从事文学研究的优秀学者。

站在新时代的起点上，我们回望中国现当代文学学科走过的70多年历程，越发觉得有必要对学科的历史做一系统的梳理，这也恰是我策划和组织这套研究丛书的目的之所在。“山师学人”的第一代学者和部分第二代学者已经离开了我们，我们这批第三代学者也不再年轻，这正是我们作为学科历史的链条发挥“承前启后”作用的关键时期。

其实，从学术研究的规律来看，重要的不在于怎样命名，而在于怎样行动。我们通过对山师学者研究资料的编写和研究成果的呈现，能够为山师中国现当代文学学科做一点实实在在的工作，为从事学术史和学科史研究的学者提供获取原始文献资料的便利，便没有辜负学科前辈学者把这份事业托付给我们的深切期望，并完成了我们应该完成的任务。

我们热切地期盼着，“中国现当代文学学科‘山师学人’研究资料丛书”犹如植根于山师这方沃土的一棵大树，再次迎来枝繁叶茂的好时节！

代序

心焕，你是我心中完美无缺的人！

佟　玲

2021年1月22日，心焕永远地离开了我。从此老伴与我天堂人间各一方。在心焕刚去世的那些日子里，我沉浸在不可遏制的悲痛之中。痛定思痛之后，才提起笔，记下心焕和我相处60年留下的珍贵影像，作为我对他的祭奠。

心焕出生在长江之滨、人杰地灵的南通。南通这个江南水乡秀美的自然环境滋养着他。在南通，他初步确立了“谦逊、严谨、对人平等”的人生理念。正如心焕所说，“在南通师范学校的6年（1948—1954）是翻天覆地的六年，也是我永生难忘的6年。在南通师范学校老师们的教育下，我初步认识了为革命为人民而学习的目的”。由于南通师范学校老师们的严格要求和他自己的努力，他品学兼优，年年取得多门功课“红五星”的好成绩，因此1954年被学校保送至山东师范学院中文系。也是那一年，我被江苏省运河师范学校保送至山东师范学院中文系，和心焕同专业、同班级。心焕是我们班的班长，受到同学们的好评。在山师学习的4年里，心焕不仅系统地学习了本专业的知识，而且系统地受到了更新的思想文化教育，进一步确立了为革命为人民而学习的人生观。1958年，心焕和我同时毕业于山东师范学院。他毕业后留校，有幸被分到由田仲济先生主持的现代文学研究室，从事现代文学教学和研究工作。我被分配到山东省建筑工程学校（山东建筑大学的前身）任教。

当年的山东师范学院和建筑工程学校近在咫尺，两校之间只有一条乡间小路连接着。在那条小路的东西两边约五华里范围之内，皆为马家庄公社社员大片大片的农田和许许多多的村舍。在那片土地上，也遍布着心焕和我周末散步的足迹。

心焕留校3年后，即将南下武汉大学，师从著名现代文学专家刘绶松先生，学习现代文学研究生班课程。离济前，他到山东省建筑工程学校向我辞行，我留他吃晚餐，白面馒头、地瓜粥、小咸菜，这在3年困难时期是最好的饭菜了。餐后，我送心焕返校并赠博士钢笔一支。

1961年，饥荒造成的困难仍无缓和的迹象。山东省建筑工程学校动员学生暂时回家，等待学校复课的佳音。而教师，则大部分去支援外地外校的教学工作。我被派到青岛，支援青岛建筑工程学校和当地中学的教学工作。1962年寒假，我和在武汉大学学习圆满结业已回母校的心焕聚首于济南。次年暑假，山东省建筑工程学校复课并自招新生，我重回学校。

心焕在武汉大学结业后，重回山师中文系现代文学研究室，在田仲济先生的关怀和指导下，正式开始了现代文学的教学和研究工作。心焕回忆道："先生给我们上的第一课，便是如何做人。他要我们学习高尔基、鲁迅等伟人，在任何情况下，都要做一个诚实的人，做一个表里一致的好人。先生就是我心中这样的好人。他真诚、坦荡、严谨……10年来风云几经变幻，可先生挺起脊梁做人的态度一直没变，堪称完美人格的典范。"

心焕工作之初，也是中国社会一个运动接着一个运动之时。在那个特定的历史时期，心焕肩负起一个知识分子的责任，走自己的路。正因如此，田先生从内心深处毫不吝啬地给心焕以褒奖。

心焕从事工作的前20年，基本是教学，很少做科研工作。"文革"中，他的教学和科研工作基本上处于停滞状态。党的十一届三中全会以后，他参加了厦门鼓浪屿会议，思想得到解放。他曾说："1978年是我教学和科研的重要转折点。我大学毕业后，前后的学术观念截然不同。"前20年，是单纯从政治思想方面应某些运动的需要去阐述作家作品的"功能观"。而现代文学史的研究观念要求把文学史及作家作品放在当时的历史时代、社会生活、社会文化等多种因素相互联系的世界中加以考察，才能达到现代文学的研究内容向纵深发展的目的。而作为研究者，必须对"世俗的名利"淡然处之，对自己终生所从事的专业积极求索，"宁静以致远"，才能达到在学术研究过程中不断实现自身价值的境界。在此期间，心焕开展了一系列的现代文学研究，也获得了一系列成果。

回首田仲济先生50年前在山师中文系开辟的那片现代文学的文苑，里边已是繁花绽放、绚丽夺目。在这片文苑里，心焕用自己的心血与汗水浇灌出来的花朵也在静静地开放着。

心焕一直从事中国现代文学教学和研究工作。他在论文和著作中，对中国现代文学史内在发展规律的论述、对不同时代作家作品的论述所表达出来的深刻内涵，都涤荡着我的心，并镌刻在我内心深处。

直到今天，我看到心焕这些现代文学研究成果，仍欣慰不已，同时心中也特别难过。因为当年心焕开启中国现代文学史一个又一个研究课题并取得成果的时候，也正是我风湿免疫系统发病的时候。我经常高烧不退，他就立刻放下手边的工作，把我送到医院。在我住院的一个多月时间里，他每天中午为我送去他煲的汤，并向大夫探询我的病情。他走到我的病床前，轻声地问："身上还疼吗？……"等我喝完那碗汤，他又微笑着对我说："好好养病，明天中午我再来看你。"然后和我摆摆手，离去。一个月之后，我的高烧退了，身体恢复正常，心焕接我出院。我们的生活和工作又在有序地进行着。他每天又可以坐在图书馆长时间地查找资料，或坐在自己的书桌前，静静地思考问题并撰写论文了。

问题是，在没有任何病兆的情况下，高烧又一次向我袭来，再次住院……就这样，周而复始，整整15年之久。这一切无疑给心焕带来心理上的压力以及时间上无可计数的消耗。我心不安，因为在那些日子里，他必须浓缩再浓缩时间，争取在短时间里做更多的事情，才能保证他的教学和科研工作正常进行。每次看到他从我病房离去的背影，我总觉得不忍，他太累了。因此我在每次住院病情好转之后，就谢绝他中午为我送餐，请他来医院和我共进早餐。我早早地起床，买回他爱吃的油条、炭火烤制的芝麻烧饼、医院的小米粥、小咸菜，餐后送他到公交车站，看着他上车，车开以后，我才转身回病房，心想，这样安排，他就可以不间断地在较长的时间里系统地思考和写作论文了。

往后的日子，就这样过着，一年又一年。

十几年后，奇迹出现了，我的病几近于痊愈。我常想：创造这一奇迹的，一是大夫的细心诊治，二是心焕对我长期呵护、关怀的爱心。

病好后，心焕和我游千佛山，坐在樱花下的亭子里，心焕微笑着轻声问："当年你住院为什么总说'心不安，心不忍'？"我告诉他："你为我操心太多，担心你完不成自己的科研计划，更担心你太累。"心焕说："你知道吗，每当我看到你的病情有一点点好转的时候，虽然很累，但我收获了极大的愉悦感，这愉悦感增长了我的心智。这增长的心智，又十倍二十倍地偿还了我因照顾你而失去的精力和时间。所以我的教学和科研就做得更好了。"

我知道，是他内在的信心和长期坚持的力量，支撑着他更好地完成了科研和教学任务，也是他内在的信心和长期坚持的力量，以及对我无微不至的关怀所表现出来的爱心，使我获得力量，我的身体才慢慢地好起来。我感悟到心焕坚强乐观、富有爱心的人格之美！

心焕曾说：教学，是教师的终生职业；教书育人，是教师的神圣职责。

心焕在山师工作了40多年，践行了自己的诺言。他教过本科生，带过研究生，也为“文革”后各级各类的夜大班、函授班、补习班、短训班上过课。那一年冬天，系里派他到一个县城的教学点教现代文学课，他说，自己被几位自带干粮、翻山越岭而来的学员那种求知若渴的心情和行动激励着，决心把课上好、上得圆满。怎知，课程过半，接到电报：“父病危，速归。”顿时，他处于两难选择中，最后还是留在教学点，把课上完才走。当他回到南通老家，只看到父亲的遗容，万分难过。

他为研究生上的第一节课也是从“如何做人”开始的，他鼓励学生们，在校3年，不仅要学到高深的专业文化知识，还要提高自己的道德修养，这样才能在任何时候都不偏离历史发展的正确方向，成为社会需要的人才。

心焕培养的研究生，有的留校任教，有的从政，有的从事商务、新闻、出版等工作。他们都在自己的岗位上做出了突出的成绩。无论在职还是退休，他经常接到学生们的电话，听他们汇报工作中取得的成绩，和他们一起分享喜悦。心焕说：“这是我在山师从事40多年教学工作中最大的享受和安慰。”

心焕在病中，学生们在网上为他过88岁生日。2020年12月12日，学生们从四面八方赶来，为老师过生日。学生们早早地准备了青松山，山上遍布康乃馨、相思豆、昂贵的蓝色花，还准备了心焕和历届毕业生合影的水晶画册《老师，您好！》。在冬日的寒风中，学生们在病房窗口处向老师挥手致敬。一篇篇写给老师的短文，如一阵阵和煦的春风温暖着老师的心。心焕和他的学生们之间的情谊，是说不尽也写不完的……

回望来路，心焕强烈的事业心、严谨的治学精神、温和而谦逊的性格、平等待人的品德，是他留给我和孩子们最珍贵的精神财富，我们为之骄傲！心焕的科研成果，是他在艰难跋涉中获取的，我为他所获得的一系列科研成果而骄傲，更为他的人格之美所产生的力量所折服，让我感慨万千！心焕把自己的一生都献给了中国现代文学的教学和研究工作，他对“世俗的名利”淡然处之，对自己终生追求的事业“积极求索”。在现代文学教学和研究过程中，他进入了不断实现自身价值的人生境界。在我们携手共度的日子里，尤其是在我久病的日子里，他所做的一切已经超出了常人的极限，使我感动！

人们常说“人无完人”，可在我心中，心焕是一位完美无缺的人！

（作者系蒋心焕教授夫人）

前言

一个师范人及一代人的历史

魏　建

本书记录的是蒋心焕（1933—2021）的人生履历，他是一个平凡而不普通的教师。

说他“平凡”，是因为他没有很高的知名度，没有创造出惊人的业绩，也没有获得很多的荣誉；说他“不普通”，是因为他经历了抗日战争、解放战争等炮火硝烟中的生死悲欢，也经历了“大跃进”“大浩劫”等特殊岁月里的惊心动魄，更经历了从旧中国到新中国，从计划经济到市场经济等地覆天翻般的大起大落。这些大都是当今中青年几代人很少体验，甚至难以想象的。说他“不普通”，还因为他一辈子没离开“师范”，小学在师范学校附属小学，中学在中等师范学校，大学在师范学院，大学毕业后一直在师范学院、师范大学任教。他教过上万学生。其中有中学生、专科生、本科生、研究生；有函授生、夜大生；有小学教师、中学教师、大学教师，还有幼儿教师和特殊教育教师。总之，他的人生几乎是观察近百年中国师范教育的一个窗口。

其实，世界上本没有普通人，因为“每个人都是一个世界”。这就意味着每一个人必定都是独特的“这一个”，都有与其他任何“人”平等的尊严，都有只属于他自己的、不同于另外任何一个人的人生足迹，都有只属于他个人不同于另外任何人的生命体验，都有只属于他自己的、不同于另外任何人的独特命运，都能提供给我们一种独特的、不同于另外任何人的生存启示。只要承认每个人天生就拥有自己与众不同的存在价值，“这个人”也就拥有“天赋”的被书写的价值。精英有精英的被书写价值，普通人有普通人的被书写价值，相互之间是无法替代的。为了这人人都有的独特价值，为了人与人天生平等的尊严，每个人的历史都应该被记录、被书写，尤其是头上没有光环、手里没有特权、缺乏关注的普通人。

每个人都是独特的存在，却不是孤立的存在。人既是个体的生命，又是社会关系的总和。每个人身上既有自己的独特性，也有与其他人相似乃至相同的共性，例如本书主人公蒋心焕老师与他年龄相近的那一代人的共性，与他人生道路相似的中国师范人的共性等。因此，蒋心焕老师去世后，我们决定编一本书，保留好他和“他们”的历史。

我们的编书工作最初是主题先行，后来很快转变为资料先行。因为我们相信“史学就是史料学”，也相信要做好历史就应当“上穷碧落下黄泉，动手动脚找东西”。所以，为了写好蒋心焕老师的历史，本书花费的主要时间是寻找有关蒋心焕老师的生平材料。我们找到了他小学阶段的档案资料，初中毕业证和师范学校毕业证的校方存根，师范学校的学籍表（含每个学期的成绩单），大学的记分册，研究生课程学习时的听课笔记、研究札记手稿，以及参加工作以后的大量读书笔记、研究札记，参加学术会议记录的手稿，与学者信函的原件，60年前乃至70年前的老照片……其中很多都具有重要的文物价值。

编著这样的书，长期以来最常见的形式是纪念文集，但我们经过反复考虑，最终放弃了这种通行的做法。我们觉得靠一篇篇纪念文章组成的蒋心焕老师的历史，肯定是很不完整的。那么，如何才能完整地复原蒋心焕老师的历史呢？我们又想到了年谱、传记、口述史、资料汇编等很多形式，但是，每想到一种文体很快就想到了它的局限，最后我们选择了史志的志。

自古以来，志是史书的重要形式和类别。“志”与“史”一起出现的时候，含义各有侧重。“史”偏于述史，“志”偏于存史；“史”偏于叙事，“志”偏于资料；“史”偏于宏观的历时性，“志”偏于微观的横截面。本书的内容更接近偏重记述、偏重原始资料、偏重史料、形式多元的“志”。于是我们确定了志的形式，利用多文体相得益彰的综合优势，讲好蒋心焕老师和他们那些人的故事。

本书中有年谱，以年份为线索，借鉴年谱史料化、客观化的优长，但比年谱多了生平记述、访谈录、纪念文章等表现形式，比年谱内容更充实，更多一些历史的丰富性。

本书中有传记，每一时段都有传记性的生平记述，又吸纳了年谱、日记、访谈录、档案资料、纪念文章等形式，比传记多一些原始史料的客观性，多一些来自口述史料和纪念文章的历史感和互动性。

本书追求言必有据。所有材料都来自蒋心焕老师的人事档案、本人日记和图片、来往书信，还有访谈录、纪念文章等。其中比较重要的材料均以附录形式出现，这些资料既是生平记述的可靠佐证，也使本书内容更有历史感，更鲜活生动。

本书所有内容和文体都紧紧围绕“一个中心，两个基本点”。“一个中心”是以蒋心焕这个人为中心。“两个基本点”，一个是展现一代人的历史，追溯20世纪30年代出生的一代人的命运史；另一个是展现一类人的历史，传递中国师范人方方面面的历史信息。在处理“一个中心，两个基本点”的关系上，我们确立了如下原则：淡化主观叙述，强化客观史料；减少文字表达，增加立体呈现；弱化对个人的评述，突显群体和时代风貌。我们淡化主观叙述，强化客观史料，是为了提供实实在在的信史；

我们减少文字表达，增加立体呈现，是想让被呈现的历史尽可能地可知可感；我们弱化对个人的评述，突显群体和时代风貌，不只是为蒋心焕个人修志，也是为像他一样的中国师范人修志，也是为像他一样的中国学者修志，同时为像他一样的一生默默奉献的中国教师修志。

既然是志，就是靠资料说话，通过这个平凡而不普通的人的历史，告诉你在刚刚过去的近90年里，有多少你所不知道的故事，其中包含了多少你所不知道的历史经验和人生启迪。

目　录

八 追 思 ………………………………………………………… 277

一

生长在南通

（1933—1954年）

生平记述

1933年12月12日，蒋心焕出生于江苏省南通县南门外新城桥虾油巷4号一个职员家庭。故居旧址附近有开凿于后周显德五年（958）的古护城河——濠河，有张謇（中国近代实业家、教育家、政治家）故居——濠南别业，有张謇创办的中国最早博物馆之一——南通博物苑，还有张謇与中国现代戏剧家欧阳予倩共同创办的现代戏剧学校——伶工学社等历史人文景观。祖父蒋滋田，曾任上海公茂盐栈司账十余年，后调至如皋县（今江苏南通代管的县级市），任职于石庄镇大咸盐栈十余年。父亲蒋乾一，先后在上海染织厂、南通钱庄、唐闸市通成纸厂任职员。

1938年，开始读私塾。（见附1.1）

1940年，离开私塾，考入由张謇创办的私立通州师范第一附属小学校（今南通师范学校第一附属小学，简称“通师一附小”）。上了两年后，由于战乱和家庭经济困难，失学两年。

1944年，插班进入通师一附小的初小三年级。（见附1.1）蒋心焕初小时期的大部分时间，学校处于敌占区，但当时的校长吴颂丹女士及一些教师心向祖国，利用一切机会教育学生不要忘记自己的祖国，宣传爱国精神。（见附1.2）

1945年，初小毕业，升入高小五年级。

1946年，六年级。有一次为同学打抱不平，顶撞教育局局长的儿子，后来被人暴打，施暴者中有人拿着手枪。

1947年，在通州师范第一附属小学校高小毕业。

1948年8月，升入苏北私立通州师范学校（1952年更名为南通师范学校）初中部。（见附1.1、附1.3）

1951年7月，初中毕业。同年9月，进入苏北私立通州师范学校第44届普师班学习，担任班主席。

蒋心焕故居旧址（位于今江苏省南通市崇川区南大街名都广场内）

蒋心焕故居周边景观：拥有千年历史的护城河濠河

1951—1952学年上学期所学科目与成绩：语文5分、作文4分、历史4分、数学4分、生物5分、美术4分、劳作4分、音乐4分、体育4分、教育概论4分，操行分数为4。班主任评语：“学习认真，但偏重单个学习，对时政学习有良好表现，希望大力展开互助学习，广泛联系同学，打破小集团，搞好团结工作。”

蒋心焕故居周边景观：张謇故居濠南别业

蒋心焕故居周边景观：张謇故居濠阳小筑

蒋心焕故居周边景观：南通博物苑，中国最早的博物馆之一

蒋心焕故居周边景观：伶工学社

1951—1952学年下学期所学科目与成绩：语文5分、作文5分、政治5分、历史5分、地理5分、数学5分、生物5分、美术4分、劳作5分、音乐5分、体育4分、教育概论5分、教育心理5分，操行分数为4。班主任评语：“学习勤勉，对时政学习尤为热忱，惟联系同学不够普遍、劳动观点不强，希望大力展开上述学习，加强服务观点，发挥互助合作、团结友爱精神。”

1952—1953学年上学期所学科目与成绩：

语文5分、作文5分、政治5分、历史5分、地理4分、数学5分、化学5分、美术4分、音乐3分、体育4分、教育心理5分、教育学5分、时政5分，操行分数为5。

1952—1953学年下学期所学科目与成绩：语文5分、作文5分、政治4分、历史5分、地理5分、数学5分、美术5分、音乐4分、体育5分、教育学5分、时政5分，操行分数为5。

1953年，加入中国共产主义青年团。

1953—1954学年上学期所学科目与成绩：语文5分、作文5分、政治4分、历史5分、地理5分、数学5分、物理5分、化学4分、美术5分、音乐4分、体育5分、教育实习5分、教育学5分、时政5分、小学教术5分，操行分数为5。

1953—1954学年下学期所学科目与成绩：语文5分、作文5分、政治4分、历史5分、地理5分、数学5分、物理4分、化学4分、美术5分、音乐4分、体育5分、教育实习5分、教育学5分、时政5分、小学教术5分，操行分数为5，实习成绩为5分。（以上所有成绩均见附1.3）

根据蒋心焕本人的回忆，在南通师范学校就读的六年是他“永生难忘的六年”。

1954年7月，在南通师范学校中师毕业，被选派报考高等师范院校，在老师陆文蔚（教育家、语言学家、修辞学家，著有《鲁迅作品的修辞艺术》《修辞基础知识》《古今名作修辞赏析》）的引导下选择了文科方向。

同年8月，接到山东师范学院中文系的录取通知书。在北上济南赴学之前，与考上山东师范学院物理系的同届校友张怿慈一同向校长张梅庵辞行。（见附1.5）

（以上生平记述依据蒋心焕人事档案、小学档案资料、南通师范学校档案资料、同学访谈录和本人回忆文章。感谢山东师范大学人事处、南通师范学校第一附属小学、南通师范学校提供的档案资料。）

（胡玥执笔）

附1.1　个人档案（节选）

本人簡歷	1938年（5岁）在本市東门外望家樓附近私塾裡讀了兩年書，1940離開私塾，考進了本市南门外通州師範附屬小学校（即現在的通師附小）一年級，上了二年，這時由於家庭經濟困難，因此中途失学了兩年。1944年，插入附小三年級，一九四五年初小畢業，当年又進入附小五年級，至一九四七年高小畢業，由於当時学業成績比較优良（名次最前），所以没有要考試，直升了通師，至1950年初中畢業。

这是目前能看到的关于蒋心焕最早的文字，现存于山东师范大学人事处档案室。

附1.2　就读于通州师范第一附属小学校时期的相关档案资料

1. 私立通州师范第一附属小学校情况概览（1948年9月撰写）

（1）校史沿革

本校于清光绪三十二年（1906）由邑绅张季直（张謇）先生创办，原设师范校内，民国六年（1917），因师范所有校舍，不敷应用，于城南长桥东购地，建筑新校舍，民国八年（1919）落成，计130间，面积十三亩八分。1938年3月17日，县城沦陷，校即停办。抗战胜利，始行恢复。开办至今，已历42周年。毕业生初级31届1457人，高级亦31届，计1416人。

（2）行政组织

本校教职员29人，校长统辖全校行政，下设总务、教导、研究三部，部下设股，分司校政之进行。而以校务会议为设施之总汇。兹将组织系统列于下图：

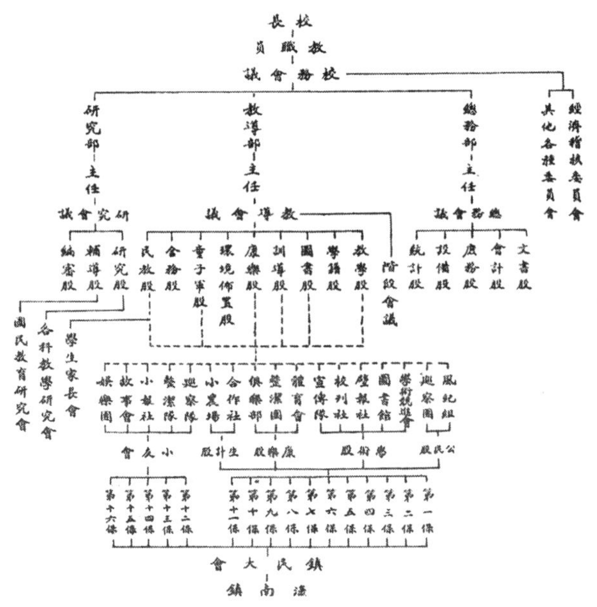

通州师范第一附属小学校组织系统

（3）教务概况

①教学目标

小学部：注重发展儿童身心，培养国民道德、民族意识及生活所必需之基本知识技能，以养成修己、善群、爱国之公民为目的。

民教部：a. 坚定建国信仰；b. 激发民族意识；c. 培养国民道德；d. 灌输公民常识；e. 传习通用文字；f. 增进生产技能。

②学级编制

小学部十六级：单式（幼稚级、一甲乙、二甲乙、三甲乙、四甲乙、五甲乙丙、六甲乙丙）十五学级。单级（一、二、三、四合）一学级，共计学生959人。

民教部初级成人班两级，共计学生96人。

③教学方法

小学部：幼稚级采用设计教学法。初级采用中心问题教学法。高级采用自学辅导法。三年级以上算术科试行能力采用分组教学，并注意校外教学以及时事教学，遇适当时机，全校举行中心单元教学。

民教部：采用共学互教的生活教育法。

④成绩考查

A类别：a. 平时考查；b. 诊断测验；c. 编级测验；d. 单元测验；e. 学月测验；f. 抽考；g. 学期测验；h. 毕业测验。

B测验材料：根据学习的教材，以客观标准，自编试题，举行测验。

C计分方法：采用百分计分法。

⑤成绩报告

分期发还各科作业簿本。按月发还各科测验成绩。期终发还各项成绩总报告。

（4）训导概况

目标：实施身体训练、道德训练、经济训练、政治训练，秉本创校人张季直先生“爱日、爱群、爱亲、爱己”之校训，以养成奉行三民主义的健全公民。

原则：①注意整个生活。②教师以身作则。③利用社会制裁。④积极指导。⑤方法：团体训练、集会训练、个别训练、常规训练、导护、生活指导、童子军训练（童子军训练：a. 设置童子军团办公室，充实童子军用具，并购置童子军图书。b. 训练：健全小队组织，促成专科训练组织，如鼓号队、鼓笛队、救护队等，并参加社会服务。c. 特殊训练：如紧急集合、安静训练、避灾演习等，养成敏捷及守秩序的好习惯）。

2. 蒋心焕就读于私立通州师范第一附属小学校时期大事记

1940年（民国二十九年）至1942年（民国三十一年），日伪期间学校更名为“南通县模范小学校”，高镌担任校长。

1943年（民国三十二年）至1944年（民国三十三年），学校更名为“南通县立中心小学校”（简称“县立中心小学”），吴颂丹担任校长。

学校连同日语教师竹内在内一共有教师23人，全校分13级，学生共计666人。

1944年

5月21日，县立中心小学团体操表演在通中操场举行，县立中心小学高级部表演了“丹麦操”，中级部表演了“双人操”，初级部表演了“割麦操”。

5月24日，县立中心小学举行恳亲会及成绩展览会，下午2时举行了游艺会。

6月6日，县立中心小学吴颂丹校长及部分教职员参加了在江北剧场举行的教师节纪念大会。

6月29日，县专署指令教育局称：“中心小学校长吴颂丹服务勤恳，殊堪嘉许！”

7月5日，县教育局在县立中心小学集中招考全县新生共计300名及备取24名新生。

9月28日，县立中心小学参加了在文庙大成殿举行的孔子诞辰2495周年纪念活动。

10月，中共地下党员金宝钰（卫域）被县立中心小学吴颂丹校长聘为教师。当时国民党政府已经把金宝钰列为怀疑和侦察对象，金宝钰身处逆境，坚持执行上级党组织交给的“坚守岗位”战斗命令，从事抗日活动，完成上级交给的任务。日伪期间，吴颂丹校长及一些教师身在敌区，心向祖国，利用一切机会教育学生不要忘记自己的祖国，宣传爱国思想，从事有组织的抗日活动，并自觉掩护地下党人直至抗战胜利。

11月12日，县立中心小学在南通中学大操场参加了苏北清乡地区中小学运动会，并表演了文艺节目。

1945年

3月12日，为纪念孙中山逝世20周年，县立中心小学举行纪念会。校长吴颂丹获教育局嘉奖。

7月15日，县立中心小学招录新生127人。

9月10日，日伪投降后，经私立通州师范学校（简称通师）侨校校务会议决定，收回已被移作他用的通师一附小，并呈文县政府请求发还。县政府教字第一号令下达：“准予发还。”

9月16日，通师在第一附属小学成立复校筹备处，并派曹风南接收第一附属小学及博物苑。第一附属小学仍由原任主事曹风南为主事。复校初，开设幼、一至六共14级。教科书用《世界国语课本》《中华算数课本》《复兴常识课本》。

9月27日，学校重新恢复校名为“私立通州师范第一附属小学校”。因通师校舍遭毁坏，乃借用附属小学学生宿舍的一部分，将其改为教室上课。

9月29日，通师一附小主事曹风南参加，将其县政府召开第一次城区小学校长会议，会议讨论决定，小学高级部国语教材由通师一附小编选。

9月30日，吴志仪（又名吴凤生）进入通师一附小参加工作。

10月10日，通师一附小的文艺节目参加各界庆祝国庆大会文艺汇演。

10月20日，通师一附小高、中级学生由教师率领去狼山秋季远足。

11月11日，南通县政府为促进教育效率，组织成立小学协进团，呈专署备案，将通师一附小作为第一协进团首席学校。

11月26日，《教与学》杂志“小学生作文特辑”专栏刊登了通师一附小六年级乙班学生陈子平的文章《扬起胜利的旗帜来吧》。

12月23日，小学教师联谊会成员到通师一附小参观并观摩中级部常识课。

1945年，通师一附小设7级14个班，分单式11个班和复式3个班，教科书用《世界国语课本》《中华算数课本》《复兴常识课本》等。

1946年

1月1日，通师一附小举行成绩展览会和游艺会，学生表演了28个文艺节目。

1月5日，通师召开校董事会，商定通师一附小第二学期经费不足的60万元由主席校董知照兴通公司按月拨付。

1月7日，社会各界举行欢迎"国军"大会，下午开展游艺会，通师一附小及其他多个学校分别表演了文艺节目。

2月17日，通师一附小接县政府通知，自本学期起，不收取学费和杂费。

3月18日，通师一附小部分进步教师和学生加入南通青年欢迎执行小组的行列，举行游行请愿活动。南通"三一八"惨案发生后，进步教师教学生高唱《安息吧，死难的同学》的革命歌曲，进行爱国主义教育。

3月20日，通师一附小参加在更俗剧场举行的"欢迎执行小组游艺大会"，并表演文艺节目。

3月24日，"小教联谊会"推荐吴志仪、缪镜心、曹风南、刘志唐等11人为小教联谊会理事，并于当日召开理事会。

4月19日，教育部督学张亶翔来南通巡视通师一附小，赞扬通师一附小办学各方面完善。

6月7日，通师一附小校长曹风南为联络学生家庭，增进儿童学习效率，举行儿童课业成绩展览会及学校行政成绩展览会。下午2时半，举行恳亲会、游艺会。

6月28日，南通县政府为测验各完小六年级学生成绩，在上午9时举行抽考测试，抽考科目为国语、算术、常识三科。通师一附小参加了此次抽考测验。

6月29日，通师一附小举行欢送会，欢送在学校实习了四周并即将毕业的通师实习生。

7月2日，南通县杨防县长前往通师一附小视察学校工作。

7月9日，南通县政府召集各小学校长举行座谈会，决定由通师一附小、女师附小、城北小学三校共同研究统一使用簿本及表格，交教育科确定后统一实施。

7月26日，通师借通师一附小校舍招收高、初中一年级新生50名，并开始报名准备上课。

8月1日，通师在上海南京路保定坊天生纺织公司会议室召开校董会。会议决定：同意修理房屋及添置用具和账目，同意在通师一附小增设师范一年级新生一个班。

8月3日，通师一附小学生组织“慰劳队”，携带饼干、香烟等物品前往整编四十九师野战医院，慰劳负伤士兵。

8月15日，通师一附小校长曹风南等50多人联合各校发起组织成立城南教育会，并定于8月18日下午2时在通师一附小大礼堂举行成立大会。

8月18日，城南教育会在通师一附小大礼堂召开成立大会，到会33人，公推通师一附小校长曹风南为临时主席，选举曹风南、王守铭、邵第一、吴志仪等为理事，刘志唐为候补理事，公推曹风南为县代表和常务理事。

9月8日，通师校友会于8月26日至9月6日在通师一附小进行校友登记。上午9时，在通师一附小召开1921年后的首次校友大会。

9月12日，通师暂借通师一附小招收师范一年级新生，并在此上课。

9月12日，通师一附小《师校附属小学四十周年纪念歌》发行。歌词为：“年年五月十七日是师校生朝，我爱的我校生朝纪念同时好。今年今日四十周年刚到，郭外山如笑，濠边水正潮，园中草木秀而髻，难老，难老。寇天骄，毁我墙屋，伐我枚条，八年风雨飘摇。阴霾骤扫日高照，复校声中唯我早。我爱的我校，后先同学万人豪。皇皇四爱永怀抱，难老，难老。”

10月22日，通师一附小计划开办初级成人班、初级妇女班各一班，每班50人，学杂费全免，书籍用品由校发给，定于10月23日开学。

10月27日至11月2日，通师一附小实施“献校祝寿”中学教学。

11月23日，通师一附小举行小运动会，比赛项目有50米、100米、200米跑及铅球、垒球掷远、投环比赛等，另有体操表演。教职员参加了排球比赛。

11月24日，启秀镇国民教育研究会在通师一附小举行成立大会，到会30多人，由通师一附小曹风南校长推定吴鹤千为总务主任，刘志唐为研究主任，王佩吾为福利主任。推定吴鹤千出席县国民教育研究会代表，决定于1947年元旦举行成绩展览会。

11月29日，县教育会理监事会决定由通师一附小参与编辑乡土教材，校长曹风南负责召集会议。

11月30日，中小学生演说竞赛初小组于29日开始比赛，高小组于30日上午比赛。初小组参加比赛学生20名，以通师一附小学生白维楠成绩为最佳，获得一只大银杯作为奖励。通师一附小学生吴绍曾获得高级组第一名，获得中型银杯一只作为奖励，第二名通师一附小学生朱茂如也获得中型银杯一只。

1947年

1月1日，启秀镇各校成绩展览会在通师一附小举行。下午1时，"通师一附小"举行恳亲会。

1月6日，南通县政府对通师一附小校长曹风南等平日管理校务有方，著有成绩，特予嘉奖，以示鼓励，呈报教育厅备案。

2月21日，江苏南京分署拨发通师一附小90箱汤粉给儿童做饮料品，并按照12岁以内儿童每6人一箱发放，调拨的汤粉主要由豆粉、麦粉、香料、盐乳粉调合而成。

3月9日，城区8所学校参加小学生拔河预赛，比赛场地由通师一附小童子军维持秩序。通师一附小以2：0战胜女师附小进入复赛。10日，顺利通过复赛进入决赛。决赛定于11日下午3时进行。

3月11日，在下午3时举行的小学组拔河比赛中，通师一附小获得男子组冠军。12日上午8时，在更俗剧场举行了各界纪念张謇先生逝世22周年大会暨颁奖仪式，通师一附小获得冠军。

3月17日，县教委会于下午2时举行乡土教材编审委员会第一次会议，通师一附小主事曹风南作为编委会主席和刘志唐等7人讨论了乡土教材的编辑工作。

4月3日，上海记者苏北访问团一行22人于上午9时参观通师一附小，正值附小学生演练课间操，看到学生们动作敏捷、指挥灵活，记者访问团一致表示赞许。

4月4日，儿童节早晨，通师一附小召开儿童节庆祝会，会后举行体育竞赛。下午，全体师生到通师建筑工地参加建校工程劳动。

4月12日，下午2时南通县小教联谊会在“女师二部”举行第四次会员大会，到会者100多人。会议选举曹风南、吴志仪、刘志唐等11人为理事，吴鹤千、顾警吾为候补理事。

4月20日，上午9时，公园镇国民教育研究会在通师一附小举行本学期第一次常会，并观摩了通师一附小的常识教学示范课。

5月5日至12日，为了让学生了解南通事业的现状和建设新南通的必要性，通师一附小全校举行“建设新南通”中心单元教学。8日上午，请专家到校演讲，下午高级部全体师生由教师率领至西门外南通县土布生产合作社及释放合作工厂参观。11日上午，利用纪念周时间，全校举行了“建设新南通”演说比赛。该单元教学结束后，成绩经过整理，准备在学校恳亲会上进行展览。

5月17日，为庆祝通师一附小建校41周年及通师建校44周年，上午8时半，两校在一附小礼堂联合举行庆祝大会。通师校长于忱报告了创校历史与复校经过，顾怡生、尤慎铭等相继发表演说。会后两校进行了各级团体操表演。下午2时，通师一附小校长曹风南参加了南通县教育局召开的第一次中小学校长谈话会，并做了学校工作报告。

5月25日，通师表扬通师一附小高级部级任导师，平日指导学生课外阅读，并以《儿童周刊》为经常读物，每日抽时间指导学生，使儿童受益匪浅。

5月28日，县教育局与善后救济总署苏宁分署配发各个学校救济物资，通师一附小分到300袋面粉。

6月，教育部训令节召开，嘉奖校长：“通师附小校长曹风南，诚朴笃实，办学认真，处理校务，条理分明，成绩良好，殊堪嘉许。”

6月7日，通师一附小下午在课后邀请部分儿童家长莅临学校座谈，家长到校近百人，由高级部导师分三个教室与家长进行座谈，共谋辅导儿童进步之事。学校将本学期儿童全部作业簿本让学生带回，交给家长审阅。

6月22日，通师一附小举行“建设新南通”单元教学各科成绩展览，作品有2000余件，布置了3个教室。下午2时，教育局召集城厢中小学校长及劳美教师在通师一附小举行座谈会，由通师一附小劳美教师刘子美、丁启东汇报在上海参观劳美成绩展情况，教育局张局长在座谈会上详细阐述了劳美教学的重要性。

7月3日，通师一附小举行师生同乐会，表演的节目有话剧《木兰从军》《慈母》及四幕四景剧《门里门外》，这些节目都由学校教师邵永龙编导，由四年级两组学生表演。

7月4日，通师一附小暑期补习班开始报名，补习内容包括一至六年级国语、算术、常识，自7月14日起至8月17日结束，每天上午8时半到12时为补习时间，收学费4万元、杂费5000元。

7月27日，通师一附小招考一年级新生50名，五年级新生150名，六年级插班生20名。

7月，通师一附小收回出租的浴室房屋3间。

8月2日，教师暑期讲习会第一、第二分队来到通师一附小参观学校暑期班的教学。

8月8日，通师在通师一附小招考高中师范科一年级、初中一年级新生各100名。

8月，通师一附小校长曹风南改任通师教导主任，教育局委任吴志仪为通师一附小校长。

9月，通师一附小举行了暑期作业成绩展览会、时事研究比赛、科学决赛及单元演说竞赛等。

10月2日，江苏省厅张专员偕朱科长在教育局、警察局官员陪同下视察通师一附小，对学校设备及教学均表示满意，临行前召集全校儿童训话，勉励学生要“读书爱国，爱南通，爱学校”，其对学校儿童集合迅速、秩序井然倍加赞许。

11月8日，通师一附小举行校运动会，通师于忱（敬之）校长到会训讲运动的重要性；附小吴志仪校长做运动会的注意点提示；如皋县简县长、南通县教育局张乐陶局长和通师一附小全体教职员参加了开幕式，另有学生家长和来宾数百人参观了运动会。表演的节目中，除各级团体操外，还有童子军检阅及救护绳索等20多个节目，最后师范部童子军表演了节目《瞭望台》和《旗语》。

11月12日，为纪念孙中山诞辰，南通县举行童子军大检阅，通师一附小童子军（县361团）与其他军团约800人参加检阅，表演《救护》节目。

11月14日，《南通中心国民校校长会议专号》第二期出版，收录了通师一附小原主事曹风南撰写的《我所希望于中心国民学校者》一文。

12月6日，教育局在民教馆楼上召集城厢各校学生约600人举行集训，奖励优秀学生，通师一附小学生殷秀珍获得了奖励。

12月25日，通师一附小于20日起举行“科学和生产”大单元做、学、教活动。当日下午，邀请教育厅秘书曹次珊来校演讲关于科学家的发明故事，颇令儿童羡慕与感动。演讲结束后，曹次珊秘书指导儿童根据实际情形开展科学研究，儿童深感敬佩，纷纷表示要努力学习，不负厚望。

（以上大事记由南通师范学校附属小学保良老师整理）

3. 私立通州师范第一附属小学校民国三十五年度（1946年度）第一学期概况表

南通縣私立通州師範第一附屬小學校概況表 民國三十五年度第一學期

填報者：曹丙薰
填表月日：三十五年九月三十日

4.私立通州师范第一附属小学校校园平面图（20世纪40年代）

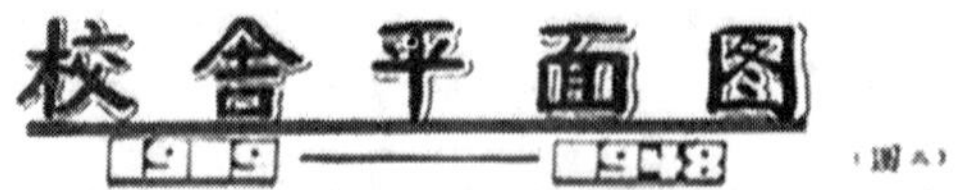

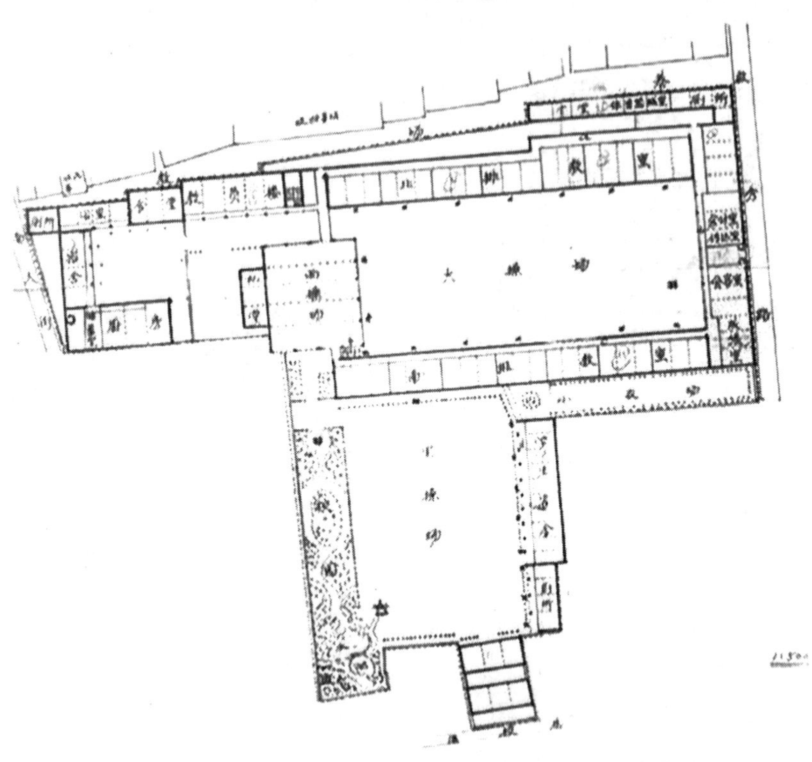

以上资料现存于南通师范学校第一附属小学档案馆。

附1.3　1948—1954年就读于南通师范学校的部分档案

1. 毕业证书存根

存根

學生蔣心[illegible]歲係南通縣(市)人

在本校初中[illegible]業期滿成績及格准予

畢業除發給畢業證書外合留存根備查

學校校長 于忱

副校長

公元一九五一年七月 日

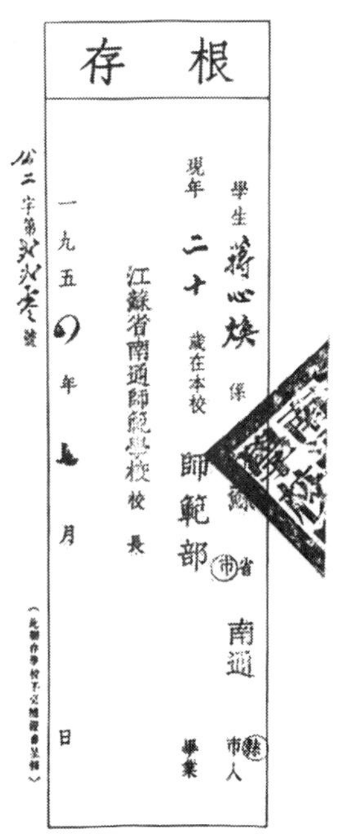

存根

學生蔣心煥係 省 南通 市(縣)人

現年二十歲在本校 師範部 學業

江蘇省南通師範學校校長

一九五四年七月 日

公二字第[illegible]號

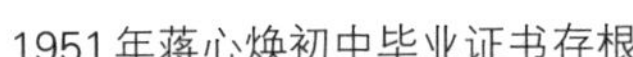

1951年蒋心焕初中毕业证书存根　　1954年蒋心焕中师毕业证书存根

2. 1951—1954年就读于通师时期的学籍表

蘇北私立通州師範學校學籍表　學生姓名 蔣心煥　學號 295

履歷	籍貫	南通市	性别	男	出生年月	1934年10月生	入校時實足年齡 17歲9月
	住址	本市南门外虾池巷6号			通訊處	全住址	
	入校前經歷	肄業學校：本校初中畢业	離校時年級：第 學年第 學期		畢業年月：年 月		
	入校後狀況	入學年月	1951年8月	離校	原因		
		編入年級	師一丙		離校年月		
		留級 原因	留級時年級：第 學年第 學期；第 學年第 學期	休學	原因		
					休學年月	年 月	
					休學時年級	第 學年第 學期	
		畢業年月	年 月	復學	復學年月	年 月	
		畢業後狀況			復學時年級	第 學年第 學期	
家庭狀況	家長姓名	蔣乾一	關係	父子	職業	工	
	家庭成份	工人					

入學時相片　畢業時相片

學業成績 科目	第一學年 1957 上 分數	上 補考	下 分數	下 補考	第二學年 1952 上 分數	上 補考	下 分數	下 補考	第三學年 1953 上 分數	上 補考	下 分數	下 補考	畢業成績 畢業考試	總計
語文學科 國文 讀文	5		5		5		5		5		5			5
語文學科 國文 作文	4		5		5		5		5		5			
外國語														
社會學科 政治			5		5		4		4		5			5
歷史	4		5		5		5		5		5		+	5
地理	4		5		4		5		5		5			5
自然學科 數學	4		5		5		[illegible]5 補5		補5		5			5
植物														
生理衛生														
生物	5		4											
物理									5		4			4
化學					5		5		4					5
技術學科 美術	4		4		4		5		5		5			5
勞作	4		5											
音樂	4		5		3		4		4		4			4
體育	4		4		4		5		5		5			5
教育學科 教育概論	5		5											
教育心理			5		5									
教育行政														
教材教法														
教育實習									5		5			5
教育学					5		5		5		5			5
行政					4		5		5		5			5
小学教材									5		5			5
實習成績											5			
升級或留級														
備註														

048

年别	学期	内容	自我检讨与民主评定内容摘要	班主任意见
第一学年	上学期	4		学习认真，但偏重个人学习，对时政学习有良好表现，希能展开互助学习，广泛联系同学，打破小集团，搞好团结工作。
	下学期	4		学习勤勉，对时政学习，尤其热忱，但缺乏周密深入的考虑，劳动观点不足，希望大力展开互助学习，加强服务观点，发挥互助合作，团结友爱精神。
第二学年	上学期	5		
	下学期	5		
第三学年	上学期	5		
	下学期	5		

以上资料现存于南通师范学校档案馆。

附1.4　张怿慈访谈录

采访人：魏建

时　间：2021年12月21日

地　点：山东师范大学张怿慈教授家

张怿慈（1937—2022），山东师范大学物理系教授，博士生导师。1937年生于江苏省南通县（今南通市）。1954年毕业于南通师范学校，同年考入山东师范学院。1958年毕业留校，2003年退休。曾任山东师范大学物理系主任，中国物理学会理事，山东省物理学会副理事长，全国高校量子力学研究会副理事长。出版著作两部，译著一部，其中《量子力学简明教程》为教育部统编教材，发行13万余册。学术专长是原子—分子碰撞理论研究，在国内外重要刊物上发表论文50余篇。

魏　建：张老师，您好！我们想请您谈谈蒋心焕老师。关于您知道的，您想说的，您随便说。

张怿慈：我们是小学同学、初中同学，大学里面虽然不同系，但在同一个学校，也算同学，毕业后一块儿留校，一直到去世。这是少有的，一辈子的同学、同事。他去世后一个多月，我才知道，虽然就在楼下，但我不敢下去。

张怿慈夫人：他（指张怿慈）那时候已经生病一年多了，所以蒋先生走我们不知道。那时候正好赶上疫情，他又住院，我天天忙着上医院。虽然住在一个楼上，但这个信息我们不知道。后来，隔了一个多月我才知道这个信息，我们心里非常难受。他（指蒋心焕）家的事都办完了，快一个月了，我才到他家里去看佟老师，表达了我们的哀思。佟老师也理解，说她没有告诉大家，疫情原因就不扩大了。我们感到很遗憾，所以今天你们来我们也很高兴，能通过这个形式来弥补我们对蒋先生的追思。当时我们也不知道，就是知道了，他（指张怿慈）也不能走路。他现在必须坐轮椅，上下床自己都不行，我们真是觉得很遗憾。蒋先生能教你们这样的学生，我为蒋先生感到骄傲，感到幸福。你们能把他中学时的成绩单找出来，这是多么用心啊。

张怿慈：这个不简单啊，在学校里面，大概就你们一家。

张怿慈夫人：其实学校里老一代的教师走了好多。（蒋）老师人好，学问做得好。我们就由衷地为你们高兴，也觉得你们对老师真好，也为蒋先生高兴。他虽然走了，但他在天上知道这个事情，他心里也一定非常欣慰。有你们这样的学生，这个老师就没白当。

魏　建：应该的，我们想把这些好的东西传承下去。还好我们学院给很多老先生录了像，蒋老师去世前录了很大一段录像。那些录像在教学三楼西面一进门的门厅，每天反复播放，大家都能看到。我们这次想采访与蒋老师有过密切联系的人，有像您这样的老同学，还有他的大学同学，他的同事、朋友等。我们已经采访了一些人了，想把这些以访谈录的形式收到蒋老师的纪念集里。

张怿慈夫人：你们这个想法很好，我们很感动。因为跟一些很实际的人相比，你们真是做得非常好。通过这个形式让我们追思一下，心里也觉得有点宽慰。

张怿慈：我生病也快两年了，从来没有出过这个屋子。我们是小学同学，初中、高中、大学都是同学，又留在同一个学校工作，这是很少有的。所以接到他这个消息之后，我就不敢往下想。说句不好听的话，我第一个就想哭，但是欲哭无泪，人到了很悲伤的时候反而哭不出来。我是怎么和他同学的呢？他上六年级，我上五年级，然后我跳了一级，到初中就和他同学了，同年级但不同班。那个时候南通师范办了一个初中部，我们在初中部里面，初中部和平常的初中一样，到了高中才分了师范。我们又一块儿上师范，一共五个班，我们不同班，但在同一个年级。毕业后又一块儿到山师来，来了六十几个人，最后留校的也就三四个吧。他（指蒋心焕）呢，我想了想，他很有毅力。比如说，他和疾病做斗争，我当时在青岛，回来以后他给我讲了一点点。我那个时候也没有体会，但是已经令我很惊讶，这要是我（的话），我就不活了，但他居然战胜了癌症。这个不是一句话两句话能说完的。我现在也得了癌症，但是我这个癌呢，比他的舒服，没有疼痛，我就感觉他不得了。那个时候我没有体会，现在我也得了癌症，我的情况比他的情况好得多，我觉得他更不得了，他和癌症做斗争的精神，我做不到。后来他说好了，我都不敢相信，（他）居然把癌症战胜了。

张怿慈夫人：他（指蒋心焕）爱人又有重病，他们去齐鲁医院看病都是他一个人楼上楼下地跑。我们去看病的时候就碰到过蒋老师，我说蒋老师要不我替你跑吧，他说不用，我这样等于锻炼锻炼。

张怿慈：他和疾病做斗争给我了很大的震撼，他以实际行动来战胜癌症，我得的癌症比他的要轻多了，所以他给我以很大的鼓励。这是第一点。第二点呢，我觉得他是一个很了不起的倾听者，我在他面前永远是小弟弟，有些时候我实在是受不了了，学校有些事情，我心里觉得太不合理了，找他倾诉，他就听着，也不发言，等我讲完了，然后他给我说几句，形成习惯了。因为我家里面除了我老伴，也没有其他人了，孩子们都出国了。还有，我每次发牢骚的时候，他都认真听着，一般不讲话，等我发完牢骚，然后他轻轻地说几句，也没有很多的话，但是很清晰，很击中要害。我托他办的事，他几乎百分之百都能办到。但在办成功之前，他一句话也不讲。成功了也不告诉你，在那儿等着，你一问，他说这件事情已经成了。他的社会关系好像很多，跟我是一个鲜明的对比，我脾气急，没有这么多朋友，但他是我最要好的朋友，所以他去世的消息大家都不敢告诉我，怕我受刺激。对我来说，他是我的大哥，我心里烦闷的事我都跟他说。所以到后来他病好了，远远地看见他，在风雪天，他一个人提着饭盒打饭去，我当时看了这个情形，感慨万分！我当时站在后面，看着他，心里面五味杂陈。蒋老师的这个背影在我印象里非常非常深刻。

像你们这种追思很好，你们还是有温度的，搞得这么隆重。这才是真正的师生。

（史超根据录音整理）

附1.5　殷殷之情　终身难忘

——致母校南通师范学校

蒋心焕

1982年5月17日，是我的母校建校80周年纪念日。值此欢庆建校80周年之际，我谨向母校的教职员工表示热烈的祝贺！

我从1948年9月到1954年7月就学于南通师范学校（前三年，读的是南通师范附设的初中班）。这六年是翻天覆地的六年，这六年是我永生难忘的六年。我见到了母校在蒋介石政权垂死挣扎的岁月中顶住逆流艰难办学的情景，以及她在五星红旗光辉照耀下日新月异的进展。正是在这六年中，在党组织的领导下，在我所怀念的张梅庵校长，我所崇敬的陆文蔚、唐雪蕉、王育李、王炯等严师的培育下，我初步明确了为革命、为人民而学习的目的。我光荣地加入了共青团，并萌生了加入共产党的信念。我较好地掌握了各种文化基础知识，完成了党和人民交给我的中师学习任务。

离开母校后，在前进的道路上，母校的老师们仍然给我教诲和鼓励。1954年，党组织选派我报考高等师范院校继续学习，是陆文蔚老师指导我选择了攻读文科专业的方向，促使我从事自己所热爱的现代文学教学工作。此后在山东师范学院四年学习生活和20余年的教学工作中，陆老师仍通过书信把他严谨治学、严于律己的好品质传授给我，把他珍藏多年的梅庵校长赠送给他的题词复制印洗转赠于我："知困更兼不知足，自强自反出心裁，新型教学能相长，不倦原从不厌来。"这不仅使我们共同分享了师长对学生的爱，而且为自己指明了做人和治学的奋斗方向。

1954年8月，我接到了山东师范学院中文系的录取通知书，怀着兴奋的心情到梅庵校长那里辞行。梅庵校长对我和怿慈（他的侄儿，当时被山东师院物理系录取）说："你们一个学文，一个学理，都要牢牢地打好坚实的基础。"这语重心长、情深意厚的话一直刻印在我的心上。1955年、1956年，我和怿慈先后光荣地加入了中国共产党。1960年前后，我考取了武汉大学中文系现代文学研究班，怿慈被党组织选派到“留苏预备班”准备出国深造。梅庵校长在百忙中特地写信向我们祝贺，并向我们提出更具体的要求。1961年1月28日，梅庵校长在致我的信中说：“怿慈的准备出国，你的被录取武大中文系研究班，都是令人兴奋的喜讯，我们感到党的重点培养。对你和怿慈来说，将更鼓足力争上游的勇气，在红与专的大道上迈开大步前进！”字里行间的殷殷之情激励着我，我在任何困难情况之下，总时时想着师长们的教诲，抓紧时间读书学习。

别离母校近30年了。尽管岁月流逝，然而，我怎能忘怀母校老师教书又教人的好传统，怎能忘怀母校老师用自己的心血和汗水培养一代又一代人的辛勤劳动啊！我一定以母校老师为榜样，忠诚党的教育事业，在教育岗位上为培养社会主义“四化”人才贡献我的毕生力量。

江蘇省南通師範建校八十周年

纪念册

1902—1982

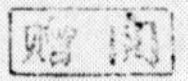

目　录

封面　江苏省南通师范学校　　封面题字　范　曾　　封二国画　丁吉甫

封三　南通国棉一厂　　封底　南通师范第一、第二附属小学　　书内尾饰木刻　王云楷

二

山师和武大求学

（1954—1962年）

生平记述

1954年8月，至山东师范学院报到并注册，入住今千佛山校区五排房宿舍。（见附2.1.1和附2.2）

同年9月，进入山东师范学院中文系学习，曾担任所在班级的班长。

1954—1955学年第二学期所学考查课程及成绩为：体育，及格；俄语，及格；逻辑学，及格；现代文选及习作，及格；现代汉语甲，及格；现代汉语乙，及格。考试课程及成绩为：中国革命史，良好；心理学，及格；中国通史，优等；文学概论，及格。（见附2.1.2）

1955年，加入中国共产党。

1955—1956学年第一学期所学考查课程及成绩为：马列主义基础，及格；俄语，及格；现代汉语及实习，及格；现代文选及习作，及格。考试课程及成绩为：古典文学，良好；现代汉语及实习，良；语言学概论，优等。（见附2.1.2）

在校学习期间，参与了学生自办内部刊物《桃李林》的编辑工作。

在平时的学习过程中，蒋心焕为人和为文都深受田仲济教授的影响，田教授对蒋心焕走上中国现代文学的学术道路产生了重要作用。蒋心焕也因自身的优良品格与出色的成绩而得到田仲济教授的赏识。

1958年7月本科毕业，留校任教。住教工第二宿舍三号楼。7月起，在山师中文系中国现代文学教研室从事教学工作。同时，协助田仲济教授进行中国现代文学研究，后来参与了山东师范学院五卷本《中国现代文学史》（20世纪60年代初内部出版）的撰写。蒋心焕也开始耕耘自己的学术园地，最初的研究关注鲁迅杂文、革命文学、解放区文学，以及中外现实主义文学、郭沫若小说和戏剧，并做了一定篇幅的研究笔记。（见附2.3、附2.4、附2.6）

1956年5月19日，与《桃李林》编委会同学合影（右三为蒋心焕）

1960年2月，赴武汉大学中文系中国现代文学专业研究生班学习，师从刘绶松教授。第一年，在导师刘绶松的引领下，修完研究生课程“中国现代文学史”（课程内容包含“党对文艺运动的领导”“创作方法”“现代革命文学与古代文学的继承关系”“现代文学同外国文学的关系”“文学史的分期”等），并接受了系统的文学史研究训练。（见附2.7、附2.8）1961年，刘绶松赴北京参与中国现代文学史教材编写工作，担任《中国现代文学史》编委。蒋心焕与同门的其他几位研究生在那段时间通过书信与导师交流，将学习计划和读书笔记寄给导师过目，向导师请教学习与学术上的问题，师生探讨了马克思主义文艺理论、鲁迅研究、中国现代小说等方面的内容。（见附2.9）在以书信与导师互动的过程中，蒋心焕获得了终生难忘的教诲。1962年新春之际，刘绶松回武汉休假，并于正月十五邀请蒋心焕等学生到他家里过元宵节，在交谈中启发学生们掌握正确的学习与学术的方法：“一、不急不躁，循序渐

蒋心焕（前排左）、刘绶松（前排中）、陆耀东（后排右）、岳耀钦（后排左）、王维燊（前排右）于1962年1月合影

进；二、博览与精读相结合；三、手脑并用（即读和写同时并用）。”后来在同年4月11日的信中肯定了蒋心焕等人对方法的掌握。蒋心焕在2000年追忆恩师的散文《没有元宵的元宵夜——回忆刘绶松师片段》中，又一次提及刘绶松当年所强调的做学问的有效方法。（见附2.10）

1962年7月，完成研究生班学业，返回山东师范学院工作。

（以上生平记述依据蒋心焕人事档案、山东师范大学档案馆资料和本人日记、照片、来往书信、回忆文章和同学访谈录。感谢山东师范大学人事处、山东师范大学档案馆提供档案资料。）

（胡玥执笔）

蒋心焕在武汉求学时的照片（后排右一为蒋心焕）

蒋心焕武汉长江大桥留影

蒋心焕在武汉求学时的照片（后排左二为蒋心焕）

附2.1　蒋心焕大学注册登记表及记分册

附2.1.1　蒋心焕入学注册登记表（1954年8月31日）

山東師範學院學生註册登記表

學號 540791

54 年 8 月 31 日填

現名	蒋心焕	性別	男	實足年齡	20	系別	中國語文系 本科
原名	—	民族	漢	宗教信仰	—	一般健康狀況及有無疾病和殘廢	身体瘦削 没有残疾
曾用那些名字				有何主要問題未解決			
籍貫 原籍	江苏省 南通縣（市） 城區 虾油巷四號			家庭通訊處 永久	江苏南通虾油巷四号		
籍貫 現籍	省 同上 縣（市） 區 鄉鎮 街村 號			家庭通訊處 現在	同上		
本人出身	学生	是否回國華僑	—	是否產業工人子女	—	是否工農幹部子女	职员
有何特長		有何嗜好					
家庭成份	职员	是否烈屬	—	是否軍屬	—	是否工屬	是
婚否對方姓名政治態度在何處任何職	—						

家庭經濟狀況			
有那些人口	祖母、爸、弟、妹 11人	家長姓名	蒋乾一
家長職業	南通唐闸造纸厂		
田地	—	房屋	6
牲畜	—		
什麽營業	—	薪金或資金	每月薪金四拾五万元
每年收入情形		主要收入靠什麽	父親工资
本人有無經濟負担	—		

來校前在何處任何職（或學習）享何待遇	江苏南通师範学習，任班主席。	是否調幹入學	—

享受學習生活補助費等級	上學期 級 / 下學期 級	一年級 上學期 級 / 下學期 級	二年級 上學期 級 / 下學期 級	三年級 上學期 級 / 下學期 級	四年級 上學期 級 / 下學期 級
享受家庭困難補助費等級		一年級 上學期 級 / 下學期 級	二年級 上學期 級 / 下學期 級	三年級 上學期 級 / 下學期 級	四年級 上學期 級 / 下學期 級

何時何地參加革命及主要職別	—
曾受何種獎懲及榮譽	先后荣獲奬学金、奖状、奖章。

曾參加那些進步黨團		介紹人	
名稱	青年团	姓名	[illegible]仁
何時何地參加	1953南通师範参加	現在何地任何職	東北師大
現在關係	团员	現在關係	团员

曾參加那些反動黨團		介紹人	
名稱		姓名	
何時何地參加		現在何地任何職	
現在關係		現在關係	
曾担任何職作過那些活動			

山东师范大学 档案证明专用章

附2.1.2　蒋心焕《记分册》

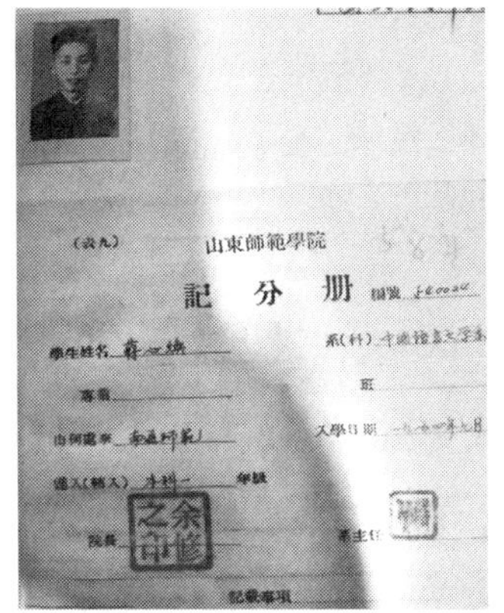

（表九）　山東師範學院

記分册

學生姓名　蔣心煥　　　系（科）　中國語言文學系

專業　　　　班

由何處來　南通師範　　　入學日期　一九五五年九月

進入（轉入）　本科一　年級

院長　　　　系主任

記載事項

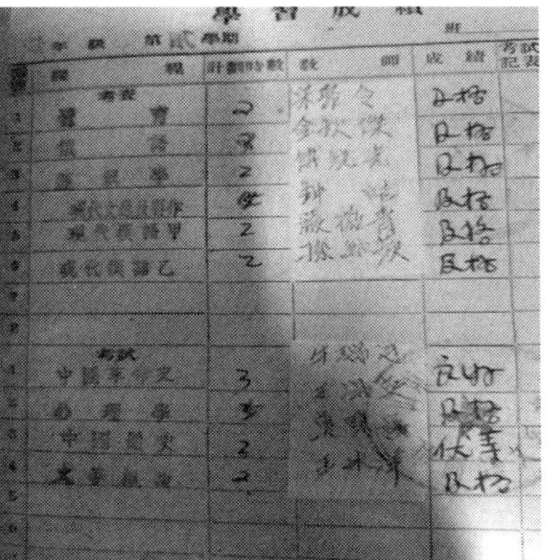

學習成績

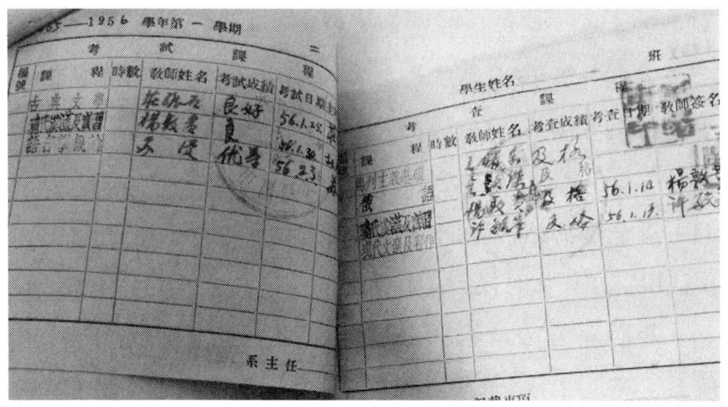

1955——1956 學年第一學期

考試課程

課程	時數	教師姓名	考試成績	考試日期
古典文學			良好	56.1.25
			良	
			優秀	56.2.3

系主任

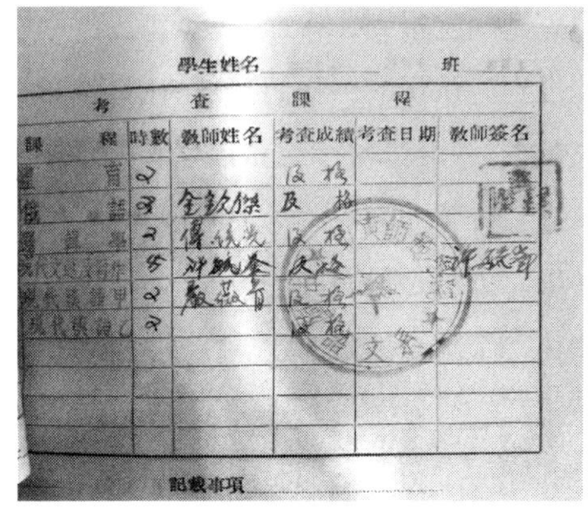

學生姓名　　　班

考查課程

課程	時數	教師姓名	考查成績	考查日期	教師簽名
體育	2		及格		
俄語	3	金欽傑	及格		
[illegible]	2	[illegible]	及格		
現代文選及習作	5	[illegible]	及格		
現代漢語甲	2	[illegible]	及格		
現代漢語乙	2		及格		

記載事項

附2.2　袁忠岳访谈录

采访人：宋听月

时　间：2021年12月30日下午

地　点：山东师范大学袁忠岳教授家

袁忠岳，1936年生，上海人，祖籍浙江定海。1958年山东师范学院中文系毕业，先后在莒南一中、兖州红星高中、兖州教师进修学校、曲阜教师进修学校任教。1986年1月，调入山东师范大学中国现代文学研究中心。研究中心合并到中文系后，先后任当代文学教研室主任、山东师大语言文学研究所副所长。代表性论著有《缪斯之恋》《诗学心程》《诗的言说》等。中国作协会员，曾任山东当代文学研究会副会长。

宋听月：袁老师您好！我们今天聊聊您和蒋心焕老师的交往。请问您和蒋老师初次认识是在什么时候？

袁忠岳：我们是在1954年8月到济南山东师范学院报到时认识的。那时学院分一院、二院、三院，一院、二院在市区，三院在现在的千佛山校区，中文系和艺术系安排在三院。新生先到一院报到，在那儿吃完晚饭，然后被分到各个系。我和蒋老师就是在一院报到时认识的，我们都是从南方来到北方，见面格外亲切，一起报到，一起吃饭，一起拿着行李上的卡车，来到三院。那天夜里正下大雨，幸亏卡车上有车篷，否则非淋成落汤鸡不可。到三院下车，宿舍就在现在的五排房，那时就一层，二层是后来加的。

宋听月：听说您和蒋老师曾住一个宿舍，是吗？

袁忠岳：是的。不过刚到三院住五排房的时候不是住一个宿舍。后来在东南角盖了新宿舍楼，我们才分到同一个宿舍。那时同宿舍的还有王崃生、蒋大鲲、书新（调干生、党支部书记）等。我和蒋老师都在上铺。他在进门那个床，下铺是书新的床。我的床靠窗。住在一个宿舍接触的机会就很多，如吃饭、上课、上晚自习，往往互相提醒，一起行动。还有在课外活动的时候，也容易凑到一块儿。那时有不少劳动，如参加校园建设。现在的文化楼和教学一楼、二楼，就是我们上学时建成的。我们帮着洗石子，麻将牌大小的石子要洗得干干净净，才能和水泥黏合紧密。下雪天，我们要参加扫雪。在篮球场上，我们把雪像毯子一样卷起来，要几个人一起下手卷。到植树节，我们到千佛山植树，现在那茂密苍翠的山坡上还有我们洒下的汗水呢。汛期来的时候，我们还要去到黄河堤上参加防汛。那时候就有大巴了，不用卡车。大巴不仅来回送人，到中午还送饭。

宋听月：那您有没有和蒋老师一起游千佛山、大明湖，有没有这类活动？

袁忠岳：这肯定有啊。济南这么多名胜古迹，少不了要“拜访”的呀！我们的团日活动就是在千佛山山顶举行的。大家都要出节目，或唱歌，或朗诵，或讲笑话。蒋老师出不了节目，就站在一边鼓掌、起哄，跟大家一起嘻嘻哈哈。有时他也会蹦出一两句趣话逗大家一笑，活跃气氛。在重阳节，那些调干生喜欢到千佛山，坐在山坡上，喝白酒吃扒鸡。书新他们就会叫着我和蒋老师一起去。我们不喝酒，也就是陪着他们扯鸡肉吃。我们也曾在星期日一起到大明湖划船。

宋听月：您觉得在你们班里蒋老师是一个什么样的同学呢？

袁忠岳：他应该是一个和善可亲的大同学，我们这些比他小几岁的都把他看作长兄，比起年龄更大、社会经验更多的调干生来，他似乎更可亲近，跟他更有话说。他和比他大几岁的调干生，也能说上话。上晚自习的时候，调干生大多坐在教室后面，我们年龄小的都往前坐，蒋老师则经常坐在中间，恰好给前后同学搭桥、传话，起个沟通的作用，不知道他是有意还是无意的。

宋听月：您和蒋老师一个宿舍，能说一说他的生活习惯吗？

袁忠岳：他是比较爱干净的，穿戴整洁，注意卫生，大概是他从小在家里养成的习惯吧！作为南方人，他和我一样，爱吃米饭。那个时候，在食堂里米饭不多见，偶然端出一些来，各系同学都挤着朝前抢。蒋老师爱吃，却不会抢。还有，他说话很有特点，南通口音很重，改不了。

宋听月：您毕业之后和蒋老师有过什么交往吗？

袁忠岳：1961年莒南一中放秋假，我从莒南出发，到泰安、济南、益都（现在的青州），主要就是见见老同学。在济南我就住在书新家，他夫人刚生育，回潍坊娘家坐月子去了。当然，也到蒋老师家吃过饭。那时，他住在五排房，有门对门的两间房，做饭则在走廊里。后来，只要来济南，我就到他家坐坐。我写孔孚诗的评论时，也是他告诉我孔孚就在山师，并介绍我们认识。1986年1月我调入山师，接触的机会就更多了。我们都是田仲济先生的学生，又都跟着田先生搞研究，带硕士生，有很多机会在一起。我们曾一同陪田先生到青岛开会，他一路上对田老细心照顾；也曾一起参加在山师举办的解放区文学会年会的各项工作，他也是尽心尽力。蒋老师对田先生一直很尊重，在田先生的带领下，他参加了好几部《中国现代文学史》的编写，认真、严谨，得到好评，是田先生的得力臂膀。

附2.3　蒋心焕1959年读书笔记（节选）

59.2.23. 第一二节
許先生講 臧克家
（七）对社会主义建设的歌唱。
"在毛主席那里作客"
"一颗新星"
举的例子与题目关系不大。
分析"罪恶的黑手"
与"烙印"对比，說明先生大进步，
其理由的阐述可以考虑。

59.2.24 第三、四节
刘先生讲 鲁迅
内容：鲁迅小説创作。
鲁迅共有33篇小说。①
除外，有一文言小说《怀旧》，发表1913.4.1《小说月报》。后由许广平收在"集外集拾遗"。
1925.11陈西滢在"现代评论"发表"鲁迅先生"，污蔑鲁迅的小说史是日本盐谷温的著作。

59.2.25 第一二节
许先生讲 张天翼

59.4.6.
李的专题报告
五四时期的论争　田仲济讲
一、
二、五四时期各种新思想流派繁杂的
三、民主主义者向共产主义者转化。
1918.成立新的编委会，成为六人轮流编辑的刊物
四、马克思主义的传播在中国问题之实践的李大钊。
五、马克思主义和反马克思主义的斗争，马克思主义的胜利。
胡适企图使"新青年"不谈政治，陈独秀、鲁迅等著文反对。胡适写一篇反动文章"多研究些问题，少谈些主义"。"我们的……意义"训斥社会进行改良的主张。
李大钊："再论问题和主义"，公开批驳。

无产阶级革命文学运动　　5.4. 田仲济

一、23年，有人初步提到这一问题。25、26年，创造社、太阳社提出文学革命到革命文学这一口号，概念模糊。27年分为红区和白区。~~[illegible]~~28 明确提出无产阶级革命文学。

无产文学运动发展反映了党和无知识分子的对立和尖锐化，反映了两者斗争的对立和尖锐化。

二、内容

转变了方向的创造社、太阳社提出这一口号。主旨：为完成无产阶级文化使命而创作，不是旁观态度，而是具有斗争性的文学，提出文学家就是革命家的口号。作家要有无产阶级的意识，理论结合实践。批评了语丝社、小说月报和[illegible]人。提到鲁迅的阶级性问题，属于知识阶级作品的问题，提到了不断作品反映小资情感的问题。而创造社和太阳社也有批评。

三、无产阶级革命文学论争内容。

无产——钱杏邨，即文学的阶级性问题。鲁迅没提出的不同，但他从没反对这一问题，鲁迅的"文学和革命"。他指出无产革命文作，[illegible]作品内容完全，[illegible]"无——"招牌，[illegible]不能[illegible]。[illegible]鲁迅[illegible]。③创造社、太阳社的鲁迅[illegible]代表是不对的，[illegible]。[illegible]文学有阶级性，为一个阶级服务，[illegible]。

[illegible]

[illegible]

主要原因：①[illegible]，②[illegible]，③艺术的感染力。

四、无产阶级革命文学论争的成就。

1. 明确了文学和政治的关系，[illegible]了唯美派，为艺术而艺术等资产阶级文艺思想的方向。

2. 由"[illegible]"文学的阶级性。

3. 指出作家在[illegible]小资产阶级。

4. [illegible]文学的[illegible]大众。　　5. 大众的[illegible]的提出。

附2.4　蒋心焕1960年研究札记（节选）

古典作家的道路　（文艺连丛1952年×期）
胡风　文艺上的批判和小资。
胡适　白话的革命文学论。

中国现代文学现实主义的历史传统（现实主义的继承性）

一、中国古典文学的现实主义精神

1. 现实主义的特点，高尔基说：“揭露资本主义和批判主义”。现实主义者超过自己的社会和看到所处社会的前途与无力，称“历史开元”的伟大的文学。

对现实采取批判的态度，产生时代的阴影，但不能指示正面的发展。

现实主义是文学上用创造创作方法，按照现实社会真实情况，反映在作品中，深刻的反映现实。高尔基：完成了前两种基本方法，现实主义的，浪漫主义的。

2. 古典现实主义，除一般所具特点外，还和浪漫主义相结合。列宁说：“任何幻想中都有真实的成份”，理想往往的幻想是基于现实的，所以在古典文学中，现实主义和浪漫主义常相结合。

现实主义的精神这种是来源，由作者的人民本的爱民思想，因而现实由于人民的联系，即之是现实的，又是坚强的。

3. 现实性——按照现实本身的逻辑而同反映现实。作品中体现现实本身的特点，如故乡中的闰土。另外，按作者本身按现实规律来处理人物的性格，不是按作者愿望安置人物性格的发展，如阿Q大团圆不是作者愿望，而是当时社会之规律。

现实就是现实主义的重要条件。这是指作品中是否有现实主义精神的关键。

由世界观之矛盾，若批了当时阶级利益，对本阶级是否批判的分子，又，本阶级的命运，只是同情地揭露和批判之，看不到更进步的社会方向。

全世界的文学，说大多数是现实主义的，

2. 中国文学的继承性。

每时代的文学都是在前时代文学发展的基础上产生的。胡适胡风之流，中国文学被五四中断了，这说法不对。

列宁：每民族都有其民族特性（只有本民族所有，而它民族所没有之特点），成为传统。文学传统，由这个阶级的内容所决定的。

人·C.现代文学与古代和以往继承相关切，不能割断了历史联系，不能离开阶级。但在某阶级之还有某些共同性（民族传统），再被批判。

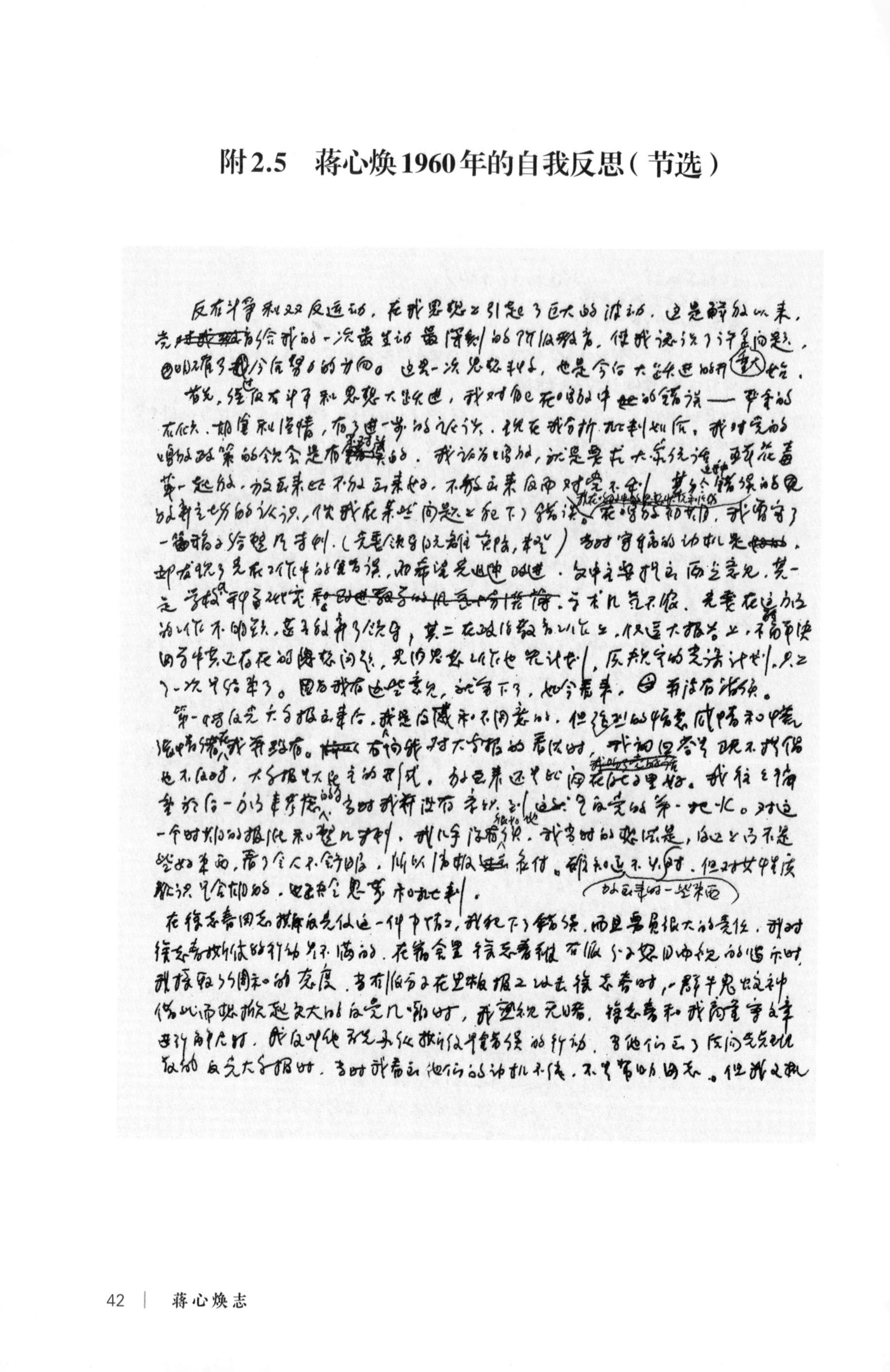

附2.5　蒋心焕1960年的自我反思（节选）

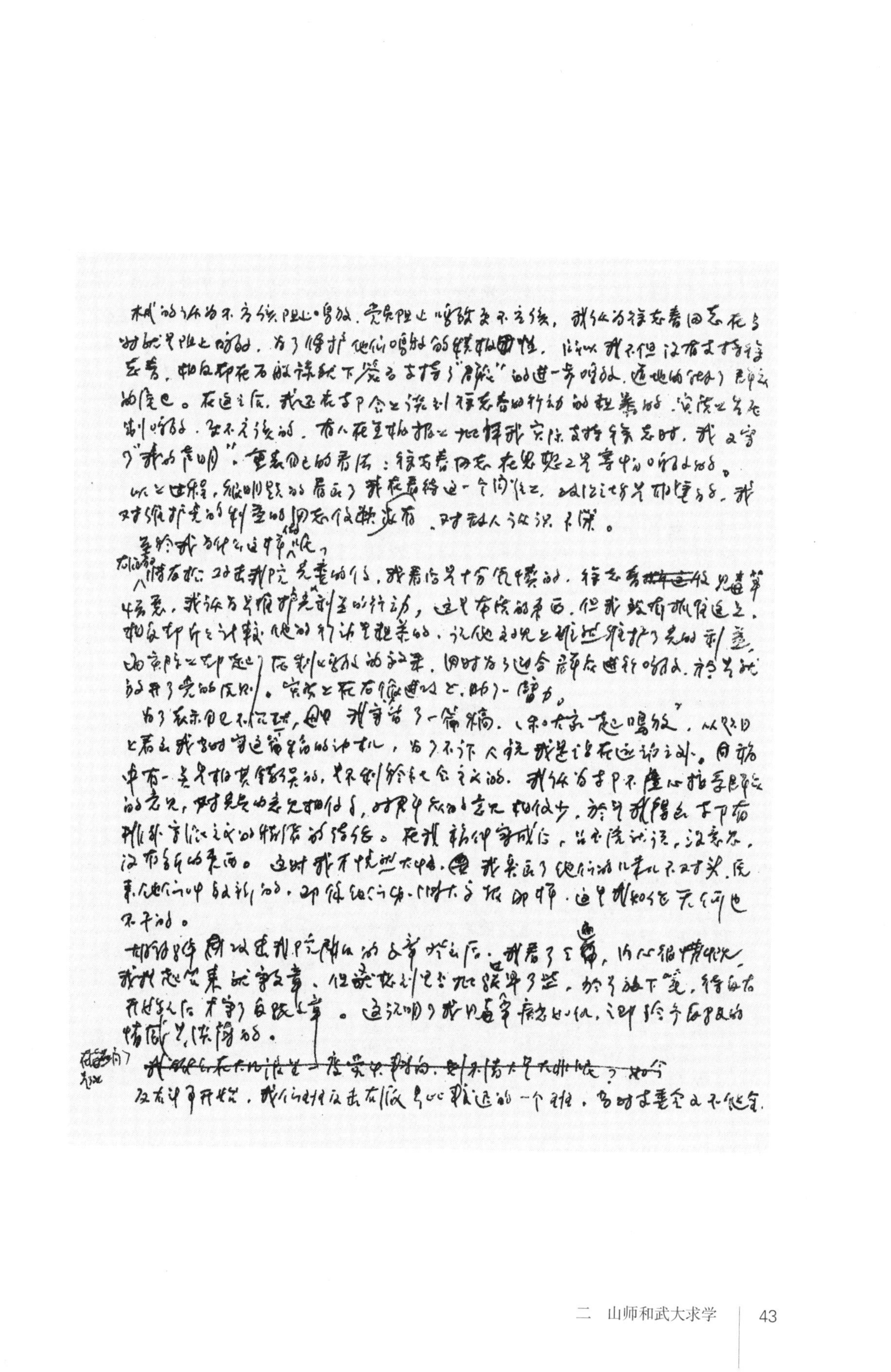

以为我和袁新二个人。我和袁新都有个人温情主义，所以对开展这方面斗争是有顾虑的。在学习研究排队时，一下排了有二十几个人。我害怕斗争面太扩大，所以主张打击的面儿不要太扩大。在批判对某些人的看法时，我的认识也是不全面的。中央的政策是要我们认识和分析在学习期间是正确的，而我们却使人们注意不要把自己的界线混淆。所以也在一定程度上犯了这一斗争。[struck out]性质的斗争变成了思想改造运动的。

我当时在大学读书，一直是学生的，对于阶级斗争是太无知了？如今看来，检查看，家庭[struck out]培植给我的是脆弱的和不坚定的情感。我在家庭里生活了二十年，过着优裕安闲的生活，习惯于父母的宠爱，没有经过风雨的生活锻炼，不知道艰苦，不了解劳动人民的艰辛，安于现状，在旧中国的大地上，你遇到的挫折，经过一帆风顺的成长，但由于我[struck out]，从小就养成了胆小怕事、软弱的性格，在惊人的斗争中不能大胆地站出来。到解放后，我的成长仍旧很缓慢，所以在学习中就暴露出这些不应有的弱点来。意识不到阶级斗争在学习中是在继续展开，由于旧的思想感情在作怪，所以就前怕狼后怕虎，因此坚定的无产阶级立场并未建立起来。因为我在学习没有按照党的指示，缺乏勇于斗争的精神。对维护党的利益的同志的[struck out]心情不能理解的理解。再有我平时对于政治学习不够重视，对党的政策，方针不能很好地领会，不能以理论联系实际，因而对一些反动的言论丧失了警惕性。我想这是不应该的。

这次整风运动在我思想上敲了一个警钟，使我认识到自己的错误了。这次运动使我认识到自己在思想上同党的思想……这次给我的教训是，软弱是和一个共产党员的立场根本不符合的。软弱是[struck out]不坚定的表现。要做一个真正的共产主义战士，就必须下决心，进行自我思想改造。我认为必须狠狠地批判得彻底。这就要求我们这些党员特别是党员，认真地而不是表面地学习马克思列宁主义，诚心诚意而不是三心二意地到群众运动的大风暴中去，到工农群众中去，向工农群众学习，同工农群众结合在一起，打成一片，同工农群众建立起深厚的感情。这就是我这次所体会到的，也是我今后改造的唯一康庄大道。

其次，是个人主义的问题，这也是运动给我的一个大收获。检查过去，我在这两个方面都存在着较大的问题。在业务上，我不专，在政治上则以得太差。这两者之间的关系在过去我想得不十分明确的。追溯到自小，我的学习态度就不正确。在自小，我是为了要上学习，为得到奖章、奖状而卖力气。这一切的指导思想是为了获得领导的信任，以使我能报考大学。入大学之后，在一个相当长的时间内，我雄心很大，想在几个学期都争优良，将来好比较研究生和做助教再深造。这些想法，我都不是从祖国的需要出发，而是从个人的地位名誉着想。中学教师的工作比大学教师要低些，在大学工作比在中学工作要吃得开。由于这种错误思想的指导，我在学习上的动力是不足的。再加上我的懒惰思想，所以形成了我学习上的冷热病。不求甚解，不善于消化，一旦遇障之后，我就不能克服困难，合乎正常学习和钻研的对数不够，克服困难，都反抑灰心丧气。于是倒退一步想想，做过中学教师也不会错了，"我"，我这一辈子也没有指望了。天津会议，这反映了我的不正确的想法，在学业上形成偏废状况，我把全部注意力用在提高业务的狭窄方面，轻视政治学习。同时对学习也不安心起来，从兴趣出发，搞些创作来，我对文艺评论有兴趣，于是就从报纸上摘些资料，想写文一篇来，而来我还常写一些小说之类的东西。学习态度是极不严肃的。这样搞的结果，造成了课堂上不能专心地听讲，消化教师的东西不够，课后也不集中精力温课，同时，就形成了几个小说之类。这种不负责的学习态度，当时不会使我们的学习有收获的。另外，还有一些不正确的思想也分散了我的学习。两年以后，在处理恋爱问题上，浪费了我许多宝贵的时间。在相当长的时间内，弄得我心神不定、寝食不安、坐立不宁，幸亏组织及时教育了我，否则还要使我犯下错误。

在劳动上，我做得也不够好的，这表现在我入党之后，学习懈怠，上进心不够，前进的速度不快。在工作态度上不踏实不认真，没有很好地认为工作能干好，所以在研究工作时，常常不加考虑地发表自己的看法，更常以在大庭广众面前显示自己，从不虚心向有关同志学习。对难办的问题，我不接近或少接近群众。同时，在我思想上存在的另一种现象是，在生活上总想有所讲究，常说吃点不像，也常讲究吃穿，穿得好一些，舍得花钱，有时候自命讲究，衣服和被单都叫人洗，平时讲究穿，向旅馆讲究方向看齐。

经过整风运动，使我认识了红和专，检查隐藏在思想深处的肮脏东西，不破不立，不暴露它，就不能改造它。也只有整风运动，使我认识到在组织帮助下[illegible]，[illegible]，或正在大力改造。把肮脏东西放在太阳底下晒晒，也就说明我今后有决心自我改造，个人主义的思想永远[illegible]。

在大跃进的形势下，党提出了[illegible]文化大革命、技术革命，红透专深，把[illegible]的光荣任务。在今后的大革命中，我将遵循党的指示，努力要求自己做一个又红又专、[illegible]的人民教师。

为了实现他的诺言，随着向这一光荣的方向前进，我今后自己的[illegible]，[illegible]不是纸上谈兵，而是实际行动。[illegible]

[illegible]，[illegible]一切[illegible]，做一个[illegible]的[illegible]：[illegible]，[illegible]；加强理论学习，[illegible]，[illegible]政策，[illegible]，在[illegible]，[illegible]和[illegible]，培养[illegible]工作方法。

加速自我改造的另一主要途径，是[illegible]劳动。改造思想，[illegible]的情感，[illegible]，我们要到农村去[illegible]。这[illegible]自我改造[illegible]，我有信心[illegible]，[illegible]，今后[illegible]劳动中去扎根。

整风运动在我思想上开辟了一个新的时代，我要以此为[illegible]，[illegible]不断地[illegible]，成为一个对我们伟大事业有益的人！

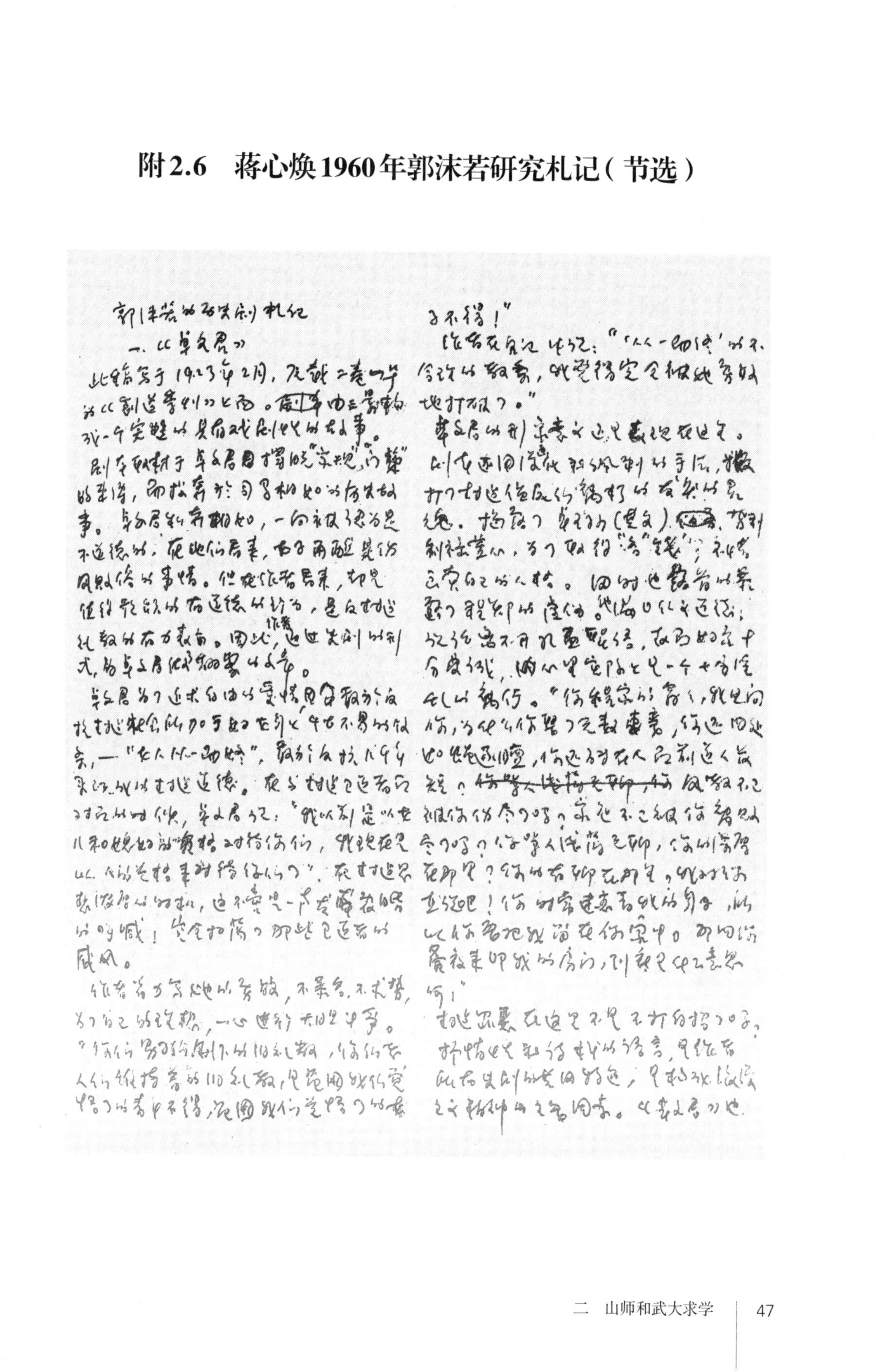

附2.6　蒋心焕1960年郭沫若研究札记（节选）

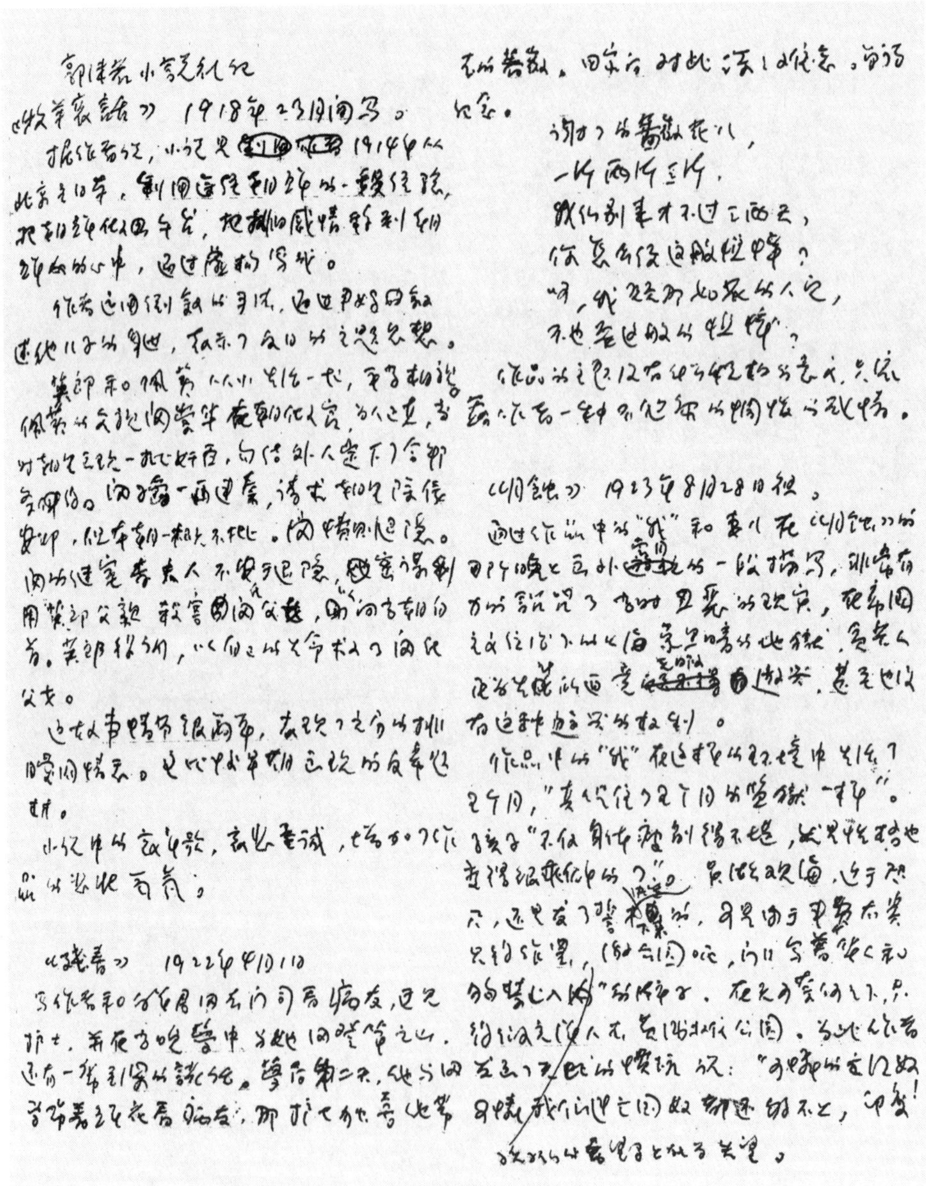

郭沫若小说札记

《牧羊哀话》 1918年2、3月间写。

据作者说，小说是（剑门作者）1914年从北京去日本，途经朝鲜的一段经历，把朝鲜作为背景，把热烈的感情寄到朝鲜姑娘的心中，通过隐约写成。

作者运用倒叙的手法，通过尹妈妈叙述她儿子的身世，表示了自己的无限哀思。

英郎和佩荑从小青梅竹马，互相相爱。佩荑的父亲闵崇华在朝鲜亡国后，为人正直，对朝鲜王统一片忠心，向侵外人定下了合邦条约。闵子爵一面递奏，请求朝鲜皇帝保安，但本朝一概不批。闵便隐退。闵的继室李夫人不安于退隐，密与管家尹石虎勾结，用英郎父亲杀害闵父亲，助闵的官方。英郎牺牲，以自己的生命救了闵的父亲。

这故事情节很简单，表现了亡国的朝鲜暗淡情景。也比较早地反映了作者的爱国思想。

小说中的哀歌，哀怨真诚，增加了作品的悲壮气氛。

《残春》 1922年4月1日

写作者和同乡白羊君去门司看病友，遇见护士，并在当晚梦中与她相会之后，还有一番引人的谈话。梦后第二天，他与同学等去看病友，那护士S给他一朵蔷薇花的蔷薇。回家后对此深深怀念，留为纪念。

谢了的蔷薇花儿，
一片两片三片，
我们别来才不过三两天，
你怎么便这般憔悴？
啊，我契己如花的人儿，
不也是这般的憔悴？

作品的主题思想在于描写作者的意识，只流露作者一种不可知的惆怅的心情。

《月蚀》 1923年8月28日作。

通过作品中的“我”和妻儿在《月蚀》的那个晚上到公园赏月的一段描写，深刻有力地控诉了当时丑恶的政府，把帝国主义在上海不许中国人进入公园的地狱，受害人[illegible]遇见，甚至也没有这种起码的权利。

作品中的“我”在这样的环境中生活了三个月，“真好像住了三年的监狱一样”。孩子“不仅身体瘦削得不堪，就是性格也变得很乖僻的了”。只能去公园，这个想头，这也成了奢望的，可是由于中国人不许入内，只能徘徊，[illegible]“狗与华人不准入内”的牌子。在这种情况下，只能到[illegible]公园。当此作者[illegible]说：“我们中国的人民如[illegible]，我们的过去如[illegible]，呀！”我们的希望是在哪里。

附2.7　蒋心焕1961年武汉大学听课笔记（节选）

授课人：刘绶松（武汉大学）

刘绶松辅导　61.4.5

一、关于进化论问题

二、关于严复学说　（1844—1900）

刘老师第二次辅导　　61.5.8

一、关于国防文学和民族革命战争的大众文学口号　（58年文学研究）

[illegible]

二、二八年论争。

[illegible]

三、[illegible]

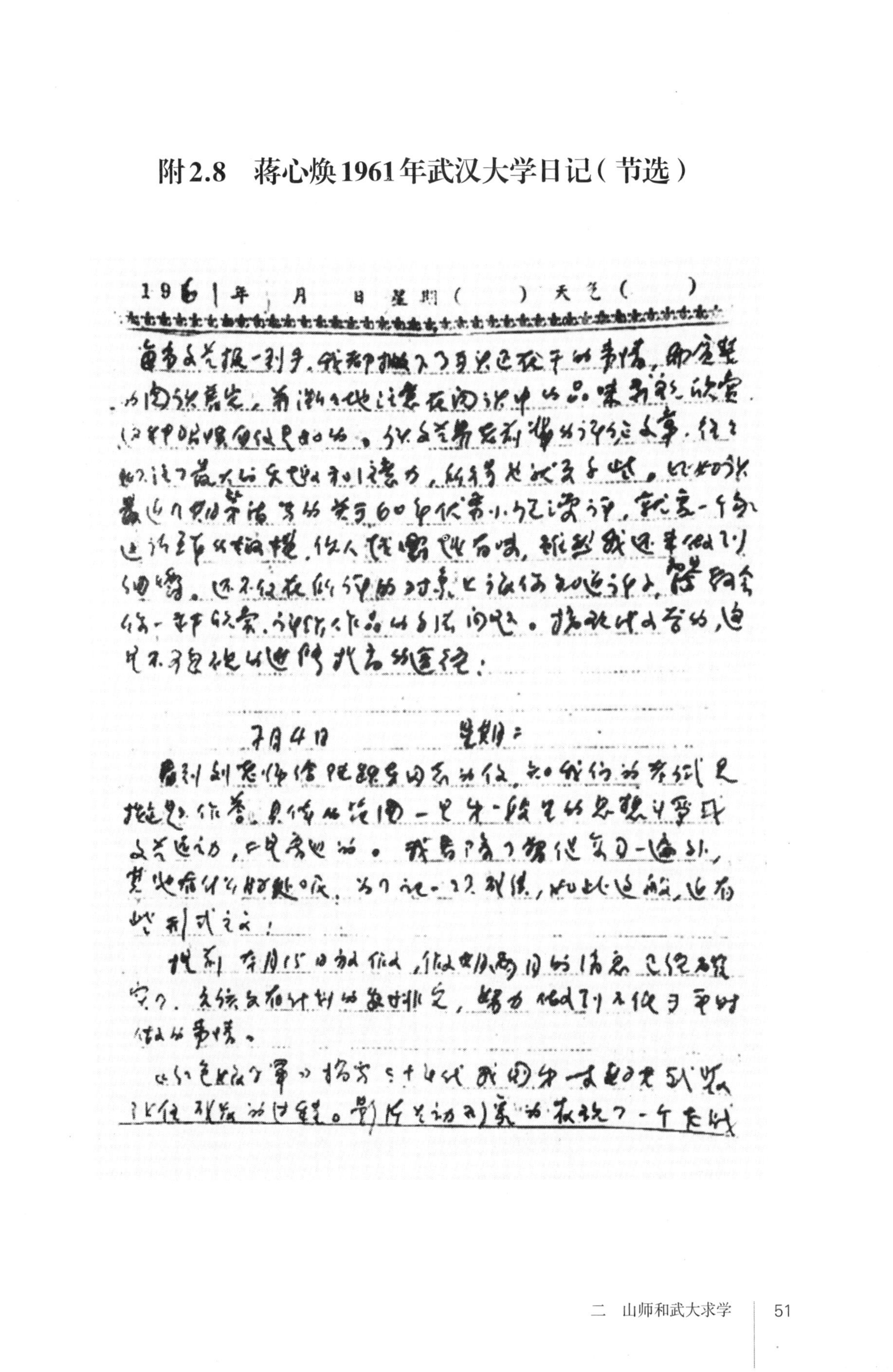

附2.8　蒋心焕1961年武汉大学日记（节选）

1961年　　月　　日星期（　　）天气（　　）

[illegible]

7月4日　　星期二

[illegible]

附2.9 刘绶松致蒋心焕

心焕同志：

你的信接读已逾一周，因为近来工作较忙，很难抽出时间来写长信，所以一拖再拖，一直到今天。现在是凌晨五点钟，我起得早，就利用这点时间给你写信了。维桑的信也已收到，稍缓当再写信给他。给你的这封信函，也希望给他们看看。来这里已快一月，你们的学习和生活，是经常在我的念中的。

读了你们的来信，我总感到很安慰、很高兴！因为你们现在都是按着计划在学习，同时也没有因为抓业务而忽政治学习的现象（如果有这种现象，就要立刻克服！）这都是我们取得进步和成绩的有力保证。读《马恩论艺术》感到有些困难，是很自然的事，因为除了不知道时代背景外，而且有好多只是片断的摘录，这样，要完全领会它，就自然不很容易了。将来读得多了，许多问题可以融会贯通或互相补充，便可进一步深入地领会它了。此外，读鲁迅而不忘抓当前文艺书刊的学习，我感觉得也很对。搞现代文学也可以脱离实际的，这便是只看五四以来的作品，而不关心当前文艺界的动态；不过，这样学现代文学是决定学不好的，因为较之古典文学，现代文学更要求我们密切联系实际。

你读《华盖集》和《续编》，所得到的三点看法是完全正确的。这时候，鲁迅思想正处在迅速变化（但还不是质变）的阶段，他是一面战斗，一面探索前进的。他在这时期所作的战斗的坚决性和彻底性，以及他的许多见解的深刻透辟，都是惊人的。他一面开始在否定着自己，另一方面也没有真正找到前进的革命道路，但就是这样，他还是昂首阔步地战斗着，探索着，前进着。这正是鲁迅的伟大的地方。关于最近发表的《鲁迅传》上（现正由夏衍同志在作最后修改），周扬同志曾指出，把前期鲁迅写得太革命化了，如果那时鲁迅就和党和人民群众有那样密切的联系，那他就已经是一个马克思主义者了。那他这时所作的战斗，就没有那么值得我们惊奇和钦佩了。这是想写出鲁迅前期的伟大，反而把他写得不伟大了。鲁迅伟大的地方，正是他的不停地探索前进的精神，正是他的不断战斗的精神。周扬同志这些话，对于我们研究前期的鲁迅是大有好处的，这才是马克思主（义）的实事求是的科学态度。

正因为鲁迅是在探索地前进，所以在前进的过程中就难免产生彷徨苦闷的心情。当他与敌人战斗的时候，他是勇猛无畏的，这就是《华盖集》中巨大光辉所产生的真正根源，但当他感到自己是在探索而还没有探索到前进道路的时候，他就会自然产生"路漫漫其修远兮"的心情了，但他还是要"吾将上下而求索"的，难道这不正是他的伟大吗？而这种精神在《野草》中是明显地可以看出来的。勇猛战斗与彷徨苦闷（虽然有主要和次要之别），是矛盾的两个方面，但这时都统一在鲁迅的身上，我觉得这个矛盾的统一，正是我们研究这一时期鲁迅的主要线索。不知你以为然否？

关于你提到的第二个问题中的第一点：鲁迅在病中由冯雪峰代笔的三篇文章，从现在看起来，《答托洛斯基派的信》是没有问题的，从那里面可以看出鲁迅对党的始终不渝的忠诚；《论现在我们的文学运动》中是有问题的，如对"国防文学"和"民族革命战争的大众文学"的两个口号的提法；最有问题的当然是答徐懋庸的信了。发生这种情况的原因，不外以下几个方面：一、由于国民党的层层封锁，鲁迅当时对于国内斗争形势还不够明确了解；二、鲁迅长期在病中，接近的多系胡风、黎烈文、孟十还一类人物，难免有受蒙蔽之处；三、冯雪峰当时是中央派到上海来的，鲁迅一贯拥护党和毛主席，所以对冯就深信不疑了。这就是为什么要由冯来代笔的原因。关于第二点，是由于当时白色恐怖和斗争形势的残酷，同时左联又是一个密切为无产阶级革命服务的文学组织（它当时还参加政治活动），它的性质以及当时比较险恶的环境，就使得它对于接受盟员不得不谨慎一些，这样对于某些中间作家就不可能大量争取了。事实上，当时有一些参加左联的投机分子后来又被清洗了出去（如叶灵凤、周毓英之流）。关于争取中间作家不够，周扬同志后来在一篇文章中曾分析过它的原因。我的讲义中曾引用过，可以再翻阅一下。

你的第三个问题，鲁迅所说的"油滑"实际上是指的那些对于敌人的讽刺的地方，如在《理水》中提到“古特貌林”之类，我们是不可以把它当作油滑看待的。鲁迅采用《故事新编》这样的形式，是为了在险恶环境下更便于战斗，是要以古讽今。有这样一种意见，认为《故事新编》是纯粹的历史小说，那是错误的，至少也是不全面的。

以上匆匆写了许多，恐怕也有不妥当的地方，仅供你参考。

《列宁论文学与艺术》一书，这里已久已无书了。同志们（我记得是毛治中同志）有要《画论丛刊》，现在也没有了。请转告他们。

山东师院编的作家小传，我要一本，请告诉资料室一声。

匆复，并问

近好！

问同志们好！

绥松

六月十二日晨

心焕同志：

你的信接读已（逾）一周，因为近来工作较忙，很难抽出时间来写长信，所以一拖再拖，一直到今天。现在是清晨五点钟，我趁自早就利用这点时间给你写信了。然而要写的信也已收到，稍後当再写信给他。给你的这封信，也希望给他们看看。来这里也快一月，你们的学习和生活，是经常在我的念中的。

读了你们的来信，我是感到很高兴，很高兴！因为你们现在都是埋头於学习，同时也没有因为埋头学习而不过问今日的现象（如果有这种现象，就要立刻克服），这都是我们做好学习和战线的有力保证。读《马恩论文艺》，感到有些困难，是很自然的事，因为读了不知道时代背景等，而且有好多只是点断的摘录，这样，要完全领会它，就自然不很容易了。将来读得多了，许多问题可以融会贯通，或互相补充，使（可进）一步深入地领会它了。此外，读鲁迅的文章，也不要抓出

[illegible]……的作品，而不是仅从文学的观点去看，这样学习文学，是比较容易抓到的，因为鲁迅是大……学，现代文学更要求我们密切联系实际。

你读《华盖集》《华盖集续编》，所得到的五点意见是完全正确的。这时候，鲁迅思想还在进化（但还不是完全）的阶段，他是一面战斗一面探索前进的。他在这时期作的战斗的坚决性和彻底性，以及他的许多见解的深刻透彻，都是惊人的。他一面和……在宣着自己，另一方面也没有真正找到前进的革命道路，但就是这样，他也是非常顽强地战斗着，推动着，这不是鲁迅的伟大的地方。

关于最近读书的《鲁迅传》（现正由夏衍同志在作最后修改），因据同志们指出，把萧珊鲁迅等归大革命化了，如果鲁迅那时就和人民群众有那样密切的联系，那他就

已经是一个马克思主义者了。那他当时所作的战斗，就没有那么值得我们惊奇和钦佩了。这是相等于鲁迅前期的伟大，反而把他拿得不伟大了。鲁迅伟大的地方，正是他的不停地探索寻找的精神，正是他的不断战斗的精神。因摘引去这些话，对于我们研究前期的鲁迅是大有好处的。这才是马克思主义的立场和科学态度。

正因为鲁迅是在探索、寻找，所以在寻找的过程中就难免产生彷徨苦闷的心情。当他与敌人战斗的时候，他是勇猛无畏的，这就是《彷徨》集子中巨大光辉所由产生的真正根源；但当他感到自己是在探索而还没有探索到前进道路的时候，他就会自然产生"路漫漫其修远兮"之类的心情了，但他还是要"吾将上下而求索"的。我知道这正正是他的伟大处。而这种精神在《野草》中是明显地可以看得出来的。勇猛战斗与彷徨苦闷（当然有主要和次要之别），是矛盾的两个方面，但这时都统一在鲁迅的身上。我觉得这个矛盾的统一，正是我们研究这时鲁迅的主要线索。不知你们以为如何？

关于你提到的第二个问题中的第一点：鲁迅在病中由冯雪峰代笔的三篇文章，从现在看起来，答托洛斯基派的信是没有问题的，从中可以看出鲁迅对党的拥护和对党的忠诚；《论现在我们的文学运动》中是有问题的，如对国防文学和民族革命战争的大众文学的两个口号的提法；更有问题的当然是《答徐懋庸的信》了。产生这样情况的原因，不外以下几个方面：一、由于国民党的封锁，鲁迅当时对于国内形势也不够明确了解；二、鲁迅长期在病中，接近的多系胡风、萧军、黄源[illegible]人物，那是有宗派主义的；三、冯雪峰当时是中央派到上海来的，鲁迅一贯拥护党和毛主席，所以对冯就深信不疑了。这就是为什么要由冯来代笔的原因。关于第二点，是由于当时白色恐怖和革命形势的残酷，同时左联又是一个宗派的无产阶级革命的文学组织（它当时也参加政治活动），它的性质以及当时比较严重的环境，就使得它对于接受党员是不能灵活一些，这样对某些中间作家就不可能大量争取了。事实上，当时有一些[illegible]参加左联的积极分子，后来又被清洗了出去（如当时是这样），因为关门主义。

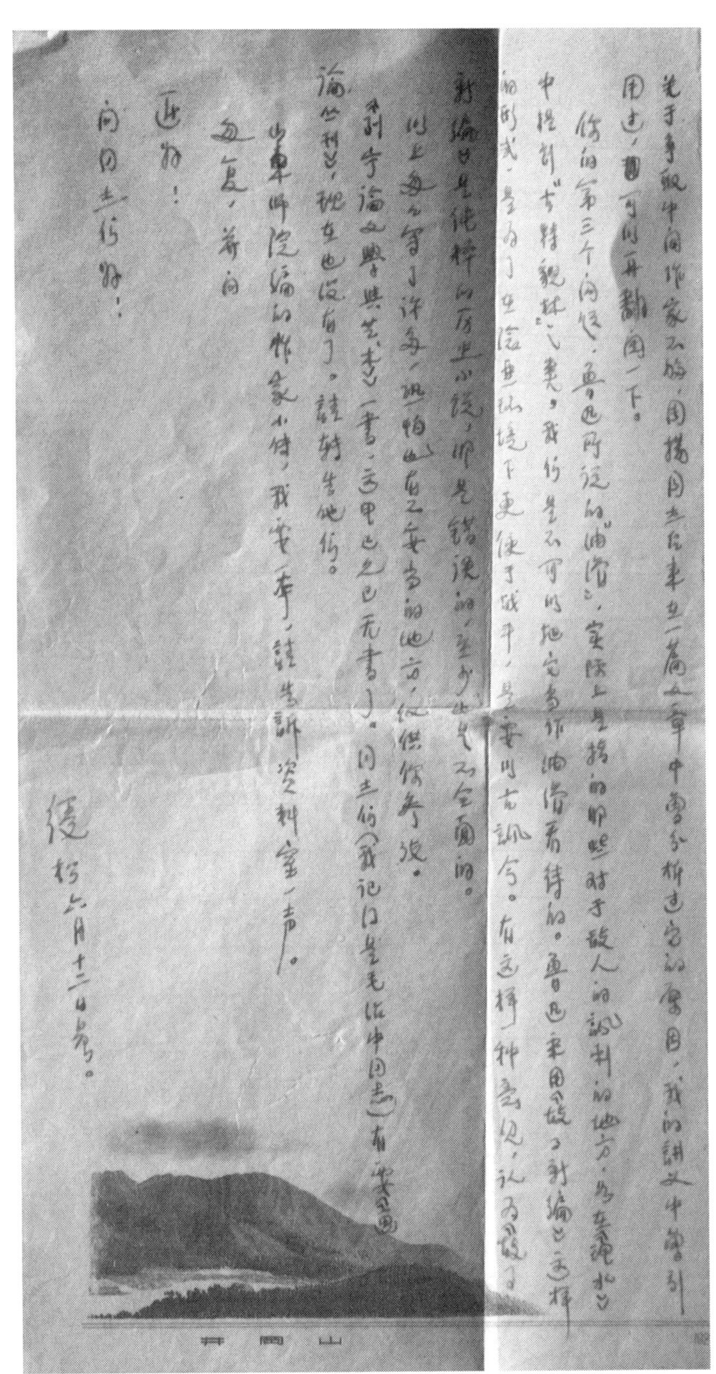

是争取中国作家出版，因搞同志寄来的一篇文章中曾分析过它的原因，我的讲义中曾引用过，嘱可以再翻阅一下。

你的第三个问题，鲁迅所说的"油滑"，实际上是指他那些对于敌人的讽刺的地方，即在"补天"中所写的古衣冠的小丈夫。我们是不可以把它当作油滑看待的。鲁迅采用故事新编这样的形式，是为了在险恶的环境下更便于战斗，是要以古讽今。有这样一种意见，认为故事新编只是纯粹的历史小说，那是错误的，至少也是不全面的。

以上每个问题写了许多，恐怕也有不妥当的地方，仅供你参考。

《列宁论文学与艺术》一书，这里也已无书了。同志们（我记得是毛泽东同志）有[illegible]论文艺》，现在也没有了。请转告他们。

山东师院编的作家小传，我要一本，请告诉资料室一声。

匆复，并问

近好！

向同志们好！

绥
於六月十二日夜。

心焕同志：

你自南通寄来的信接读好久了，因为第一阶段工作正紧，故复信较迟，请原谅！

在我离校的这两个多月中，你们学习和工作都很好，计划一般都如期完成，而且在某些问题上作了较深的探索，这是十分值得欣慰的事；只是我离得太远，不能经常和同志们在一起讨论，每次想起来，总是心中不安，也很想把工作快点搞完，早日返校，但编写教材是一个集体行动，我又负有总的工作任务，因此早点离开是决不可能的。关于你们下学年学习的事，武大张勃川付（副）校长来京时，曾向教育部反映过，教育部正在研究，你们很有可能开学后到北京来，不过因为供应关系，人不可能来全，进修教师可能有一二位要送回原校去。这事尚未完全确定，须等高教部和学校的通知，不过，早告诉你们作些准备罢了。

因为我的爱人和小孩现在北京，我同她们一起住在城内教育部招待所，你的信未带在手边，所以关于鲁迅研究中的一些问题就不能在信里谈了。

我的身体近年来很好，希释念！希望你利用暑假好好休养一下身体，以便暑后更好地学习！

紧紧握手！

绶松

8月11日

心焕同志：

你自南通寄来的信接读好久了。因为第一阶段工作紧，故复信较迟，请原谅！

在我离校的这两个多月中，你们学习和工作都很好，计划一般都如期完成，而且在某些问题上作了较深的探索，这是十分值得欣慰的事；只是我离得太远，不能经常和同志们在一起讨论，每次想起来，总是心中不安。也很想把工作快些搞完，早日回校，但编写教材是一个集体行动，我又负有一定的工作任务，因此早些离开是决不可能的。关于你们下学年学习的事，我在陪[illegible]校长来京时，曾向教育部反映过，教育部正在研究。你们很有可能开学后到北京来，不过因为供应关系，人不可能来全，因此教师可能有一二位留在学校。这事尚未完全确定，须等教部和学校的通知。不过，早告诉你们作些准备罢了。

因为我的爱人和小孩现在北京，我同他们一起住在城内教育部招待所，你的信未带在手边，所以关于专题研究中的一些问题就不能在信里谈了。

我的身体近来很好，希释念！希望你利用暑假好好休养一下身体，以便暑后更好地学习！

紧紧握手！

[illegible] 8月11日。

维桑、心焕、耀钦：

你们好！你们分别给我来信，而我却在这里来个“总答复”，实在因为忙的缘故，我想你们也不会责备我的。

你们的信给了我很大的安慰，特别是在读及近两月来的读书心得时，更给了我不小的启发。只是仲彬没有信来，党伯他们四位也没有信来，我总感到好像还缺点什么似的。请你们捎个信给他们，我在这里也盼望着他们的来信。

关于你们的学习，我在这里只要一有空时，便常常挂在心头。特别是维桑、心焕不久就要回学校了，我是除了惜别情殷而外，还感到有些歉然于怀的，两年来我们相处在一起的时间实在是太少了，对你们的帮助也实在太不够了！说我是为了工作的关系，仿佛有一个聊以自慰的理由，但想起来总难免心中不安的。

你们的学习计划完成得很不错。在你们的信里，我很明显地感到你们是真真有了心得。最重要的原因，是你们掌握了做学问的正确有效的方法：一、不急不躁，循序渐进；二、博览与精读相结合；三、手脑并用（即读和写同时并用）。我想只要照这样做下去，涉猎愈广，积累愈富，钻研愈深，是没有什么攻不下的科学堡垒的。不知道你们觉得我的这个看法怎样？

心焕和耀钦所提的学习中的一些问题，在这封信里也很难说清楚，写下的只是我临时想到的一些看法，仅供你们参考罢了：一、关于叶圣陶创作的现实主义的发展问题，我是这样看的：叶一直是一个批判的现实主义作家，不过从《隔膜》到《四三集》，对现实的批判的深刻程度，是前后有所不同的。大概说来，在二七年以前，叶作对于现实的批判，大都基于他的“美”和“爱”的人生理想，所以他是在“人性”中去找不合理的社会的病根的；二七年以后，叶的思想是有发展的，现实的血雨腥风的斗争把他向前推进了一步，所以在这以后的创作中，阶级斗争在他的作品中也有所反映，不过还停留在对旧现实的批判和揭露方面，唯有新兴的无产者才有将来：这样一个坚固的信念在他的作品中还是很难看出的。长篇小说《倪焕之》为他的主人公所安排下的结局，是一个很好的例证。当然，这么说并不意味着要低估叶的创作成就和他在现代文学史上的重要地位。二、如何考察一个作家的发展道路和创作特征，我想只有从这几个方面来进行：首先当然是深入、全面地研究他的作品，这是最重要的一个方面，但还不是唯一的方面。所以其次，便要对作家的“全人”（包括他所处的时代、家庭出身和教养、交游和艺术素养等等）进行研究了，而这也就是孟子所说的“知人论世”。例如老舍这样一个作家，他的创作大约可分为三个时期：抗战以前是第一个时期，从抗战到开国前是第二个时期，开国以后是第三个时期。很显然，这三个时期的作品各有特色，但其中又贯串着老舍作品所一贯具有的独特的风格。在这里，要研究老舍的创作道路和艺术特征，除了作品本身而外，就不能不深入考察其他各方面的因素了。通过作品可以了解一个作家，但通过作家却可以帮助我们更好地了解他的作品。因此，在耀钦的读书计划中，没有把老舍抗战时期的作品（不能全读，也要看看主要的）列入，我觉得是一个缺点。三、关于茅盾为什么不善于创造革命者的形象，这不只是艺术技巧的问题，而更重要的是作家的生活天地的问题。从二七年（1927年）大革命失败后，茅盾离开了革命斗争的旋（漩）涡，对于革命者□□□□，□□斗争中出现的新人物（如□□□）不熟悉，要他成功地去描绘他们，自然是很困难的事了。艺术来源于生活，真正的艺术技巧是从研究生活开始的，这是颠扑不破的道理。

上面谈得很简单，未必有助于你们的学习。我大约在下月半左右可回武汉一次，剩下的留待当面详谈好了。

教材编写工作，现正修改大纲与写初稿同时并进，从上星期到现在开了一周多的会，讨论大纲的修改稿，虽然经过几次修改，问题仍旧不少，看来想完成一部教科书，的确不是易事。北京近日多风，但我身体正好，勿念。

耀钦要的哲学书，我已托人买去了，但是否能买着，尚无把握。

兆鹏给我的热情洋溢的信，报道了他的喜讯，缓些时再给他写信，你们如果写信时，请代我预致祝贺。维燊寄来的照片也收到了。谢谢！

紧紧地握手！

问同志们好！

春假放过了没有？玩得痛快否？

绶松

四月十一日

中国作家协会武汉分会

绍棠、心焕、赵钦：

你们好！你们分别给我来信，而我却未写过一个字[illegible]，实在[illegible]

[illegible]

你们的信给了我很大的安慰，特别是在读[illegible]的诗[illegible]时，更给了我不小的鼓舞。只是仲彬没有信来，[illegible]也没有信来，我[illegible]总到好像还缺点什么似的。请你们转个信给他们，我在这里心盼着他们的来信。

关于你们的学习，我在这里，只要一有空时便常常挂在心头。特别是绍棠、心焕不久就要回学校了，我是除了特别[illegible]而外，还感到有些歉然于怀的，两年来我们相处在一起的时间实在是太少了，[illegible]这都是为了工作的关系，[illegible]有的。

你们的学习计划定成[illegible]很不错。在你们的信里，我很明确地感到你们的是[illegible]

中國作家協會武漢分會

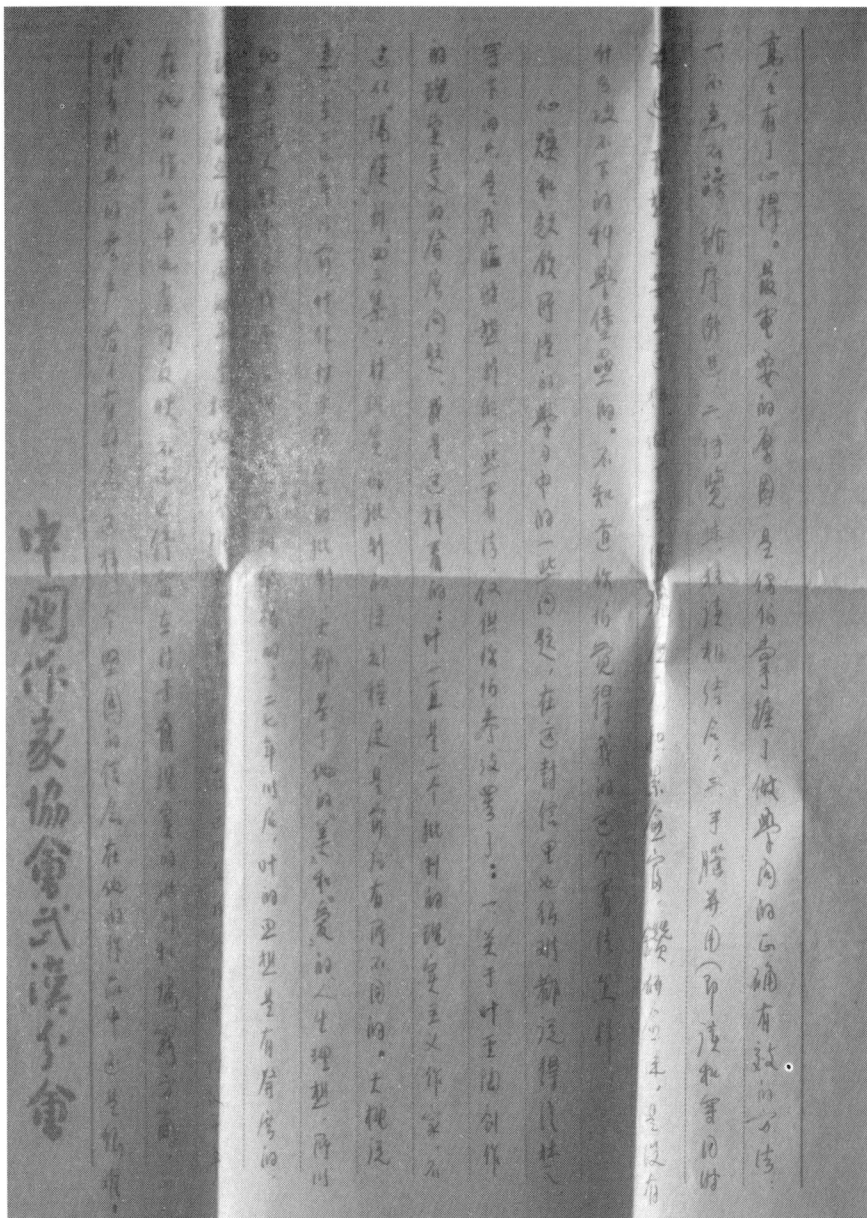

看出的。长篇小说《倪焕之》为他的主人公所安排下的结局，是一个很好的例证。当然，

这么说，并不意味着要低估叶的创作成就和他在现代文学史上的重要地位。

进行，首先当然是深入、全面地研究他的作品，这是最重要的一个方面。但

还不是唯一的方面，同时其次，便要对作家的全人（包括他所处的时代，家庭

出身和教养，思想和艺术素养等等）进行研究了，而这也就是孟子所说的

"知人论世"。例如老舍这样一个作家，他的创作大约可分为三个时期：抗战以前是

第一个时期，从抗战到中国解放是第二个时期，中国解放后是第三个时期。很显然，

这三个时期的作品各有特色，但其中也有着老舍作品所共具有的独特的

风格。在这里，要研究老舍的创作道路和艺术特征，除了作品本身而外，就不能对

家却可以帮助我们更好地去了解他的作品。因此，在拟订的读书计划中，没

有把老舍抗战时期的作品（固然不够全面，也要看主要的）列入，我觉得是一个

中国作家协会武汉分会

缺点。一、并不等于革命者为什么不善于创造革命者的形象，这不只是艺术技巧的

问题，而更重要的是作家的生活天地的问题。从二七年大革命失败后，革命

[illegible]

为甚远不熟悉，要他成功地去描绘他们，自然是很困难的事情。[illegible]

活，真正的艺术技巧是从研究生活开始，这是颠扑不破的真理。

上面谈的很简单，未必有助于你们的学习。我大约在下月半左右回

武汉一次，剩下的问题待当面详谈吧！

教材编写工作，从你们谈大纲起，[illegible]初稿（同时并进），从上学期讨论在开了

一周多的会，讨论大纲的修改稿，[illegible]，问题仍然不少，看来

要完成一部教科书的编写，不是易事。北京近日多风，但我身体尚好，勿念。

[illegible]

兆鹏给我的热情洋溢的信，报道了他的喜讯，[illegible]

你们要写信的话代我致以祝贺。你们写来的信也收到了。谢谢。

紧紧地握手！向

同志们好！

春假放过了没有？玩得痛快否？

中国作家协会武汉分会

[illegible] 四月十一日。

中9418（武汉）

附2.10　蒋心焕文《没有元宵的元宵夜——回忆刘绶松师片段》（节选）

他在信中则多次提及对我们“帮助实在太不够”，“每想起来总难免心中不安”。也许先生带着这种“不安”于1962年春节回武汉短期休假期间，力约我们来自山东、福建、河南的几个学生到他家欢度元宵节。

……

进屋之后，见那张红漆方桌油光锃亮，桌旁那盘青蒜放出淡香，诱人食欲。师母安排我们一一落座后开始上菜：一盘鸡蛋葱花饼，一盘红藕炖豆腐，一盘萝卜丸子，一盘桃酥。这桃酥是绶松师从北京特地为我们买的高价点心。另外，还有一大海碗油汪汪的肉片烧青菜头。在今天，鸡鱼肉蛋人们都吃腻了，海产早已摆上普通家庭的餐桌，元宵节请客吃饭，豆腐之类是绝不登大雅之堂的。但在那个物质匮乏、人们普遍处于饥馑状态的年代里，师母为我们准备那样一桌菜肴，可谓丰盛之极了！那时，每户每月供应半斤豆腐、半斤食用油，每人二两猪肉。先生除正常供应外，每月再加半斤猪肉、半斤食油。可以想见，这桌菜肴，几乎用尽了先生一家数口人一个月的副食供应！这一切，使我们万分激动，感到先生一家人对我们的情之切、意之深。但我们却不忍动筷，当初的食欲也荡然无存了。先生似乎看出了我们的心思，他微笑着把菜一一夹到我们的碗里……平时谈吐幽默的先生含蓄地说，这是一餐没有元宵的元宵家宴。先生接着说，正月十五称元宵，这是常识了。有些古书上又称元夕、元夜、上元等，不管称什么，都离不开一个“元”字。他从“元”巧妙引申开来，从元宵联想到月圆，又联想到圆满。渐渐地，我们领悟到先生所说的“圆”的含义了，即一个是做人要“圆”，一个是做学问要“圆”。先生进而又做了发挥：为人要坦诚、自信、坚忍、内外一致，在生活中保持一种明朗、健康的情绪和格调，不断追求高品质，愉悦身心。我们想，这些是做人要“圆”的题中之义了。至于做学问要“圆”，先生谈得很多，主要精神则是学无止境。他说，一个人能力、智力不一样，但只要把自己的潜质充分展现出来，就符合“圆”了。如何展现呢？先生启发我们要尽快掌握自学的正确而有效的方法：一、不急不躁，循序渐进；二、博览与精读相结合；三、手脑并用（即读和写同时并用）。只要照这样做下去，涉猎愈广，积累愈富，钻研愈深，是没有什么攻不下的科学堡垒的。先生这一番有关“圆”之论，给我们很大的启迪：人生的最佳境界是对圆满的不懈追求，这是我们一生为之奋斗的目标，只要一步一个脚印向此目标前进，我们的人生就是充盈的，就是问心无愧的！

附2.11　唐育寿访谈录

采访人：朱迪

时　间：2022年2月22日上午

地　点：山东师范大学教工二宿舍唐育寿教授家

唐育寿，1933年生，四川宜宾人，研究生学历，1958年7月毕业于南京大学中文系文艺理论（戏剧理论）专业。自1958年8月起，一直在山师中文系任教，主要从事文艺理论的教学与研究工作。1986年起，被遴选为硕士生导师。1993年7月退休。代表性论文有：《评王淑明〈论郭沫若的历史剧〉》发表于《山东师范学院学报》1959年第3期，四川人民出版社1984年出版的《郭沫若专辑》全文转载；《谈戏剧的抒情性》发表于《山东师大学报》1984年第5期，中国人民大学复印报刊资料1989年第11期《戏剧研究》全文转载，获得校级科研一等奖。

朱　迪：唐老，您好，这次主要想请您谈一下蒋心焕老师。请问您是什么时间认识蒋老师的？怎样认识的呢？

唐育寿：我是1958年从南京大学毕业后分配到山师来的。蒋心焕和书新也是1958年山师毕业留校的。当时的系主任找我们三个人谈话，给我们分配工作。书新和蒋心焕他们两个被分配到现代文学教研室，我被分配到文艺理论教研室。从那时起，我们就认识了。书新呢，因为是老革命，大概干了几个月后被提拔为中文系领导，之后交往就相对少了。蒋心焕主要从事教学工作，我们认识了以后交往很多。当时和我住在一个宿舍的，一个是刘献彪，还有一个是冯中一。就在对面教工宿舍三号楼上，我们三个人住在一间屋。刘献彪是本校研究生毕业，他的指导老师是田仲济教授。刘献彪在现代文学教研室搞教学工作，蒋心焕也是现代文学教研室搞教学工作的，而刘献彪和我在一个宿舍住，他就带着我和蒋心焕聊天、交往，互相之间的了解就更深了。从我们认识到去年蒋心焕老师去世，我们成为同事有60多年，彼此之间的感情可谓深似海了。

朱　迪：请问唐老，您对蒋老师有什么印象比较深刻的事？

唐育寿：因为刘献彪的指导老师是田仲济先生，所以他经常带着我去田仲济先生家里。田仲济当时是教务处领导，不仅是个现代文学研究专家，而且是写散文的作家。那时候我们刚来，还很年轻，也就是20多岁，不到30岁。每次去的时候，他（指田仲济教授）就经常教导我们怎样做学问。他说写论文和写小说不一样。他说写小说可以夸张，可以编，只要编得自圆其说，读者就会相信，而科学论文要实事求是，应该以实事求是的方式去研究现代文学和文学理论。搞科学研究不能够夸大事实，也不能去抄袭别人的东西，最主要的就是态度认真负责。田仲济先生的教导让我们受益匪浅。田先生不仅教我们怎样写论文，怎样做学问，还在日常生活教我们怎样买菜，比如买茄子、买青萝卜，不能买大的，因为大的容易空心。田老师在各个方面都培养我们。蒋心焕老师遵照田仲济老师的教导，在做学问的时候，也讲究实事求是，非常认真、不夸大，所以他写出来的论文和著作学术价值都比较高。

朱　迪：您觉得蒋心焕老师在生活和工作中分别是怎样的状态？

唐育寿：在生活当中，蒋心焕为人处世方面虽不善于交际，平常说话也较少，但话总能够说到点子上。我、刘献彪和他交往比较深，刘献彪后来调到曲阜师范学院，又调到潍坊师专。他从潍坊回济南的时候，都去看蒋心焕。我和他一起到蒋心焕家里吃饭，他和他的夫人亲自下厨做饭。那时候不时兴去饭店吃饭，基本上都是在家里吃饭。他们的饭做得很好吃，菜非常可口，一直到现在我都记得很清楚。

蒋心焕对他的夫人照顾得非常周到。他的夫人从75岁到80岁这个阶段腰部不好，走路都比较困难，而他八十几岁的时候得了前列腺癌。这个时候，他就得经常跑医院去看病，而且隔两三天就需要去省中医给他夫人拿药，基本上每天都很忙。到齐鲁医院或省中医院路程比较远，他很少坐公交车，经常是自己走着过去，很辛苦、很劳累。当时我们偶尔在教工食堂吃饭时碰到他。他买饭带回家去吃，我就在食堂吃。他买了饭之后会坐在我对面休息五到十分钟，和我交谈。他说他夫人病得很厉害，不能走路，他不仅从心里同情她，而且内心很痛。当时他自己身患癌症，还这样照顾他的夫人。过去人常说“一日夫妻百日恩”，而用现在的话说，就是用最大的计量单位也难以计算出他们之间的恩爱。

他在工作上很认真，备课充分，教学效果比较好。他培养的学生大都是高才生。他的硕士研究生很多都十分优秀。他对他的学生十分负责，可以说把他全部的本领都传授给了学生。他的学生也很尊重他。蒋老师得了癌症之后，癌症扩散到胃部，为他治病的主任医师王医生是我的一个熟人。当时我就告诉专管他的王医师：“你得想尽办法把他的病治好，你得用最好的药来给他治疗。”王医生告诉我，是用进口的最好的药和最好的针来治疗的。他说从蒋老师的病情来看，扩散的范围比较大了，估计还能活半年左右。后来我就把这件事情告诉魏建。魏建对蒋老师非常尊重，基本上三天两头就去看望一次。后来医院不让外人探视（因疫情严重），魏建就隔着窗户和他聊一会儿。蒋心焕88岁生日那天，魏建和蒋心焕的学生们在医院的病房里为他过了最后一个生日。魏建对他老师的照顾和关心，可以说是无微不至。这些事，都让我非常感动，他可以说是蒋老师最好的学生。

蒋心焕（左二）与老师林乐腾（右二）、好友唐育寿（右一）、好友刘献彪（左一）聚会合影

三

成家、立业

（1962—1977年）

生平记述

1962年7月，蒋心焕结束在武汉大学的学习，重回山东师范学院中文系现代文学研究室，继续进行教学与学术研究工作。其间，刘绶松致信蒋心焕，指导其教研工作。（见附3.1）回到山东师范学院中文系的第一个学期，开设“中国现代文学史”课程。据当时的学生李桦回忆，蒋心焕讲课时“不疾不徐，侃侃而谈，纷纭繁复的新文学现象，在他的梳理下清晰起来了；一个个睡在书页里的形象，经他的描述鲜活起来了；一位位文学大家的身影，由于他的剖析矗立起来了”。（见李桦：《难忘恩师三春晖》）

1962年年底，与佟玲结婚。

1963年10月，长子蒋鲁松出生。

1963年，与进修教师张杰等经常交流。（见附3.2）

20世纪60年代初中期，蒋心焕在学术研究中继续关注革命文学、20世纪40年代解放区文学、郭沫若历史剧、郁达夫小说等先前已有所涉足的内容，还关注1949年以来在党的文艺政策指引下的文学理论建设与文学批评，并摘抄了一些代表性的文章、报告，有周恩来的《在中华全国文学艺术工作者代表大会上的政治报告》（1949年）、周扬的《坚决贯彻毛泽东文艺路线》（1951年）、李希凡与蓝翎的《关于〈红楼梦〉简论及其他》（1954年）等。此外，他还在研究笔记中提到了现代派诗人卞之琳、俄国作家契诃夫、法国作家左拉等。（见附3.3、附3.4）

1968年11月，次子蒋鲁岩出生。

1965年7月，教研室同事刘菩遵照老师教导，响应组织号召，调到烟台师专工作。

1965年8月6日，与妻子来济南学习工作11年，第一次到金牛公园游玩。晚上买了一台盼望已久的收音机，价格110多元，却提醒自己防微杜渐。（见附3.5）

9月2日、4日、11日、18日，在山东大学多次讨论当代文学教材和教学大纲的编写。根据分工，蒋心焕撰写教材“导论”。9月18日，山东大学方面宣布退出教材编写，说是“成老有指示，所有教材一律停止”。

蒋心焕（后排右一）与同事合影

1965年11月15日，为山师学生作关于《艳阳天》的学术报告，获得好评。

11月28日—12月16日，到曲阜师范学院中文系与该校同行一起进行《当代文学》教材初稿的修改工作。（以上均见附3.5）

蒋心焕（后排左二）与朋友合影

20世纪70年代，蒋心焕（后排左）与父亲蒋乾一、长子蒋鲁松、次子蒋鲁岩祖孙三代合影

1966年1月14日晚，出席李继曾和周新平婚礼。此后停止记日记多年。

1970年秋，随山东师范学院搬迁到聊城。不久担任山师中文系现代文学教研室副主任。

1973年1月23日，到韶山瞻仰毛泽东主席旧居。

1月24日，在长沙出席山东大学、北京师院、广东师院、湖南师院、山东师院五院校现代文学教学座谈会。

1月26日上午，在华中师范学院与黄曼君等交流现代文学教学问题。

后到南京与同行交流，2月返回济南。（见附3.8）

1974年春，随山东师范学院迁回济南。

1975—1979年，研究鲁迅的小说、散文，以及鲁迅影响下的左翼作家，并与查国华先后合作发表了多篇学术论文。

1975年3月，与查国华合撰《我们的斗争需要马克思主义——学习〈关于太炎先生二三事〉札记》，发表于《山东师院学报（社会科学版）》1975年第1期。

1975年8月，与查国华合撰《鲁迅和史沫特莱——学习鲁迅札记》，发表于《山东师院学报（社会科学版）》1975年第4期。

1976年1月，与查国华合撰《鲁迅与钱玄同的交往和斗争——学习鲁迅札记》，发表于《山东师院学报（社会科学版）》1976年第1期。

1976年6月，与查国华合撰《鲁迅保卫“五四”文化革命胜利成果的斗争》，发表于《山东师院学报（社会科学版）》1976年第3期。

1976年10月，与查国华合作撰文《鲁迅和内山完造——学习鲁迅札记》，发表于《山东师院学报（社会科学版）》（纪念鲁迅逝世四十周年专刊）1976年第4—5期。

1976年12月，与查国华合撰《鲁迅和柔石》，发表于《破与立》1976年第6期。

1977年5月，与查国华合撰《战斗的篇章——读〈朝花夕拾〉》，发表于《破与立》1977年第2期。

1977年10月，与查国华合撰《鲁迅和肖红——学习鲁迅札记》，发表于《山东师院学报（社会科学版）》1977年第5期。

1977年11月29日—12月4日，到黄山出席现代文学研讨会。

（以上内容依据蒋心焕日记、书信、工作记录、朋友访谈录、回忆文章等资料撰写。）

（胡玥、魏建执笔）

附3.1　刘绶松致蒋心焕

心焕同志：

林先生来，接读了你的信，兼承惠赠珍品，感慰之至！

你暑假后即开文学史，备课当然紧张一些。我们这里的教材，估计要到明年五月才能出版，目前是在反复修改初稿。我担任的一部分大约在月底可结束，那时就回武汉，离校两年多，也真该回去了。耀钦的论文，我没有很好指导（当然我是尽力做了的），希望党伯他们的论文我能花的时间更多一些。

我这里没有什么资料可寄给你，寄来的一本大纲，是供去年十月间讨论会用的，内容已有不少改动，但骨架和主要内容没有大变更，寄给你或可供备课时的参考。不过要注意两点：一、内容较多、较繁，用时须加简化；二、不外传，不印发给学生，这在我们这里是作为纪律宣布了的，你最好是一人备课时看看。

听林先生说，佟玲同志身体有些不大好，至以为念！再来信时盼告知。

紧紧握手！

绶松

八月十二日

心焕同志：

林先生来，接读了你的信，並承惠赠珍品，感谢之至！

你看你们即开文学史，备课当然紧张一些。我们这里的教材，估计要到明年五月才能出版。目前是在反复修改初稿。我担任的一部分大约五月底可结束，那时就回武汉，离校两年多了，也真该回去了。我欣赏的论文，我没有很好的指导（多半我看不大懂了的），对先生们的论文，我能在的时候看过一些。

我这里没有什么资料可寄给你，寄来的一本大纲，是借去年十月向讨论会用的，内容已有不少改动，但骨架和主要内容没有大变更，寄给你或可供备课时的参考。不过要注意两点：一、内容较多、较繁，用时须加简化；二、不外传，不印发给学生，这在我们这里是作为纪律宣布了的，你最好将它一人备课时看看。

听林先生说，德珍同志身体有些不太好，望代问好念！再来信时盼告知。

紧紧握手！

俊彬 八月十二日

心焕同志：

今年上年因为身体不大好，工作又比较忙，所以有许多应复的信都拖下来了。你的信也是这样。这是我每次想起来都感到特别不安的。

到山大去，本来是已经确定了的，但最近又有了变化。原因是，学校最近规定，教员出外讲学时间不能太长，恐怕耽误校内教学。我这次本来想到山大和厦大两处，而厦大要求的时间较长（五周）。学校研究，如果两地都去，则舟车往返，费时过多，对校内工作不无影响，因此决定我今年先到厦门，明秋再去山大。这事一再拖延，我深感不安，但学校已经决定，我也就只能服从了。失掉了一个与你畅谈的机会，也是我耿耿于怀的事。

去厦门可能见到维燊，也是一件高兴的事。你们常通信吗？

武汉近日大热，每日挥汗成雨，彻夜不眠，济南想来好多了。

暑假是在学校过吗？你和你爱人身体都好吗？念念。

匆匆走笔，不尽欲言。祝

俪安！

绥松

七月廿日

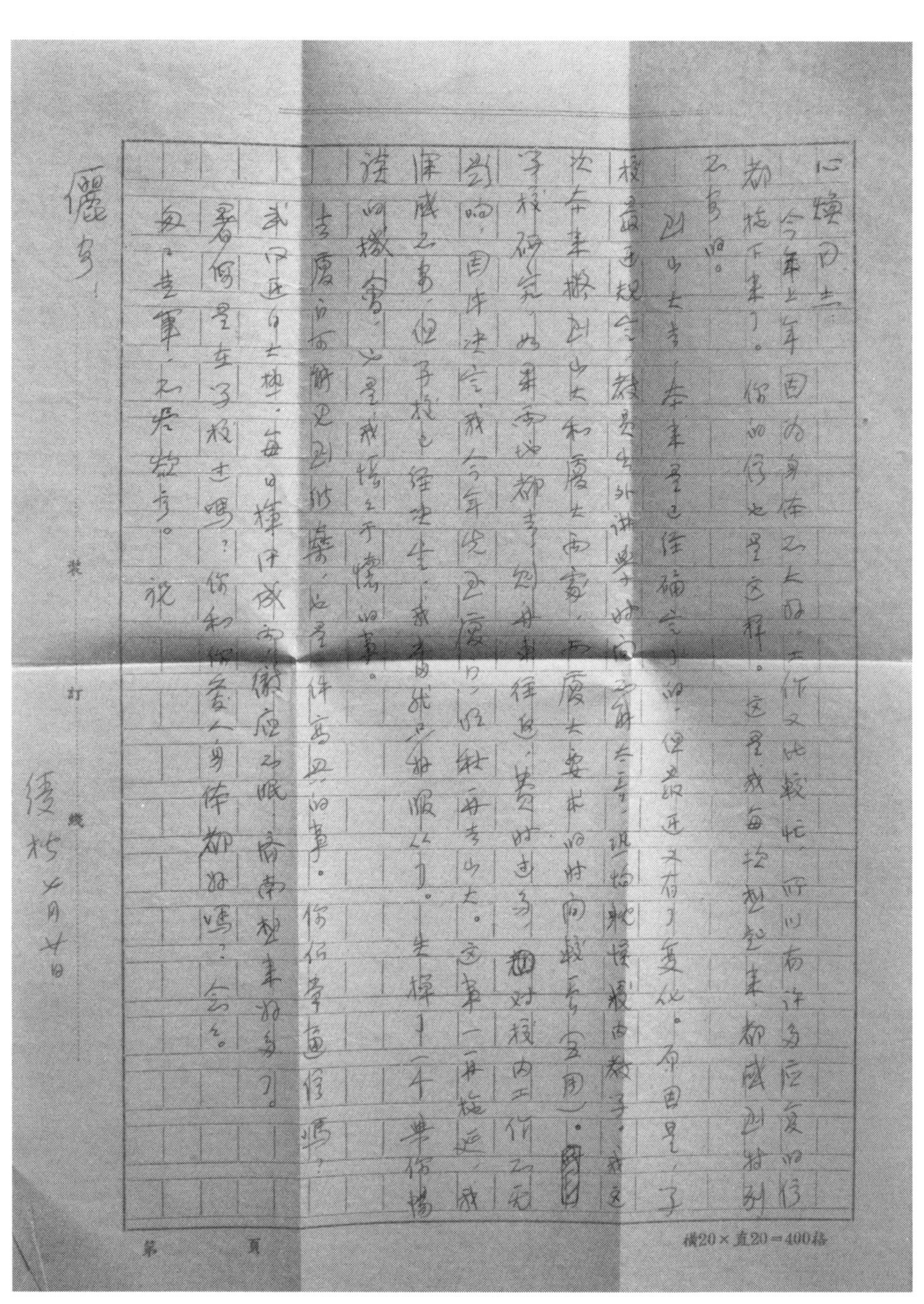

心境同志：

今年上半年因为身体不太好，工作又比较忙，所以有许多应复的信都拖下来了。你的信也是这样。这是我每拉想起来都感到特别不安的。

山大：本来是已经确定了的，但最近又有了变化。原因是：[illegible]校最近规定，教员出外讲学时间不能太长，现在把学校内教学[illegible]，我这次本来想到山大和厦大两处，而厦大要求的时间较长[illegible]。学校研究的结果[illegible]都去[illegible]，花时过多，对校内工作不利影响，因此决定我今年先至厦门，但秋后再去山大。这事一再拖延，我深感不安，但学校已经决定，我自然只好服从了。失掉了一个与你们谈话机会，也是我很抱憾的事。

去厦门[illegible]，也是件高兴的事。你们常通信吗？

我[illegible]，每日[illegible]，应不眠[illegible]，看来好多了。暑假是在学校过吗？你和你爱人身体都好吗？念念。

匆匆草草，不尽欲言。祝

儷安！

[illegible] 七月廿日

装　订　线

第　　页　　横20×直20=400格

心焕同志：

你的信接读很久了，一直没有回信。原因是近来常在病中，加之杂务又多，因此把许多早应该做的事都拖下来了。想来你是可以原谅的。

你寄来的教材我已读过，又转给其他的同志去读了。编教材不易，编现代文学史的教材更有许多实际困难，有些问题目前是不容易十分圆满解决的，方法只有边教边改。高教部编写的那本，修改工程很大，最近还未组织力量改写。文学概论据说三月讨论，这一本什么时候讨论，尚未决定。

武大中文系，已确定为半工半读试点。目前正在进行讨论。高教部有一工作组在此抓这一工作。大约再缓二三月，我们就得搬往农村开始崭新的生活了。搬往那里，决定后再告。《主席诗词研究资料汇编》如已印出，请寄给我一本。我在此预致谢意。

维桑、耀钦均有信来，他们都好，勿念。

此致

敬礼！

问候你夫人和小孩。

绥松

二月八日

武漢大學稿紙

心婕同志：

你的信早读到了，一直没有回信。原因是近来常在病中，加之杂务又多，因此把许多早应该做的事都拖下来了。想来你是可以原谅的。

你寄来的教材我已读过，又转给[illegible]的同志读了。编教材不易，编现代文学史的教材更有许多客观困难，有些问题目前是不容易十分圆满的决定，只有边教边改。高教部编写的那本，[illegible]工程很大，最近也在组织人重改了。文学概论据说三月讨论，还不知什么时候讨论，尚未决定。

武大中文系，已确定为第二批试点。目前正在进行讨论。高教部有一工作组在此抓这一工作。大约再过二三月，我们试[illegible]教材开始有新的出现了。[illegible]，决定不多。[illegible]研究室资料室编的已印出，我寄给你一本，我在此顺便附去。

[illegible]都有信来，他们都好，勿念。

此致

敬礼！

向你的家人们问好。

[illegible]

附3.2　张杰教授访谈录

采访人：史超

时　间：2022年1月18日上午

地　点：山东艺术学院张杰教授儿子家

张杰，1931年1月生，山东新泰人，山东大学中文系毕业，泰山学院教授，离休干部。曾任泰安师专中文系主任、《泰安师专学报》主编、《泰山研究论丛》主编、“泰山文化丛书”执行主编、山东服装学院院长等职。著有《现代三作家论集》《高兰评传》等著作，散文集《春风桃李忆吾师》《翘首东海忆故人》，诗集《心中的歌》《筛月楼诗稿》《筛月楼诗稿续篇》等。

史　超：张老师好！我有几个问题向您请教，请您谈谈您的想法。

1.蒋心焕老师给您留下怎样的印象？

2.您与蒋老师是怎样认识的？

3.在您与蒋老师交往的过程中，有什么令您印象深刻的事情？

4.请您从工作、生活等方面评价一下蒋心焕老师。

张　杰：先按我的思路讲，讲完后你要觉得还不够，再提问，是不是这样更好？

20世纪60年代初，山东省教育厅发了个文件，要求新建高校要选派部分青年教师到山东的老校进修培养。1963年，泰安师专（今泰山学院）派我到山东师院（今山东师大）师从田仲济教授进修现代文学。当时称进修教师，现在称访问学者，时间是两年。当时蒋心焕老师在山师教现代文学。我们都是在田先生的指导下从事研究和教学，两个年轻人很快就熟悉了，并逐步建立起深厚的友谊。在半个多世纪的岁月里，历经风雨，我们始终保持着联系，这是非常难得的。我觉得通过60年的时光观察一个人的为人和品德，应该是比较全面准确的。

下面我从几个方面谈谈对他的看法。

第一，他与老师前辈的关系。他接触最多的老教师是田仲济教授。田先生德高望重，曾担任山师副教务长、副院长等职务，在学术界威望很高，是山东省现代文学界的领军人物，在全国也很有影响。田先生为人正直，办事认真，一身正气，刚直不阿。运动一来他备受折磨，不少人与他划清界限，甚至落井下石，揭发批斗。但蒋老师却始终同情他、关心他、尊重他。改革开放以后，田先生任山东现代文学研究会会长，蒋老师担任秘书长。师生配合默契，工作顺畅，合作得很好。不仅如此，蒋老师对山东大学教授、著名的现代文学专家孙昌熙先生也十分尊敬，合作得也很好。他谦虚谨慎，自律很严，获得学术界同仁的普遍好评。

第二，他与爱人的关系。蒋老师的爱人是佟玲老师，他们是大学时代的同学，可谓知根知底、自由恋爱。前些年他爱人患红斑狼疮，这个病的危害性仅次于癌症。它不仅给病人带来不少痛苦，弄不好还会影响患者的寿命。但是由于蒋老师帮助爱人及时检查治疗，对她呵护、关心，佟玲老师奇迹般地已经带病度过了30年的时光。前些时，我向佟老师打电话问候，她仍然头脑清醒，谈话底气十足，身体很好。我想此事不仅要感谢名医对她的诊治，还要归功于她的丈夫对她的长期呵护。朋友们都觉得蒋老师那样长时间地照顾、护理多病的妻子实属不易。由此可以看出他高贵品质的另一个方面。

第三，他与同事朋友的关系。在我的印象里，蒋老师是一位十分谦和的人。20世纪60年代初期他住在山师院内被称为“五排房”的宿舍里，我曾多次到他宿舍造访。他的邻居有我较熟悉的被划为“右派”的薛绥之、林乐腾两位先生。他们两位到底为什么落难，我不清楚，仅知道他们业务水平都不错，并且能在十分不利的条件下孜孜不倦地钻研业务，我十分钦佩他们。特别是薛先生对现代文学的史料非常熟悉，我经常请教他，他都是热情地给予解答。改革开放后，他任聊城师院教授，硕士生导师、副院长等。当时我就看到蒋老师对他们很友善，也很尊重，经常心平气和地与他们交谈，没有丝毫的歧视，这一点给我留下十分深刻的印象。

另外，蒋老师乐于交友，校内外都有不少朋友。我听说不少人找他请教专业知识，查阅资料，托他办事，他都热情接待，认真办理，实实在在地帮助友人。

他和我个人友情也很深厚。他只要去泰安一定与我见面，我到济南也一定到他家坐坐。晚年我们见面的机会少了，就经常打电话。我们70多岁以后在电话中谈得最多的是健康问题。我离休以后自学了点医学知识，知道他患前列腺肥大症，就建议他做个血液检测，称PSA，主要看血液中有没有前列腺癌细胞脱落物。他接受了我的意见，查了，医生告诉他，脱落物10以上就怀疑有癌细胞，今天他的结果已经达到30，很严重了。医生问他有什么不适的感觉，他是为什么要做这个血液检查的，蒋老师告诉医生没有什么不适，是老朋友建议他做这方面的检查。医生说要做骨扫描，看看骨头上有没有癌细胞转移，若转移就麻烦了。可喜的是，他检查的结果是没有骨转移。医生很高兴地说，只要没有转移，我们就有办法延长你的寿命，现在就给你开药，只要你坚持治疗，延长寿命10年以上不成问题，今后要定期来医院复查。从此以后，他每过一年半载就到医院检查一次，他每次检查完以后一定给我一个电话，说："老张啊，检查的各项指标正常！"我说："好啊！继续奋斗。"

蒋老师患前列腺癌已经七八年了，病情一直十分稳定。这次情况有点意外，据说有一段时间他不能出门活动，全身无力，不能吃饭。他的学生魏建到他家中看望，看他很消瘦，立即将他送到千佛山医院检查，结果是原发性的食道癌，已经到中晚期了。此病若能早发现，放射治疗效果是相当好的。据医生说，中早期治疗绝大部分患者可延长寿命5至10年，少数甚至可以治愈。他错过了最佳治疗期，非常可惜！

前年10月，我听说蒋老师住院，因为疫情，医院不让探视。我去北京前夕，在魏建的引导下我到医院去看他。他当时住在省中医院一楼单间病房。他躺在病床上，打开窗子，我在窗外与他交谈了一会儿。他当时似乎不知道病情的严重，情绪很好，但我心里明白，这是我与老朋友最后的道别，心里很不是滋味。

前年12月，他的学生在医院里为他在线上做了一个88岁"米"寿庆祝活动，我看了录像，很受感动。后来听说他去世了，我在北京写了一首悼念他的诗，作为对老朋友永恒的纪念。

第四，他与学生的关系。在我的印象里，他带学生，比如硕士研究生，特别重视对他们的思想教育，他不仅重视怎样做学问，还非常重视怎样做人。在授业解惑的过程中，也注意传道，传爱国之道、做人之道。据我所知，他的学生中有不少已很有成就，而且到目前为止，还没有一个人在品德上出现大问题、犯大错误的。这除了学生的自律自爱，与老师的教育是分不开的。这一点，值得我们这些做教师的深思。

以上我从四个方面介绍了蒋老师的为人与品德。在我的心目中，他是一位治学严谨、勤奋工作、热爱学生的优秀教师，是一位充满爱心、有责任心的好丈夫好家长，是一位谦虚低调、积极上进的学生，是一位诚实厚道、可以信赖的朋友。我的一生因为有这样一位真挚的朋友而感到荣幸和自豪。

蒋心焕老师已经离开我们两年多了，我经常怀念他。他那真诚朴实的形象一直活在我心里。

史　超：你与蒋老师交往的岁月里，有没有令你印象特别深刻的事情，请您谈谈。

张　杰：有，我想谈两件事。

蒋心焕（左）和张杰（右）的合影（2018年10月）

第一件事：蒋老师退休后在家里有些寂寞。有一次我在肥城市举办学术会议，就邀请他与田仲济先生、张蕾教授到会指导，请他们给青年文艺工作者讲讲学习及写作方面的事情，顺便让他们到外地散散心。肥城是肥桃之乡，那里的万亩桃园久负盛名。当时正值肥桃熟果期，那硕大的肥桃挂满枝头。我陪他们穿行在万亩桃园里观光游览，品尝仙果，大家都兴奋不已，面对扑鼻的桃香久久不忍离去。这些都给到会的嘉宾留下深刻的印象。

还有一件事情：我的小儿子歌群在美国留学，他是学声乐的。他应母校山东艺术学院的邀请回校任教。蒋老师为了帮助他提高艺术素养，主动提出让歌群与他的老同学，著名音乐史家、山师大音乐系教授刘再生先生结识，以便让歌群向刘教授请教。在他的安排下，两人见面畅谈，效果很好。由此可以看出他的良苦用心、对友人的真诚。歌群最近还怀着对这位长辈的敬意谈起此事。

附3.3　蒋心焕1964年摘录笔记（节选）

周相总结报告　　　　1964.7.30

一、这次观摩演出的伟大成就

京剧与京剧工作者革命化，是这次会演的最大收获。

成就很大，这是一次革命，这是会演出了京剧革命的第一批成果。证明了京剧演现代戏这个方向的正确，这次演出三十五个节目，剧本只有32个，另三个重复一个剧目。32个剧目中表现革命历史的13个（指第二次国内战争、抗日、解放战争），表现社会主义革命和建设的19个，后者不算少。这19个的《奇》剧是写抗美援朝，还有两个是反映少数民族地区的民主改革。剧目大多数是大型的，只有9个小型剧（小型剧今后应多创作）所以说演出的剧目相当丰富，比我们在会演前预期的还要丰富多彩。现代剧既能表现民主革命又能表现社会主义革命，既能表现阶级斗争，又能表现人民内部矛盾。既能表现军事、农业，也能表现工商业、渔业，也能表现少年生活……现代剧能表现时代。工农兵破天荒第一次登上京剧舞台，代替了帝王将相、才子佳人，这是京剧史上所未有的。这些剧目中，很多在思想和艺术上都取得了不同程度的成就，32个剧目都有相当水平。都是新的革命的东西，都是演出很大成就来的，这就解决了形式与内容——旧内容与新形式相结合的问题。32个剧都是革命的思想内容与尽可能完美的艺术形式相结合的。这次会演以实践，以生动事实证明了京剧有可能而且必须演现代戏。这是说成为京剧的主要方向，这次会演就肯定了这个方向，今后要不动摇。

京剧工作者思想上的收获，这次会演在这方面的收获也是……统计：演现代剧就为京剧工作者开辟了一个广阔的天地（过去是帝王将相、才子佳人的天地），大大促进了京剧工作者与工农兵的结合

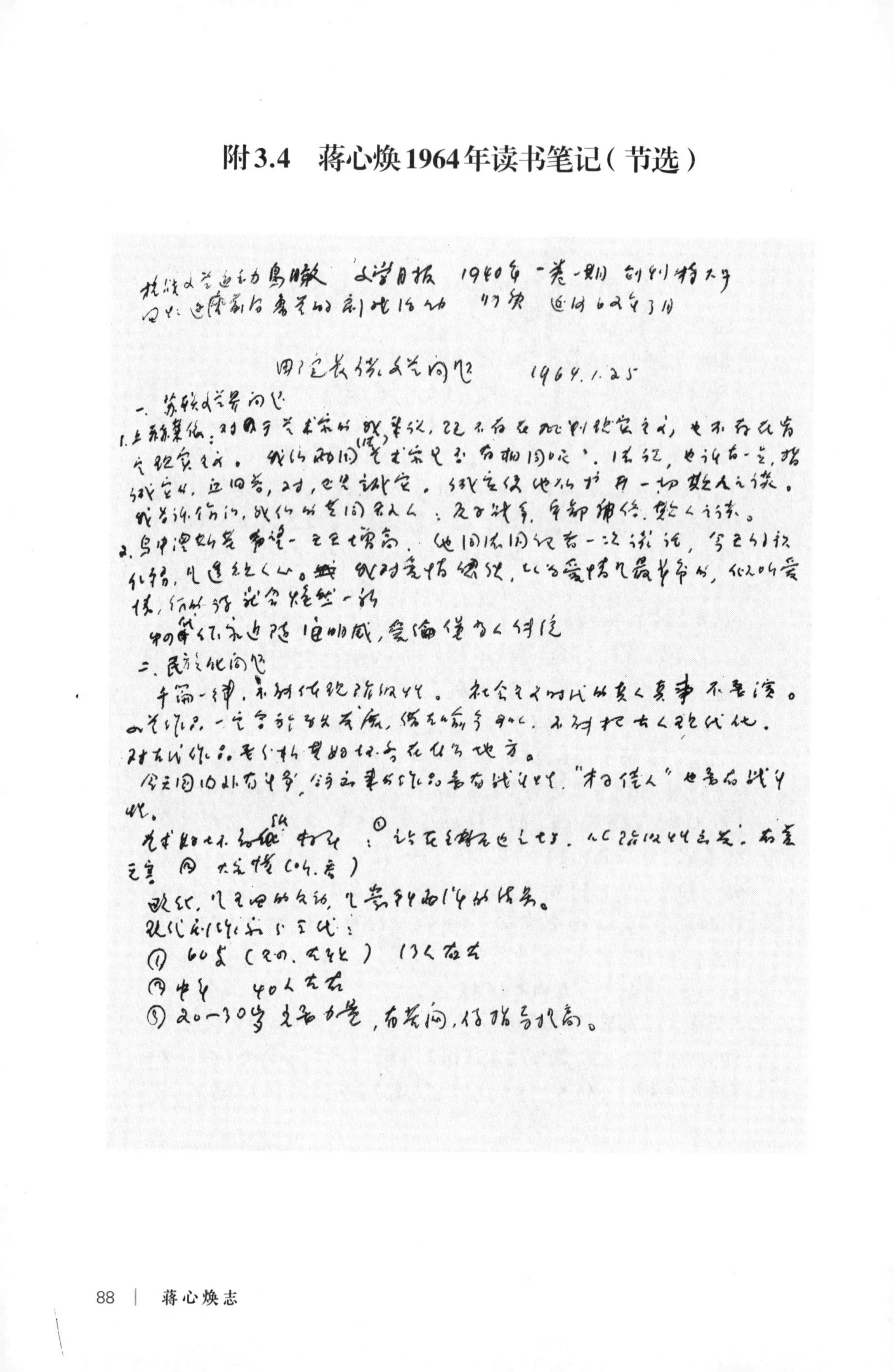

附3.4　蒋心焕1964年读书笔记（节选）

附3.5　蒋心焕1965年日记选

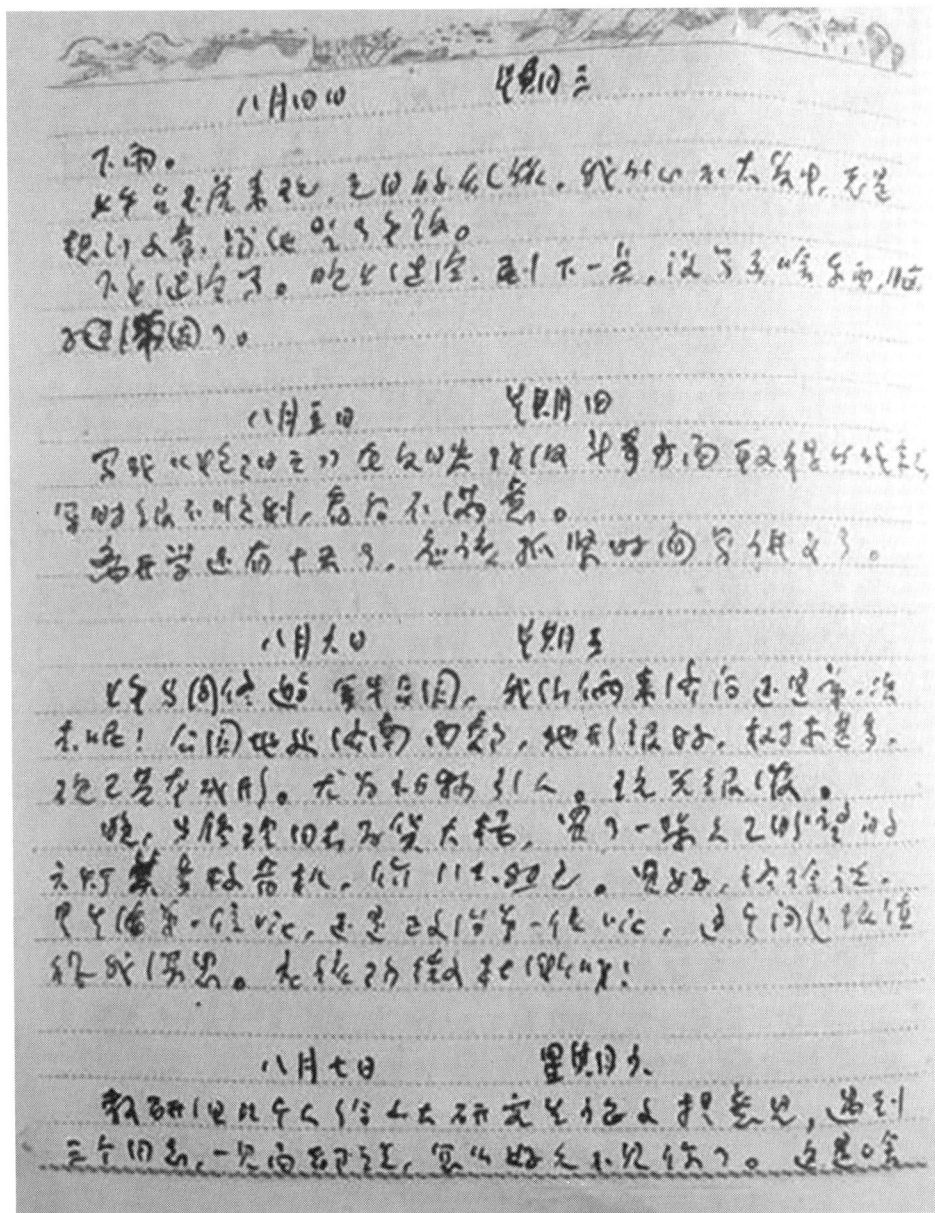

八月四日　星期三

下雨。

[illegible]

八月五日　星期四

[illegible]写作时很不顺利，看后不满意。

[illegible]抓紧时间写作文了。

八月六日　星期五

[illegible]

八月七日　星期六

[illegible]

下午学校举行抗日战争胜利20周年报告大会，由山东军区付司令员詹××作山东抗日战争的报告。

我们的[illegible]几个人，不[illegible]时[illegible]了。我身上将来有力量是依靠主席的，但是如何[illegible]，也许这是个人之思想。我[illegible]。

我入党已十年多了，[illegible]，只觉惭愧惭愧。我现在是，应自觉地[illegible]的精神。

9月2日　　星期四

在山大讨论社会主义文学的性质和特点，[illegible]。由此，我想，[illegible]，发展到[illegible]进行学术研究，这是[illegible]发展的必由之路。

9月3日　　星期五

今天是抗日战争胜利二十周年纪念日，全国城市都举行集会，中共中央和地方各报发表了林彪的《人民战争胜利万岁》。

纪念[illegible]。

[illegible]

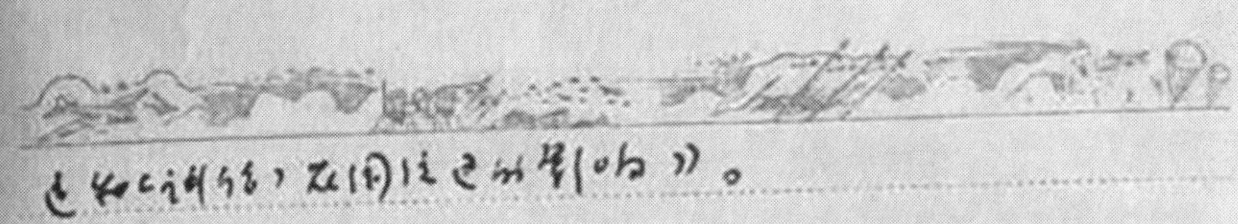

[illegible]

9月4日　星期六

[illegible]6000字[illegible]

[illegible]

9月5日　星期日

[illegible]

[illegible]

9月6日　星期一

[illegible]

附3.6　1967年蒋心焕参加的齐河工作团鲁田工作组合影

前排左二为蒋心焕

附3.7 蒋心焕1970年读书笔记（节选）

形式也决不可掉以轻心，如[illegible]。

《为革命[illegible]《红灯记》》

——学习《红》1970年5月[illegible]

人民日报 70.5.9

以红灯为[illegible]，分析[illegible]。

《[illegible]高举[illegible]》

——谈革命样板戏《红灯记》

（1970.5月读书笔记）

（70.5.12《解放军报》）

从李玉和的阶级性、无产阶级世界观、革命英雄主义和革命[illegible]方面分析李玉和的英雄形象。

《[illegible]》

——谈革命样板戏《红》中李玉和英雄形象的塑造

（1970.5月读书笔记）

70.5.14《解放军报》

从表演艺术方面分析李玉和典型塑造。

[illegible]的艺术典型

——谈李玉和英雄形象的塑造

1970.6.3《解放军报》

《依照无产阶级的面貌改造世界》

——谈《红灯记》中李玉和英雄形象的塑造

《解放军报》1970.5.30

附3.8　1973年蒋心焕到长沙、武汉、南京参加座谈会的记录（节选）

（1月23日至2月）

练习簿
LIANXI BU
长沙—武汉—南京
73.1.24
蒋心焕

广东师院、山东大学、北京师范学院

1973.1.24　　湖南师院、山东师院　五院校现代组座谈会

湖南师院现代组：

有11个人，老、中、青人。课有：毛主席诗词，现代文学史（正在编写）鲁迅杂文、革命样板戏（主要想讲长篇）。

诗词已开始上课，一首一首的讲，写出教材。

鲁迅，以路线斗争为纲，选讲杂文、小说，已印作品选讲。共17篇。原计划搞思想斗争史，领导说太困难，搞文学史吧。分四个时期。从五四写到文化革命。五四时期稿已印完了。第一个国内革命时期，碰到不少问题，比如28年论争、左联等。

样板戏，准备在今年搞教材。《红》《智》《龙》三剧。

文学史写好后，准备在三月下去征求意见。

广东师院现代组：

去年春节成立，17名（老6名，青2，中9）担任工农兵学员的教学和巡回辅导。

鲁迅、样板戏、工农兵文艺、诗词共4门课。

去年共派11人搞教材建设，以文艺革命比较中存在较集中的问题。通过到各地了解作家情况，讲一些作家作品。

已写的初稿，鲁迅：生平、思想，杂文：概述，小标10，小说，概述，小标6，诗歌（概述，小标6），散文，小标2

郭沫若：①生平、思想（以前作的），②诗歌，概述，小标《凤》

③历史剧，概述，小标《屈》》

样板戏：京剧革命概述，小标若，以全剧，小标选七场“斗智”、“面”等。

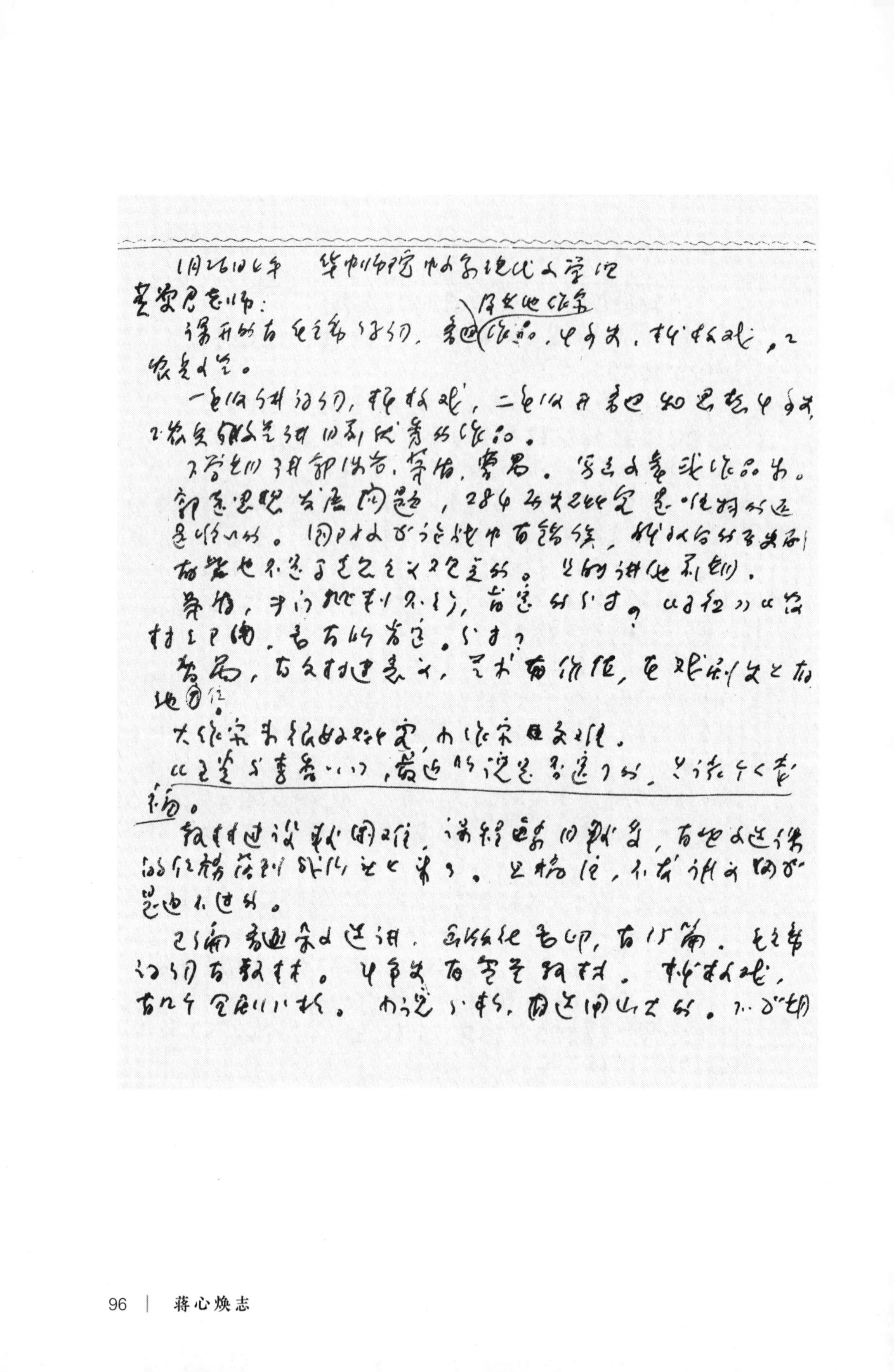

四

教书育人（上）

（1978—1984年）

生平记述

1978年，晋升讲师。

1978年下半年，办理书新调山东师范学院工作事宜。

1978年，开始协助田仲济教授指导研究生。

1978年6月，出席在福建厦门召开的北京大学、南京大学等院校《现代文学史》教材协作会议。这是中国现代文学研究领域的一次拨乱反正的会议。（见附4.1）

1978—1979年，与查国华继续合作研究，先后合作发表四篇论文：《鲁迅和增田涉》（《破与立》1978年第2期），《谈“学衡派”》（《山东师院学报（社会科学版）》1979年第2期），《鲁迅和叶紫》（《山东师院学报（社会科学版）》1979年第3期），《试论沙汀的前期短篇小说》（《山东师院学报（社会科学版）》1979年第6期）。

20世纪80年代，与田仲济（右三）、孙昌熙（右二）等人合影（右一为蒋心焕）

1979年开始，在解放思想、拨乱反正的路线引领下，学术研究视野不断拓展，思路不断更新，逐渐树立起“史识”、“史德”“史学”相统一的学术追求。1979—1984年，对中国现代小说，特别是左翼小说、历史小说进行了深入研究。

1981年版《鲁迅全集》出版前，有关人员曾将征求意见本寄给蒋心焕。（见附4.2）

1979年8月，参与撰写的

《中国现代文学史》（田仲济、孙昌熙主编）出版。蒋心焕执笔的部分为第五章和第六章。主要内容为中国现代文学第二个十年的文学思潮、理论建设、文艺论争、重要作家作品，包括革命文学理论建设、文学论争、革命根据地文学，以及沈从文、巴金、老舍、曹禺、田汉、洪深、柔石、殷夫等作家的创作。值得注意的是，蒋心焕注意到革命文学、左翼文学潮流中政党政治对文学的影响，也提出了如何正确认识"左联"和左翼作家的问题。（见附4.4）

《中国现代文学史》这部书是新时期中国现代文学史研究的最早成果。香港《大公报》《文汇报》，日本的《野草》杂志，以及国内《光明日报》《文学评论》等报刊相继发表报道和评论，得到海内外学界的好评。（见附4.1）

1980年7月12—18日，到包头出席中国现代文学研究会首届学术讨论会，作小组发言。

1980年11月，晋升为副教授。

1981年上半年，山东师范学院举办全国性的现代文学教师进修班。蒋心焕先后讲了三讲：《老舍的〈骆驼祥子〉》《关于1928年革命文学论争》

山东师院中文系现代文学进修班结业留念（1981年6月16日，前排右二为蒋心焕）

参加《中国现代文学史》修订版会议（后二为蒋心焕）

《现代小说发展中的工人形象》（见谢昭新《山师求学忆恩师》）。6月，现代文学进修班结业合影。

1981年7月，到蓬莱出席田仲济、孙昌熙主编《中国现代文学史》修订人员会议，为该书修订版定稿。

1981年8月，到青岛出席“山东省鲁迅诞辰一百周年学术讨论会”，作大会学术报告。（见附4.5）

1981年，发表论文《中国现代历史小说的开拓者、成功者——谈〈故事新编〉》于《山东师大学报》（哲学社会科学版）1981年第5期。论文中运用了弗洛伊德的精神分析说。

1982年5月，到海口出席中国现代文学研究会第二届学术讨论会，作小组发言。

1983年初，发表论文《三十年代历史小说创作琐议》于《教师与进修》1983年第1期。

1983年3月，发表论文《试论左翼文学的工人题材小说及其得失》于《山

1983年山东省中国现代文学学会成立大会暨学术研讨会合影（第二排左三为蒋心焕）

1983年11月山东省郭沫若研究会成立暨学术交流大会（后排左九为蒋心焕）

东师大学报（哲学社会科学版）》1983年第3期。

1983年5月，出席山东鲁迅研究会第二次学术讨论会。（见附4.6）

1983年10月，出席在济南召开的山东省中国现代文学学会成立大会暨第一次学术讨论会，并作大会学术报告。在山东省中国现代文学学会成立后的第一届理事会上，蒋心焕当选副会长。（见附4.7）

1983年11月，出席山东省郭沫若研究会成立暨学术交流大会。

1984年1月，参与编写的《中国现代小说史》（田仲济、孙昌熙主编）出版，蒋心焕执笔第三章《在斗争中成长的个人形象》、第七章《嵌着时代印记的历史小说中的人物形象》。这是国内出版的第一部《中国现代小说史》。（见附4.8）

1984年4月，协助田仲济编选的《中国现代文学散论》由山东文艺出版社出版。

1984年5月，与教研室同事合著的《中国现代文学史教程》由山东教育出版社出版。

1984年，发表论文《略谈耶林的短篇小说及其主要特色》于《齐鲁学刊》1984年第4期。

1984年7月出席在蓬莱举行的山东省中国现代文学研究会第二次理事会并发言。

（以上内容依据蒋心焕日记、工作手册、书信、朋友访谈录、回忆文章等资料撰写）

（胡玥、魏建执笔）

附4.1 蒋心焕文《文学史研究的春天——20年瞬间与记忆》

打开相册，一幅开始发黄的黑白照片映入眼帘，照片下方两行字还很醒目：“北京大学、南京大学等院校《现代文学史》教材协作会议留影，1978.6，厦门鼓浪屿。”我一下就打开了记忆的闸门，20年前来自全国各地的现代文学界同行在鼓浪屿欢庆现代文学史研究春天的到来。也许人们经历了太长太长的严寒岁月，在阳光的沐浴下感觉到特别温暖。照片上前排中间坐着老一辈的田仲济、钱谷融、陈瘦竹等知名学者，还有一批走向成熟的中年学者、一大批青年研究工作者，有100余人。名为讨论教材，实际上是对被“四人帮”亲自插手搞乱的文学史研究这个“重灾区”进行拨乱反正、正本清源。与会者在充满平等、自由的氛围下畅所欲言。大家不分白天黑夜地讨论着、争鸣着、构想着……人们一致认同，最重要的收益是获得了一种重新观照新文学史的开放眼光，一种多元互补的研究方法，为研究者拓宽了治史的新天地。

山东几所高等院校都有代表参加这次会议。我记得在返程的火车上，由山大的韩长经老师提议，一个新的计划在我们心间逐渐形成了。

田仲济、孙昌熙两位教授带领我们，一边学习经典文论，一边重读重评文学史，坚持从原始史料出发，扩大研究的范围。两位前辈特别强调，要以历史唯物主义的观点，论述每个人物、每件史实、每个作品，事事有据、处处有源，力求史论结合、真有所见：对一些几乎被人忘记或估计不足、颇有争议的作家作品作历史与审美、思想与艺术、成就与局限的恰如其分的分析，让历史自己来说话；还要注意，在反对一种不良倾向时又必须防止另一种倾向。1979年8月山东本《中国现代文学史》以崭新的面貌问世了。这是党的十一届三中全会之后我国出版的第一部新文学史教材。该书出版后，好评如潮，香港《大公报》以“实事求是！实事求是！实事求是！”的大字广告推荐此书，它广泛得到了中国内地、中国香港、中国台湾以及日本学术界的重视和好评。

参加了这次会议，编写了这本教材，我的思想观念、学术观念发生了重大的变化。可以说，1978年是我教学和研究生涯的重要转折点。比较两个20年（我1958年毕业留校），前20年，学术观念趋于保守、平和，单纯从政治思想意义层面上阐述文学作品的功能观，虽努力地干，辛辛苦苦，但成绩极小；后20年，学术观念发生质变，研究对象有所拓展，有所“发现”，力求把文学史放在一个当时历史、时代、生活和文化等多种因子组合的立体世界中加以考察，努力做到“史识”“史德”“史学”尽可能地统一。

从此以后，我坚定地沿着这条路走下去，开始了一个又一个课题的学术研究。

附4.2　陈早春致蒋心焕

心焕同志：

托姚健同志带来的东西和信均收到。谢谢。

征求意见本你缺的较多，一下子要补齐较困难。容后慢慢为你设法。先捎上《坟》《且介亭杂文二集》和《朝花夕拾》三本。以前出的能弄到多少是多少。今后出的当能本本弄到。

我承担第四卷的注释工作，其中拦路虎不少，而《三闲》《南腔北调》原注释组工作基础也较差，征求意见本至今还无眉目，现在无所依傍，颇棘手。

近来我父亲来京看病，又老马等老同学也在此。缠身的事较多，来不及为你小孩买点礼物，很是抱歉。

匆匆即致

敬礼！

早春上

3月18日

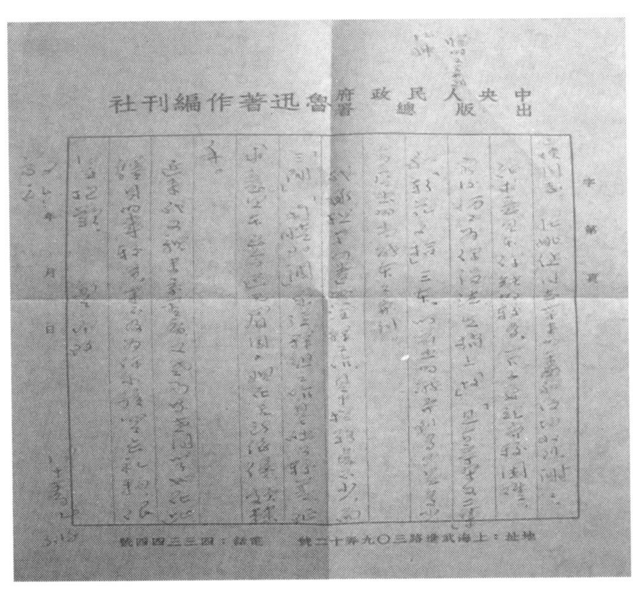

附4.3　蒋心焕参与编写的《中国现代文学史》封面与扉页

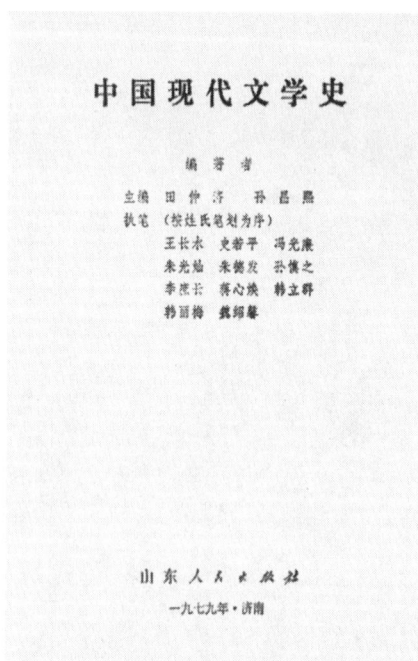

中国现代文学史

编著者

主编　田仲济　孙昌熙

执笔　（按姓氏笔划为序）

王长水　史若平　冯光廉

朱光灿　朱德发　孙慎之

李庶长　蒋心焕　韩立群

韩丽梅　魏绍馨

山东人民出版社

一九七九年·济南

附4.4 田仲济、孙昌熙关于《中国现代文学史》修订1981年致蒋心焕（有改动）

修订《中国现代文学史》注意的几个问题：

一

这次修改要求大改，不仅是小修小补。总的要求：

1.划时期改为三个时期，执行聊城会上的决定，1917—1927　1928—1938　1938—1949；

2.进一步体现实事求是精神，尊重史实，拨乱反正，不夸大、不缩小，以历史唯物主义的观点，论述每个人物，每件史实，每个作品；

3.注意写历史的发展，体现出其发展的规律，避免写成史论、作品论、作家论；

4.适当增加作家，但不宜太多；

5.力求精炼、简明，重点突出；

6.字数仍保持40万字左右，力求写成目前较好的高校教学用书，争取在较大范围内作为试用教材；

7.坚持科学性、逻辑性，以及语言的生动性。

二

特别注意补正一些过去有偏颇及遗漏的问题：

1.在过去一时某种思想影响下否定的一些人物的历史作用需要加以补正，例如：陈独秀在文学革命中的作用，倘谈及在党的初期的作用时，应按毛泽东同志《七大的工作方法》的提法为准，对胡适、周作人等在文学革命中的作用，要写得恰如其分，不可过头，同时需指出其以后的堕落、反动；

2.对鲁迅的历史局限性不必回避；对任何人的文学成就都要与其影响加以区别；

3.要吸收国内外的科研成果，但要有分析、有鉴别，特别是对沈从文、钱钟（锺）书等人的论述，海外一般偏高，特别是对沈从文，我们当有更具体的有说服力的论述，不能脱离实际；

4.对鸳鸯蝴蝶派要写好，文学革命时对它的斗争是完全必要的，它的缺点、错误的坏的影响也是事实，少数有益的翻译和著作比重是小的，虽然是存在的。抗日战争时期要写张恨水，是文协成员，他的著作如《八十一梦》等有影响；

5.郁达夫要加强；吴组缃要加强；骆宾基要加强；但要恰如其分，不必过多。

三

较大的尚有争论的问题，要慎重处理：

1.每章都可注意增加民族传统的作用、外来影响，包括翻译文学的影响，作家受外国作品的影响，但一般不增这样的专章专节；

2.流派风格，在论述时加以注意，例如胡风，可以考虑作为七月派加以论述，但暂时不设专章论述风格流派；

3.在论述文艺思想“斗争”“论争”时应特别注意，既要在标题上注意斟酌，在论述内容上也应特别注意，要遵（尊）重历史，实事求是，如“新月派”是否仍笼统地称反动的新月派还是改称“新月派的××反动思想”更适宜？新月派的闻一多、陈梦家等似不宜称为反动派，或与反动派混在一起。现代派、论语派更有这样的情况，不仅其成员不尽相同，而且各有历史的发展变化，并不是思想始终一样的；

4.对于讲话要从历史的角度上论述，要按第四次文代会邓小平同志的祝辞（词）及大会报告的提法为准；

5.要谈及近代文学的影响，绪论字数可以浓缩一下，使更精炼些。

田仲济　孙昌熙

1981年9月2日

修订《中国现代文学史》注意的几个问题

一、

这次修改要求大改，不仅是小修小补；总的要求：

1. 划时代改为三个时期，执行会上的决定，1917—27　28—37　38—49；

2、进一步体现实事求是精神，尊重史实，拨乱反正，不夸大，不缩小，以历史唯物主义的观点，论述各个人物，各件史实，各个作品；

3、注意写历史的发展，体现出其发展的规律，避免写成史论、作品论、作家论；

4、适当增加作家，但不宜太多；

5、力求精炼、简明、突出重点；

6、字数仍保持40万字左右，力求写成比较好的学校教学用书，争取在较大范围内作为试用教材；

7、坚持科学性，思想性，以及语言的生动性。

三、

特别注意以下一些过去有偏颇及遗漏的内容：

1、在过去一时期曾被贬低的一些人物的历史作用要加以肯定，例如：陈独秀在文学革命中的作用，偏误及右倾的相比较的作用时，应按毛泽东同志《七大的工作方针》予以评价，对胡适、周作人等在文学革命中的作用，要写得恰如其分，不必回避，同时要指出其以后的堕落、反动；

2、对鲁迅的历史局限性不必回避；对作家个人的文学成就都要实事求是地加以区别；

3、要吸收国内外的新研究成果，但要分析鉴别，特别是对港澳台、欧美学者的论述，除一般偏见，特别是对他们，我们要有具体的分析的论述，不能脱离实际；

4、对鸳鸯蝴蝶派要分析，文学革命后的斗争是完全必要的，它的缺点、错误也不能回避，但是事实，对翻译的翻译和创作，此事是小的，其总是存在的。抗日战争时期更多了大批的，是沈括对他的著作等以八十一步予以有利的；

5、郁达夫要加以肯定；吴组缃要加深；路翎要加以肯定；但也要指出其不足之处。

三、

较大的有争论的问题，要慎重处理：

1、每章节应注意增加民族传统的作用，外来影响，包括翻译文学的影响，作家受外国作品的影响，但一般不增选择的专章专节；

2、流派风格，在论述时加以注意，例如胡风，可以考虑作为七月派加以论述，但新时期不设专章论述风格流派；

3、在论述文艺思想"斗争"、"论争"时要特别注意，既要在标题上注意斟酌，在论述内容上也要特别注意，要尊重历史，实事求是，如"新月派"是否仍然能称为反动的新月派还是改称"新月派的××反动思想"更适当？新月派的闻一多、徐志摩等似不宜称为反动派，或与反动派混在一起。现代派、论语派也有这样的情况，不仅其成员不全相同，而且各有历史的发展变化，并不是思想始终一样的。

4、对讲话要从历史的角度上论述，要摘节四次文代会邓小平同志的祝辞及大会报告的提法为准。

5、要避免通俗化的倾向，评论字数可以紧缩一下，使更精炼些。

田仲济　1981.9.2.

孙昌熙

附4.5 蒋心焕1981年8月会议记录（节选）

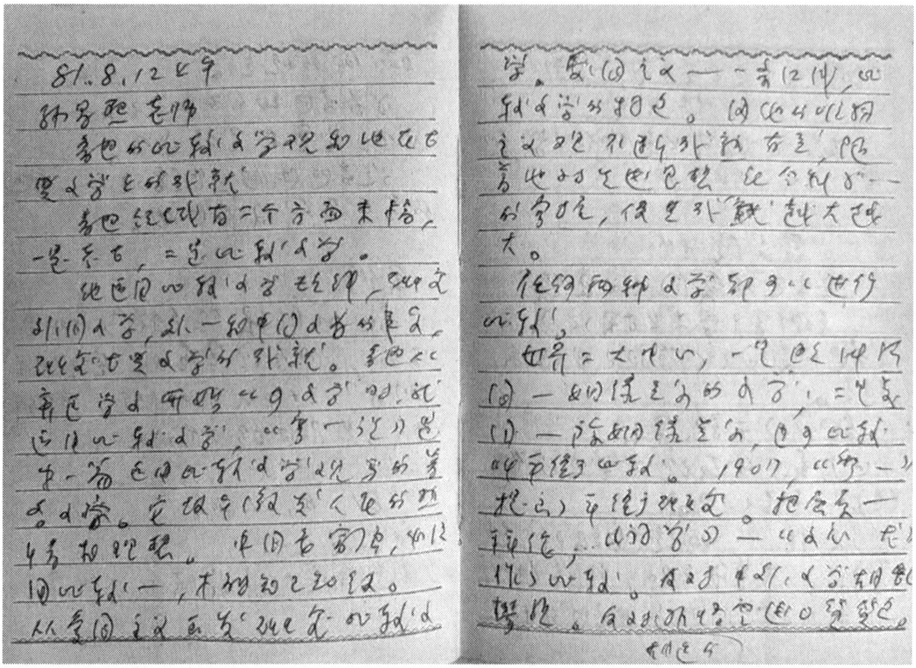

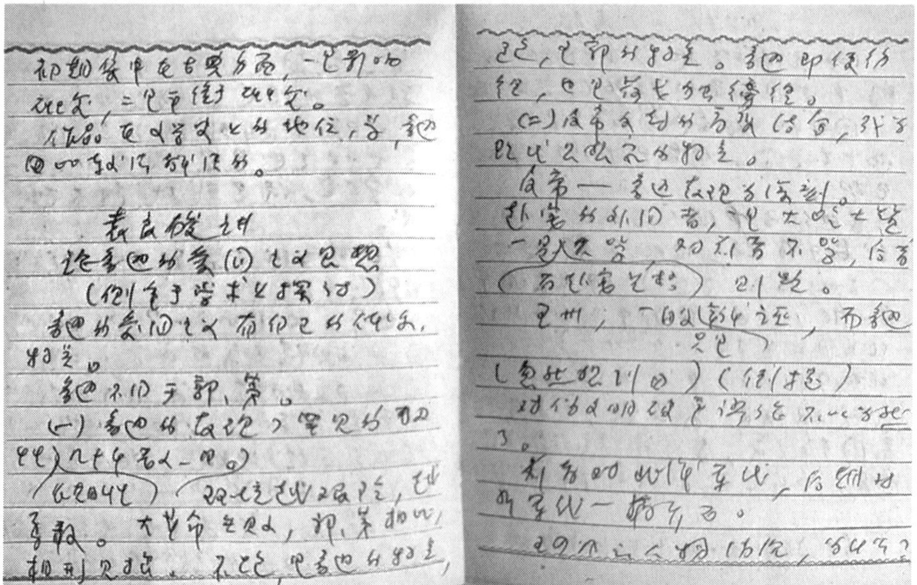

附4.6 蒋心焕1983年会议记录（节选）

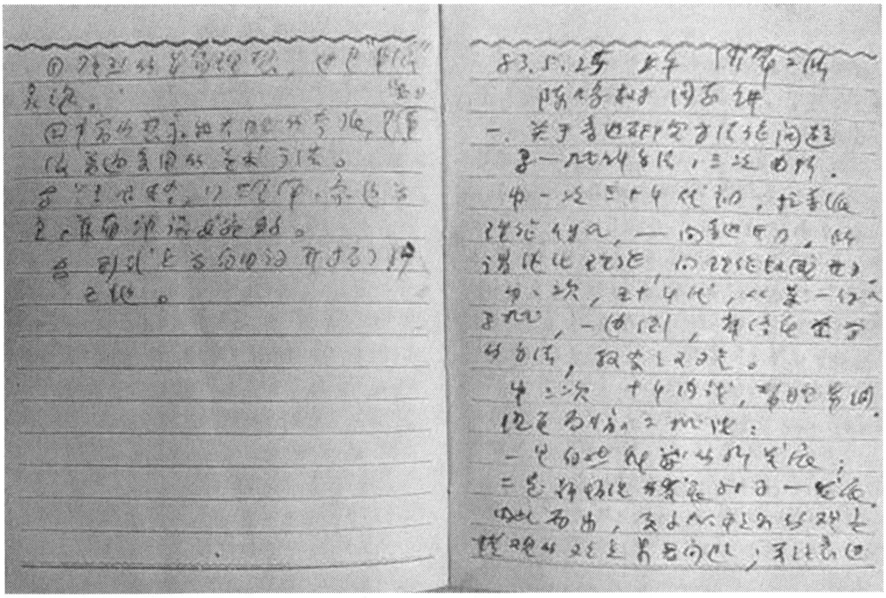

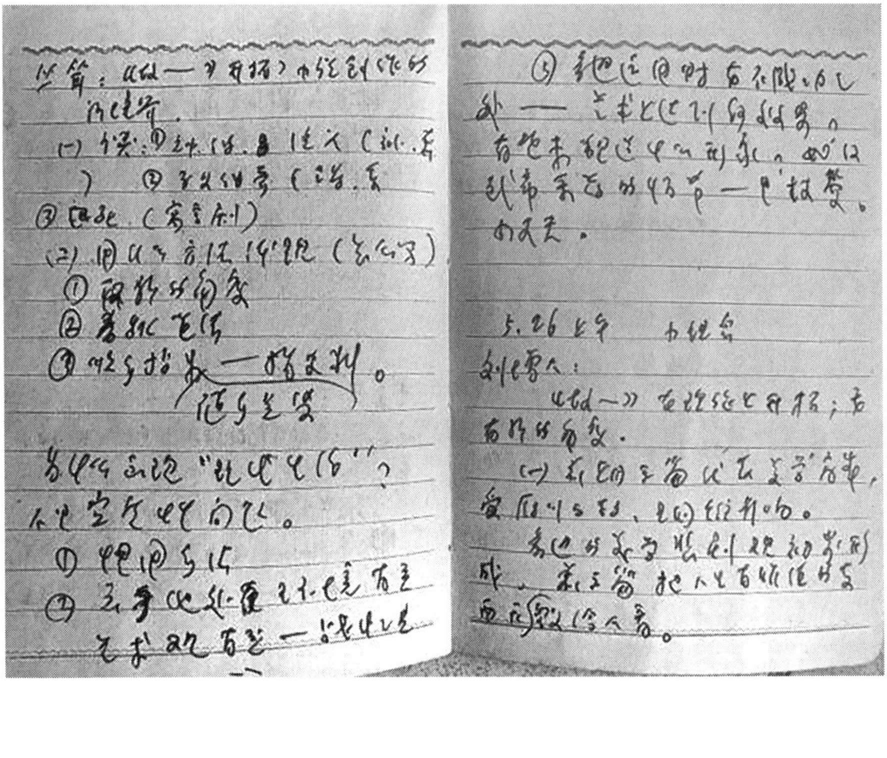

附4.7　山东省中国现代文学学会第一、第二届理事会资料（节选）

山东省中国现代文学学会简介

一、历届理事会及成员

第一届理事会（1983年10月）

名誉会长：余　修

会长：　田仲济

副会长：孙昌熙　　高　兰　　许　平　　吕慧鹃　　徐文斗

　　　　蒋心焕

秘书长：朱德发

副秘书长：孙慎之　　刘增人　　王延晞　　娄振昌（补）

理事：田仲济　　孙昌熙　　高　兰　　许　平　　吕慧鹃

　　　徐文斗　　蒋心焕　　朱德发　　孙慎之　　刘增人

　　　王延晞　　王立鹏　　赵雍堂　　丁振家　　查国华

　　　许歌峰　　韩丽梅　　徐鹏绪　　张　挺　　刘献彪

　　　韩日新　　吴三元　　娄振昌（补）

第二届理事会（1987年6月）

名誉会长：余　修

会长：田仲济

副会长：孙昌熙　　高　兰　　宋协周　　吕慧鹃

　　　　徐文斗　　朱德发　　蒋心焕

附4.8　蒋心焕参与编写的《中国现代小说史》书影

中国现代文学史丛书
中国现代小说史
田仲济　孙昌熙 主编
*
山东文艺出版社出版
（济南经九路胜利大街）
山东省新华书店发行　山东人民印刷厂印刷
*
850×1168毫米32开本　18.75印张　414千字
1984年1月第1版　1984年1月第1次印刷
印数1—18,500
书号 10331·1　定价 2.05 元

附4.9　田仲济1982年致蒋心焕

心焕同志：

你的文章我于济南到郑州的途中就读完了，因为文字很流畅，所以读得很快。我初步的意见是这样基本就可以了，余下的就是略加一些润色，使它更完美。

涉及的作品，这些也基本全了，少（稍）漏几篇是难免的，也无碍大局。分析和论述也觉是恰当的。若是使它更完美的话，就在形象，即人物上的分析更细致更具体些，我的看法是能增加多少便增加多少，不能增加就这样算了。过于概括抽象的地方具体一些。

我很挂念立群，是不是病已好？若是还没好，是不是会是近来流行的流感？

我们同郑州的两位同志同游，共五人，于昨天早七时多到达桂林，他们都是第一次来桂林，昨天就忙于游岩洞，今天就到阳朔去了。我正好趁这个机会休息休息。我临走时看到了陈纪滢的《记姚雪垠》（载《传记文学》），他是转寄给我的单页。内中涉及（到）我，我想写一篇回答他的文章寄到香港去，也拟在今天写。明早三时就拟搭161次车去湛江，然后换汽车前进。行程比我们预计的顺利，可以很从容地按期到那里。

希望你能抓紧写未写的那篇，若是立群好了，就赶来开会，否则也希望他抓紧写。希望今冬能交出去就好了。

附信请找小杨转送即可。

顺祝

努力！

仲济

五月十七日桂林

第　页

小骥同志：

你的文章我于济南到郑州的途中就读完了，因为文字很流畅，所以读得很快。我初步的意见是这样基本的可以了，余下的就是略加一些润色，使它更完美。

涉及的作品，这些也基本全了，个别几篇可以不选的，也无碍大局。分析和论述也是比较透彻的。若是使它更完美的话，就在形象，即人物上的分析更细致更具体些。我的意见是能增加多少就增加多少，不能增加就这样好了。进行[illegible]比较的地方[illegible]一些。

我很想[illegible]，是[illegible]有人好？[illegible]还[illegible]好，是不是[illegible]还要流行的作风？

我们同郑州的几位同志同行，共六人，于昨天早上到达桂林，他们都是第一次来桂林，昨天就忙于游览，今天就到阳朔去了。我正好趁这机会休息休息。我临走时看到了陈俊堂的《论姚雪垠》（载《评论文丛》），他

20×15=300

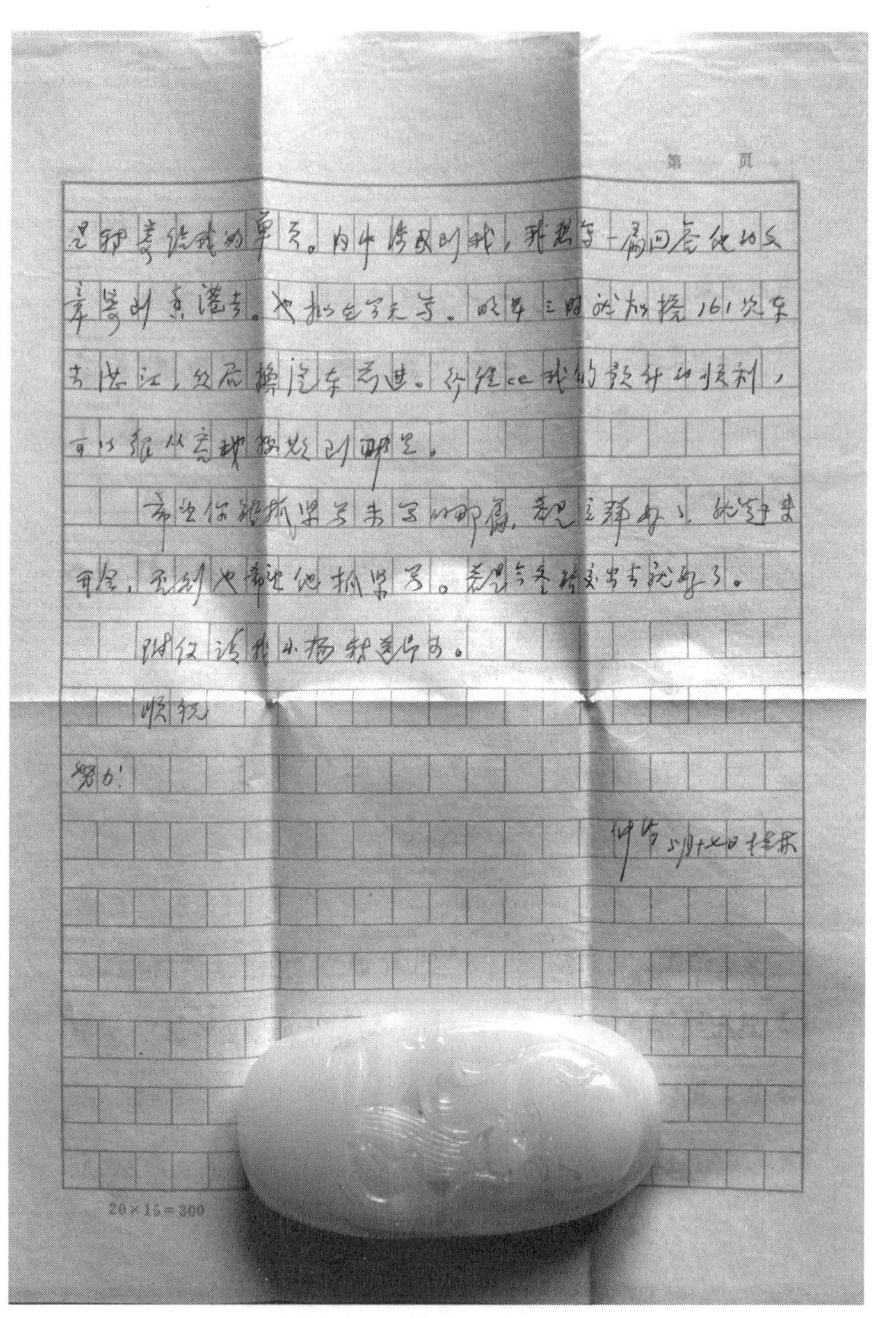

第 页

20×15=300

附4.10 蒋心焕科研工作手册的部分内容

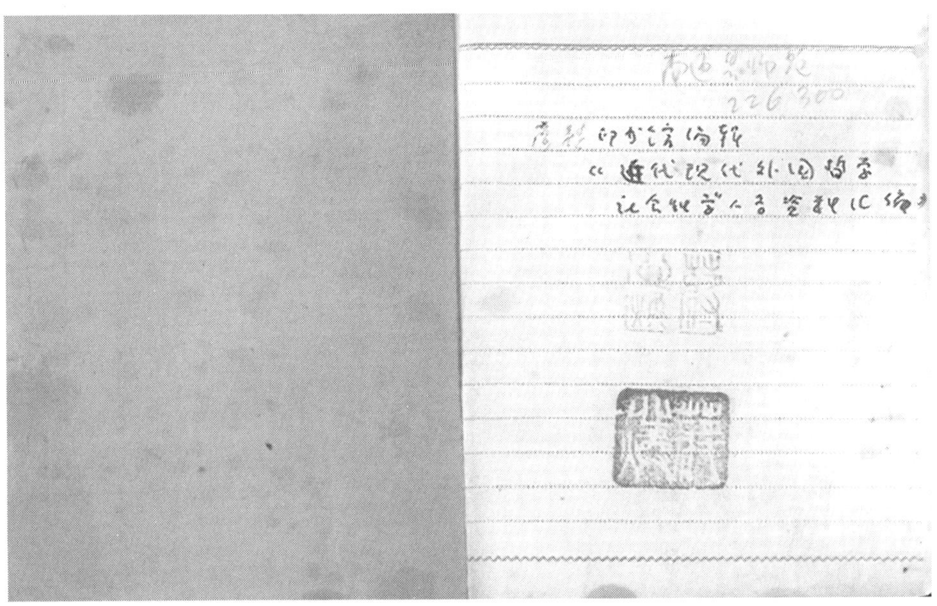

读"坏学生"与"害学生"

[illegible]

中国青年报 79.4.28日

关于《雷雨》的命运观念问题

钱谷融

戏剧艺术 79年第1期

五四时代的学府《新青年》

丁守和

人民日报 79.5.2

光辉的榜样

—[illegible]《记[illegible]》读后

赵[illegible]

人民日报 79.4.30

李大钊对中国哲学的贡献

张静如

人民日报 79.5.3

纪念五四运动六十周年

许德珩

人民日报 79.5.5

他高举着火炬走来

—李大钊在五四运动中

李义彬

人民日报 79.5.5

"五四"时代的学府《新青年》

丁守和

人民日报 79.5.2

五四时期的陈望道

邓明以

人民日报 79.5.9

反帝反封建的青年先锋

—记周恩来在五四运动中

人民日报 79.5.5

附4.11 蒋心焕部分手稿

沙汀及其前期短篇小说

四

（一）

沙汀，原名杨朝熙，四川省立第一师范毕业后改名杨子青。沙汀是作者一九三二年发表作品时所用的笔名。除了这个笔名，作者还用尹光这个笔名于一九三五年发表过两个短篇，出版过一本题名为《兽道》的短篇集。

沙汀生于一九〇四年阴历十二月十九日四川省安县城里。一九二二年到成都进四川省立第一师范学习，[illegible]接受了一些新的思想。一九二六年毕业后，曾去北京准备投考北京大学。因闻鲁迅已去南方，考期又错过了，于当年就返回四川。是时北伐军已占领武汉。[illegible]

20×15=300　　山东师范学院科研稿纸

一九二七年春夏之交，[illegible]参加了党领导下的一些革命活动。一九二八年，成都发生了"二、一四"事变，[illegible]同作者关系较深的几个党员都牺牲了，[illegible]白色恐怖日益紧张，作者于一九二九年春到了上海。因为看见一些流亡上海的四川同志，便来共同组织了一个出版机构，叫"辛垦书店"。一九三〇年与同乡同学艾芜相遇，共同研究小说创作。因为他们对写的东西没有把握，就给鲁迅写了一封信请教。"我们就他指示，是继续写下去呢，不然好另外打主意。……鲁迅热情地回信来，小说是可以写作，并且给我们许多很可宝贵的意见。这事是给使我们永远怀着感激之情来记着的。"（见沙汀《航线·前记》）鲁迅的回信，就是收录在《关于小说题材的通信》（来信和复

20×15=300　　山东师范学院材料稿纸

附4.12　蒋心焕部分讲稿

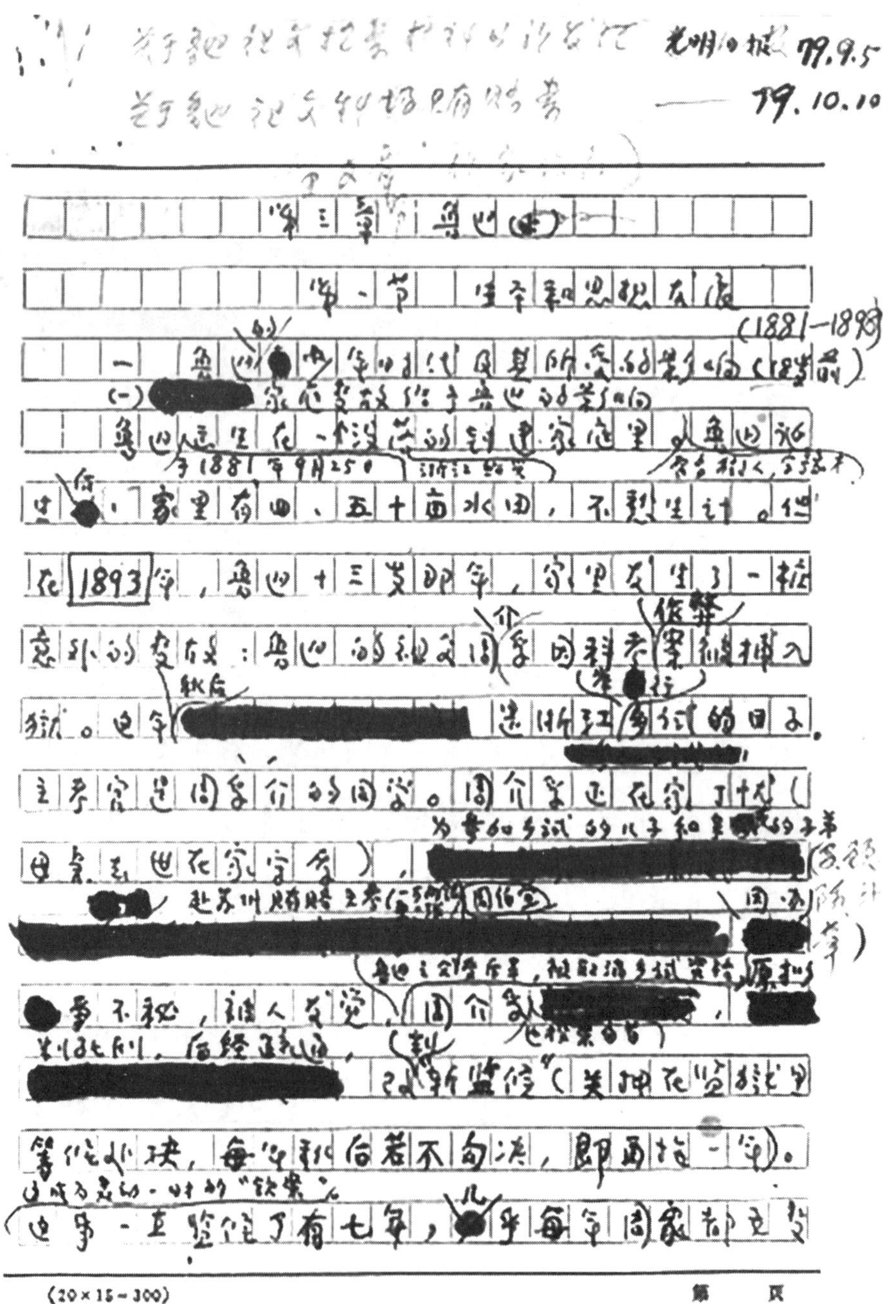

光明日报 79.9.5
79.10.10

第三章 鲁迅（上）

第一节 生平和思想发展

一 鲁迅的少年时代及其所受的影响（1881—1898）

（一）家庭变故给予鲁迅的影响

鲁迅诞生在一个没落的封建家庭里。鲁迅初生时，家里有四、五十亩水田，不愁生计。但在1893年，鲁迅十三岁那年，家里发生了一桩意外的变故：鲁迅的祖父周介孚因科考案被捕入狱。这年……是浙江乡试的日子。主考官是周介孚的同学。周介孚正在家丁忧（因其母去世在家守孝），……事不秘，被人发觉，周介孚……斩监候（关押在监狱里等候处决，每年秋后若不处决，即再拖一年）。这事一直拖延了有七年，几乎每年周家都要变卖

（20×15＝300）　第　页

是跟随着时代前进的，拨[illegible]革命[illegible]的[illegible]，人民的政治觉悟是不断提高的，[illegible]
（在他的作品中，反映了）[illegible]
[illegible]
社会[illegible]的动荡，显示了社会的变革[illegible]
[illegible]

三十年代初期，鲁迅、茅盾[illegible]对不同一次的[illegible]对当时的[illegible]流行的创作"公式"进行批评的时候，沙汀[illegible]的作品则以新的面貌出现[illegible]在读者面前。[illegible]一九三二年八月写的[illegible]《航线》作者用写实主义的手法，[illegible]了一幅[illegible]广阔[illegible]而真实的生活的图画，就如同[illegible]。[illegible]的作者描绘长江上行驶一艘船上的一段生活素描。这个[illegible]船上什么人都有，五方杂处，最便于借以反映生活的各个侧面。果然，在这艘船上，我们

20×15＝300　　山东师范学院稿纸

附4.13　宋遂良访谈录

采访人：宋听月

时　间：2021年12月30日下午

地　点：山东师范大学二宿舍袁忠岳教授家

宋遂良，1934年生，湖南浏阳人，1961年复旦大学中文系毕业后在中学任教20多年，山东省首批特级教师。1983年调山东师范大学工作。曾任山东师范大学中国现代文学研究中心主任。1992年被评聘为教授。主要从事中国当代文学教学和研究工作，代表性论著有《宋遂良文学评论选》《在文言文》等。主要社会兼职有山东省当代文学研究会副会长等。

宋听月：宋老师，请您谈谈对蒋心焕老师的印象，好吗？

宋遂良：好的。在我们这一代知识分子当中，蒋老师的一生是比较平顺的。他这个人性格善良，比较老实，胆子也不大。他做学术研究啊，待人处世啊，都是适合时代的，遵从上级领导，随着时代的进程而成长、发展。他没有受过太多的苦，也没有在历次运动中受过打击。在政治上，他顺顺当当、平平安安地度过了一生。另一方面，蒋心焕老师是一位儒雅的知识分子，谦和低调，满面春风，人缘很好，所以他和老师、同事、学生都相处得很和谐。因为他名字中有一个“焕”字，我一开始总把他和叶圣陶先生小说中的倪焕之联想到一起。似乎有点像，但蒋老师远没有倪焕之复杂。

宋听月：您什么时候认识蒋老师的？

宋遂良：我和蒋老师是在1980年高考阅卷时相识的，1983年我调到山师之后，我们才熟悉起来。我来山师后是在田仲济先生领导的中国现代文学研究室工作，后来叫中国现代文学研究中心，就是现在语言文学研究所的前身。研究中心原主任书新老师病故后，我和吕家乡老师又被任命为研究中心的正、副主任。这个研究中心虽然有8个工作人员，但没有行政编制。除了学术研究，主要工作是培养研究生，都是以田老为导师招进来的。我们三个（指宋遂良、吕家乡、袁忠岳老师）算副导师吧，协助田仲济先生指导。当时中国现代文学研究中心与中文系是各自独立的。中文系的领导对这个新机构并不支持，所以我们这张“地方粮票”生存艰难。因为不想过多地去打扰年事已高的田先生，有事我们就去找心焕老师，请他帮忙来沟通。他沟通得很好，所以我们给蒋老师起了一个外号，叫“八贤王”。宋代杨家将那个时候，八贤王是皇帝的一个弟弟，他权威很大，因为他威望高、沟通能力强，所以杨家将有什么事都依靠他。比如当时我们生活很艰苦，因为不能到中文系去上课，所以我们没有上课的收入。“八贤王”曾经帮我们联系，让我们研究中心的几位老师到夜大和函授去授课，以增加收入。蒋老师还帮忙联系，使我们的研究生能够进入中文系的教师资料室，还能到学校图书馆像教师那样查阅资料，他还帮我们去总务处要房子，等等。他帮了我们很多忙。

宋听月：您和蒋老师还有哪些交往？

宋遂良：蒋老师和张杰老师关系不错。泰安师专中文系主任张杰老师和山师、山大的同行关系都很亲密。1991年秋天，张杰老师的学生为他举办从教40年的纪念会，我们山师的几个老朋友（蒋老师、张蕾老师和我）组成了一个山师中文系“代表团”去泰安祝贺。戏称张蕾为代表团团长，蒋心焕为政委，我为秘书长，负责安排车票住宿事宜，相处融洽。

以后又应教育厅自考办邀请到青岛崂山去做考试题库，蒋老师是负责人。他待人和气，照顾大家生活起居十分仔细。有一天，一个外地老师进城办事，到晚饭时仍不见归来，蒋老师就一直在公交站等到天黑。回住地时，那位老师已吃过饭了，而蒋老师还饿着。

我爱人傅定萱是心焕同志介绍入党的。当时蒋老师是教工支部的书记，多次热心地找她谈工作和思想，并派专人去湖南老家，找到她多年失散的亲人，进行了多方面的深入了解。蒋老师是一个知己知彼、轻言细语的思想工作者。

宋听月：在学术工作和学科建设方面，您对蒋老师还有什么印象？

宋遂良：蒋心焕老师是一位严谨的学者。他是那种事必有因、言必有据的朴学派。有一次他和我说起研究鲁迅，他说，思想家的鲁迅、文学家的鲁迅和革命家的鲁迅应该怎样区别、怎样统一，应该有历史的、文学的细致的梳理分析。不能因为有了毛主席和瞿秋白的论断就不去具体深入了。我说你这个想法很有价值呀，怎么不做个课题研究一下呢？他笑了笑说，这个课题蛮有风险的。我也会心地笑了笑。蒋老师不是那种有冒险精神的激进派。在学术上，他兢兢业业，很努力，遵循以事实为根据、以资料为主的研究方法。

对于我们学科，他是一位承前启后者。他曾经跟武汉大学的刘绶松教授学习，受到文学史研究的学术训练。在我们山师中国现代文学专业的这个团队里面，他是一个很重要的人物。他和田仲济先生关系最好，他能够贯彻田先生的一些意向，传达到位；中年一代，他能组织、协调；培养年轻一代，这是他更重要的贡献，他培养了大批学生，使他们成为有用的人才。所以我们对他印象是很好的。

宋听月： 我的采访要结束了，您还有什么要说的吗？

宋遂良： 心焕老师和我都是属鸡的同庚。80岁以后他身体有病，日渐虚弱，骨瘦如柴，见了让人心疼。但是他坚韧地挺过来了，正在庆幸之际，另一种病状袭来，辗转半年，终于不起。我也进入迟暮之年，兔死狐悲，唇亡齿寒，怀念老友，一阵淡淡的忧伤在心臆间萦绕。想起陶渊明的那几句诗："纵浪大化中，不喜亦不惧。应尽便须尽，无复独多虑。"生老病死是自然规律。逝者已矣，生者安生！

附4.14　翟德耀访谈录

采访人：李宗刚

时　间：2022年5月3日

地　点：师大新村翟德耀编审的寓所

翟德耀，1946年生，山东莱州人，大学学历，曾任《山东师范大学学报（社会科学版）》副主编、编审，兼文学院教授、研究生导师，现为山东省茅盾研究会名誉会长。著有“文苑踏青”系列三卷（《茅盾论》《现代中国作家散论》《评论与鉴赏》）、《中国现代纪游文学史》（副主编）、《心灵之约：名人的友情》（主编）等。获山东省社会科学优秀成果奖9项，其中二等奖2项。

李宗刚：翟老师您好！请问您是怎样认识蒋心焕先生的？

翟德耀：蒋先生是我大学时的老师，最早认识是从听课开始的。我还是愿意叫他蒋老师。那是1971年年初，在我们入校后不久，他第一次给我们上课。讲的什么记不得了，突出的印象是他那带有南方口音的普通话，慢条斯理，一句是一句，没有口语。课后同学们议论，说他口音不像北方人，可是身材高大，怎么又不像南方人呢？后来熟识了，才知道老师是江苏南通人。其实，虽然北方人大都比南方人长得高些，但高的南方人确实也不少。蒋老师温文尔雅，对学生们提出的哪怕是浅显的问题，也总是不厌其烦地一一回答，和颜悦色，循循善诱。后来蒋老师教“鲁迅作品选”课，把《孔乙己》等小说的思想意义和艺术价值讲得深入浅出，引人入胜。记得因为对狂人形象理解不透，我曾专门向蒋老师请教。蒋老师仔细地听完我的陈述，露出了不无赞许的笑容，说这个问题挺复杂，你能有这样的认识已经相当不错，然后在概述了几种观点后，对狂人形象的内涵谈了自己的见解，条分缕析、有理有据，使我大有茅塞顿开之感。正是在蒋老师和其他老师的指导下，从学习鲁迅入手，我才逐渐产生了对现代文学研究的兴趣，一步步走上了自己喜欢的治学道路。对蒋老师的最初培养，我永远铭记于心。

李宗刚：您做学报编辑工作30余年，发表过蒋先生10余篇论文，在这当中一定有些感受吧？

翟德耀：是的，感受确实很多。据统计，经我编辑发表的蒋老师的论文，共有13篇。这些论文多篇被人大复印报刊资料《中国现代、当代文学研究》全文转载。这些论文，占了蒋老师公开发表论文的相当一部分。对于蒋老师的文品，我的突出感受有这么几点。一是站位高，敏于发现前沿性课题。二是论从史出，史料扎实，论据充分。三是论述严谨，语言干净利落，没有水分。对于蒋老师的人品，从师生关系开始，在长期的编者与作者的关系中，我的感受十分深刻：尊师重道，守正低调，温良谦和，与人为善……

李宗刚：您曾经长期担任山东省茅盾研究会秘书长，听说在研究会初创时期，您是在蒋先生的指导下开展工作的。

翟德耀：山东省茅盾研究会于1986年年底在山东大学创立，当时是山东省中国现代文学学会下属的二级学会。作为一级学会的秘书长，蒋老师无论在二级学会的筹办还是初期的运作中，都发挥了极其重要的作用，付出了巨大的劳动。从起草学会成立报告到报请上级部门审批，从协商会员代表大会、理事会、会长、副会长、秘书长候选人名单，到会议章程拟定、会址确定，从学会成立开始运转到第三届代表大会，在4年的时间里，蒋老师代表田仲济会长做了大量的工作。作为秘书处工作人员，我跟随蒋老师做了一些包括草拟学会章程在内的具体工作。

李宗刚：在与蒋先生的长期交往中，肯定有些事情难以忘怀。您能讲几件印象深刻的事情吗？

翟德耀：确实不少事情印象深刻。比如，本世纪初我的心脏一度有些问题，心律不齐，早搏严重。蒋老师听说后，几次给我推荐药物，介绍医生。当时他曾出现房颤住院，就现身说法，给了我莫大的安慰和关爱。再如，题赠书籍《中国现代小说史》《中国现代小说的历史沉思》《蒋心焕自选集》等。在每本书的扉页，蒋老师都是题写“德耀同志教正”，然后签名盖章。对学生使用

“教正”一词，体现了作为师者的谦和品格。《蒋心焕自选集》是蒋老师本人认真筛选的代表性成果。读过书后，我对老师几十年的治学和教学有了更深的了解。在我看来，蒋老师的学术贡献至少有这么几点是突出的。一是注重“转换论”。从近代文学向现代文学转换，是文学研究的一个重大课题。蒋老师不仅切入甚早，而且成果不少。比如《中国现代文学的传承和发展的历史轨迹》《“五四”新小说理论和近代小说理论关系琐议》，就是这方面的力作。而他指导的硕士李宗刚正是在这一领域砥砺前行、深耕拓荒，取得若干突破的。联想到蒋老师对当年李春林硕士论文选题方向进行把关，促使其决意确立鲁迅与俄罗斯文学关系的研究方向，以至后来成为其毕生的事业，甚至成为该领域的翘楚，让人不得不钦佩老师的高瞻远瞩、远见卓识。二是在现代小说，特别是历史小说研究中先人一步，颇有成绩。既系统梳理了包括历史小说在内的现代小说流变的脉络，概括了其在各个时期的突出特征和本质所在，又着力探讨了一些名家的小说创作，不乏新的识见。三是关于现代散文的研究成果，包括散文流派、闲适散文、文化散文以及其中的代表性作家，蒋老师都有相当深入的诠释和考察。四是对田仲济先生人格精神和文学建树的观照和体察，非常富有见地。作为田先生的得意后学，蒋老师一直追随左右，深得田先生为人治学精髓。是以田先生逝世前后，蒋老师发表的多篇文章，成为最切近先生形象的佳作，成为了解先生的必读篇章。据记录，2015年6月17日，当我就上述读后感与蒋老师交流时，老师谦虚地回应：你说的这几点，确实是我重点关注的领域，也是我多年研究的课题，虽然起步比较早，也取得了一些成绩，但受各方面条件的制约，必定还有一定局限。谢谢你的肯定。准确评论很不容易，既不能贬低，也不能夸大。（大意）蒋老师为人一向平和低调，于此可见一斑。还比如，他发自内心地对弟子成就的欣慰感。一次拜年电话打过去，问候过后，言及魏建教授、李宗刚教授的学术成果，蒋老师十分开心：“我都知道，我很高兴。德耀，我对你说，我就是要多活几年，好看看他们的更大成就！”

附4.15　姚健访谈录

采访人：朱迪

时　间：2022年5月9日

地　点：姚健老师寓所

姚健，1946年生，山东淄博人。20世纪70年代毕业于山东师范学院中文系并留校任教，主要从事中国现代文学和书法教学研究，著有《中国现代文学专题研究》《书法学教程》《硬笔书法教程》《经典楷书字帖》等。曾任山东省青联常委，山东师范大学硕士研究生导师，山东高校书法家协会秘书长，山东省老年书法大学教授，山东省郭沫若研究会副秘书长等。书法作品及个人简历被编入《中国当代书法家词典》等多部著作。

朱　迪：姚老师您好，今天主要想请您谈一下关于蒋心焕老师的一些事。听说您和蒋老师认识有50年了，是吗？

姚　健：我是1972年入学的，今年正好是50年，半个世纪了。蒋老师是我在大学期间认识比较早、交往比较多、关系比较好的老师之一。我后来选择留在山师现代文学教研室，受蒋老师影响比较大。大学毕业之后，老师们都愿意让我去他们教研室，第一个找我的就是现代汉语教研室主任，他说："小姚，上我们教研室去。"但我从心理上还是喜欢现代文学的，所以决定去现代文学教研室。我是1972年4月入学的。当时山师在聊城，我们开的课最初是现代汉语、现代文学，蒋老师给我们讲现代文学。那时冯光廉老师是教研室主任，蒋心焕老师是副主任。给我们上课的有3个老师，一个是蒋心焕老师，一个是朱德发老师，还有一个就是冯光廉老师。那个时候他们都很年轻，40来岁吧，认识蒋老师就是那个时候。

朱　迪：在您的印象中蒋老师在工作中是一种怎样的状态呢？

姚　健：蒋老师是南方人，人长得很帅，衣着朴实，干净利落，一辈子都理平头。尽管他是南方人，但说话不是很快，基本上都是能听懂的。老师为人非常好，讲课是慢条斯理的，逻辑非常严密，娓娓道来，条理很清晰，在同学们中反响很好。朱德发老师讲课滔滔不绝，富有激情，慷慨激昂。冯光廉老师注重方法论的启发，强调研究的深度。所以每位老师都有自己的特点。那时候没有教材，我们都用笔记记录，上完蒋老师的课，记录的内容条理十分清晰。

朱　迪：蒋老师有哪些令您印象深刻的事情，您可以谈谈吗？

姚　健：蒋老师为人很好，对学生也十分关心，总是热心地帮助别人，待人非常亲切。当时我是现代文学的课代表，与蒋老师的接触比较多。我家里很困难，穿的都是带补丁的衣服。但是我有一件很好的衣服，是我大哥送给我的，那是一件中山装。这件衣服平时不轻易穿，很宝贵。但是别的衣服破了脏了，非穿不可了，只能拿出来穿。这衣服是浅灰色的，一穿出来非常耀眼。有一次我夏天换不开衣服，就只能穿上，太耀眼了，当时同学们的生活条件都不是那么好，穿上了那么靓丽的衣服就显得非常刺眼，所以我穿了半天，就赶紧脱下来了，太吸引人眼球了。那时男同学、女同学、年轻的、年老的，没有不看的。我意识到这个问题，就找蒋老师帮忙。那时大多数老师是济南人，他们会在假期回济南。聊城当时经济比较落后，没有染衣服的，我知道济南有，就跟蒋老师商量，想把衣服染一染，把它染成深色的。蒋老师说行，给你染一染，染好了再给你带回来。所以说，蒋老师人很好，没有架子，平易近人，非常有亲和力。我有什么事都跟他说，有需要帮忙的也找他。

朱　迪：那件衣服染的效果如何呢？

姚　健：染的效果非常好啊，染成了深灰色的。那件衣服我一直穿到大学毕业，很有纪念意义。

朱　迪：您可以谈谈您和蒋老师的交往吗？

姚　健：好的。下面我按照时间顺序来谈一谈学习、生活、工作中和蒋老师的一些往事。上面主要说的是上学的时候，下面我谈谈工作之后的事情。我1975年大学毕业后留校了，这出乎我的意料，当时学校是严格保密的，我都不知道，宣布之后我才知道。留下之后，我就介入了教学工作。那时候我算是第一位现当代文学的青年教师。教学时，蒋老师做我的指导老师，这样联系就更密切了。

我到北师大进修，从1978年暑假到1979年的暑假，正好一年。在北师大进修期间，蒋老师对我的帮助很大。我的姑娘是1978年暑假出生的，所以1978年到北师大进修时，孩子还小，但是我不能错过这个学习的机会，所以还是坚持要走。我走了之后，蒋老师对我很关心，帮助很大。家里好多事，蒋老师经常过去问问，家里有什么困难、有什么问题，他都非常关心。我那时候在北师大，指导老师起初是黄会林老师。黄老师搞电影文学创作，当时写了一个电影剧本，我入学后不久，她就外出搞电影剧本去了。她走后杨占升老师就成了我的指导老师。他是现代文学教研室的主任，也是王富仁老师的博导之一。后来王富仁老师出版了他的鲁迅研究专著，还给我寄了一本。当时北师大要求进修生在一年之内必须要完成两篇论文，半年内完成一篇短论文。短论文字数上要求3000—5000字，不超过5000字。到结业时，要写一篇不超过10000字的长篇论文。

一年之内要写两篇论文，还要读书、学习、听课、完成作业，课业比较繁重。于是我就想了一个办法，在进修之前我写了两篇小论文。当时，我们教研室和全省各个高校，特别是师专类的学校，合办了一个刊物，叫《语文教学》。北师大有一个刊物叫《中学语文教学》，是全国公开发行出版的。我们这个《语文教学》是内部刊物，教研室组织老师写文章，篇幅受限，字数要求3000—5000字。因为有任务，我当时写了两篇文章，一篇是关于“觉新”的。“激流三部曲”——《家》《春》《秋》中的高觉新一直是被学术界批判的一个形象，认为他是一个封建地主阶级的走狗、封建礼教的帮凶，对其进行批判、否定。特别是以北京大学王瑶教授为代表的学术权威，他是新中国成立之后第一个编著现代文学史的人，他们是这么一种观点，认为高觉新是帮凶，应该批判，不值得同情。我不赞成这种观点，我读了“激流三部曲”之后，印象相反，我认为高觉新是封建礼教、封建文化的一个受害者。受篇幅限制，我在允许的范围内简单地表达了自己的一些观点。

再有一篇，写的鲁迅的《一件小事》。这篇小说是中学课文中有的，我主要分析了《一件小事》的主人公，主人公体现了小说的中心思想。对于这篇小说中主人公究竟是谁，学术界是有争议的：有的认为主人公是人力车夫，这是大多数人的观点；也有人认为是知识分子“我”，但这种观点极少。我是赞成后面这种观点的，所以我写了一篇表达我想法的文章。

这两篇文章交上去之后，《语文教学》发了一篇，《一件小事》这篇没有发，所以在北师大要求交作业时，我就想到了这篇没发的文章。于是给蒋老师写信，请他帮我联系《语文教学》，把那个底稿要回来后，寄到我这里。我在国庆节前后给蒋老师写了信，蒋老师很快帮我把稿子要回来，并给我寄过来。我抄了一遍，就交给杨先生了。杨先生一看觉得是好文章，就推荐给了《中学语文教学》，一个字没改，随后在上面发表了。蒋老师知道后也十分高兴。所以这件事多亏了蒋老师帮忙，要是没有蒋老师帮这个忙，就很麻烦。蒋老师为我的成长以及学习付出了很多。

再说从北师大进修回来之后。听说我从北师大进修回来了，蒋老师非常高兴，那天他在山东大学阅卷，我立马去山东大学看他。蒋老师给我买了午饭，边吃边聊。我回来后不久就开始上课了。那时候蒋老师又带着田仲济老先生来听我的课，听我讲现代文学，给我了很大鼓励。蒋老师一方面是我的指导老师，另一方面又是现代文学教研室的副主任，给了我很多关心和帮助。

从北师大回来后，我就搬家了，搬到了学校的五排房。先前那里是平房，因为地基比较高，本打算盖楼的，后来不知道什么原因没有盖。那时蒋老师住在第三排，正好是中间。我回来后，家里有孩子、老人，就给我一间大一点的房子，约20平方米。这样，和蒋老师就离得近了，就隔着一排，中间有一个通廊，所以经常找蒋老师聊天，联系比较多。我年轻时就当老师，上大学之前当民办老师，教了10年中小学。最小的教过小学三年级，送走了两届中学毕业生之后，我就上大学了。在教小学的时候，农村条件比较差，都没有钱理发，很多男学生的头发和女孩子的头发一样，蓬蓬松松、乱糟糟的。我就带领学生勤工俭学，放学之后去捡石子，卖钱。捡来的是石灰窑用来烧石灰的那种石头，我们那儿叫青石。卖石子的钱我用来买推子、剪子、梳子，来给学生理发。经过这种锻炼，我理发的技术还不错。上大学时，男同学理平头的，基本上都是我负责，可以说理平头的水平没有人能超过我的。中文系的老师们，愿意留平头的就找我理发。蒋老师一辈子留平头，都是我给他理发。除了蒋老师，还有他家里的两个儿子，理发的任务也都是我完成的。所以我们处得非常好。那时我的姑娘，因为和蒋老师离得很近，平常抽空就跑到蒋老师家里去了。大年初一，她在蒋老师家里待了一天，高兴得不得了。蒋老师家里人都对她很好，好吃的、好玩的，都给她。蒋老师遗体告别的时候，我离不开，还是我姑娘代替我去的。后来孩子上小学之后，我搬了一次家，蒋老师也搬家了。我搬到山师北街西边的第三宿舍，蒋老师在路东边的第二宿舍，就隔了一条路，还比较近一些。工作不忙时，就经常走动。蒋老师家里有什么事情需要帮忙的，我就过去给他帮忙。那时候他家里两个孩子年龄小，都在上学。但这之后，工作就开始多起来，忙起来了。研究生恢复招生，科研任务也多起来了，再加上我们现当代文学学科又是山东省的重点学科，所以说校内、校外事务是很多的。那时候青年教师都还在读书，老先生还得带研究生、教学、科研。我的教学任务特别重，蒋老师也很忙，交流、沟通和联系就少一些了。后来，我又搬到山师新建的宿舍去，住得更远了，联系就更少了。

我从北师大进修回来以后，大概两年，就评了讲师。讲师晋升得比较顺利，蒋老师很高兴。这和蒋老师的帮助是分不开的。再往后评副教授，有老师们的帮助和教研室的支持，都比较顺利。后来虽然说没评上教授，可能会让蒋老师失望，但是我凭良心办事，尽了自己作为教师的职责，培养了11位博士生、博士后，说起来也对得起蒋老师。其中有6位书法博士，是在选修课教学时发现的人才。当时学校里开书法课的只有两位老师，除了我，还有一位老先生，老先生退休之后，就剩下我一个人。我这个课是全校跨系选修课，很多感兴趣的学生都参加。学生都认识到学习书法的重要性。其中有一个学生毕业10年后考的研究生。上了大学后，他说自己喜欢书法，我鼓励他贵在坚持，坚持就有可能成功，并为他介绍另一位同样对书法感兴趣的同学，让他们一起交流切磋。后来他两人一个在省博物馆搞了个人展览，另一个第二年在大明湖畔搞了个人展览。当时学校的李衍柱老师、杨守森老师和我以个人身份前去参展，我代表学校老师发了言。可谓坚持有了成果。

还有一次，一个女生带了一幅字给我看，我一看写得很好，基本功很扎实，就建议她毕业后考首都师大书法专业的研究生。后来有一个男学生，和那个女生一样，也是历史系的，大二开始选了书法课，我给他指了相同的道路。但那个男孩子最后在外语上吃了亏，春节拜年时，跟我说外语受限没考上，差了3分。但第二年他考上了，考上之后，发现了他那个大师姐，就是那个女孩子，是前一年考上的。所以中文系的学生我都推荐考首都师大的研究生。其中还有一个好学生，家里条件不是太好，我暑假时把他爸爸叫来，跟他沟通让他多支持孩子，结果这个孩子读完硕士又读了博士。我在淄博博物馆搞了三次展览。一次是个人展览，第二次是和6个书法博士搞的书法联展，第三次是和新加坡美术总会的会长搞的一次联展。我和6个书法博士联展后，出了一本集子。蒋老师看到后高兴得不得了，当天晚上就给我打电话。我相信蒋老师看到我的书法作品，看到我带的学生，还是很欣慰的。无论是现当代文学研究，还是书法研究，我都做得还不错。蒋老师始终对我很关心，希望我们过得好。我退休之后生活得很好，尽管在名利场上没有用力，但是生活得很开心。蒋老师在天有灵，应该也是高兴的，我也算没有辜负蒋老师的期望。

附4.16　谢昭新忆蒋心焕

谢昭新，1948年生，安徽淮南人，安徽师范大学文学院原院长，二级教授，博士生导师，中国老舍研究会原会长，中国现代文学研究会理事。在《文学评论》等期刊发表论文百余篇，出版学术专著8部。获得省部级教学成果奖、科研成果奖多项。

1981年2月至6月，我在山东师范大学中文系进修中国现代文学。那时山师中文系办了一个中国现代文学助教进修班，全国近20所高校的青年教师慕名而来，参加了这个进修班。山师中文系在田仲济先生的带领下，汇聚了一批中青年知名学者，建立起一个在全国颇具影响力的一流的中国现代文学学科。当时给我们授课的老师，以山师中文系教师为主体，主要有田仲济、薛绥之、冯光廉、蒋心焕、朱德发、查国华、书新、吕家乡、孔孚、刘金镛等；还有山东大学的孙昌熙，曲阜师范大学的谷辅林、魏绍馨等。山师的进修，为我的中国现代文学教学与研究打下了一个坚实的学术基础。

蒋心焕于1954年入山东师范学院中文系读书，1958年毕业留校任教。20世纪80年代，他担任山师中文系中国现代文学教研室副主任、主任，配合田仲济、冯光廉教授做了大量学科建设工作。1987年以后，他配合学科带头人朱德发教授推进学科建设，为山师中国现当代文学学科获得山东省首批省重点学科和博士学位授予权做出了独特的贡献。李宗刚在《中国现代文学研究的代际传承——以蒋心焕教授为例》中说："蒋先生继承和发扬了'山师学派'的学术研究传统，注重资料在学术研究中的重要作用，在散文研究与散文创作方面独树一帜。他博采众长，融会贯通，不仅自我学术研究日臻成熟与完善，而且继往开来，推动了中国现当代文学研究的代际传承。"[1]我在山师进修时，

① 李宗刚：《中国现代文学研究的代际传承——以蒋心焕教授为例》，《长江学术》2022年第2期。

蒋先生担任现代文学教研室副主任，那时他已编纂《中国现代文学史》，研究中国现代散文、中国现代历史小说、现代作家作品，已经硕果累累，享誉学界了。蒋先生特别注重做人，他待人真诚、富有爱心，对所有人都和颜悦色。正如郭济访所说："君子宜自强，这是一般人都可以做到的，而能够助人为乐，成人之美，谦让容忍，是君子更高的境界，大儒风范，这就是我们的蒋老师为人的本质。"①

他给我们讲的第一课《老舍的〈骆驼祥子〉》，谈了四个问题。第一，《骆驼祥子》的影响；第二，《骆驼祥子》的酝酿构思过程；第三，典型形象和人物塑造；第四，关于《骆驼祥子》的结尾问题。针对作品在《宇宙风》杂志上发表时的初版本以及1954年人民文学出版社出版时所作的删节本（删去23节后面的五分之二篇幅，删去24节的全部，共计1万余字），有人认为老舍删得好，删去了"多余的蛇足"，对此蒋先生进行了详细分析。一是认为作者删去的正是祥子走向堕落的过程，不是蛇足，从创作意图上看，恰好结尾没有放开写，若不是连载，可以放开写，可见老舍很重视结尾，要把结尾写得更从容些，恰恰不是蛇足，而还可以写，是有意安排的。二是更重要的是看作品实际的表现，写24节，更有利于悲剧形象的塑造和悲剧意思的表达，他写祥子与时代不合拍造成悲剧，第23节只能说是理想毁灭的悲剧，而写了24节，才是祥子彻底毁灭的悲剧。第24节对旧社会揭露得更深刻，提出的社会问题更广泛。对与结尾问题相关的，1945年美国伊万金翻译的英译本《骆驼祥子》中将祥子悲剧的结局改写成大团圆的喜剧的结局，蒋先生做了严肃的批评。

蒋心焕先生的第二讲是《关于1928年革命文学论争》，第三讲是《现代小说发展中的工人形象》。总之，蒋心焕先生在掌握了十分充实的资料的基础上，通过对现代文学三个十年所有作品中的工人形象全面细致的分析论证，展示了工人形象在现代小说中发展演化历史，谱写了一部以工人形象演化为

① 李宗刚：《中国现代文学研究的代际传承——以蒋心焕教授为例》，《长江学术》2022年第2期。

主色的现代小说简史。

在山师进修后，每逢参加中国现代文学研究会年会或学术讨论会，见到蒋先生，都感到特别亲切，他视我为学生又把我当作朋友，十分和蔼可亲，尤其是在他和朱德发、陈振国主编的《新编中国现代文学史》(明天出版社1989年版)中，我参加编写了第五、第七、第十章。在整个编写过程中，我得到先生的教诲颇多颇深，恩师的教导终生铭记。

五

教书育人（下）

（1985—1999年）

山东师范大学中国现当代文学学科部分教师合影

生平记述

1985年

1月，参加薛绥之教授遗体告别仪式。

春，开始担任山东师范大学中文系现代文学教研室主任。

5月7日，担任书新同志治丧委员会委员。

5月12日，参加书新遗体告别仪式及追悼会。

8月底，独立招收的第一届研究生郭济访、万直纯、魏建入学。

10月，合作著作获得1984年度山东师范大学优秀科研成果奖。

1986年

1月，合作著作获得1983—1985年山东省社会科学优秀成果二等奖。

同月，发表论文《“五四”新小说理论和近代小说理论关系琐议》于《山东师大学报（社会科学版）》1986年第1期。

山东师范大学中国现当代文学学科部分教师合影（最前面坐者宋遂良，第二排坐者左田仲济、右冯中一，后排蹲者左袁忠岳、右刘金镛，后排站立者从左至右：冯光廉、查国华、朱德发、吕家乡、韩之友、蒋心焕）

4月，出席全国臧克家学术讨论会。

7月19日，参加章益教授追悼会。

11月5日，听取研究生外出参观、学习交流汇报。

11月12日，出席山东省比较文学学会年会。

12月，指导研究生教育实习，听郭济访课两次。

12月，合著成果获得山东省教育厅哲学社会科学优秀成果著作一等奖。

年底至次年初，积极支持朱德发担任山东师范大学中国现当代文学学科学术带头人。

1987年

2月27日，参加1985级研究生外出访学会议。

3月2日，参加教研室活动，听杨洪承老师讲课。

3月底，指导研究生教育实习。21日和26日听万直纯讲课两次。

3月21日，为1985级硕士研究生论文开题。

3月24日，出席中文系教研室主任会议。

3月25日，主持现代文学教研室会议。

3月28日，出席中文系教研室主任会议。

3月31日，出席中文系应届毕业研究生导师会议。

4月4日，出席二年制研究生班学位论文论证会议。

4月，合著（第一作者）《中国现代文学简明词典》出版。（见附5.1）

6月，出席山东省中国现代文学学会第二次会员代表大会暨王统照、李广田讨论会，做大会学术报告。在换届会上当选副会长兼秘书长，协助田仲济会

山东省中国现代文学学会第二次会员代表大会暨王统照、李广田讨论会合影（第二排右六为蒋心焕）

长主持学会日常工作。

6月4日，与朱德发主办华东地区省（市）属师范大学协作编写教材会议。

6月13日，出席山东省高等教育自学考试命题组组长会议。

6月18日，出席中文系教研室主任会议。

6月27日，主持中文系教工第一党支部全体党员会议。

夏，陪同田仲济等到青岛参加王统照塑像揭幕式。

1987年夏，参加王统照塑像揭幕式后留影（左二为田仲济，右二为蒋心焕，右一为袁忠岳）

8月，与宋遂良合撰的《青山不老　桃李成林——田仲济教授和现代文学研究》发表于《山东师大学报（社会科学版）》1987年第4期，纪念田仲济先生从事文化教育活动六十周年。

9月7日，出席中文系教研室主任会议。

9月12日，出席中文系全体教工会议。

9月24—26日，出席山东省社会科学界联合会第二次代表大会。

10月，到南昌出席江西师大承办的华东地区省（市）属师范大学协作编写教材第二次会议。

11月，蒋心焕个人论文获得山东省教育厅哲学社会科学优秀成果奖论文三等奖。

11月4日，出席山东省高等教育自学考试命题工作会议。

11月7日，出席中文系教研室主任会议。

11月17日，出席中文系本科1987级中国现代文学史课堂讨论会。

12月15日，出席中文系教研室主任会议。

1987年下半年授课情况：

1985级本科生选修课“中国现代小说史”，讲授42课时；

1987级夜大本科必修课“中国现代文学专题”，讲授24课时；

1986级研究生选修课“中国现代小说史”，讲授72课时；

1986级函授生必修课“中国现代文学史”，讲授12课时。

1988年

2月，合著《中国现代文学简明词典》(第一作者)获得1985—1987年山东省社会科学优秀成果二等奖。

3月14日，出席现代文学教研室高级职称人员会议。

4月10—13日，负责组织山东省中国现代文学学会二届理事会第二次会议暨耶林讨论会。

1988届硕士毕业生答辩后师生合影(前排右二为蒋心焕)

4月19日，出席山东省社会科学界联合会1988年度学会秘书长会议。

5月，指导研究生教育实习，听徐文谋讲课。

1988年上半年，为1987级干部班必修课讲授“中国现代文学史”，共32课时；指导研究生毕业论文3篇，本科毕业论文2篇。

6月，首届研究生郭济访、万直纯、魏建通过论文答辩，获得硕士学位。

9月，第二届硕士研究生李宗刚、杨学民入学。

10月，合著成果获得山东师范大学1987年度优秀科研成果奖。

1988年下半年教学工作：为1987级体育班讲授中国现代文学史，为助教进修班授课，为一年级硕士生授课两门。

秋，妻子佟玲罹患免疫系统重症红斑狼疮。为专心照顾妻子，一再请辞教研室主任。

10月26日，出席中文系教研室主任会议。

11月2日，出席中文系评教评学对话会。

秋末冬初，经再三要求，卸任教研室主任。

1989年

年初，被山东省职称高评委批准晋升教授。

4月5日，参加教研室活动，听吕家乡老师讲课。

4月12日，参加教研室活动，听刘新华、魏建老师讲课。

4月23日，出席山东省老年大学1986级学员座谈会。

5月，撰写论文《论中国近代文学向现代文学的转换——纪念五四运动七十周年》，发表于《山东师大学报（社会科学版）》1989年第2期。

8月，出席在烟台举办的“中国现代文学现代化与民族化学术论证会”，并与研究生李宗刚合作《中国现代文学现代化与民族化学术讨论会综述》，发表于《文史哲》1990年第1期。

8月，与朱德发共同编著的《中国现代文学简史》由山东文艺出版社出版。（见附5.3）

9月，第三届硕士研究生朱爱军入学。

12月，朱德发、蒋心焕、陈振国主编的《新编中国现代文学史》，由明

1988年蒋心焕在郭济访、万直纯、魏建硕士学位论文答辩申请表中填写的导师意见

蒋心焕于聊城师范学院门口留影

天出版社出版。（见附5.4）

本学期为一年级研究生授课两门，为二年级研究生授课一门。

1990年

1月，被山东省社会科学界联合会评为优秀学会工作者。

5月，与朱德发、韩之友等合作的《更新观念是提高教学质量的关键》被评为山东省普通高等学校优秀教学成果一等奖。（见附5.5）

6月，受聘为聊城师范学院兼职教授。

本学期为一年级研究生授课一门。

9月，第四届硕士研究生李天程、史振伟入学。得到蒋心焕帮助的周建国同时被录取为山东师范大学中国现当代文学专业的硕士研究生。

10月，著作获得1989年度山东师范大学优秀科研成果奖（列第二位）。

10月下旬，出席在东平举办的山东省茅盾研究会第三届学术讨论会。

10月31日，出席山东省卫星高师教育研讨班。

11月5日，为山东省卫星高师教育辅导教师授课一天。

11月25日，与研究生杨学民合作论文《试论郁达夫的小说观》，刊于《山东师大学报（社会科学版）》第6期。

本学期为一年级研究生授课两门，为二年级研究生授课一门。

1991年

2月，主编著作《新编中国现代文学史》获得第五次山东省社会科学优秀成果三等奖。（见附5.5）

2月22日晨，抵达北京，住北京师范大学招待所。上午到中国文联出版公司“大系”编辑室，交《中国新文艺大系·1937—1949散文杂文集》书稿。

山东省茅盾研究会第三届学术讨论会参会人员合影（前排左二为蒋心焕）

4月10日，保健查体，第一次接受比较认真、全面的查体。

4月下旬，到曲阜师范大学出席鲁迅与孔子学术研讨会，在分组讨论中发言。

4月28日，出席山东省社会科学界联合会秘书长会议。

4月29日，赶回济南，主持武汉大学陆耀东教授在山师的学术讲座。

4月30日，为山东省作家协会评奖，担任其中文学评论奖的评委。

5月13日，担任山东大学硕士研究生王同坤、吕新江学位论文答辩委员。

5月25日，担任山东师范大学硕士研究生马丽蓉、钱振文学位论文答辩委员。

同日，指导的硕士研究生李宗刚、杨学民通过论文答辩。6月中旬，李宗刚、杨学民获得硕士学位。

5月29日，担任山东大学中国现当代文学专业硕士研究生学位论文答辩委员。

6月21日晚，与魏建、李宗刚等商讨申报科研项目“中国现代小说美学思想史”。

导师推荐意见（包括申请人的理论水平、研究能力、外语程度、学术作风及论文的学术水平，论文是否由本人独立完成，是否同意申请学位和进行学位论文答辩等）：

李宗刚入学之后，即选定以中国现代小说为其研究的主要方向，注意理论基础比较厚实，能随时关注理论信息和理论研究的新成果，并同自己的研究方向结合，撰写一些有理论意义的课题，比如他的硕士论文《论中国小说由传统向现代的转换》，就是读了梁启超、鲁迅、茅盾、等人的理论著作和文学作品，在多个作家研究的基础上，经过深思熟虑，从读原始资料入手，一步步形成自己的理论观点，使之有论有据，认真扎实地完成，这篇有所开拓和建树的论文显示了严谨的学术作风和独立进行科学研究的能力。

李宗刚在校三年，较好地完成规定课程的学习，各科成绩优良，同意进行论文答辩。英语达到6级水平。

导师 蒋心焕（教授） 1991年5月28日

（8）

蒋心焕在李宗刚硕士学位答辩申请表中填写的导师意见

姓名	杨学民	性别	男	出生年月日	1963.7.4
籍贯	山东.阳谷	政治面貌	团	民族	汉
研究生入学年月	1988.9.	学制	三年	已获学位	无
大学原毕业学校	山东电大	毕业年月	1985.7	所学专业	汉语言文学

学历与经历（从高中开始）	起止年月	学习或工作单位	学生或职务、职称
	1978－1980	山东.阳谷三中	学生
	1980－1982	山东.阳谷师范.	〃
	1982－1985	山东.电大	〃
	1982－1988	山东.阳谷二中	中教二级
	1988－1991	山东师大中文系	学生

何时、何地，因何原因，受过何种奖励和处分	无
有何问题需要说明	无

（1）

蒋心焕指导的研究生杨学民硕士学位论文答辩申请表第1页

1991年6月，蒋心焕（后排左三）等老师与参加硕士毕业论文答辩的1988级部分研究生合影

6月24日，因腰疼到千佛山医院检查，结果显示：L3-5椎间盘病变。

6月25日，为1989级中国现代文学专业研究生开题。

本学期指导研究生教育实习，听朱爱军讲课。

暑期，到寿光为函授生面授中国现代文学，共54学时。

8月27日，主持山东省中国现代文学学会常务理事会议。

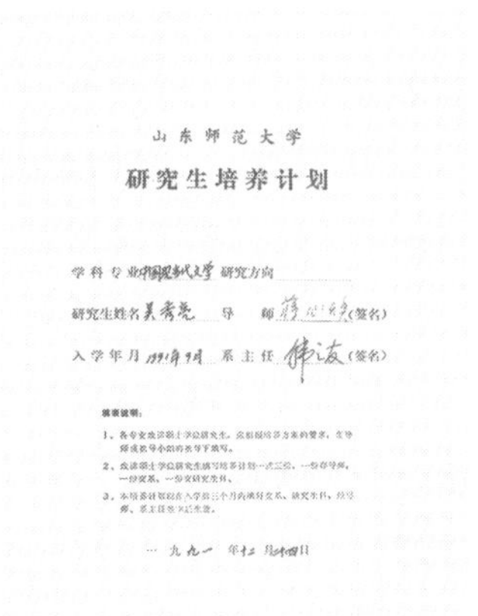

山东师范大学

研究生培养计划

学科专业中国现当代文学 研究方向

研究生姓名吴秀亮 导师 [illegible]（签名）

入学年月1991年9月 系主任 [illegible]（签名）

填表说明：

1．[illegible]

2．[illegible]

3．[illegible]

一九九一 年十二 月[illegible]日

9月1日，与张蕾教授、宋遂良教授到泰安出席张杰教授从教40周年庆祝活动。

9月中旬，筹备文学研究会成立70周年研讨会暨山东省中国现代文学学会第三次会员代表大会。

9月19日，第五届硕士研究生吴秀亮入学。

9月23日，大学同学程远大因癌症病逝，前往吊唁并参与办理后事。

9月24日，参加程远大遗体告别。

文学研究会成立70周年研讨会暨山东省中国现代文学学会第三次会员代表大会参会人员合影（第二排左二为蒋心焕）

10月8日，文学研究会成立70周年研讨会暨山东省中国现代文学学会第三次会员代表大会开幕。蒋心焕主持会议开幕式。9日，做大会学术报告。

10月10日，在山东省中国现代文学学会第三届理事会第一次会议上继续当选副会长，卸任秘书长。

10月中旬，到中国石油大学做讲座。

12月，与研究生李宗刚合作论文《在政治层面上诞生的小说观——论梁启超的小说观》，发表于《安徽教育学院学报》1991年第4期，《文汇报》1992年1月22日“论点摘要”栏目摘要本文论点。

12月，蒋心焕个人论文获得山东师范大学优秀科研成果奖。

本学期为一年级研究生授课两门，为二年级研究生授课一门。

1992年

1月10日，到山东师范大学档案室抄录本专业毕业研究生名单。其中外校来本专业申请硕士学位者6人。

5月，指导的硕士研究生朱爱军参加论文答辩。6月，朱爱军获得硕士学位。

9月，第六届硕士研究生李城希入学。

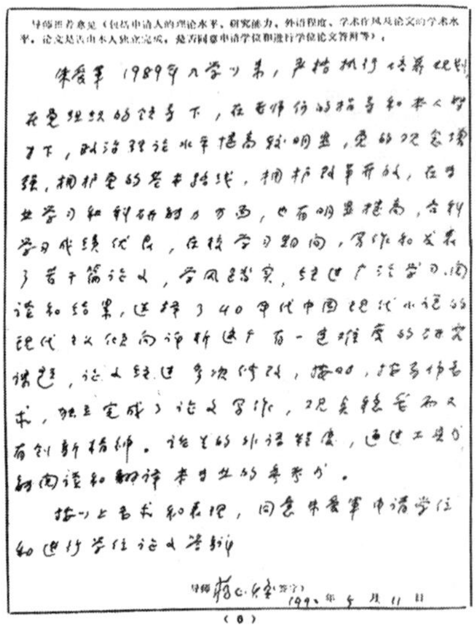

导师推荐意见（包括申请人的理论水平、研究能力、外语程度、学术作风及论文的学术水平，论文是否由本人独立完成，是否同意申请学位和进行学位论文答辩等）：

朱爱军1989年入学以来，严格执行培养规划，在党组织的领导下，在老师们的指导和本人努力下，政治理论水平提高较明显，党的观念增强，拥护党的基本路线，拥护改革开放，在专业学习和科研能力方面，也有明显提高，各科学习成绩优良，在校学习期间，写作和发表了若干篇论文，学风踏实，经过广泛学习、阅读和练习，选择了40年代中国现代小说的现代主义倾向评析这个有一定难度的研究课题，论文经过多次修改，独立完成了论文写作，观点较新而又有创新精神。该生的外语程度，通过工具书阅读和翻译本专业的参考书。

根据以上表现，同意朱爱军申请学位和进行学位论文答辩

导师 蒋心焕（签字）
1992年5月11日

（8）

1992年蒋心焕在朱爱军硕士学位论文答辩申请表中填写的导师意见

10月，主持编选的论文集《山东作家与现代文学》由山东大学出版社出版。

11月，蒋心焕个人论文获得1991年度山东师范大学优秀科研成果奖。

12月，参加梁清文遗体告别仪式。

本学期为一年级研究生授课两门，为二年级研究生授课一门。

1993年

1月，与研究生吴秀亮合作论文《论梁实秋美学理想及其散文的审美意蕴》，发表于《安徽教育学院学报》1993年第1期。

2月，参加鲍兆宁教授遗体告别仪式。

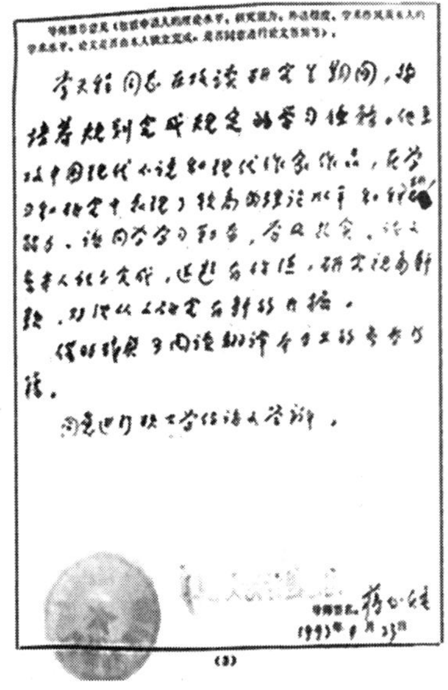

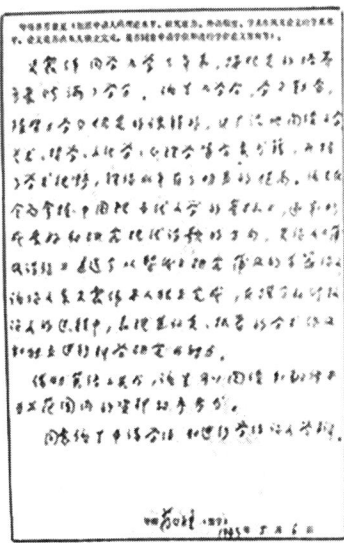

1993年蒋心焕在李天程、史振伟硕士学位论文答辩申请表中填写的导师意见

4月，为学生魏建的专著《郭沫若：一个复杂的存在》写序。

5月，与研究生吴秀亮合作撰写论文《论梁实秋散文的独特品格》，发表于《山东师大学报（社会科学版）》1993年第2期。

6月，被聘为山东省高职院校教师职务高级评审委员会委员。

同月，参与编写的《朱自清名作欣赏》（林非主编）出版。（见附5.7）

6月初，指导的硕士研究生李天程、史振伟和提前完成学位论文的吴秀亮通过论文答辩，获得硕士学位。吴秀亮考取南京大学叶子铭教授的博士研究生。

6月下旬，出席徐文斗教授遗体告别仪式。

7月，与研究生吴秀亮合作撰写论文《试论闲适派散文——兼及周作人、林语堂、梁实秋散文之比较》，发表于《聊城师范学院学报》1993年第2期。

9月，第七届硕士研究生刘曾文、王征、何英入学。

10月，蒋心焕的专著《中国现代小说的历史沉思》出版，由田仲济作序。这部专著论及晚清小说发展对中国现代小说产生的影响、中国现代历史小说、丁玲等左翼作家的小说创作等方面的内容。（见附5.8、附5.9）朱寿桐、平进阅读了这部专著后，高度赞赏了蒋心焕在时间的流逝与文学时尚的不断改变中

所坚守的求“真”精神，认为这样的学术之“真”在一般的学术著作中并不多见。（见附5.10）

12月，与研究生吴秀亮合作撰写论文《论现代齐鲁文学与吴越文学的总体差异》，发表于《山东社会科学（社会科学版）》1993年第6期。同月，发表论文《从一个窗口看田仲济先生》于《中国现代文学研究丛刊》1993年第4期。

本学期为一年级研究生授课两门，为二年级研究生授课一门。

1994年

1月9日，开始感冒发烧。

1月11日，到校医院住院治疗。

1月22日，出院。

3月31日—4月1日，出席山东师范大学重点学科建设研讨会。出席会议的校外专家有严家炎、郭志刚、王富仁、叶子铭、许志英、胡若定、范伯群、范培松等。山师新任党委书记周志仁出席会议。

5月1日，在济南乘火车，2日到西安。

5月3—6日，出席中国现代文学研究会第六届年会，做小组发言。

5月7日，上午到陕西师大看望刚做完手术在家休息的张永言（20世纪60年代曾在山师进修）

5月9—10日，为新一届拟录取研究生复试。

5月13日，到山东大学主持孔范今指导的研究生李方琴的硕士学位论文答辩。

5月15日，到山东大学参加王延晞指导的研究生刘晓钟的硕士学位论文答辩。

5月29日，参加山师中国现当代文学专业硕士研究生答辩。

6月，蒋心焕个人论文获得1993年度山东师范大学优秀科研成果奖。

8月，与研究生李城希合作论文《〈再别康桥〉与中国诗歌传统》，发表于《语文学刊》1994年第4期。

9月，第八届硕士研究生周成建、路燕以及在职研究生孙丽君等入学。

同月，与研究生李城希合作论文《梁启超的小说本体观及其影响》，发表

1994年5月，中国现代文学研究会第六届年会与会人员合影

1994年，与部分在职研究生合影，第二排右四为蒋心焕

于《徐州师范学院学报》1994年第3期。

11月16日，参加冯中一教授遗体告别仪式。

11月下旬，出席在海口举办的中国解放区文学第七届学术研讨会。

本学期为一年级研究生授课两门，为二年级研究生授课一门。

1995年

2月2—7日，到威海为研究生班讲课，讲了三个专题。

5月3—5日，到南通出席“中国现代文学研究的跨世纪思考”学术研讨会。

5月8日，参加研究生专业复试。

在此期间评阅校内外部分硕士学位论文。

5月12日，到山东大学参加高秀琴、刘永莉、张建立的硕士学位论文答辩。

5月14日，与魏建、张光芒组成答辩组，参加自学考试学生的毕业论文答辩，共8人。

5月19日，到曲阜师范大学参加王凤仙、张宗刚、徐国俊、樊祥磊、钟海波的硕士学位论文答辩。

出席毕业典礼暨硕士学位论文授予仪式后留影（前排右一为蒋心焕，后排右二为李城希）

(包括申请人的政治思想、理论水平、科研能力、外语程度、学术作风及学术水平，论文是否由本人独立完成、水平如何？是否同意申请硕士学位和进行论文答辩等)。

李成希同学政治上积极上进，思想上与党中央保持一致，拥护改革开放。认真阅读马列原著和《邓小平文选》，有较高的理论修养。科研能力强，读研期间公开发表十篇左右论文，近10万字。掌握英语，能笔译中级以上难度的英文资料。学风严谨求实。论文由本人独立完成，在求实中有所创新，有较高的学术价值。同意申请硕士学位，进行论文答辩。

导师签名：蒋心焕 职称：教授 单位：山东师大中文系 95年 5月13日

1995年5月蒋心焕在李城希硕士学位论文申请表上填写的导师意见，将“李城希”误写为“李成希”

5月25日，参加山师中国现当代文学专业研究生硕士学位论文答辩。蒋心焕指导的李城希以及由蒋心焕与韩立群联合指导的于启宏通过论文答辩。6月中旬，二人获得硕士学位。

9月，第九届硕士研究生束学山、马全应、郝爱萍、王卫红入学。

本月，蒋心焕个人论文获得1994年度山东师范大学优秀科研成果奖。

1996年

3月，得到田仲济赠予的一本书。田仲济以此激励蒋心焕进一步深入研究中国现代散文。（附5.11）

6月，指导的研究生刘曾文、王征、何英通过论文答辩，获得硕士学位。

7月，论文《茅盾文学思想结构探》发表《山东师大学报（社会科学版）》1996年第4期。

8月，到山东莱芜出席山东省中国现代文学学会第四次会员代表大会暨学术研讨会，做大会学术报告。会前，力推朱德发教授接任下届会长。在学会新一届理事会第一次会议上，继续当选副会长。

四、导师对申请人的推荐意见

(包括申请人的政治思想、理论水平、科研能力、外语程度、学术作风及学术水平、论文是否由本人独立完成，水平如何(是否同意申请硕士学位和进行论文答辩等)。

刘曾文同学热爱党，热爱社会主义祖国，拥护改革开放，拥护党的基本路线，积极参加学校组织的理论学习和各种集体活动，[illegible]，团结同学，关心他人，思想认识和理论水平有了明显的提高。

刘曾文学习认真，兴趣广泛，研究生的主攻方向明确，能独立进行科研，在学习上，能把求实精神和求新意识结合起来，学术水平和写作水平提高较快。

英语六级，具备一定的阅读、翻译本专业的英语理论和学术资料。

论文系本人独立完成，论题有学术价值，有自己独到的新"见解"，同意申请硕士学位，并进行论文答辩。

导师签名：蒋心焕 | 职称：教授 | 单位：山东师范大学 96年5月10日

四、导师对申请人的推荐意见

(包括申请人的政治思想、理论水平、科研能力、外语程度、学术作风及学术水平、论文是否由本人独立完成，水平如何(是否同意申请硕士学位和进行论文答辩等)。

王征热爱党，热爱社会主义祖国，拥护改革开放，拥护党的基本路线，关心集体，遵守社会公德，积极参加学校组织的政治学习和各种集体活动，思想认识和理论水平有了明显的提高。

该生学习态度端正，善于思考，学习踏实认真，能独立进行科研，对文学作品和文学现象有较敏锐的感悟能力，认知能力和分析能力，逻辑思维严密，文字流畅有文采，学术研究水平和写作能力提高较快。

通过研究生英语六级考试，具备一定的阅读、翻译本专业的英语资料。

论文由本人独立完成，选题有学术价值和理论意义，有个人的见解，同意申请硕士学位并进行论文答辩。

导师签名：蒋心焕 | 职称：教授 | 单位：山东师范大学 96年5月10日

(包括申请人的政治思想、理论水平、科研能力、外语程度、学术作风及学术水平、论文是否由本人独立完成，水平如何(是否同意申请硕士学位和进行论文答辩等)。

何英同学热爱党，热爱社会主义祖国，拥护党的基本路线，拥护党的改革开放政策，积极参加学校组织的政治学习和各种集体活动，学习踏实，团结同学，能自觉以党员标准规范自己言行，思想觉悟和理论水平有了明显提高。

入学三年，学习一贯勤奋、刻苦，在治学方法上，既严谨求实，又不断开拓求新，比较早地确立了自己的主攻方向，能独立地进行科研，具有撰写学术论文的能力。

掌握英语，达六级水平，具备一定的阅读和翻译本专业的英语理论。

论文系本人独立完成，选题新颖，有自己的思考和见解，同意申请硕士学位，并进行论文答辩。

导师签名：蒋心焕 | 职称：教授 | 单位：山东师范大学 96年5月9日

1996年蒋心焕在刘曾文、王征、何英硕士学位论文答辩申请书中填写的导师意见

1996年参加省内学术会议，前排左五为蒋心焕

9月，与聊城师范学院韩立群教授联合培养的硕士研究生章芳入学。

10月，田仲济、蒋心焕主编的《中国新文艺大系（1937—1949）散文杂文集》由中国文联出版公司出版。（见附5.12）在编选的过程中，蒋心焕每周向田仲济汇报一次。（见附5.13）

12月13日，参加顾盈丰老师遗体告别仪式。

12月下旬，参加沈鼒同志遗体告别仪式。

1997年

4月27日，参加孔孚先生遗体告别仪式。

6月初，指导的研究生周成建、路燕、孙丽君通过论文答辩，获得硕士学位。

8月4日，参加严薇青教授遗体告别仪式。

11月15日，与研究生马全应合作的论文《富有开拓意义的新成果》发表

1997年蒋心焕在周成建、路燕硕士学位论文答辩申请表中填写的导师意见

于《文艺争鸣》1997年第5期发表。

12月，与研究生马全应合作的论文《郭保林散文艺术论》发表于《徐州师范大学学报》1997年第4期。

1998年

1月，撰写的论文《“海派”散文与文化市场》发表于《东岳论丛》1998年第1期。

5月，撰写的《田仲济先生的新文学情结》发表于《山东画报》1998年第5期。

6月，指导的研究生束学山、马全应、郝爱萍、王卫红通过论文答辩，获得硕士学位。

7月，出席在太原举行的中国现代文学研究会第七届年会，做小组发言。

1998年蒋心焕在束学山、马全应、郝爱萍学位论文答辩申请中填写的导师意见

1998年12月12日，蒋心焕（右二）与段宝林（右三）、张炯（右四）、邓绍基（左四）、孟繁林（左三）、王保生（左二）、陈福康（左一）、李宗刚（右一）等专家在一起

1．申请人基本情况

姓名	王卫红	性别	女	出生日期	1973年6月1日
政治面貌	团员	民族	汉	学制	3 年
入学时间	1995.9	籍贯	山东临沭		
家庭地址	山东省临沭县城第一中学	邮编	276700		
最后学历与学位	1991年9月～1995年7月于山东师范大学（学院）汉语言文学专业修业4年，获大学本科毕业证书，获文学学士学位。				

主要学历与社会经历	起止年月	学习或工作单位	任何职务
	1980.9—1986.7	临沭一小	文艺委员
	1986.9—1988.7	临沭一中	校学生会学习部
	1988.9—1991.7	临沭一中	学习委员
	1991.9—1995.7	山东师范大学中文系	系宣传部部
	1995.9—1998.7	山东师范大学	副班长、文艺

何时、何地因何原因受过何种奖励或处分：

被评为1995—1996年度优秀研究生、1996—1997年度优秀共青团员；获二等奖

本科期间《心情档案》一文获中国当代作家代表作陈列

馆举办的新人新作有奖征文活动奖，作品被陈列馆收藏；

《我做酒店打工妹》获大众日报社举办的“大学生社会实践

征文”一等奖，兼获大众日报社会新闻奖三等奖；研究生期

间发表在《文学世界》中的学术论文《生存之痛的洞见与

关注》，发表在《山师大学报》中的论文《面对历史的危厄

对话》分别获97山师大之春第五届学生学术科研成果一、二

1998年王卫红硕士学位论文答辩申请表第1页

9月下旬，参加孙昌熙教授遗体告别仪式。

12月，在李宗刚的陪同下，出席在福建长乐举办的郑振铎诞辰一百周年学术研讨会，做大会学术报告。

1999年

1月1日，退休。（附5.19）

2月14日，参加王兆彤老师遗体告别仪式。

3月，论文《文化散文发展的轮廓》发表于《山东师大学报（社会科学版）》1999年第2期。

5月底，指导的研究生章芳通过学位论文答辩。6月，章芳获得硕士学位。

V. 指导教师论文评阅意见书

指导教师签名：蒋心焕 1999年5月9日

1999年蒋心焕在章芳硕士学位论文答辩申请表中填写的导师意见

8月底，参加庄维石教授遗体告别仪式。

10月10日，参加李茂肃教授遗体告别仪式。

12月3日，参加王立廷教授遗体告别仪式。

年底，为学生杨学民的专著《汪曾祺新论》写序。

（以上内容依据蒋心焕日记、工作手册、书信、朋友访谈录、回忆文章以及人事档案等资料撰写。）

（魏建、胡玥执笔）

附5.1 《中国现代文学简明词典》书影和获奖证书

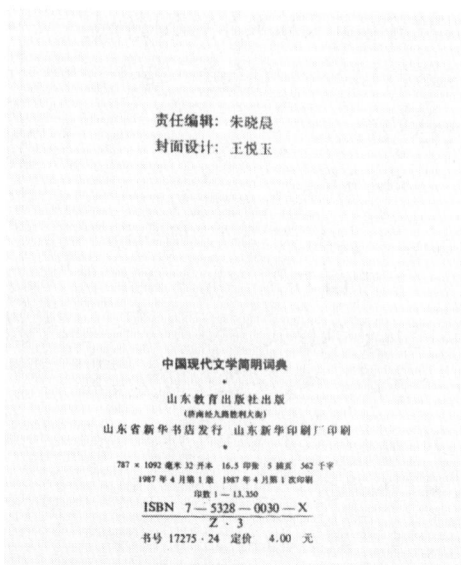

责任编辑：朱晓晨
封面设计：王悦玉

中国现代文学简明词典
·
山东教育出版社出版
（济南经九路胜利大街）
山东省新华书店发行　山东新华印刷厂印刷
·
787×1092毫米 32开本　16.5印张　5插页　562千字
1987年4月第1版　1987年4月第1次印刷
印数 1—13,350
ISBN 7—5328—0030—X
Z·3
书号 17275·24　定价　4.00　元

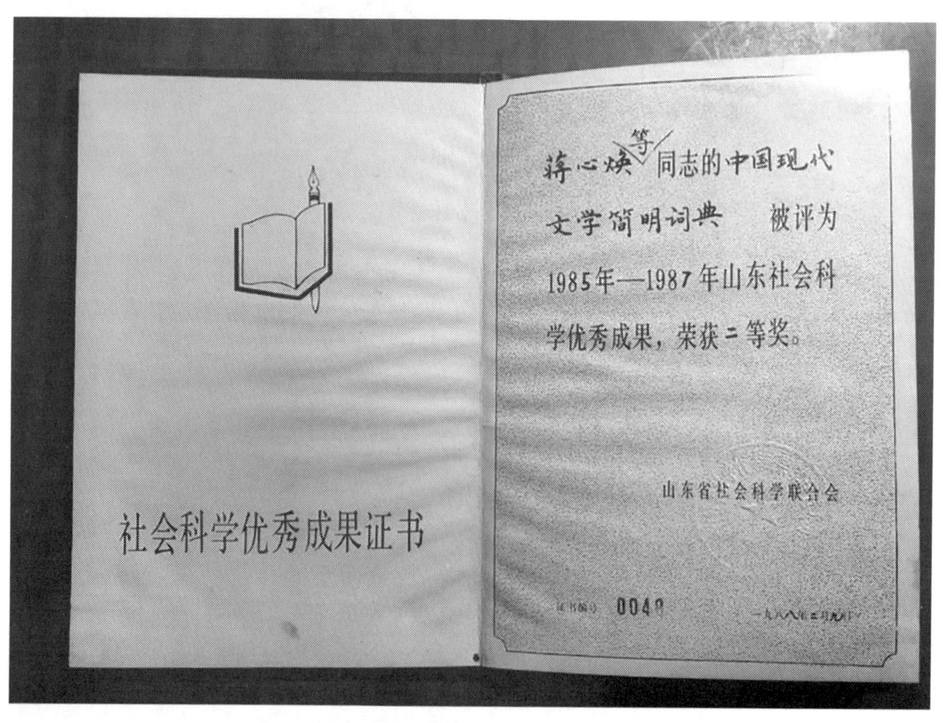

社会科学优秀成果证书

蒋心焕等同志的中国现代文学简明词典　被评为1985年—1987年山东社会科学优秀成果，荣获二等奖。

山东省社会科学联合会

附5.2　蒋心焕1985—1989年工作手册部分内容

附5.3 1989年朱德发、蒋心焕编著的《中国现代文学简史》封面及扉页

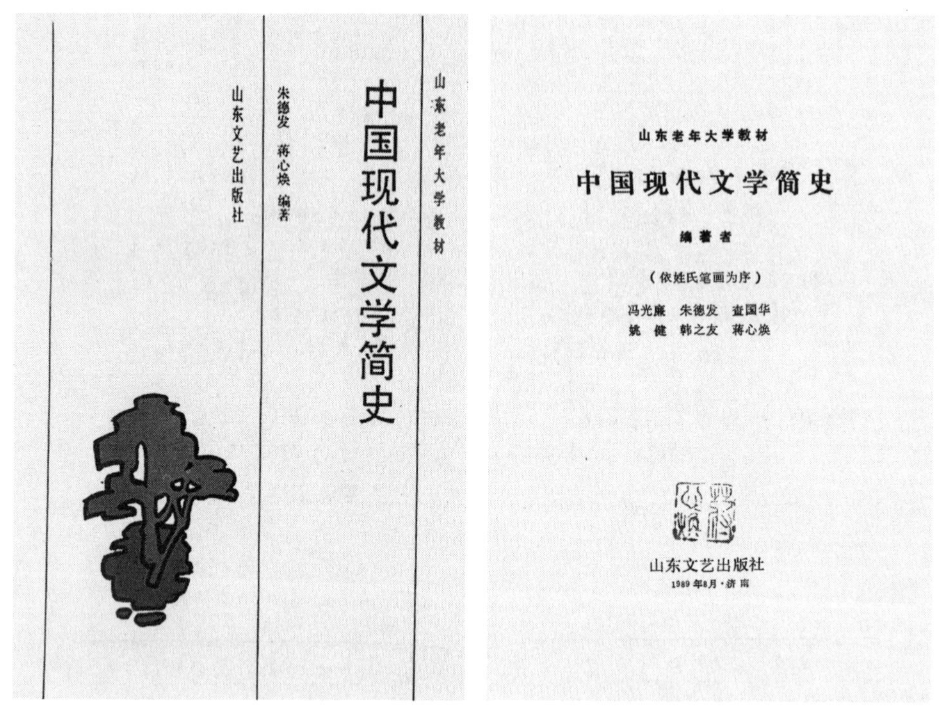

山东老年大学教材
中国现代文学简史
朱德发 蒋心焕 编著
山东文艺出版社
山东老年大学教材
中国现代文学简史
编著者
（依姓氏笔画为序）
冯光廉 朱德发 查国华
姚 健 韩之友 蒋心焕
山东文艺出版社
1989年8月·济南

附5.4　1989年朱德发、蒋心焕、陈振国主编的《新编中国现代文学史》书影

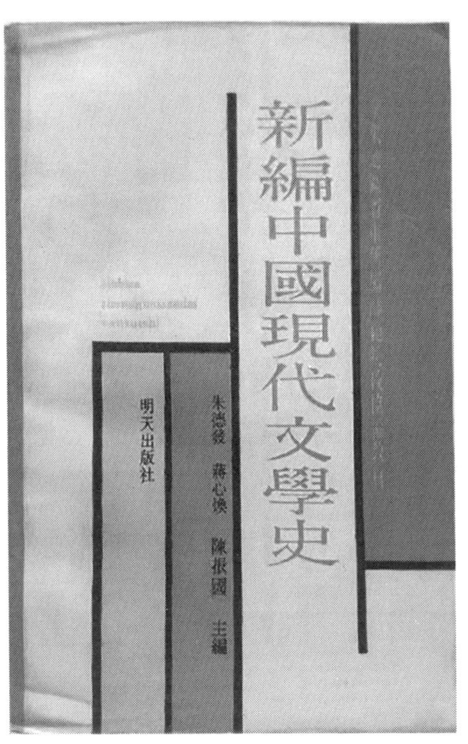

华东地区省（市）属师范大学协编教材

新编中国现代文学史

朱德发　蒋心焕　陈振国　主编

明天出版社

1989年·济南

附5.5　山东省社会科学优秀成果奖、山东省优秀教学成果奖证书

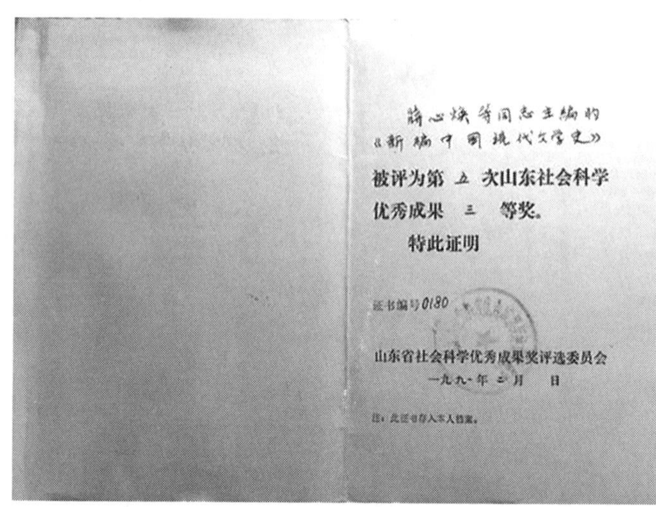

蒋心焕等同志主编的
《新编中国现代文学史》
被评为第 五 次山东社会科学
优秀成果 三 等奖。
特此证明

证书编号0180

山东省社会科学优秀成果奖评选委员会
一九九一年 二 月 日

注：此证书存入本人档案。

山东省社会科学优秀成果三等奖证书（1991年2月）

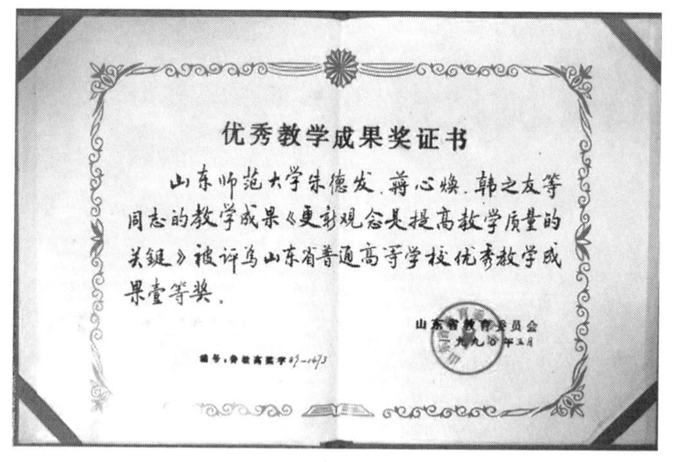

优秀教学成果奖证书

山东师范大学朱德发、蒋心焕、韩之友等同志的教学成果《更新观念是提高教学质量的关键》被评为山东省普通高等学校优秀教学成果壹等奖。

山东省教育委员会
一九九〇年五月

编号：鲁教高奖字 [illegible]—1473

山东省优秀教学成果奖一等奖证书（1990年5月）

附5.6 蒋心焕20世纪90年代读书笔记部分内容

郁达夫创作方法的特点

原著（捷）安娜·多勒扎洛娃

翻译 [illegible] 校译 [illegible]

环境和自然景物的描写：

忆吴宓先生

郑朝宗 随笔 1987(5)

论中国现代文学的发生期

宋剑华 中国现当代文学研究 J3 1987.(2)

论中国现代文学研究的当代性

樊骏 同上

从民俗文化学的角度对中国现代文学的思考

张恩和 同上

关于突破近百年文学史“三段式”分期的思考

陈学超 中国现当代文学研究 月刊 J3 1987(3)

钱钟书长篇小说《围城》漫论

石杰 《锦州师院学报》1987(1)

林纾对近代小说理论是有贡献的

林薇 《文汇读书周报》82.11.14

《围城》评介 彭斐

文艺先锋 11卷3.4期 47.11.30

我所知道的沈从文先生

一凌 文讯月刊 7卷1期 47.6.15出版

社会[illegible]《[illegible]》

[illegible] 文讯月刊 7卷3期

记胡适之 上

徐里 同上

—— 下

7卷4期

评《故乡》（鲁迅原著）

[illegible] 文讯月刊 7卷5期

附5.7　蒋心焕参与编写的《朱自清名作欣赏》书影

附5.8 蒋心焕著作《中国现代小说的历史沉思》封面及扉页

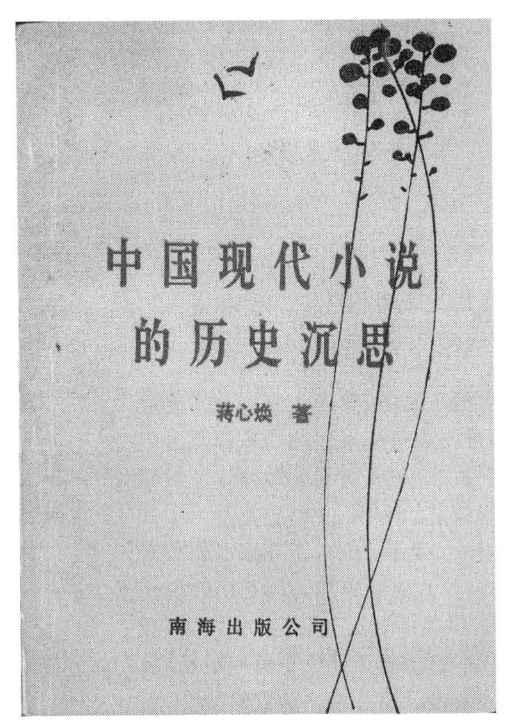

山东评论家丛书

中国现代小说的历史沉思

蒋心焕 著

南海出版公司

附5.9　田仲济为蒋心焕著作《中国现代小说的历史沉思》作序

序

蒋心焕教授生长在文化发达、经济繁荣、物丰人寿的鱼米之乡的南通市。可是他大学的教育却是跑到黄河岸边的山东师范大学的前身山东师范学院来完成的。在抗战以前，齐鲁大地受尽了封建军阀的剥削与压迫，在抗日战争与解放战争中，齐鲁的儿女为了民族的解放，奉献上全部所有以至生命。因而，山东所受战争的损害最重大，形成了一片片断垣残壁，一片片满目荒凉。蒋心焕教授作为高考新生，是50年代到的济南，虽然那时比起刚胜利后已经好些了，但各种条件，如居住、饮食、学习，比起江浙等省仍相距甚远。只就饮食说，每人的伙食仍有部分杂粮以至红薯。饮食的改变，不仅是个思想问题，主要的还是生理适应，得有一个过程。记得20年代末我从山东转学到上海，由于改食米饭，肠胃经过半年多才适应了。学校是新建的一所学校，各方面当然难以同老校相比。但他克服了种种困难完成学业，并以成绩优异，留在原系任教，他一直在中国现代文学教研室，通过漫长的岁月，从助教逐步提升为正教授，这是30多年，近40年的他的历程。在这近40年中，他的青春年华完全奉献给中国现代文学的学习、研究和教学中。这40年不是平静的40年，在前17年中，可说一个运动接着一个运动，特别是史无前例的"文革"10年中，出现了许许多多身上生鳞、头上长角的"革命英雄"，在每次运动中，就好像出英雄的乱世似的，也总是跳出几条英雄好汉。可惜这些英雄一般都英名不长，是昙花一现

1

的人物。批武训传，批胡风反革命集团、批丁陈反党反社会主义……不仅在历次出现的，昙花一现的英雄中，从来不论是学习时期的学生还是毕业后成为教师的蒋心焕，都难以看到他的影子，也没看到他的文章。

在平日备课的讨论中，无论对于老教师，或比他年轻的教师，他都是诚恳地提出自己的观点，心平气和地与人商讨。在教课中他关心学生的学习，关心学生的进步，也关心学生的生活。这40来年，他一直潜心地学习，潜心地工作，居于一个平凡的位子上，从不想借机取得个人的利益，更不会以人为梯企图爬向高处，或只顾自己冒尖，置他人于不顾。他对中国现代文学并不是没有精心钻研，并不是没有什么心得与见解。他是在默默地勤奋地力争最好地完成自己的科研与教学任务。"文革"后，各校编撰教材，在全国中国现代文学史是编得最多的一种，有的几个学校联合编写，有的几省联合编撰。我们山东四院校联合编写的一本，由山东人民出版社出版，是出版较早的一本，也是引起港台及日本学者关注的一本。接着《中国现代文学史》后又编撰了《中国现代小说史》，在这两本书中，蒋心焕教授都分编了重要的篇章，并保质保量地完成。其后又编辑了中国文联出版公司出版的"中国新文艺大系第三个十年"的《散文杂文卷》，是他和另外二人合编的，早已交出版社，即将出版。另外蒋心焕教授两本即将出版的书稿，一本是关于美学的，另一本是《中国现代小说的历史沉思》，这本书可说是中国现代小说史的长篇，就中国现代小说中某些问题，进行了研究、探讨。作者选择的问题，可以说有的是我们现代文学史上尚未引起人们或尚不够注意的某些问题，如《试论左翼文学的工人题材小说及其得失》。30年代的左联即提出了写工农的问题，1942年在《讲话》中明确地提出了工农兵的方向。写工农兵是我们新民主主义革命的文学的方向，作者当然是在作为现代文学的一个重要问题而提出进行考察的。又如作者论述了梁启超，郁达夫的小说观；也阐述了近代文学

2

转换为现代文学问题。这都是一般现代文学史上很少论及的问题，这些问题弄明白了，对于研讨文学史自然是极有意义的。

除了这一部分外，第二部分是分为3个10年，论列了自己所见的各个特点。第三部分则论述了丁玲、赵树理、蒋光慈等五个作家。这五个作家在现有中国现代文学史上，除前面二人外，一般占的篇幅不多，虽然他们每人都有自己的特点。这里表达的是作者自己的理解，并不是人云亦云的重复。

前一部分是史观史论，后两部分则是史实的分析，无论前者或是后者，都反映了作者的具有个性的见解。我觉作者整个说来是以朴素的语言表达了自己严谨的治学态度和作风，历史是应该准确地反映历史的真实面貌的。史的可贵处并不是追求文字华丽，更不是写得热闹。而是忠于史实，不夸大，不缩小，不粉饰，不歪曲。作者的风格从来就是守真守朴。这就是本书的可贵处。所谓信史，就是这个意思。

田仲济　写于1993年4月

3

附5.10　20世纪90年代新锐学者朱寿桐等人的评说

守真守朴的魅力

朱寿桐　平　进

蒋心焕教授将现代文学研究作为他终身的事业，视治学为求真求朴、寻求人生理想境界的过程。读了他的《中国现代小说的历史沉思》，感慨系之正在此处。

蒋教授是江苏南通人，先行师从著名文学史家刘绶松、田仲济先生，40年来一直从事现代文学的教学与研究，谙熟于现代作家作品、思潮运动以及文化背景，是第一本《中国现代小说史》的主要撰写人之一。多年的学术研究经验，使他具有足够的才识从现代小说历史发展的角度发现真正带有规律性的东西。这种“发现”，是他熟悉历史、对历史进行独行思考后得出的，因而具有贴近历史、有胆有识地揭示历史真实的品格。这种品格的价值在于，指示我们在纷繁复杂的学术研究格局中不致迷失了自己。例如关于以梁启超为代表的“小说界革命”的评价，就属于这种有价值的“发现”。

学术界几乎一致地认定，梁启超等人的小说理论，作为中国新小说的理论前驱，为“五四”新文学的繁荣奠定了基础。但是，作者通过对大量近现代小说创作与理论资料的阅读思考与研究，发现“这样的看法缺乏必要的分析，也不符合小说演变的实际”。他认为，梁启超等人所提倡的“小说界革命”及其理论，多半是为了“新民”的政治需要，是资产阶级改良主义政治运动的一个重要组成部分；梁启超等人把小说作用夸大到可以扭转乾坤的地步，颠倒了社会存在和思想意识的关系。他们的小说观与“五四”时期现代化、科学化的小说理论明显存在质的区别。在揭示了这样的历史事实之后，对梁启超等“小说革命”家的重新评价就是必然的了。应该说，这种重新评价不仅仅是对一种重要的小说史观点的修正，更是对已蒙上了烟垢尘土的文学历史的重新指拭和体认。事实上，学术界对梁启超等人的“小说界革命”评价确有过甚其词。早在1895年，洋人傅兰雅就已在《万国公报》上倡导所谓“时新小说”，以此鼓吹社会改革。可见，梁启超等人的“小说界革命”实不过是特定历史情形下的一种普遍共识。历史是严肃的，它需要人们以科学的态度和严谨的治学作风从事研究。作者忠于史实，论从史出，正体现了这种“守真”的治学精神。在渐趋浮躁的学术风气下，得出这样严实的学术结论固然十分可喜，体现这种守真的学术精神更是难能可贵。

求真应当是一切历史科学研究的最本质要求，它需要的不仅仅是一种态度，还需要一种眼光、一种方法。仅凭某种哲学或美学理论去演绎历史，往往会疏离历史，大而无当；仅仅拘泥于史实，在堆积的历史材料中爬行，又往往会遗漏历史的精髓，失之于肤浅。本书作者在求真的研究中力戒此类弊端，他所运用的是一种体悟历史、然后接近历史的方法，即尽可能多地占有研究对象的材料，然后想方设法体察特定研究对象当时的思想情感和心态处境，以便更准确地理解历史史料和历史情境，并与有关的其他现象作纵横比较与分析，在回到历史中去的同时，又跳出历史，从而获得更高的历史真实。如本书中颇有分量的一组关于现代历史小说的研究文章，就采用了这种研究方法。

这组文章提出了一系列独到的见解，如认为：鲁迅的《故事新编》向历史投射了新的思想光照，采用了崭新的表现手法，开创了新的艺术风格，因而是中国现代历史小说的开拓者、成功者；施蛰存较早地将现代派的象征主义，精神分析学和神秘主义等重人物内心感受的特点融入历史小说创作中，在艺术上有独树一帜的贡献；等等。这些观点在当时的学术界带有拓荒的性质，此前涉足现代历史小说研究课题的人较少。著者曾“用了半年左右的时间，有空就泡在图书馆和资料室一一翻阅原始报刊资料，在尽可能占有材料的基础上形成自己的看法……”。从该著作中完全可以看出，作者确实已把现代历史小说全面梳理了一遍，真正认识了现代历史小说的全貌和它产生时真实的历史情境。不仅如此，作者还把小说中所描写的历史事件与历史上的真实事件加以对照，从中体悟小说作者创作的真实意图，领会小说原旨。这组文章虽写得较早，但因为贴近历史，从历史的真实情境中去“发现”问题，所以许多观点经受住了时间的考验。比如，关于鲁迅《故事新编》中众说纷纭的“油滑”问题，作者认为，这是鲁迅“止不住”的战斗激情的生动体现，在审美效果上，它使人感到睿智、滑稽，令人产生会心的微笑，反映了鲁迅历史小说独特的艺术风格。同时，作者又分析指出，这种创作方法是特殊环境下的产物，至于今天的历史小说创作，则不必有意模仿。作者根据研究对象特定的历史情境，既钻进历史史料之中，又跳出历史史料之外，其观点虽非至善至美，却显示出作者敢于从复杂的历史研究对象中探索真理的勇气、方法和态度。其治学的守真品格由此可见一斑。

与守真的学术品格相对应，本书还显示出作者守朴的学术个性。80年代中期，各种新思潮、新学说蜂拥而至，在文学史和文学理论研究园地里，常常可以看到借用新观念新方法取得的新成果。这些成果以其新颖的视角、敏锐的感觉和开拓的精神拓宽了人们的思维空间，但毋庸讳言，其中也存在着严重的消化不良。与此同时，本书作者却以较为审慎的态度对待新思潮新方法，默默地然而执着地向学界奉献自己长期的研究成果。这些成果虽不能产生很大的轰动效应，却拥有陈年老酒般的魅力，耐人品尝，让人回味。

在文学史观方面，本书力图朴素地反映历史，持论力求平正稳妥。它以良好的学术教养、洞察的历史识见以及体系化、条理化的阅读为基础，在开阔的视野中，与所论对象保持着一定的距离，尽可能少地介入主观推断，很少意气用事，更不作哗众取宠的炫耀。因此，往往能见人之所未见，道人之所未道，切中肯綮、烛幽洞微。

在新理论新方法的借鉴方面，作者虽然较为慎重，但也不一概摒弃不取，而是以“朴”为原则，强调理论与研究对象的契合，不作牵强附会的死搬硬套。作者认为，文学史研究不同于文学批评，文学批评可以较快地尝试运用新理论新方法；而文学史研究则不然，它作为一项综合的整体历史观照，往往无法轻易尝试新理论新方法，而是需要经过文学批评尝试实践的总结后才能适当借鉴化用。因此，本书各章虽有对新理论新方法的适度吸取，但很少见到对新名词新概念的直接照搬。

求真的学术品格与求朴的学术个性使本书别具魅力。它首先表现为一种学术的可信感与亲切感。在这里，学术作为一项严肃的事业，具有相对独立的价值和地位，是不容亵渎的心路历程和精神追求。但它又不是古板得不近人情，而是在与读者进行亲和的交流和探讨，于循序渐进的“谈话”中，引出耐人深思的历史规律。其次，它又表现为一种超越时尚的学术生命力。由于作者坚持论从史出、论从己出，占有材料，独立思考，不浅尝辄止，不旁骛他求，因此，本书的写作时间跨度虽大，思想观点却存在着可贵与严密的一贯性和连续性，并且很少因时间的流逝及文学时尚的改变而失去其学术之“真”的价值。这种现象在如今一般的学术著作中恐非多见。

学术研究能到达这种境界，这本身就是一种魅力，还要求什么呢？

1994年5月写于南京大学

（该文原刊于《读书人》1994年第3期）

附5.11　蒋心焕文《完美人格的典范——痛悼恩师田仲济先生》(节选)

田仲济先生1987年退休后，虽身体多病，仍坚持读书和写作，关心中青年教师的进步。1996年3月，他赠我一本《傻瓜相册》，扉页上写着："心焕同志，送你一本书，想引发你写散文研究的速度，俾早日成册问世。"1997年春节期间，先生语重心长地对我说："最好能一年到省外一二次，不然，信息隔绝，不利于研究"，并再次催促我写些散文流派研究方面的文章。

与晚年仍然笔耕不辍的先生相比，我于愧疚中受到莫大鞭策。这以后，我稍有懈怠，就首先想到先生的多次劝导，心中顿然涌起一股力量。我记得先生常说的一句话是，人活着要有一种精神。人就是靠精神活着，人死后留下的也是精神。先生一生活得有滋味，有光彩，有精神。这种精神现已转化为一笔无价的财富，将永远激励我们前行！

附5.12　田仲济、蒋心焕主编的《中国新文艺大系（1937—1949）散文杂文集》书影

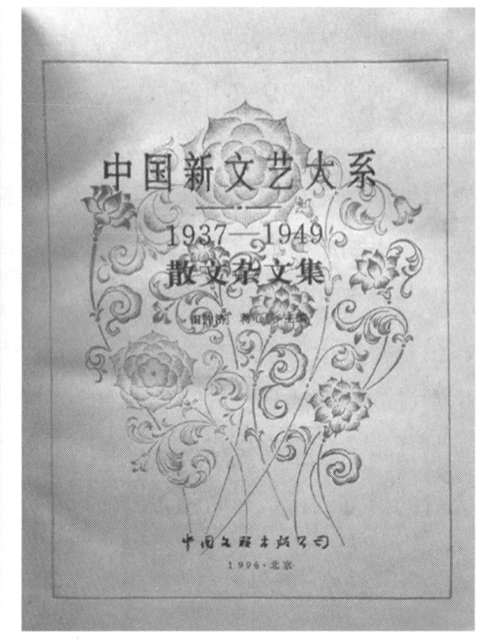

附5.13　蒋心焕文《田仲济先生的散文观》(节选)

1996年,《中国新文艺大系(1937—1949)散文杂文集》出版。这是主编田仲济先生用了近四个年头编选完成的。我有幸参加了该书的编辑过程，聆听到田老师许多精辟的散文见解，感受到田老的学者风范和人格魅力。至今想起，田老的音容笑貌仍然清晰地活现在眼前。

……

该书在编选过程中，我每周向田老汇报一次。每次，他或长或短地谈到关于散文方方面面的见解，形成他系统的散文观：第一，时代的色彩自然会反射到散文之中，若看不出时代的影子，就不是好文章。但不能“硬”联系，更不要显得不自然，特别是不要简单地泛政治化。第二，不要向文词(辞)的华美用力，反之，洗尽铅华见真情。自然美是追求的上乘。具体说，不刻意追求华丽与绚美，而是追求流畅、准确、明白，追求语言对思想的恰当表达。好散文，让人读后感到思路清晰、文气饱满，且充盈着淡淡的情韵，似有绚烂之极归于平淡的境界。第三，散文是各种文学形式中最能表现作者内心世界的一种形式，无论写人、状物、论事，都是直接发自作者的自我，等等。

……

至于整个编辑过程，给予我的惠益更是多多。我确确实实把它看作一次极好的学习机会。田老教我边读边写读书笔记；田老鼓励我从流派视角研究散文；田老多次通过赠书题词、写信、写序引发我写散文的兴趣。总之，从20世纪90年代中期以后，我的研究方向逐步转向散文。那原因，可以说是田老谆谆教导的结果，是田老散文观影响的结果，尽管我在这些方面成果甚少，且微不足道。

附5.14 蒋心焕部分论文手稿

关于三十年代文学研究的

几个问题

我的想法是三十年代文学研究不能限于过去一个固定的狭小的研究范围，即只注意代表性的无产阶级文学，它的路子，研究范围应拓宽，事实上已在拓宽。

第一个问题：左翼文学本身有一个发展过程，应作些具体分析

左翼文学主要是社会政治革命的产物，在激烈的阶级斗争的风雨中，冲破反动派的重重包围，又不时克服自身种种弱点以至错误的政治社会意识和文学观念。左翼文学正是在这双重超越中从幼稚走向成熟的。

14—037 第 页

文学分为萌发和成熟两个时期。
萌发期左翼文学可称为“普罗文学”。
以小说和诗歌为主要文体形式的普罗文学
创作，具有明确的党的政治意识和阶级意
识；总体，偏向阶级斗争大题材，所写大多是主
人公和“大时代冲击圈”中的人物。同时，
又往往为了达到宣传目的和脱离现实的
夸张描绘而丧失艺术，流于观念化倾向，塑
造“突变”式的英雄，作品中充满着主观
的叙述，抒情的宣泄和标语口号式的议
论，形成了一种“粗暴的叫喊”风
格。
“左联”成立以后，由于党的组织领导和
正确引导，确立了自己在左翼文坛的地位，

14—037　　　　第　页

它既承接了五四文学反帝反封建的传统，同时，又把这种一般的文艺要求提高到阶级斗争的高度。五四文学以进化论和个性解放的思想作为武器，表现资产阶级的"人"，左翼文学则以马克思主义的阶级论为思想指针，强调文学为工农大众的方向，宣传革命的斗争。五四文学所探讨的是文学和人生，文学和人性，文学和生活等问题；左翼文学则把文学和政治，文学和革命（文学和时代）提到很高的高度。鲜明的政治社会意识和高度的阶级性战斗性，成为左翼文学突出的品格。

一般说，以"左联"为主的标志，左翼

14—037　　　　第　　页

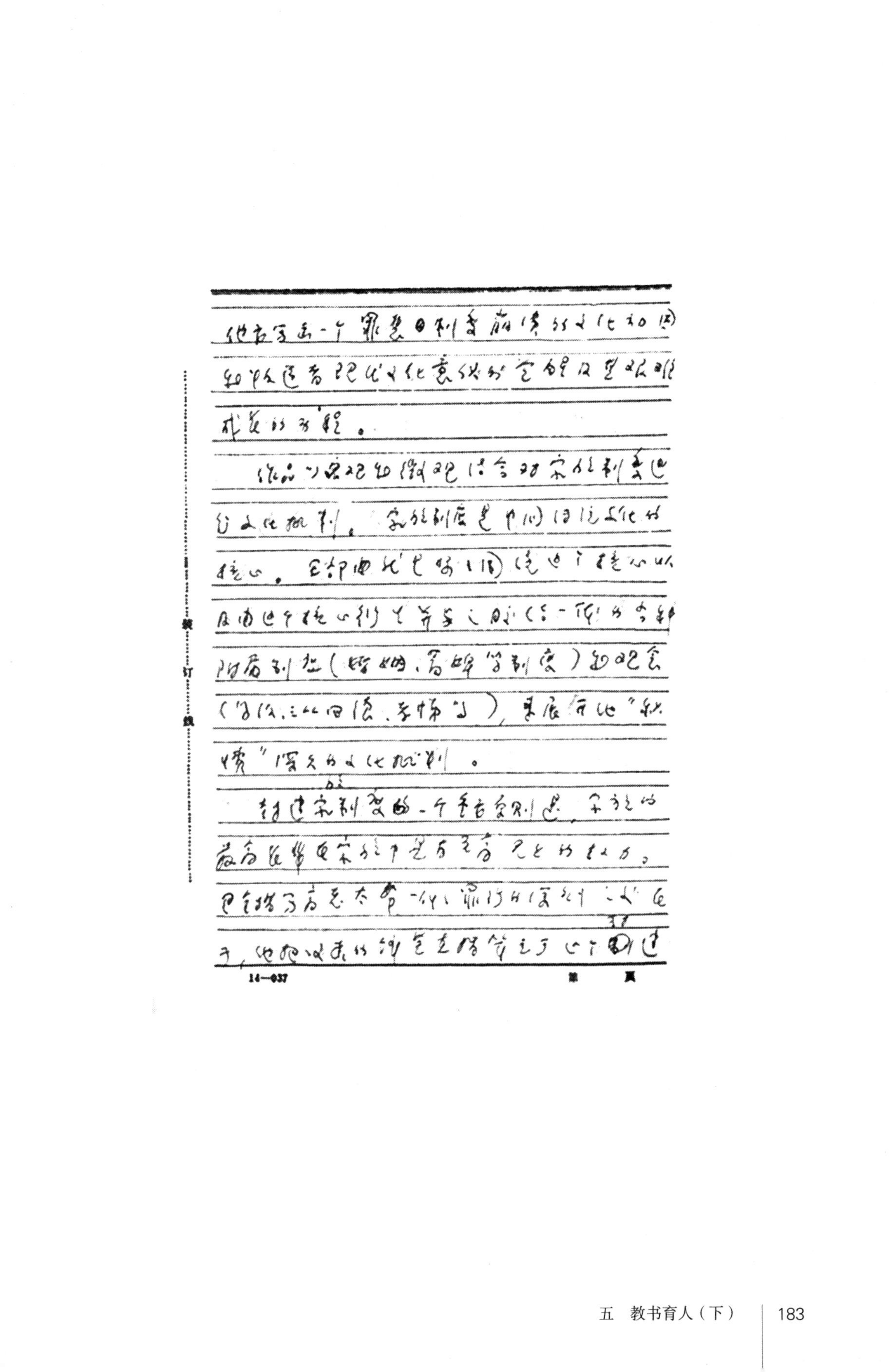

装订线

14—037　　　　第　　页

附5.15 蒋心焕部分讲稿

郭沫若创造性思维及其（文学上所取得的）全方位的建树

以郭沫若为主将的创造社成立以前，曾出版过一份刊物，名叫Green（古瑞恩），为“绿色”，也可作“草原”解。如果用在外语in the green中，它又含有“血气方刚”的意义。陈青生、陈永志于《创造社记程》一书中说，提及此，曾说：

……“Green”有绿色的、新鲜的、青春的、未熟的、无经验的等含义，反映了该刊成员对于自己文学活动的热情、希望、新鲜感与尝试心理。郭沫若等人后来以“创造”为文学社团和杂志的名称，可以说是“Green”的必然发展，是他们经历过初步尝试，进一步成熟起来，并对自己的工作

山东中国现代文学研究会稿纸（20×15＝300）　第 1 页

充满自信的一种表示。

这段话可以看作郭沫若等对"创造"二字社团名称的注解之一。

不妨延伸开来，"创造"也概括了郭的思维特点（即他文学创作上的所有建树都源于他创造性的思维）。

对郭沫若在文学上的评价，史家所作的许多崇高的评价都是正确的。但最确切的说法，他是一个不知疲倦，不满足已取得成就的创造者。文学离不开创造，但像他那样于创造本身更加显示出特殊意义的（相对于创造的结果而言）则首推郭沫若了。

1919年，郭面对壮美的大海，写了一首《立在地球边上放号》，最后三句：

啊啊！不断的毁坏，不断的创造，不断的努力哟！

山东中国现代文学研究会稿纸（20×15＝300）　第 2 页

啊啊！力哟！力哟！

力的绘画，力的舞蹈，力的音乐，力的诗歌，力的律吕哟！

它宣告了一个创造者的追求：创造的力和力的创造；表明了一个创造者的思维特质：在破坏中创造，在创造中努力。

这种创造意识、精神、冲动贯穿于他的文学创作活动中（也包括其他领域）。

一、

1920年2月，他在《生命底文学》中，概括了他对文学本质的看法。他认为"创造生命文学的人当破除一切虚伪、顾忌、希图、因袭，而绝对地纯真、坚直、澄澈、自主"，同时创造生命文学的人"Energy"（能量）要充足，精神要健全，文学要有生命，要真、要善、要

山东中国现代文学研究会稿纸（20×15=300）　第 3 页

美"。他排除一切世俗功利，实际上从生命学的角度解释了文学的内涵。他从事文学之初就把文学的原动力与人的生命运动、人的反抗意识和人的创造精神紧紧联系在一起。他认为"诗是人格创造的表现，是人格创造冲动的表现"（《论诗三札》）尽管此时郭沫若对文学本质的看法和理解还不尽准确和科学，但文学的根本生命力是人的创造和创造人自身这个观点已经牢固确立了。郭沫若的叛逆精神和创造的审美精神构成他对文学本质的最初见解。

这种精神主要体现在郭沫若哲学思想深处。以往对郭沫若"泛神论"的构成、发展过程、作用等[illegible]泛神论，辩证地体现了的吸收、扬弃，批判的研究论著较多，但有一点未作实在的阐释，他对"泛神论"思想的吸

附5.16　蒋心焕于1986年填写的“高等学校教师学衔申请表”

高等学校教师学衔申报表

学校名称　山东师范大学

教师姓名　蒋心焕

所在系教研组（室）　中文系现代文学教研室

现职务或学衔　副教授

申请授予学衔　教授

中华人民共和国国家教育委员会制

姓名	蒋心焕	性别	男	出生年月	1939年12月	照片
现职务或学衔	副教授	民族	汉	工资级别		
何时参加中国共产党	1955年5月	何时参加何民主党派				
确定或晋升现职务或学衔时间	1980年11月	现从事专业	中国现代文学			
参加工作时间	1958年9月	何时从何国回国定居				
最后学历	大学	从1954年至1958年毕业、肄业于山东师院校（院）中文系专业（修业　年）				
	研究生	从19　年至19　年毕业、肄业于　校（院）　系专业（修业　年）				
学位	学位名称		授予时间			
	授予国别、学校					
国内外留学、进修	留学、进修内容	中国现代文学史	起止时间	自60年1月至61年7月		
	留学、进修国别、学校	武汉大学				
科学研究方向	中国现代文学史 中国现代小说史	担（兼）任党政职务				
参加何学术团体，任何职务	山东省中国现代文学研究学会副会长	社会兼职				
何时何地受何奖励						

—1—

附5.17　蒋心焕关于文学史编写的工作笔记（节选）

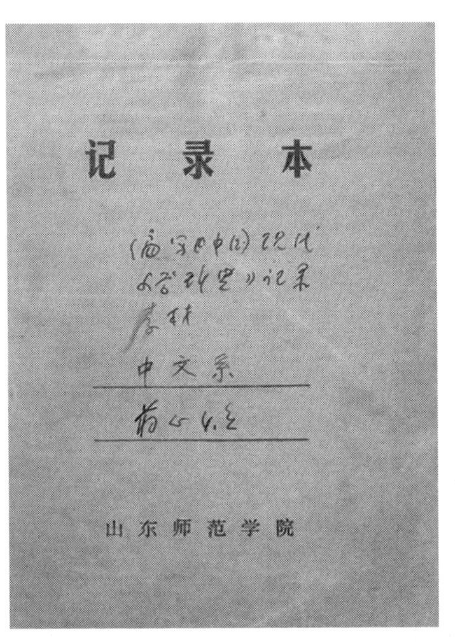

记录本

中文系

山东师范学院

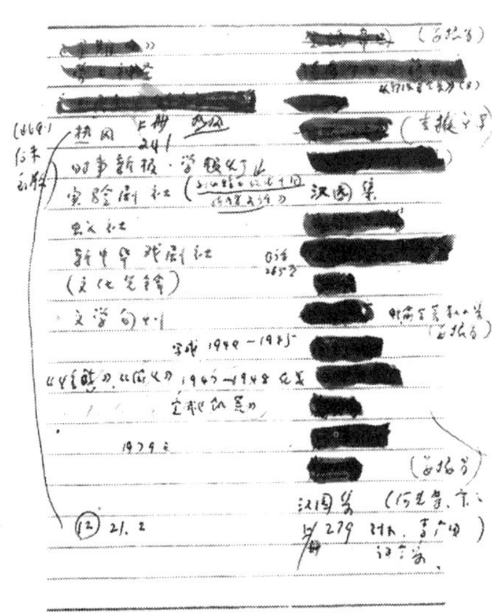

附5.18　蒋心焕1997年致李春林

1997年6月15日蒋心焕致李春林

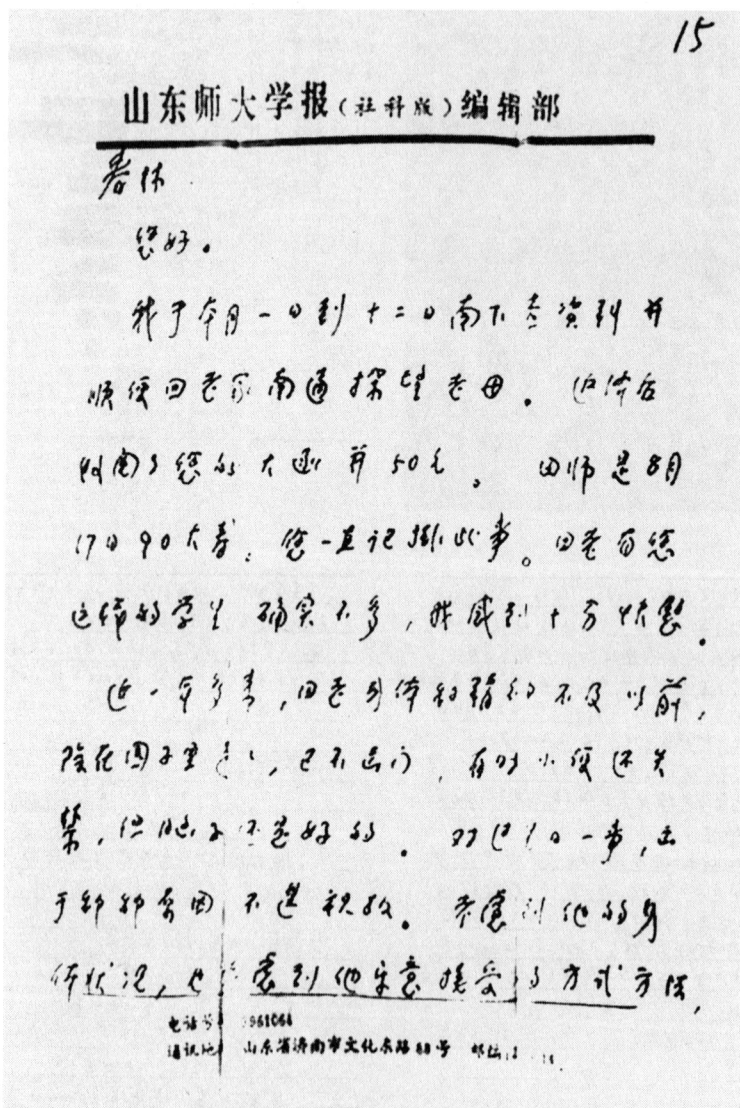

15

山东师大学报（社科版）编辑部

春林：

您好。

我于本月一日到十二日南下查资料并顺便回老家南通探望老母。临行前收到了您的大函并50元。四师是8月17日90大寿，您一直记挂此事。四老有您这样的学生确实不多，我感到十分欣慰。

近一年多来，四老身体的情况不及以前，除在园子里走走，已不远行，有时小便还失禁，但胆子还是好的。对住院一事，出于种种原因不想就医。考虑到他的身体状况，也考虑到他本人愿意接受的方式方法，

电话号：961064

通讯地址：山东省济南市文化东路88号　邮编：250014

16

山东师大学报（社科版）编辑部

究竟如何搞，正在商定之中。

深承的博士论文已通过，评委反映很好。他还想[illegible]成册，交安徽人民出版社，今年下半年可望出版。论著的60元已[illegible]了深承。不管以何种方式[illegible]来信告知，[illegible]一份。

[illegible]希望今年上博士点，实现"0"的突破。我们也千方百计[illegible]，同时也[illegible]做了组织工作，估计下半年[illegible]。

[illegible]在筹备，[illegible]，[illegible]。

敬礼

全家安康

[illegible]

1997年6月15日

电话：[illegible]2961064
通讯地址：山东省济南市文化东路88号 邮编：[illegible]

附5.19　蒋心焕填写的《退休干部审批表》（1999年1月19日）

退休干部审批表

填报单位：中文系　　　　1999年1月19日

姓名	蒋心焕	性别	男	年龄	65周岁（1933年12月12日）		
籍贯	江苏省（市）南通县（市）　公社　大队						
现住址	山东省（市）济南县（市）						
参加工作年月	1958.7	入党年月	1955.5	家庭出身	职员	本人成份	教授
工作单位	山东师大中文系					职称	教授
身体状况	很一般						
有何重大政治历史问题，结论如何？	无						

参加革命后的主要经历

自何年何月起	至何年何月止	在何地、何部、职务	自何年何月起	至何年何月止	在何地、何部、职务
1958.7	至今	山东师大中文系 教授			

六 晚年

（2000—2020年）

生平记述

2000年

2月15日，散文《没有元宵的元宵夜——回忆刘绶松片段》在《济南日报》发表。

3月28日，拿到山师二宿舍9号楼新房的钥匙。

4月16日，散文《那片家槐林呢》在《烟台晚报》发表。

5月25日，正式搬进新家，从此在这里生活了整整20年。

6月，大学同班同学吴兆熊来访，为此撰写散文《老年“校园情结”》，在《齐鲁晚报》发表（6月29日）。

蒋心焕（左二）及夫人佟玲（左一）与大学同学吴兆熊（右二）、袁忠岳（右一）合影留念

7月5日，在山师学子餐厅为杨洪承、田桦夫妇饯行。

7月8—10日，在槐荫区教师进修学校为自考生上辅导课。

7月11—13日，在历城区教师进修学校为自考生上辅导课。

7月15—17日，在新建的淄博实验中学为研究生助学班讲授现代文学专题课。

7月24—28日，在青岛某高职学校为研究生助学班讲授现代文学专题课。

8月3—6日，在兖州教师进修学校为研究生助学班讲授现代文学专题课。

8月8，参加张广岩教授遗体告别仪式。

8月10—12日，在博山教师进修学校为研究生助学班讲现代文学专题课。

8月17日，与张蕾、宋遂良买了鲜花和蛋糕，为田仲济先生贺寿。

8月20—24日，到曲阜师范大学出席山东省中国现代文学学会第八次年会，再次当选为副会长。

2000年8月，山东省中国现代文学学会第八次年会暨学术研讨会参会代表合影（前排左四为蒋心焕）

8月26日，田仲济先生突发疾病，与田森、魏建随120救护车把田老送到千佛山医院救治。

9月28日，到医院看望田仲济先生，田老身体情况不好，二人有对话。（见附6.1）

2000—2001年，对沂蒙山区将楹联这一古老的民间形式运用于宣传与学校教学的文化现象进行研究，并先后于《临沂师范学院学报》2000年第1期、2001年第4期发表论文。

2000年，确诊患有心脏病。

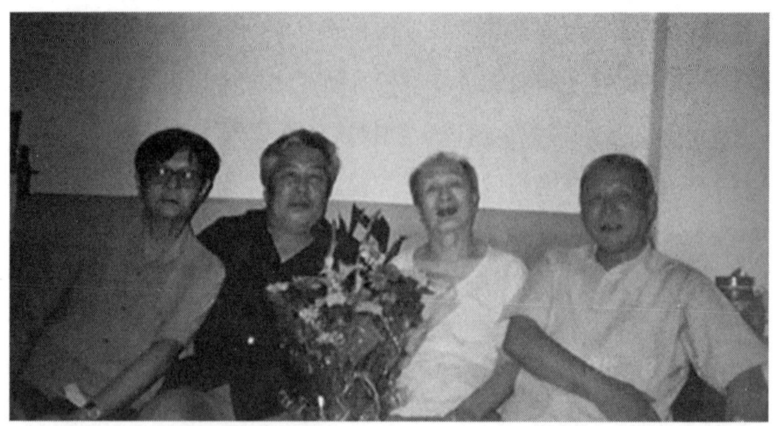

2000年夏田仲济先生住院后，蒋心焕（右一）与张蕾（左二）、宋遂良（左一）看望病重的田仲济（右二）

2001年

4月，李同旭《篱下走笔》由作家出版社出版，蒋心焕作序。

5月，参与编写的《黄河文化丛书·文苑卷》出版。

5月下旬，参加山东师范大学中国现当代文学专业硕士研究生论文答辩。

6月4日，散文《布谷声声》在《齐鲁晚报》发表。

8月17日，与吕慧鹃、张蕾、吕家乡、韩之友、侯明君等带着鲜花和蛋糕到千佛山医院，为住院中的田仲济教授祝贺95岁生日。（见附6.2）

9月15日，出席山东省中国现代文学学会2001年度常务理事会会议。

2002年

元旦以后，每天去看望病情加重的田仲济先生，病危时曾彻夜陪护。

1月14日，田仲济先生病逝，协助有关方面办理后事。

1月18日，出席田仲济教授缅怀活动。

3月，为束学山杂文集《思想在别处》作序。（见附6.3）

4月，撰写《田仲济先生与中国现代文学》，发表于《中国现代文学研究丛刊》2002年第2期。

5月上旬，到新泰出席世界化语境与现代中国文学巨匠研讨会。

5月底，参加山师中国现当代文学专业研究生答辩。

2002年5月，世界化语境与现代中国文学巨匠研讨会与会人员合影（前右五为蒋心焕）

2002年5月底，蒋心焕（前左三）与答辩师生合影

2003年

1月，为李宗刚的《写作理论与实践》作序。（见附6.3）

2月，撰写《田仲济在最后的日子里》，发表于《新文学史料》2003年第1期。

2月22日，学术随笔《田仲济先生的散文观》在《济南日报》发表。

3月6日，出席山东省中国现代文学学会2003年度常务理事会会议。

5月下旬，参加山东师大中国现当代文学专业硕士生论文答辩。

12月，来自北京、南京、合肥和省内的研究生弟子在济南为蒋心焕老师祝贺七十寿辰。

2004年

3月7日，出席山东省中国现代文学学会2004年度常务理事会会议。

5月24日，为李宗刚的《创作成功学》作序，该书由中国戏剧出版社出版。

5月下旬，参加山东师大中国现当代文学专业硕士生论文答辩。

2004年8月，齐鲁文化与现代中国文学国际学术研讨会与会人员合影（前排左二为蒋心焕）

8月，出席齐鲁文化与现代中国文学国际学术研讨会。

本月，出席山东省中国现代文学学会第六次会员代表大会暨学术研讨会。在六届一次理事会上，虽然一再要求卸任副会长，但依然当选。

2005年

3月9日，出席山东省中国现代文学学会2005年度常务理事会会议。

3月14日，母亲仙逝，享年93岁。立即购火车票，当晚从济南启程。15日到南京。中午乘汽车抵达南通，下午瞻仰遗容。16日参加遗体告别仪式，作为长子讲话。当天下午母亲火化，入土为安。18日晨，返回济南。

5月1—5日，整理与业务有关的书信，分作97个信封存藏。（见附6.4）

5月下旬，参加山东师大中国现当代文学专业硕士生论文答辩。

2006年

2月17日，因心脏病住进齐鲁医院，一周后出院。

3月15日，出席山东省中国现代文学学会2006年度常务理事会会议。

3月，主编的《中国现代小说美学思想史论》出版。（见附6.5）

7月21日，因心脏病再次住进齐鲁医院。

2007年

1月29日，孙女蒋雨诺出生。

3月8日，出席山东省中国现代文学学会2007年度常务理事会会议。

4月24日，因心脏病第三次住进齐鲁医院。

8月16日，带病到北京，出席次日在中国现代文学馆举行的田仲济百年诞辰纪念会。

11月3日，看望病中的林乐腾教授。

2008年

3月1日上午，出席山东省中国现代文学学会2008年度常务理事会会议。

同日11时，出席山师中文系七七级入学30周年聚会。

9月26—28日，出席在聊城大学召开的山东省中国现代文学学会第七届会员代表大会。应本人多年要求，学会同意蒋心焕因年龄原因不再担任副会长。

蒋心焕（右一）与出席田仲济百年诞辰纪念会的部分专家合影（左一为王万森，左二为刘纳，左三为朱德发，右三为刘献彪）

2009年

1月22日，出席山东师范大学中国现当代文学学科迎春茶话会。

本年，散文《回忆恩师田仲济》在《人物春秋》2009年第1期发表。

2010年

3月18日，散文《鸿雁评书》在《江海晚报》发表。

10月30日，参加朱其铠教授遗体告别仪式。

12月13日，参加山东省委原副书记王修智（蒋心焕的学生）遗体告别仪式。

12月28日，参加林乐腾教授遗体告别仪式。

2015年

2月6日，参加张蕾教授遗体告别仪式。

5月，《蒋心焕自选集》出版。（见附6.6）

2016年

2月19日，参加查国华

蒋心焕和夫人佟玲合影

教授遗体告别仪式。

2018年

7月初，朱德发、蒋心焕、李宗刚合编的《第三次国内革命战争时期解放区文艺运动资料汇编》出版。蒋心焕与朱德发在20世纪80年代初便开始编纂这部史料集，因种种原因，一直未能付梓出版。后经李宗刚的进一步整理，于2018年正式出版。

7月16日，参加朱德发教授遗体告别仪式。

本年，山东省中国现代文学学会创建35周年，学会代表到家中慰问作为创会老领导的蒋心焕。

2019年

2月，蒋心焕依然读书看报。

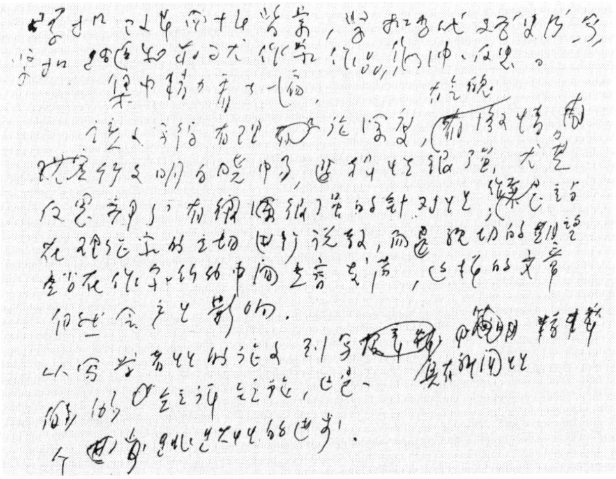

2019年1月30日，《光明日报》发表了李宗刚的《文学应当有力地参与和推动时代进程》一文，蒋心焕给李宗刚写了读后的感想

退休之后，蒋心焕向山师现当代文学学科捐赠了他珍藏的40多年前本学科编写的资料：《中国现代作家作品（第一分册）》（1959年3月）、《中国现代作家作品（第二分册）》（1959年6月）、《中国现代作家作品（第三分册）》（1959年10月）、《中国现代作家作品参考资料（第一、第二、第三辑）》（1959年），《郭沫若研究资料汇编》（1960年）、《巴金研究资料汇编》（1960年）、

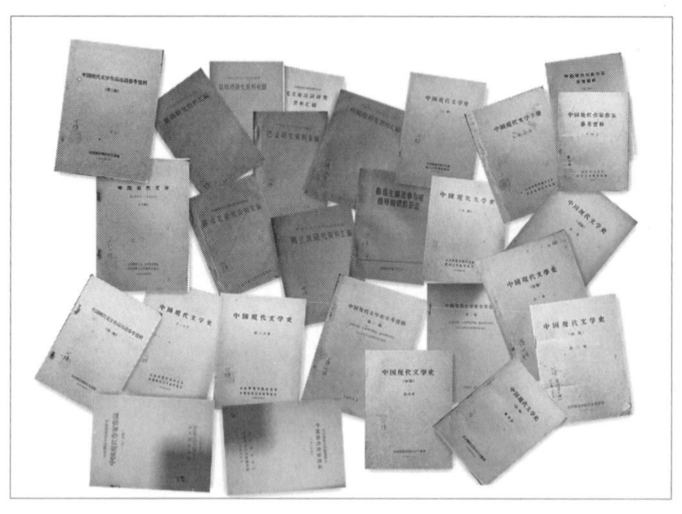

蒋心焕捐献的山师现当代文学学科“文物”级资料，其中有一些是他当年参与编写的

《茅盾研究资料汇编》(1960年)、《毛主席诗词研究资料汇编》(1960年)、《赵树理研究资料汇编》(1960年)、《杜鹏程研究资料汇编》(1960年)、《曹禺研究资料汇编》(1960年)、《中国现代文学史(初稿)第一册》(1961年1月)、《中国现代文学史(初稿)第二册》(1961年1月)、《中国现代文学史(初稿)第三册》(1961年2月)、《中国现代文学史(初稿)第四册》(1961年11月)、《中国现代文学史(初稿)第五册》(1962年3月)、《中国现代文学史(上册)》(1964年2月)、《中国现代文学史(下册)》(1964年3月)、《中国现代文学史(第一分册)》(1964年8月)、《中国现代文学史(第二分册)》(1964年9月)、《中国现代文学作品选读参考资料(第一辑)》(1962年3月)、《中国现代文学作品选读参考资料(第二辑)》(1962年4月)、《中国现代文学手册(人物之部)》(1964年6月)、《中国现代文学手册(人物之部)》(1964年6月)、《中国现代文学史参考资料(第一编)》(1965年7月)、《中国现代文学史参考资料(第二编)》(1965年12月)等山师现当代文学学科早年集体编撰的文献。这是国内最早的中国现当代文学研究资料，有些是蒋心焕参与编写的。

(以上内容依据蒋心焕日记、本人和他人回忆文章、来往书信等资料撰写。)

(胡玥、魏建执笔)

附6.1　蒋心焕2000年9月日记

附6.2　蒋心焕文《田仲济在最后的日子里》（节选）

病中的先生对于现代文学依然有着难解难分的浓郁情结。2001年8月17日，吕慧鹃、张蕾、侯明君、吕家乡、韩之友和我手捧花篮和蛋糕到病房为先生贺95岁生日。这天先生情绪颇佳，脸颊红红的，眼睛放光，与我们握手，并合影留念。乘先生高兴之际，我告知他与孙昌熙教授主编的《中国现代小说史》，韩国学者赵承焕先生已译成韩文，拟于近期出书。赵先生来信恳请先生写一个两三千字的译本序言。先生十分感激赵先生为中韩学术交流和学者友谊所付出的艰辛的劳作，惊喜连连地说："此事应视为中韩文化交流的一部分，我们务必将这件有意义的工作做好。……不要忘了时代对我们的厚爱，是时代给予它出版的良机，是时代为它提供了走向世界的机遇。"停顿片刻，先生语气有些黯然地说："可惜我心长力短，这样的好事，不能参加了。"一周后，我带着立群代笔写的译本序言一字一字地读给他听，他欣慰地笑了，并作了有深度的理性分析：此书之所以还为人们记住，是因为它打破传统的编年记史的体例而代以人物形象系列发展轨迹及其历史风貌的整体考察与论述。看到体例的新，更要看到问题和局限性：能否有针对性地作些较大的修订，使它成为一本有用的可信的书？他亲切的声音中略含悲哀，我听着听着，泪水在眼眶里闪动。我意识到，这是数十年来先生指导我们写书的最后一席肺腑之言，更令人难过的是，如今，先生再也看不到这个凝聚他心血结晶的译本了。

（原载《新文学史料》2003年第1期）

附6.3　蒋心焕为学生专著所作序言手稿

1. 为束学山的杂文集《思想在别处》所作序言手稿

学山在他的第一个杂文集《思想在别处》出版之际，嘱我写几句话。我记得，他有意写杂文随笔始于2000年5月，至今才两年左右。应该说，他写杂文的时间很短，然而，观其杂文的数量和质量都令我惊喜连连。这是耐人思考的。

我首先想到的是他的基础打得好打得牢。在山师大读研期间，他勤于学习，广泛阅读中外文化理论成果和史书传记；他更善于学习，除选听校内各位学有所长老师的课外，还利用访学和南下探亲的机会，拜访了著名学者和作家陈思和、陈世旭、尤凤伟等人，虚心向他们求教。他在读研时所撰写的“回到民间”的硕士论文

山东中国现代文学研究会稿纸(20×15=300)　第 1 页

和若干篇结实的作家作品论，莫不受益于此。总之，他的收获主要表现在掌握了一种观察和评价人物与事件的全新的眼光和视角，掌握了一种训练有素的思维方法和文章笔法。这些，对他日后从事杂文创作是至关重要的。

学山毕业后分配到济南时报编辑《国风》副刊。副刊以探讨中国转型期国民性为旨要。工作性质催促他既编又写，并发而不可收。进入媒体后的学山，眼界顿然开阔，对国际国内发生的林林总总的社会现象，对底层百姓的爱憎和需求，有了敏锐而深刻的认识和思索，并渴望加以表现，于是杂文就成为他及时表达思想和情感的手段了。此后，他爱不释手地走上创作杂文的道路。

《思想在别处》所收65篇杂文是从他写的200余

山东中国现代文学研究会稿纸(20×15=300)　　第 2 页

篇中精选出来的。我读后，总体感觉每一篇都是作者用功写的，给人以有益的启发，其中不乏耐读耐嚼的篇章。学山已经当之无愧的在杂文创作园地中占有一席之位。最近，刘成信、李君在《2001中国年度最佳杂文》代序一文中，明确指出：该年"杂文创作队伍的新生力量比以往任何一年都要强大，他们在杂文领域崭露头角而且出手不凡。……这是2001年杂文界的亮点。"（引文见《杂文月刊》2002年第三期第53页）朱学山作为新人的名字列举其中。读过学山的杂文，对照此文的评价，我深有同感。那末，学山杂文的"亮点"表现在哪里呢？我初步看法是，学山的杂文很少就事论事，他总是从纷繁复杂的事物中尽力挖掘事物或现象背后隐藏的观念性、思想性的东西，他总感觉到

山东中国现代文学研究会稿纸（20×15=300）　第 3 页

在这些事物或现象背后有一个强大的"无物之阵"在支配着事物的产生和发展，阻碍着社会文明的进步。学山的杂文所要做的工作就是要把这"无物之阵"拆解开，告诉人们真相。这"无物之阵"既是依附在人们日常生活中的传统文化，也是深藏在人们意识深处的官方话语，如《请谁放心》《唱唱〈三大纪律八项注意〉又如何》《"关键"在谁》《杂文用来教育谁》以及未收到本书的《"要是国家背叛了她的人民呢？"》《人民的反应》等，因为观念的革新和思想的解放对中国人民来说远未完成。这就是鲁迅早年提出至今仍然散发现代理性光辉的"立人"思想。学山继承发扬鲁迅传统，这就使其写的一些杂文较之一般就事论事的随笔和揭露时弊的短评，具有更高一筹的理性说服力

山东中国现代文学研究会稿纸（20×15＝300）　第4页

和文化含蕴。因此，学山从一开始写作杂文起点就较高，有独到的追求。他的杂文不时的见诸一些重要的报刊，在全国读者中产生愈来愈大的影响。

学山还在杂文理论上提出"杂文是爱""杂文是关注生命价值，反对无视、漠视乃至蔑视生命的人类终极关怀"（引文见该书68页）的观点，丰富了当代较为薄弱、滞后的杂文理论，在建设民主完善法制的新时代，提出"杂文是爱"无疑是有现实意义的。学山的有些杂文，如《乘船的四川农民》《国旗为谁而降》，表现出强烈的平民意识和人道情怀，同情底层人民，作者通过创作实践作了可贵的探索。

严格说来，学山的杂文创作才开始不久，尽管这是一个较高起点的开始，但作为一位新

山东中国现代文学研究会稿纸(20×15=300)　　第 5 页

人，不免留有这样那样的不足，比如严密的逻辑论证如何暗藏和融合在生动的具体的叙述和描写之中？政治性和诗情如何融为一炉？在表现方法的多样化、形象化方面，在个人文体风格追求方面都要求学山惨淡经营，出现一个新的爆发期。我满怀信心地期待着学山创作出更多更好的具有强大文化辐射力和生命活力的杂文艺术精品。

蒋心焕　2002年7月写于泉城

山东中国现代文学研究会稿纸(20×15=300)　第 6 页

2.为李宗刚的《写作理论与实践》作序手稿

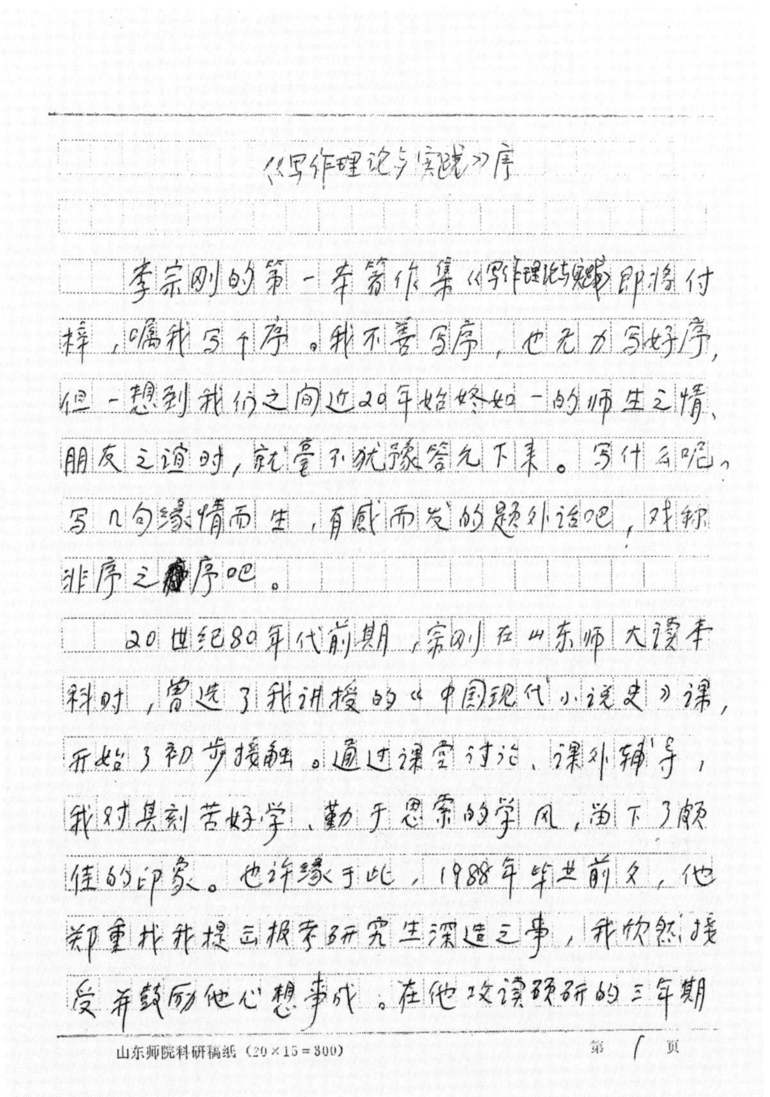

《写作理论与实践》序

李宗刚的第一本写作集《写作理论与实践》即将付梓，嘱我写个序。我不善写序，也无力写好序，但一想到我们之间近20年始终如一的师生之情、朋友之谊时，就毫不犹豫答允下来。写什么呢？写几句缘情而生，有感而发的题外话吧，戏称非序之序吧。

20世纪80年代前期，宗刚在山东师大读本科时，曾选了我讲授的《中国现代小说史》课，开始了初步接触。通过课堂讨论、课外辅导，我对其刻苦好学、勤于思索的学风，留下了颇佳的印象。也许缘于此，1988年毕业前夕，他郑重找我提出报考研究生深造之事，我欣然接受并鼓励他心想事成。在他攻读硕研的三年期

山东师院科研稿纸（20×15=300） 第 1 页

间，我对他有了更多的了解和认识。这是一个把人品和文品，做人和做学问两者相融作为自己追求的有思想有作为的青年。同我前后带的研究生相比较，宗刚有两点比较突出。其一，兴趣比较广泛，渴求获取多方面的知识。他除阅读本专业所要求的中外古今各方面的理论书和作品外，自己还选取中外名家的文化著作和哲学著作，并且把自己研读所得运用于自己的专业中。其二，他信书本，又不惟书本；立足学术，又高于学术，逐渐形成一种以理性观照的顿悟式的思维特点，使其较为熟练地掌握了一种观察和评介人物与事件的全新文化眼光和视角，掌握了一种逻辑严密的思维方法和文章笔法。表现在论文的写作上，既不是纯理论式的，也不是纯感悟式的，而是力求做到史的

山东师院科研稿纸（20×15＝300）　　第 2 页

学术研究与现实的当代性意义相互融合。我认为，这是一种富有朝气和学术生命力的有效研究方法。应该说，宗刚在读硕研期间为治学所打的基础是扎实的，是终生受益的。

正是基于上述治学特点，1991年他完成的硕士毕业论文《论中国小说由传统向现代转换》在实践中取得成功则是在情理之中的。宗刚以文化视角来研究中国近代文学，特别是小说从近代到现代的诸多转换实是有一定难度的。“转换说”在当时学术界还是一个全新的有待开掘的宏观研究课题。宗刚迎难而上，从搜集资料入手，做了几百张卡片，在不断进行辨别和梳理的基础上，提炼了自己“有所发现”的观点，论点和论据有机的结合，论文在学术的广度和深度方面均有所突破。论文受到答辩

山东师院科研稿纸（20×15＝300）　第 3 页

组专家的好评。以后，论文在《中国现代文学研究丛刊》（1994年第4期）发表，在学界产生了一定的影响。

宗刚研究生毕业后，服从教学工作需要，留校从事写作教学和研究。山东师大的写作课，由于经老一代教授冯中一、张蕾等的多年培育，写作教学和研究硕果累累，在全国名气很大。宗刚一方面向老教授虚心求教，一方面在自己的教学实践中进行不断探索。通过近十年的辛苦劳动，他的写作课已初步形成一个系统，强调写作的实践性、现实性、快乐性等原则。他的这个改革成果在教学实践中，愈来愈收到校内外学员的普遍认同和欢迎。此集子中有约5万字的篇幅是反映这方面成果的。

宗刚认为，教写作课者最好自己也是个

山东师院科研稿纸（20×15＝300）　第 4 页

写家。他是这样说的，也是这样做的。多年来，他在从事写作理论研究的同时，在国内外报刊上发表了大量的散文。就文体来说，有随笔、杂感、小品、言论、访谈录、书评等，就类型而言，有哲理散文、文化散文、抒情散文等，总之，他在近几年的散文园地里是一个辛勤耕耘的园丁。他在散文的文体、叙事、结构、语言等方面都有自己的美学追求，他的散文多半情理交融，从具体事例入手，自然向哲理层面开掘，表达精巧，结构自如，文笔幽默，显得雅致隽永，耐人咀嚼。我认为，宋刚在散文文体风格方面所取得的成果，在当今特别有意义。从这个集子中所选的散文大体可以看到作者这方面的追求。

现在摆在我们面前的这个集子，是作者从

山东师院科研稿纸（20×15＝300）　第 5 页

发表过的文章中精选出来的，写作时间从　年到　年。由此显示出作者成长的足迹。可能有人会说，这个集子比较杂。是的，杂家是不多的，某种意义上说，没有杂家那有真正的专家呢，可贵的是，宗刚不满足于此，他和我多次交谈中，早已表示这些成果只代表过去，也就是说，他已经酝酿着新的追求了。记得他不止一次地慨叹说，历史上有不少人的人生价值是于40岁到50岁实现的。考博，就是他迈出的重要一步，是实现他人生价值的新起点。2001年谈及此事时，我建议他报考复旦大学或山东师大。报山东师大就报朱德发教授。朱老师在培养研究生方面，训练有素，经验丰富，方法对路。2002年宗刚考博成功，这预示着宗刚的一个新的爆发期将要到来，我期待着

山东师院科研稿纸（20×15＝300）　第 6 页

通过栾老师的悉心指导和自己的顽强努力，实则以崭新的面目登于学术界。

2003年1月5日写于山东师大

附6.4　蒋心焕2005年5月5日《杂想》

杂想　　05年5月5日

多年以来，我打算做的一件事，因为主客观原因，总是提不到日程上来，这件事就是整理一下书信。今年五一长假，想及此事，因为心情和精力好，就一定做下来了，一是梳理，一是归类，用了三到四天的时间，做了这件杂乱不堪的事情。五一长假过得很愉快。也许这件在别人眼里是枯燥事，吃力不讨好事，我却视作一份责任，一份于自己具有意义的工作，一份于自己心情舒畅的乐事。有些还是初步的。今后的是研究这项工作，这就需要更多的时间和精力来充实它，完善它，这里有一个好的归处。

初步整理归类后，成九十七个信封存藏。

附6.5 蒋心焕主编的《中国现代小说美学思想史论》封面及扉页

ZHONGGU
中国现代小说
OXIANDA
美学思想史论
IXIAOSH
UOMEIXU
ESIXIAN
主 编 蒋心焕
副主编 郭济访 万直纯 魏 建
GSHILUN
凤凰出版传媒集团
江苏文艺出版社

附6.6 《蒋心焕自选集》封面、扉页及目录

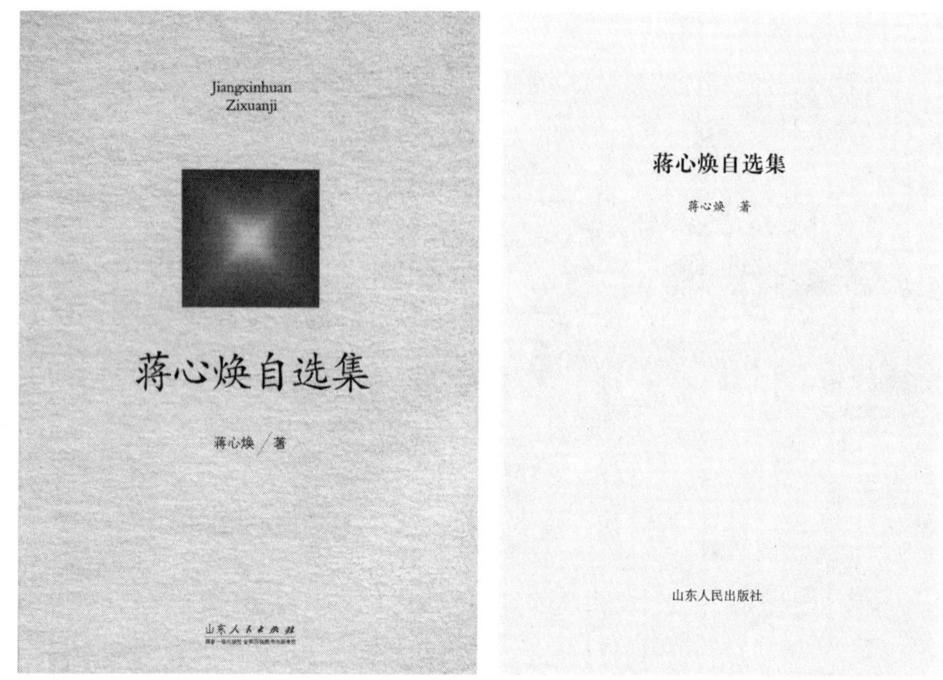

目 录

附6.7　蒋心焕致刘增人（2006年）

增人教授：

您好。

放寒假前夕，魏建把您赠我的大作《中国现代文学期刊史论》送到我手中，我看到这本内容和形式完美统一的大书时，高兴，祝贺，感激等种种感情交织在一起，这才是您的代表作啊！

现代文学研究的成果越来越多的今天，您的这本书肯定会记载在中国现代文学史、文化史、期刊史上的；现代文学研究的著作、论文，每年出版的增长很快，但大量的是应付职称之作，甚至就是垃圾，而你的这部书，肯定留在人们的记忆之中，有着很强的生命力。

读了您写的后记，我由衷地敬佩您为人为文的实事求是的品格，在学术上为我所用，实用

15×20=300　　山东师范大学中文系　　第　页

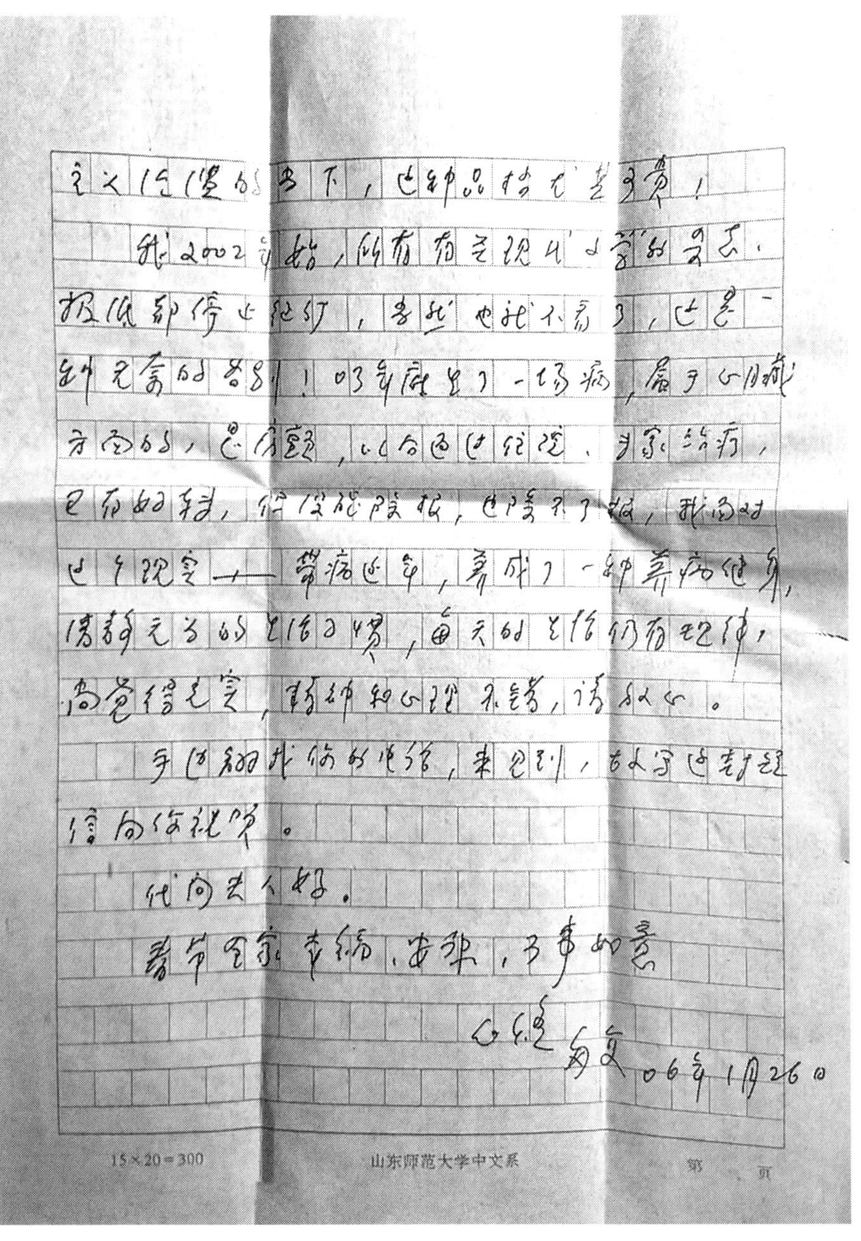

之父传世的书下，此种品格尤甚可贵！

我2002年始，所有有关现代文学的杂志、报纸都停止续订，著述也就不写了，这是一种无奈的告别！03年底生了一场病，属于心脏方面的，已恢复，以后通过锻炼、自家治疗，已有好转，但仍不能跑快，也爬不了坡，我适应这个现实——带病延年，养成了一种养病健身、清静无为的生活习惯，每天的生活很有规律，尚觉得充实，精神和心理不错，请放心。

手边翻出你的电话，未见到，故写这封短信向你祝贺。

代问夫人好。

敬祝合家幸福、安康，万事如意

心焕 匆复 06年1月26日

15×20=300　山东师范大学中文系　第　页

附6.8　蒋心焕致李宗刚（2006年）

宗刚：

你好！

来南京已20余天了，基本上没有下楼，以休息为主。开始半月左右，南京虽然闷热，日夜都要开空调，但我身体尚好，心情也不错，但从9月3日凌晨犯病以来一直没有“正过来”，到我写信时已整整五天五夜多了，这是我以往病史上所无的，但我心态还好，因为对此病了解愈多，可能就愈能坦然面对了。六号鲁岩带我到江苏省级机关医院就诊，专家认为我发病已超过二天二夜了，不敢用药，担心引起血栓，只能以防血栓为主。医生还说，此病发展趋势就是阵发性房颤转向持续性的房颤，只要用药控制心室律（心率）就可以，而主要任务则是防血栓，他给开了一种药，用此药必须用三星期时间测试血液，记录数据；用药后得观察四周，还得测试血液。找到用此药的合理量才能有效抗血栓，这太费事了，我说以后到山东去再用吧。在此情况下，他建议我打三天吊针，主要是抗血栓，同时加大服阿司匹林的量。我把此次急症治疗的挂号本（复印件）、所有单据（也许有些不能报销的）一并由小岩寄你，请你在10月份一块报销。

我在此地心情不错，孩子、老伴照顾我好，还时时同懂事可爱的孙女玩耍，尽享天伦之乐了。因为养病，同南京所有熟人都没有联系，也不想打扰他们。

我同文学院的关系也似有若无了，日益淡薄了，这是市场经济必然的结果，怪不得谁的，但脑海中有几个人还时时在我心中，想到文学院，首先就联想到你们几个人。特别是你晋升的事，更是我挂念于心的大事，只愿好人有好报，希望得到你的佳音以及诸多的喜讯。

为我办报销药费一事，不是感激两字所能包容的。

祝你全家愉快、健康。

此信和单据由小岩给你挂号寄出。

心焕　匆写

2006年9月9号上

宗刚：

你好

来南京已20余天了，基本上没有下楼，以休息为主。开始约半月左右，南京虽然闷热，日夜都要开空调，但我身体尚好，心情也不错，但从9月3日凌晨犯病以来一直没有"正过来"，到我写信时已整整五天五夜多了，这是我以往病史上所无的，但我心态还好，因为对此病了解愈多，可能就愈能坦然面对了。六子鲁岩带我到12号省级机关医院就诊，专家既认为我发病已超过二天二夜了，不敢用药，担心引起血栓，只能以防血栓为主。医生还说，此病发展趋势就是阵发性房颤转向持续性的房颤，只要用药控制心室律就可以，而主要任务则是防血栓。他给开了一种药，用此药必须用三星期时间测试血液，记录数据，用药后稍观察四周，还得测试血液。找到用此药的合理量才能有效抗血栓，这太费事了，我说以后到山东去再用吧。在此情况下，他建议我打三天吊针，主要是抗血栓，同时加大服阿司匹林的量。我把此次急症住院的挂号本（复印件）所有单据（也许有些不用报销的）一併由小岩寄你，请你在10月份一块报销。

信件原件1

我在此地心情不错，孩子、老伴照顾我好，还时

时问候事子爱的孙女孙媳，尽享天伦之乐了。因为

养病，同南京的有熟人都没有联系，也不想打扰他

们。

我同文学院的各位也们有若无了，日益淡薄了，

这是市场经济的必然的结果，怪不得谁的，但脑海中

有几个人还时时跳在我心中，想到文学院，首先就联

想到你们几个人。特别是你当年的事，更是我挂念于

心的大事，只能好人有好报，希望得到你的佳音

以及诸多的喜讯。

为我办报销药费一事，不是感谢两字所能包容的。

祝你全家愉快、健康。

此信和单据由小岩给你捎带去。

心健匆写

2006年9月[illegible]号上

信件原件2

附6.9　蒋心焕致李春林（2008年）

17

春林：

你好。

新年贺卡早就收到了，谢谢你的祝福。眼下春节快到了，我祝你全家身体健康，春节快乐，万事如意。

我的情况尚好，请放心。2007年4月份，我由阵发性房颤转向持续性房颤，住了一段时间的医院。出院后至今已近八个月了，病情有所稳定，体力、精气、说话底气等方面都比以往强多了，只要科学服药，保持有序的生活规律，保持良好的心态，就会愈来愈好的。通过几年"养"病，自然慢慢的就熟悉了自己的病况及防病的措施了。心脏病患者，千万别紧张，它注重在"养"上下功夫，一半是治病，一半是养精神，处理好治与息，静与动等辩证关

山东师院科研稿纸（20×15＝300）　　第　页

18

系，生活仍然是充满乐趣的。这是我养病多年的一点心得，写给你看看，也是让你知道我身体，特别是精神都不错的！

我的身体尚好，还有一个证明，就是去年8月17日，我到北京现代文学馆参加田仲济老师百年诞辰活动，来去两天，体力消耗相当大，但没有出问题。这是我近八年来第一次出远门，走前，思虑再三，感到这样的活动不参加是会遗憾终身的。这次活动相当隆重，十分成功，具体情况也许你从有关报刊上已见到了。对于我来说，这是一件十分愉快的事情，精神上的勇气和力量（当然也）体力够付出吧，现在回忆起来还是十分幸福的。

就写到这里吧。写信，对我是一件乐事。好久未动笔了，写得不整齐，请谅。

祝

大好

[illegible]写

2008年1月8日

山东师院科研稿纸（20×15=300）

附6.10 淡泊有为 宁静致远

——记蒋心焕先生的文化求索之路

李宗刚

在中国现代文学研究界，提及中国近现代文学的转型研究和散文研究，有一个名字是同行们颇为熟悉的，那就是山东师范大学的蒋心焕先生。他秉持淡泊的性情、宁静的心志，在学海中不断求索，走出了一条自己的学术之路。

蒋先生的文化底色，是在既有浓郁的传统文化韵味、又有崭新的现代文化气息的江苏南通奠定的，其文化定型，是在具有厚重的儒家文化色彩的山东济南完成的。因此，在他的思想深处，我们可以清晰地感知到，这两种文化在整合之后，是如此和谐的统一：面对世俗的功利，以一颗淡泊的心坦然处之；面对自己孜孜以求的人生理念，又以儒家所提倡的入世精神和宁静之志以求致远。

蒋先生于1954年从山清水秀、人杰地灵的南方古城考入山东师范大学的前身——山东师范学院。大学4年，先生深受中国现代文学研究著名学者田仲济的影响，并且他的学术个性也为田老所赏识，于是，大学一毕业，他便被田老留在身边，从事中国现代文学的教学和研究工作。及至今天，每提及这段历史，他都会充满深情地说：田老是在我的人生紧要处对我影响最大的人。是的，不管是做人还是做学问，蒋先生既有意追寻田老的足迹，又具有自己的鲜明风格。

谈及对蒋先生学术研究的影响，不能不说的另一位人物就是刘绶松前辈了。在20世纪60年代初，他又一次负笈远行，求学于武汉大学，师从刘绶松教授，研究中国现代文学。在充分地吸纳现代文学界前辈的文化营养之后，蒋先生的学术研究在一个较高的水准上开始了推进。然而，不幸的是，那时的运动一个接着一个，尤其是史无前例的“文化大革命”，这使蒋先生的学术研究还未来得及全面展开就受到了冲击。当70年代末科学的春天翩然而至时，蒋先生的学术春天也紧随其后。其早期有关鲁迅《故事新编》的研究，是这一方面的拓荒性成果，对我们全面把握鲁迅的精神品格，具有积极的作用；有关近代文学向现代文学的转型研究（见《论中国近代文学向现代文学的转换》等文），更是较早地摆脱了静态的文学研究窠臼，代之以动态的文学发展规律的探讨，使近代文学研究向前推进了一大步。即便是在今天，其理论的描述亦显示出学术的光芒。这显然与其深厚的文学理论功底分不开。与近代文学向现代文学的转型研究紧密相连的是蒋先生的小说史研究。《“五四”新小说理论和近代小说理论关系琐议》一文便是这方面的佐证。该文从小说理论的视角，疏浚了中国现代小说的源头。自此以后，蒋先生自觉地将学术重点聚焦于现代小说发展史的探讨，其成果见之于他参与撰稿的、国内出版的第一部《中国现代小说史》中。

在艰难的学术实践中，蒋先生逐渐铸就了属于自己的学术品格：不饰外在、不作华丽炫耀，尽可能地追求内在精神上的守真守朴。南京大学的朱寿桐先生在评价其《中国现代小说的历史沉思》一书时认为：“蒋心焕教授将现代文学研究作为他终生的事业，视治学为求真求朴、寻求人生理想境界的过程。”（朱寿桐等：《守真守朴的魅力》，《书与人》1995年第3期）可以说，进行现代文学研究工作，蒋先生已经超越了一般性的爱好或仅为稻粱谋的功利范畴，而把文学研究视为实现自己人生价值的一种方式：借助于现代文学的研究，把自己的人生理念灌注到对象中，努力凸显出研究者自身的主体价值，以求得在这个文化多元的发展时期传达出自我的文化理念，进而达到专题研究的学术性和当代实践性的紧密结合。这一点在蒋先生从事的散文研究中表现得尤为显著。如蒋先生发表的《“海派”散文与文化市场》（《东岳论丛》1998年第1期）和《文化散文发展的轮廓》（《山东师大学报》1999年第2期）等文，既有自己历经多年的积累和思考以后的发现，又在方法论上给当代学术研究以一定的启示。他立足于古今文化发展的背景，纵向、横向地论述了海派散文和文化散文发展的概况、思想内涵和审美风貌等，因而，文章发表后在学术界产生了较大的影响。这样的为文方向，显然不是那种纯学院的研究模式所能涵盖的，而应隶属于由文化的使命感衍生出来的与文化发展方向关系密切的入世范畴。

淡泊的性情，宁静的心志，使得蒋先生越来越注重文学的内在规律的洞察与学理上的表达。因此，周作人这位既是成功的现代散文大家又有着失败的人生的典型，引起了蒋先生极大的学术兴趣。他努力从文化的、文学的、历史的、现实的视角，对周作人的成败得失做出中肯的评价，其关于周作人的研究成果集中见于《中国现代文学史实用教程》。

蒋先生在授课中经常阐明这样一个观点：当代学者区别于皓首穷经的传统学者的根本特点是现代性。现代性的重要标志，就是现代学者应把自己的学术活动自觉地汇入社会文化发展的主潮中，这是五四新文化运动以来一种极其重要的文化传统。蒋先生如此说，也是如此实践的。

蒋先生不仅是一位在学术上具有研究特色的学者，而且是一位在教育园地辛勤耕耘且收获颇丰的教授。他亲自指导的研究生有20余人，其中有些在工作岗位上已经成绩斐然。蒋先生每每闻知学生的进步，总会视为人生的一大快事。

蒋先生取得的学术成就有目共睹，这一切既是时代慷慨馈赠与赋予的结果，也是齐鲁文化、江浙文化和现代文化共同作用的结果。

（原载《联合日报》2000年1月4日）

附6.11 蒋心焕回忆山师中国现当代文学学科发展历程（口述）

采访人：李宗刚

时　间：2014年9月9日

地　点：山东师范大学文科学报编辑部203办公室

我大体上想讲几个问题，这也是我的体会。

第一个问题，我想谈谈，我属于这个学科最早的见证人。这个学科成立于1952年，到现在已经62年了。1954年我来到山师读书，然后留校，见证了这个学科一步一步地成长、壮大、发展，最终成为国家级重点学科，所以我今天来谈关于这个学科的问题是非常高兴的。

第二个问题，我想说，这个名实相符的国家级重点学科已有62年的历史，在62年的历史当中留下了很多宝贵的传统，值得我们珍藏并发扬光大。特别是改革开放以来，这个学科跟着时代的步伐，不断地创新，发表了很多优秀成果。我今天主要围绕这个传统来谈谈，为什么我们学科办得如此好，能够保持这样一个传统？我有自己的体会。

第一点，我认为这个学科的基础打得好、打得牢。学科的第一代领导人、领路人（现在叫带头人）是田仲济。田仲济不光在我们学校，也是在我们省，乃至在全国的学术界，都是大家非常敬重的一个老学者。俗话说“大树底下好乘凉”，根深叶茂就是因为不断地有活水从源头流出来。我可以这样形象地比喻：田老就是一棵大树，就是源头的活水。他早在抗战时期就以“蓝海”为笔名写成了一部抗战文学史，这部文学史应该是中国现代文学史上第一部断代的现代文学史专著。后来，一个日本人把抗战文学史翻译到日本，于是在日本产生影响，后来在香港也具有影响力。所以，抗战时期虽然那么艰巨、艰难、交通不便、人心不稳，但这本书当时还是有人看的，影响很大。这本书后来在国内，包括解放之后，还几次再版，这说明它的影响之大。田老的杂文当时在重庆大后方也很有影响。他的杂文创作、杂文研究在历史上都产生了很重要的影响。解放初期，他在山师（当时叫山东师范学院）任领导，担任教务长，后来当副院长。当领导的同时，他又从事文学理论和现代文学的研究和教学，之后逐渐地把重点放到现代文学领域。当时，在解放初期，也就是1952年前后，现代文学研究界所公认的知名教授有这样几位：一个是王瑶，他是北大的教授；一个是刘绶松，他是武汉大学的教授，也是我的导师；再一个是李何林教授，在南开大学任教；再一个就是田仲济教授了。你看这几位教授，前几个都是名牌大学的名教授。当时，我们才成立这个学校，学科也是刚刚建立，田仲济在全国就已经有这样的地位和影响，得到公认的地位。这几个教授水平是全国最高的，他们的学术著作水平也高。所以在1954年，教育部[①]指名让山东师范学院的田仲济来招收现代文学的研究生，还开设了教师进修班。这本身就说明田老在全国的影响。那么，田老为什么是我们学科第一代中的重要带头人呢？因为他有几个传统是值得我们今天来继承、来传承的。一是他重视现代文学资料的积累和建设，在这方面他做了很多工作。现在我们山师大的资料、藏书，包括新文学的藏书和资料的建设做得很好、很全，特别是珍本、藏本、杂志、旧杂志、旧报刊，这是全国公认的。据我了解，除了中国人民大学就是山东师范大学最全了。他为什么重视这个传统呢？因为资料的积累和建设是研究的基础，没有丰富资料的掌握你就不能求真，就不能了解历史的真相，也无法进而实现研究目标。所以，资料建设的第一步是要全，是要求真，第二步是要深，你只有掌握好资料，才能深入研究，所以他非常重视这一点。资料建设方面有一个很重要的故事。教育部拨给他很多经费，历年的经费他都用来买藏书、买文学作品，将它们作为资料，作为新文学藏书保存。再一个，最感动我们的，发生在“文革”后期。江苏师院[②]的一位老先生，他是全国最有名的藏书家，叫瞿光熙，是现代文学界藏书最丰富的老人。他病故以后，他的家

① 应为“高等教育部”。

② 今苏州大学。

属要处理这部分藏书[①]。田老的学生知道这个信息以后很快地告诉了田老，田老就把瞿光熙先生的所有藏书，还有珍藏的杂志、报纸全部买来了。买来了以后，当时掌握山师大的工军宣队还不认这个账，觉得你花那么多钱，买一些破旧书，其中有胡适的、周作人的，还有胡风的，这不都是些老牌的被批判的对象，有的还是反革命集团的头头，你买这些书干吗？所以，他们不同意。田老在无奈之下搞了一个缓冲计，把不让买的那一部分书都转移到当时在聊城的山师分院图书馆，让聊城分院买下来，就这样费了好大劲，保存了这部分书，这真是了不得！当时最想要这部分藏书的是唐弢。唐弢最有名了，他是一位藏书家，就希望得到其中两本自己最缺的杂志。他想尽办法来买，也找到了瞿老先生的家属，瞿光熙的家属最后还是把藏书给了我们。我们山师新文学资料本来就很多，这下子更多了。这是得到公认的。当时有许多研究现代文学的专家来山师找资料。例如田本相，他研究曹禺，编写《曹禺传》的时候资料不够，就来我们山师图书馆找他要的资料，看了一个礼拜，搜集了很多他没有见到的材料；还有以前武汉大学的一个很有名教授，已经不在了，叫陆耀东，他写中国诗人流派，是研究诗歌的，他也到这里来，找到了我们珍藏的几本书。所以，这些人最后在他们的后记当中、在电话当中都表示要感谢山师提供了丰富的资料，使他们写成了比较好的著作。这两个例子可以说明我们这里的资料工作做得有多好。所以说，资料工作是研究的第一步。我们当时跟着他学习，他给研究生讲的第一课，就讲为人要正，同时还讲，一定要掌握资料。他就布置一个作业，要求看新文学期刊。解放以前的、五四前后的期刊，田老都要求学生翻、看、熟悉，这部分工作是很重要的，这是第一点。第二点，资料工作做得再全，这也才是一个基础，对吧？它是一个基础，那它的目的是什么呢？掌握研究资料的目的是培养人才。

所以第二个问题是，他很重视人才的建设、培养，很爱惜人才。他的研究生培养工作有个特点，就是非常严格。他的研究生有的没拿到硕士学位就

① 据朱子南《瞿光熙藏书的下落》(《世纪》2014年第6期)，瞿光熙1968年自杀身亡，其藏书在“文革”时期被没收，“文革”刚结束时返还家属，其妻提议折价卖掉。

走了，你想想，现在哪有这样的情况？还有的要延长半年，要改论文，再重新答辩。在山师历史上，好像很少答辩不通过的。他就是这样，非常严格，为了培养人才，对谁都是这样要求。他对研究生论文不满意，就叫他延期毕业，重新修改论文以后再答辩。他如此严格是为了人才的培养，但是当一个优秀的人才培养出来以后，他总是非常高兴，这也有很多美话、佳话。他成立现代文学研究中心时，请来了几个人，比如泰安的宋遂良是位有名的中学老师，于是他想尽办法把宋遂良调过来；后来搞诗歌研究的袁忠岳，他也为调来这个人而想办法，袁忠岳是我的一个老同学，田老到兖州跑过3次，把他调了过来；吕家乡也是搞诗歌研究的，当时在附中教语文，田老也把他调来。所以，田老为挖掘人才想尽了一切办法，这也充实了我们山师的科研队伍、研究生导师队伍。在这方面他真的做了很多工作。对于人才，他提出几个要求。首先要正，就是说为人要正派；其次，志气要高，理想也要高，治学、为人两者都不能够偏废。这是他培养人才的一个经典的经验。新时期以来，我们学科已经培养了数百个硕士生、博士生，多数硕士生、博士生质量都很高。田老看到这样一个成绩非常高兴。他对学生虽然很严格，但又是博爱的，他的故事也很感动人。他还有一套培养方式来教育人、培养人，就是送书给他人。他出的书以及人家给他的书，他喜欢通过题字、题词来赠送给别人。我记得那时他送给我一本书，是当时河北的一位杂文家写的一本杂文集，他在杂文集上给我写了几个字，叫我在学术研究之余写一些散文。这是很有意思的，因为一个人年纪大了以后，有自己的经历，有自己的体会，所以要多写散文，出版一部散文集。他就是以这样一种方式鼓励你，给你布置任务。所以，在培养人才方面，他下了很多功夫。另外，也有真正优秀的人才他想调却没能调来。比如青岛大学的刘增人被他看重，还有聊城大学的韩立群，后来都由于种种原因没调成。所以直到晚年，他躺在病床上时还说，他分管的教学科研工作没做好，有几个好的人才没能调到山东师范大学来，充实山东师范大学新文学研究队伍，觉得这是自己的失误。

第三，重视我们学科队伍最为重要的精神——团结。田老认为，团结非常重要，所以非常珍重学科的团结，这才能使我们第二代集体显得具有凝聚力。他说，任何一个团体，如果团结了，那就什么事情都能做好；相反，如果一个团体不团结，它就会互相扯皮，也就不能把工作做好。我记得在80年代，我们第二代开始招收研究生。我们这批人，前前后后都当了副教授，那时候有十几个副教授，除了我们现代文学的，还有两个搞写作的，像冯中一老师，搞写作研究很有名，还有张蕾老师，都是我们第二代当中的。这十几个人不仅都成为副教授，还都有资格招收硕士研究生。我们这些人非常团结，当时在田老的领导下，写出打倒“四人帮”以后国内第一部《中国现代文学史》，产生了很大的影响。又写了第一部《中国现代小说史》。这部小说史是我们一起在田老（当时两个主编，一个是田老，一个是山东大学的孙昌熙）的指导下完成的。在撰写的过程中，朱德发先行一步，写出了自己的专著，他写的第一部专著《中国五四文学史》很早就出版了，出版以后影响很大，于是在我们队伍当中自然地成为一个冒尖的带头人，也自然地成为我们学科的第二代带头人，而且他做得确实很出色。他为什么这么出色呢？我认为最重要的一个原因是他非常勤奋。他有时为完成一个任务三四天都不出门。他做学术的条件比较好，一切东西都不管，有他爱人来照顾他，直到完成一个任务才出来。他非常勤奋，不是在办公楼、资料室，就在家里，所以很快地出版了自己的著作，而且在全国逐渐有了影响，也就自然地成为我们第二代的领导人。这十几个副教授都非常优秀，后来都成了教授，而朱德发先行一步。所以说，我们的队伍非常团结。我体会到，团结使我们这个集体非常优秀，而且很自然地冒出了带头人。这就是团结之功，这也是田老最关心的一个问题。

所以，我们学科的传承需要做到三点。第一点，我概括地说，就是重视资料的积累、建设，这是保证学科求真、求实、求深的一个研究基础。第二，我们的目的是培养人才，建设一个人才队伍，这样，学科才能不断地前进、不断地发展。事实上，我们就是如此。第三个问题，要团结，不能消耗。只有团结才能发挥我们的正能量，而我们这个团体永远都是朝气向上、永远都是充满阳光的。田老给我们留下了这样宝贵的经验，我们也要把它传承下去。事实上，现在朱德发也是这样做的，他写了好多书，而田老也看重了他的勤奋、他的学术研究能力。看我们的抗战文学史吧，抗战文学史最后要再版，要补充篇幅，田老就让朱德发做他的助手，协助他的工作。这本书解放以后也出了新版，原来是一本比较薄的小册子，现在成了一本比较厚的专著。这足以说明田老对人才的喜欢、爱惜，他希望我们的团体能够好好地团结在一起，这是第三个。

改革开放以后，我们陆续退休了。我们学科这时候也自然迎来第三代领导人，他也非常优秀，是吴义勤，现在调走了，去中国现代文学馆当常务副馆长。吴义勤走了以后魏建成为带头人。到现在，我们学科承前启后有四位三代带头人，田老是打牢基础的第一代，第二代是朱德发，第三代是吴义勤和魏建。吴义勤是我的老乡，我们关系很好，他所做出的成绩，特别是文学批评，可以说是有目共睹的。他后来被中央组织部调到北京去，可见这位人才的优秀。魏建是我的学生，是我的硕士生。他的成绩大家已经很了解了，我就不说了。

七

病危、逝世

（2020—2021年）

生平记述

进入2020年以来，身体衰弱得越来越厉害，但不愿意住院。

2020年9月2日，在学生的强烈要求下，住进山东省千佛山医院。

2020年9月3日，被查出食道癌晚期。

2020年教师节前，蒋心焕指导过的20多位研究生制作精美的画册《老师，您好！》，作为礼物送给老师。画册的封面是水晶材质，除蒋老师的介绍和照片外，每一页是蒋老师与他的一位研究生弟子的合影和这位弟子为导师写的短文。（见附7.1）

事先蒋心焕得知学生要送他这件珍贵的礼物，写了《感谢学生　感恩岁月》以感谢诸位弟子。拿到画册后，蒋心焕在病床上每天反复欣赏这本画册。

9月25日，《光明日报》报道："教师节前，山东师大文学院87岁的蒋心焕教授收到一本精美的水晶画册——《老师，您好！》，这是他指导过的20多位研究生献给他的教师节礼物……"

2020年11月，转院到山东省中医院东院继续治疗。

2020年12月12日下午，蒋心焕的部分学生在病房为他举行线上"米寿"庆典。（见附7.2）

2021年1月22日1时14分，蒋心焕在山东省中医院东院逝世，享年88岁。（见附7.5、附7.6）

（胡玥执笔）

附7.1 《老师，您好！》水晶画册封面

附7.2　米寿庆典活动实录

（根据视频录音整理）

时　间：2020年12月12日下午

地　点：山东省中医院东院病房

主持人：魏建

魏　建： 今天是山东师范大学蒋心焕教授88岁生日。88岁又叫米寿，汉字“米”字是由上下两个八和一个十字组成的。此刻，是16点08分。2020、12、12、16、8，这些数字加起来正好是88。所以我们选择这样一个时刻，纪念蒋老师88岁生日！

这里是济南市山东省中医院东院，蒋心焕老师住院的病房。此刻，我们在这里举行一个小规模的庆寿仪式。因为蒋老师教过的弟子太多了，世界上很多地方都有，中国也是天南地北，再加上疫情的缘故，特别是蒋心焕老师身体的原因，所以我们只能搞一个小范围的、线上的庆典。蒋心焕老师一生教过很多学生，我们今天选的都是他的研究生代表。他们来自北京、上海、天津、山东、安徽、江苏、福建等地，他们来自教育界、新闻出版界、文学界、政界、商界、法律界等领域。这足以说明蒋心焕老师桃李满天下，而且结出了丰硕的成果。

米寿庆典的第一项，我代表同学们，向蒋心焕老师献礼物。第一个礼物，是孙丽君同学请我们省最优秀的花艺师制作的花艺作品。这是一棵小松树，它是山的造型，象征着老师对我们学生恩重如山。松树代表着生命的长久，生命的顽强。我们以此祝福老师，寿比南山，健健康康！当然，这个花艺作品还有很多美学的含义，待会儿由购买这件礼物的孙丽君同学给大家解释。第二个礼物是我们买的生日蛋糕，这是爱的礼物。中国这个最有名的蛋糕品牌就叫“爱的礼物”。这个蛋糕上除寿桃外，上面写着“贺蒋师米寿”。第三个礼物，也是一个特别重要的礼物，就是此刻现在由蒋老师孙女拿着的平板电脑，已经开始使用了。

庆典仪式进行第二项，由我们派去到蒋老师家的代表——孙丽君和史振伟同学一块儿替我们向师母献花。

孙丽君：各位同学，你们好，首先我们一起祝老师生日快乐！我今天受同学们的委托带了两束花，刚才魏师兄已经做了解释。花整体看起来是山，祝福我们的导师寿比南山，这是一个最大的主题。同时这个花里面还有师恩如山的意思。中间那个大大的心代表着我们学生对老师的一片感恩之心。“88”字上面是88朵康乃馨，代表我们对老师如同父母般的感恩之情。下面的配花是梅花跟兰花，梅花代表着老师高贵的品质，兰花表示我们导师慧心如兰。

魏　建：下面就请蒋老师的长子蒋鲁松及家人、次子蒋鲁岩及家人向父亲祝寿！

蒋鲁松：祝爸爸88岁大寿生日快乐！健康幸福！

蒋雨诺：这次我特地从南京赶来为爷爷庆祝米寿，十分高兴！早些年我们就很期待这一天，大家都很期待看到爷爷过88岁生日。我从小就经常来济南看望爷爷奶奶，爷爷在我心中一直就是一个仁厚宽容的人。小时候我比较调皮，但是爷爷从来没有批评过我，他就是跟我一起玩、一起闹，他就如同我的朋友一样。爷爷教书几十年，如今已经桃李满天下，他是一个品格高尚的人，也是我的榜样。祝爷爷88岁生日快乐！身体健康！也希望他早日康复。祝大家工作顺利，天天开心，身体健康，谢谢！

魏　建：下面就由蒋老师研究生代表通过腾讯会议来表达自己的要说的话，一定要简短，每人不能超过1分钟，超过时间我是要干预的。发言的顺序是按年级来，同一年级按年龄来。蒋老师指导的研究生“大哥大”，是郭济访，江苏文艺出版社的，欢迎郭济访！

郭济访：蒋老师您好！今天是您的88岁米寿庆典，在此我祝您寿比南山，福如东海！因为疫情的原因，我们不能到您身边去。他们想了这么一个办法，用视频的方式，能看到您跟师母，我非常高兴！疫情过去以后，我们再去济南去看您！今年是您跟师母60周年的钻石婚呐！真的非常好，学生也希望你们二老勇攀高峰，继续努力！

魏　建：下面是我们的二师兄，安徽教育出版社的万直纯来致祝寿词，欢迎万直纯！

万直纯：蒋老师您好！祝您生日快乐！蒋老师好！师母好！蒋老师，送您八个字，米寿可喜，茶寿可期！

魏　建：排第三的应该是我，我就不说了。刚才是我们八五级的研究生，下面就到八八级了，八八级按年龄最大的是李宗刚，下面请李宗刚致祝寿词。

李宗刚：蒋老师生日好！30多年前，是敬爱的蒋老师让我在学术之路上初窥学术的门径。30多年间，是敬爱的蒋老师让我在学术的跋涉之路上永不放弃，终有收获。30多年来，我从一名青涩的学生逐渐成长为一名初步领略学术光芒的中年教师。一路走来，感恩导师与师母，是导师与师母为我支撑了一方学术的蓝天。学术是代际传承的事业，导师的学术思想，特别是关于中国近现代文学转型学术研究的拓荒之举，以及博爱的人文情怀，将融汇于我的学术研究中，我将传承导师的学术精神，真正地行稳致远。祝导师生日快乐！

魏　建：说得好！宗刚师弟这几年学术做得特别好，终于找到原因了。按照年龄下一个是晓庄学院的杨学民，也是八八级的，学民请讲！

杨学民：蒋老师好！在您88岁生日之时，看到您很高兴，蒋老师，我到放假之后再去看您吧。

魏　建：下一个就到了八九级了。八九级是朱爱军。前面几个，有的是出版社的副社长、编审，其中三个当过高校学报主编。朱爱军是商界代表，他现在就职于山东商业集团，下面请朱爱军致辞！

朱爱军：您好蒋老师！您好，师母！祝蒋老师生日快乐！祝您早日康复！上午也听了师母的讲话，请蒋老师要永远听师母的话，好好休养，过两天再去看您。

魏　建：下一届九〇级，按年龄是周建国，周建国现在工作于安徽师范大学。

周建国：恩师、师母二老好！非常想念你们，我是安徽芜湖的周建国。首先祝老师米寿幸福，生日快乐！我非常荣幸能够成为蒋门弟子中的一员，除了我底子薄无所作为，其他的弟子个个有担当、有成就，最重要的是有情怀。我想这就源于老师您的言传身教和师德人品的熏陶。您的师德人品这笔财富让我终身享用不尽，谢谢您，老师！衷心祝愿老师、师母福如东海、寿比南山，阖家幸福安康。也借此机会祝蒋门弟子们阖家幸福安康！

魏　建：下面九〇级李天程，李天程就职于山东省委党史研究院。

李天程：蒋老师您好！祝您生日快乐！身体健康！难忘1988年我怀揣杭州大学陈坚教授的推荐信，敲开您的家门的时候，一位风流倜傥、风度翩翩的教授出现在我面前。那一刻，永远定格在我记忆的深处，永世难忘。1990年，我真正地踏入了蒋师之门，我一生的幸福之门。普鲁斯特说过，有的人一百年敲门偶然敲开了，而我很幸运地用一封信敲开了蒋老师家的大门。我也与小岩、小松情同手足。蒋老师，我的恩师，祝您早日康复！佟老师，也祝您幸福健康！

魏　建：下一个，九〇级史振伟。

史振伟：蒋老师您好！祝您88岁米寿快乐！因为疫情的原因，不能赶到现场为您祝寿，请好好保养身体，等疫情过后，我要赶到您家里去，请您讲您和师母携手一生、相亲相爱的故事，等着我！祝蒋老师生日快乐！健康长寿！

魏　建：下面九一级是吴秀亮，他是党政机关的代表。此刻他正在南京出席市政府的重要会议，提前发来一段文字，我通过共享屏幕传到上面去。

吴秀亮：上次医院探望，老师说康复后再来南京，我们期望着。在此，祝蒋老师米寿快乐！早日康复！也祝师母健康快乐，阖家幸福，诸事顺意！

魏　建：下一个是九二级李城希，李城希是最南面的，在厦门大学任教，欢迎李城希教授发言。

李城希：祝蒋老师88大寿生日快乐！祝师母和蒋老师身体健康！祝您早日康复！我永远难忘！我下面给大家放一首生日歌，代表我的心声吧！

魏　建：下一个是在北京的刘曾文，九三级。

刘曾文：蒋老师您好！生日快乐！我很想您！遥祝您米寿88岁生日快乐！寿比南山！福寿绵长！蒋老师我过后去看您，很想您！祝您生日快乐！

魏　建：下一个九三级，按照年龄应该是王征。

王　征：蒋老师、师母好！首先祝蒋老师生日快乐！给蒋老师一个大大的拥抱（比心），老师我爱你！我想对蒋老师说声感谢！是老师的教诲让我真正从心智上长大成人，老师的教诲不仅限于学术，更适用于做人和做事。我想告诉老师，我现在很好，家人也很好，请老师放心。最后，祝愿蒋老师早日康复，祝老师和师母幸福长寿！

魏　建：下一个是九三级何英。何英在天津。

何　英：蒋老师好！何英给您拜寿了！一早魏老师发来昨天去看您的视频，我连着看了好几遍。师母声若洪钟，说话跟20年前一样的爽脆有力。您也是精神很好，就是太瘦了，盼着您多加餐饭，长体重，增力气，快快恢复好，好回家陪师母过年。今年是分外忙碌的一年，等忙过这几天我好好写信给您汇报。祝蒋老师米寿快乐！祝蒋老师、佟老师健康幸福！谢谢在济南的师兄师姐！

魏　建：下面到了九四级，年龄最大的是周成建，周成建现在上海，在一家跨国公司做法律高管。他算是法律界的代表。

周成建：蒋老师您好！祝蒋老师福寿齐天！米寿生日快乐！身体健健康康！我看到了昨天师母和您聊天的情况，我们都感到非常高兴、非常开心，也见证了你们60年走过来的爱情。今天我在上海通过视频给您祝寿，等着有时间的时候，我再去看您！

魏　建：下一个是九五级，按年龄最大是束学山，束学山一直在新闻界，现在南京。

束学山：蒋老师、师母，你们好！有两个月了，再次看到您，看到你们的身体向好的方面变化。在蒋老师88岁米寿的这个美好时刻，祝蒋老师和师母身体健康，开心快乐！您看看有这么多的学生，儿孙满堂，来共享这个美好的时光，我相信师母和蒋老师一定都非常开心。我从老师那里，不管是学术，还是做人，都受到了非常好的影响。美好的时刻铭记在心，我等下一次再去看蒋老师。还有蒋老师上次您说的要到南京来，下次我到济南去接您！与您相聚！

魏　建：下一个按年龄应该是马全应，来自烟台。

马全应：蒋老师好！师母好！看着您就幸福，想着您就温暖，祝您生日快乐！祝您和师母及家人幸福平安，来年春暖花开时，我们一家去看您！

魏　建：下一个是郝爱萍。

郝爱萍：祝蒋老师88米寿生日快乐！蒋老师生日快乐！早日康复！祝师母健康长寿！天天快乐！过元旦的时候，我带着小周去看蒋老师和师母。

魏　建：下面请蒋门的关门弟子，青岛文学创作研究院的章芳致辞。

章　芳：蒋老师、师母、各位师兄师姐，你们好！我在青岛通过这种形式和大家相见，非常激动。今天是蒋老师88岁米寿的大日子，祝蒋老师身体健康！万事如意！也祝师母身体健康！我看了你们，感到非常激动，尤其是蒋老师比我上次看他时已经恢复得非常好了，蒋老师加油！师母加油！祝你们俩生活美满幸福！

魏　建：我们下面请师母发表感言。

佟玲老师：今天是我老伴儿88岁米寿大吉的日子，可喜可庆的日子。我想给老伴儿讲两句我心里的话。老伴儿，望过去，我们肩并肩、风雨同舟；看今朝，我们情更深、意更浓，夕阳更红。老伴儿，我祝贺你88岁米寿平安愉快！我千万的祝福、万番的祝贺，也说不了我内心对你的尊敬和爱意。老伴儿，上苍会佑护我们的，夕阳下更加璀璨。我们要手牵着手，在璀璨的夕阳下前进再前进。加油吧，我们两人都加油，我们两人都在夕阳下继续前进，继续同舟共济，继续加深我们的感情，过好我们一生最灿烂的时光，享受晚年的幸福和孩子们的孝顺之心。

魏　建：师母说得太好了！谢谢师母！最后，我们请蒋老师说几句话。

蒋心焕老师：第一，感谢我终身相伴给我帮助最大的老伴儿，值得信赖，从生活的细微方面关照我、照顾我，我感动之至。我们一起向前走，走好！另外，学生们对我们是真好，真是我最难忘的。好多学生他们至今都在鼓励我。谢谢我的学生们！你们永远是棒棒的！祝愿学生健康幸福！工作顺利！幸福美满！

魏　建：我们的庆典马上就结束了，我们再一次祝福我们的老师，祝他早日康复！同时祝福我们的老师和师母，健健康康、恩恩爱爱、快快乐乐到永远！

庆典仪式到此结束！同学们再见！

（史超根据录音整理）

附7.3　2020年8月蒋心焕致谢诸位弟子

感谢学生　感恩岁月

前段时间，我的一些研究生说教师节要送我一本画册作礼物。我觉得他们都太忙，就婉拒了。没想到，近日他们已经做成了初稿。看着这饱含深情的文字和美好的图片，十分感动。

35年前的我开始带研究生，现在已经退休21年了，学生们还记挂着我，这真是师生之间情深意长啊！我感恩上苍让我遇到了这么多品学兼优的学生，这是我们的缘分。

我已是将近88岁的老者，经历了岁月的苍（沧）桑。近些年经常回忆往事，觉得自己只是做了一个老师应做的分内工作，没想到同学们给我这么多的溢美之词，十分惭愧！和同学们在一起的日子是我一生最幸福的时光、最美好的记忆、最宝贵的财富。大家对我的厚爱，我铭记于心。

岁月悠悠，往事长存，真情永恒。同学们事业的成功，是我永远的牵挂和骄傲。青出于蓝而胜于蓝，你们在各自的工作岗位上都做出了突出的成绩，这是我晚年生活最大的幸福、心田最好的滋养！

祝我的学生们身体健康！

工作顺意！

家庭幸福！

蒋心焕

2020年8月28日

附7.4 讣 告

山东师范大学文学院教授、山东省中国现代文学学会原副会长蒋心焕先生因病医治无效，于2021年1月22日1时14分在山东省中医院东院逝世，享年88岁。蒋心焕教授家属根据疫情防控需要，提出不搞任何聚集性活动：家中不设灵堂，谢绝吊唁，不举行家人以外的遗体告别仪式。

谨此讣告。

蒋心焕教授治丧小组

2021年1月22日

附7.5　蒋心焕生平

魏　建

山东师范大学文学院教授、山东省中国现代文学学会原副会长蒋心焕同志因病医治无效，于2021年1月22日1时在山东省中医院逝世，享年88岁。

蒋心焕，江苏南通人，1933年12月12日出生于一个小职员家庭。1940—1947年，在私立通州师范学校第一附属小学校读书。1948—1954年，在南通师范学校初中部和师范部读书。1954年考取山东师范学院中文系，1955年加入中国共产党，1958年毕业留校任教。1960年1月至1962年7月，在武汉大学进修研究生课程，师从著名中国现代文学研究专家刘绶松教授。1958年7月起，先后担任中文系助教、讲师；1981年晋升副教授；1985年开始招收中国现代文学专业硕士研究生；1989年晋升教授；1999年1月退休。

蒋心焕教授忠诚于党的教育事业，在教学第一线默默奉献40余年。他曾讲授现代文选、中国现代文学史、中国现代文学研究专题、鲁迅作品选讲、中国现代小说史等课程。他数十年如一日，认真备课授课，潜心钻研教育教学，特别注重教学内容的科学性和知识传达的准确性。他为全日制本科和专科学生、硕士研究生、夜大函授生、进修教师等授课，学生多达数万名，遍布海内外，其中有的后来成长为享誉学界的知名学者，教育、文艺、新闻、出版、商务、法律等领域的杰出人物，各层次的众多领导干部，各层次的优秀教师……

蒋心焕教授大学一毕业就开始研究中国现代文学史，参加了山东师范学院五卷本《中国现代文学史》（20世纪60年代初内部出版）的撰写。在文学史观念和书写方式频频突破的20世纪80年代，蒋心焕教授深度参与到多部代表性著作的研究和撰写过程中，并从主力作者上升到学术组织者。蒋心焕教授作为主编之一的《新编中国现代文学史》（明天出版社1989年出版），在国内，尤其是在华东地区产生了很大的影响。他还是国内第一部《中国现代小说史》（田仲济、孙昌熙主编，山东文艺出版社1984年出版）的主要作者之一。20世纪80—90年代，蒋心焕教授对中国小说理论从古代向现代转型、中国现代历史小说和现代散文等课题的研究，都做出了重要的学术贡献，著有《中国现代小说的历史沉思》，与田仲济主编有《中国新文艺大系（1937—1949）散文杂文集》（中国文联出版公司1996年出版）等，代表性论文后收入《蒋心焕自选集》（山东人民出版社2015年出版）。他在退休后主编的《中国现代小说美学思想史论》（江苏文艺出版社2006年出版）是其关于中国现代小说美学思考的代表性成果，也是这一研究领域的开创性著作。他两次荣获山东省社会科学优秀成果奖二等奖。

蒋心焕教授长期参与山东师范大学中国现当代文学学科建设和山东省中国现代文学学会的组织领导工作，在省内外学界有很高的威望。20世纪80年代，他担任山东师范大学中文系中国现代文学教研室主任，配合田仲济教授、冯光廉教授做了大量学科建设工作。1987年以后，他配合学科带头人朱德发教授不断推进学科建设，为山东师范大学中国现当代文学学科获得山东省首批重点学科和博士学位授予权做出了独特的贡献。1983年山东省中国现代文学学会成立，他是创会副会长之一。1987—1991年，他还兼任学会秘书长，除学会的日常工作外，参与策划并组织了两部山东籍作家研究著作的撰写和出版工作（《中国现代文学散论》由山东文艺出版社1984年出版，《山东作家与现代文学》由山东大学出版社1992年出版）。蒋心焕教授担任山东省中国现代文学学会副会长25年，甘为绿叶，毫无保留地全力支持两代会长的工作，在学界传为佳话。

蒋心焕教授一生严于律己，宽以待人，为人低调谦和，宅心仁厚，淡泊名利，乐于奉献；他敬老师如父母，爱学生如子女，对前辈师长和年轻学人都付出了大量心血。蒋心焕教授道德文章堪称后辈楷模，毕生行径足以示范杏坛学林。他的逝世给我们的事业造成了难以弥补的损失。

谦谦君子兮蒋心焕教授，魂魄归来！温温恭人兮蒋心焕教授，天国安息！

（此文是蒋心焕先生去世时山东师范大学文学院发布的生平简介。由魏建执笔）

附7.6 山东师大蒋心焕教授去世，毕生从事现代文学研究

张九龙

据蒋心焕教授治丧小组消息，山东师范大学文学院教授、山东省中国现代文学学会原副会长蒋心焕先生因病医治无效，于2021年1月22日1时14分在山东省中医院东院逝世，享年88岁。蒋心焕教授家属根据疫情防控需要，提出不搞任何聚集性活动：家中不设灵堂，谢绝吊唁，不举行家人以外的遗体告别仪式。

蒋心焕，江苏南通人，1933年12月12日出生。1954年考取山东师范学院（今山东师范大学）中文系，1955年加入中国共产党，1958年毕业留校任教。1960年2月至1962年7月，在武汉大学进修研究生课程，师从著名中国现代文学专家刘绶松教授。1962年7月起，先后担任中文系助教、讲师；1980年晋升副教授；1985年开始招收中国现代文学专业硕士研究生；1988年晋升教授；1999年1月退休。

蒋心焕教授在教学第一线默默奉献40余年。他曾讲授现代文选、中国现代文学史、中国现代文学研究专题、鲁迅作品选讲、中国现代小说史等课程。他数十年如一日，认真备课授课，潜心钻研教育教学，特别注重教学内容的科学性和知识传达的准确性。他的授课学生有全日制本科和专科学生、硕士研究生、夜大函授生、进修教师等，多达数万名，遍布海内外。

南京大学朱寿桐教授在评价其《中国现代小说的历史沉思》一书时认为，蒋心焕教授将现代文学研究作为他终生的事业，视治学为求真求朴、寻求人生理想境界的过程。山东师范大学教授李宗刚曾撰文指出，淡泊的性情，宁静的心志，使得蒋心焕先生越来越注重文学内在规律的洞察与学理的表达。

蒋心焕教授大学一毕业就开始研究中国现代文学史，参加了山东师范学院五卷本《中国现代文学史》（20世纪60年代初内部出版）的撰写。20世纪80年代，从田仲济、孙昌熙主编的《中国现代文学史》（山东人民出版社1979年出版），到山东师范大学中国现代文学教研室编著的《中国现代文学史教程》（山

东教育出版社1984年出版），再到朱德发、蒋心焕、陈振国主编的《新编中国现代文学史》（明天出版社1989年出版），他参与了中国现代文学史不断创新和深化的全过程，并从主力作者上升到学术组织者。这期间，他还是国内第一部《中国现代小说史》（田仲济、孙昌熙主编，山东文艺出版社1984年1月出版）的四位作者之一。20世纪80—90年代，蒋心焕教授对中国小说理论从古代向现代转型、中国现代历史小说和现代散文等课题的研究，都做出了重要的学术贡献，其代表性论文后收入《蒋心焕自选集》（山东人民出版社2015年出版）。他在退休后主编的《中国现代小说美学思想史》（江苏文艺出版社2006年出版）是其关于中国现代小说美学思考的代表性成果，也是这一研究领域的开创性著作。

蒋心焕教授去世后，学界以不同方式表示了哀悼和慰问。山东大学文学院在唁电中写道："蒋先生是我国现当代学科的资深学者，在鲁迅研究、茅盾研究和中国现代小说史研究等领域成就卓著。多年来，蒋先生坚持在教学和科研的第一线，为后辈学人做出表率。蒋先生多次到我院参与学术研讨会等学术活动，其长者之风和对学术的虔敬之情犹历历在目。先生对我院工作的支持，我们将永远铭记！蒋先生的逝世是学界和教育界的一大损失。"中国海洋大学中国现当代文学学科发来唁电，高度评价了其道德文章："蒋心焕先生将毕生精力献给了中国现代文学研究，深得学界同仁的广泛爱戴，蒋先生的离世是中国现代文学研究界的巨大损失。先生道德文章，堪称学界楷模，人格风范，更为学界仰慕。"青岛大学文学院在唁电中特别指出："蒋先生一生致力于中国现代文学史和中国现代小说研究，著述等身，成就卓著，为山东和全国现代文学研究做出了卓越贡献；先生诲人不倦、桃李满天，哺育了一代代后学，为山东和全国的教育事业做出了无私奉献。"青岛大学刘增人教授撰写挽联："尊师重教俯仰无愧蒋师大可放心远行，天堂遥远星云渺茫恳望尊师一路走好。"山东师范大学教授魏建和翟德耀分别撰写挽联："敬老师敬学术不敬功名谱写一时佳话，爱学生爱教育只爱桃李哺育几代栋梁"，"学高为师探幽发微文章立言著述重创新，身正成范春风化雨道德育人桃李满天下"。

（原载《齐鲁晚报·齐鲁壹点》2021年1月22日）

附7.7　又一颗明珠陨落

江　丹

1月22日1时，山东师范大学文学院教授蒋心焕逝世，享年88岁。

学生回忆：老师从来没有看轻任何一个学生。

山东师范大学文学院教授、山东省中国现代文学学会原副会长蒋心焕因病医治无效，在山东省中医院逝世，享年88岁。蒋心焕毕生致力于中国现代文学史研究，对中国小说理论从古代向现代转型、中国现代历史小说和现代散文等课题的研究，都做出了重要的学术贡献。

国内首部《中国现代小说史》作者之一

蒋心焕教授治丧委员会发布的《蒋心焕教授生平》中说，蒋心焕1954年考取山东师范学院中文系，1958年留校任教，在教学一线讲授现代文选、中国现代文学史、中国现代文学研究专题、鲁迅作品选讲、中国现代小说史等课程。

蒋心焕从大学毕业伊始便开始研究中国现代文学史，多次参与或主持中国现代文学史相关教材和专著的编著工作，他还是国内第一部《中国现代小说史》的四位作者之一。

20世纪80—90年代，蒋心焕对中国小说理论从古代向现代转型、中国现代历史小说和现代散文等课题的研究，都做出了重要的学术贡献。特别是关于近现代文学的转型研究，蒋心焕是这个课题的最早研究者之一，开风气之先。

2015年，《蒋心焕自选集》出版。自选集收录了蒋心焕关于中国现代文学史、中国现代作家作品的部分研究文章，还有部分散文赏析及其他散落于各处的文章、信件等。

蒋心焕在书的后记里写道："一方面，这些文章的确寄寓了我对学术和人生的理性思考；另一方面，这些文章也确实融汇了我对学术和人生的感性体验。如果说，这些文章对其他人仅仅是一些文字的话，那么，这些文章对我来说，则因为它从一个侧面反映了我们那一代人在学术道路上是如何艰难前行的，便显得弥足珍贵了。”

在其中一篇《文学史研究的春天——20年瞬间与记忆》中，蒋心焕回忆全国各地的现代文学界同行于1978年在鼓浪屿欢庆现代文学研究春天的到来，并且提及自己的学术观念在时代中的转变，“研究对象有所拓展，有所发现，力图把文学史放在一个当时历史、时代、生活和文化等多种因子组合的立体世界中加以考察，努力做到‘史实’‘史德’和‘史学’的尽可能的统一”。

谦谦君子，品格温润

蒋心焕不仅学术成果显著，而且桃李满天下。除了知识的传授，其谦谦君子的温润品格亦让学生们受益匪浅。

山东师范大学教授、博士生导师李宗刚回忆恩师蒋心焕，一时泣不成声。李宗刚说，在他学术成长的任何时候，都得到了老师的信任和鼓励，特别是学术起步时，得到了老师的许多帮助。李宗刚回忆，蒋心焕对学生总是报以欣赏和期待，从来不严厉批评，但也会实事求是地分析问题，促使学生进步。“老师从来没有看轻任何一个学生。”李宗刚说。蒋心焕在生前的一次学术访谈视频中提到，担任教职时，他坚持每年都带学生去访问作家，去有特色的文化景点，参观图书馆，这是一种传统。

2020年教师节之际，蒋心焕指导过的20多位研究生制作精美的画册《老师您好》，作为礼物送给老师。山东师范大学教授、博士生导师魏建于1985年进入山师读研，是“蒋门一期弟子”之一。他在《山东师大报》上撰文回忆恩师蒋心焕：“1988年春，我打网球严重受伤，蒋老师一次次去宿舍看望我，同时指导我的硕士学位论文写作。”

不仅关心自己的学生，蒋心焕也关心学院里的年轻教师。山东师范大学青年教师刘子凌回忆，自己与蒋心焕工作交集不多，但是每每在学校碰见，蒋心焕总是能喊出自己的名字。刘子凌说，蒋心焕温厚友善，立场鲜明，对年轻人勉励有加，而且诚恳地希望他们能继承传统。

蒋心焕在生前的公共场合，不吝对同代文学研究大家的赞美，比如向学生介绍朱德发的刻苦精神和学术成就。李宗刚介绍，蒋心焕与朱德发是文人相重的典范。实际上，蒋心焕比朱德发成名更早，但是朱老师的学术研究在20世纪80年代初异军突起之后，蒋心焕不仅没有与之产生隔阂，而且处处维护，一直是朱德发的亲密战友，而朱德发生前也曾高度评价过蒋心焕。他们继承了山东师范大学中国现当代学科研究的优良传统，没有门户之见，互相补台，不计较个人得失，淡泊名利，身体力行影响下一代研究者，促进学科长足发展。

魏建形容蒋心焕为“谦谦君子”，称其为“读书读出来的教授”，不计较“名头”，有“老师本分内在的东西”。魏建谨记老师教诲：“认真读书，认真做事，认真写东西。”

（原载《济南时报》2021年1月23日）

附7.8　悼念蒋心焕先生

李同旭　杜　涛

相识六十载，
教诲伴终生。
德高堪为范，
学养令人敬。
忽报驾鹤去，
不觉泪雨零。
何时再赠书，
拜读并亲聆。

2021年1月23日

附7.9　送蒋心焕教授远行

张　杰

与君相识六十年，
情谊如同昆仲般。
田师家中同问课，
学术讨论夜难眠。
桃花园里品仙果，
东平湖畔话保健。
弟走吾感心悲伤，
挥泪祝你路平安。

2021年1月24日于北京

附7.10　痛悼蒋心焕恩师仙逝（外一首）

戴永夏

1月22日早晨惊闻噩耗，恩师蒋心焕先生于凌晨1点14分在山东省中医院东院病逝，享年88岁。听后心里很难过，遂赋小诗二首，悼念恩师：

惊闻恩师乘鹤归，涕泪交流心悲摧。
痛忆当年桃李园，循循善诱常教诲。
师之大德仰弥高，人品学问树口碑。
大恩于我无以报，唯愿来生再相随。

2021年1月23日

追忆蒋心焕恩师

（一）

常忆五十九年前，有幸求学山师院。
名流学者育桃李，先生卓然立其间。

（二）

山师兴教重科研，现代文学齐鲁冠。
先生教研重担挑，春风化雨启愚顽。

（三）

毕业实习到九中，严师先生共带领。
教我为人做师表，扶我上马奔征程。
（注：严师指严薇青教授）

（四）

转眼已过数十载，当年学子鬓已衰。
年年春节拜恩师，教诲依旧暖心怀。

（五）

猪年春节最难忘，拜望恩师登高堂。
恩师体健精神好，赞我报上发文章。
拙文粗浅无新意，恩师篇篇记心上。
依依惜别期来年，再听恩师话短长。

岂料鼠年大灾至，咫尺之间立高墙。
几度寻机探恩师，噩耗惊梦空断肠！
从此阴阳两相隔，念此大恸心悲伤。
唯愿恩师归极乐，来日相逢在天堂！
（注：猪年指2019年，鼠年指2020年）

2021年2月2日

附7.11　把大爱洒向学生的蒋心焕先生

李宗刚

蒋心焕先生是山东师范大学文学院教授，主要从事中国现当代文学专业的教学和研究工作。从1958年大学毕业到1999年退休，他在杏坛耕耘了40多年，培养了大批优秀的学生，受到学生的尊敬和爱戴。2021年1月22日，蒋心焕先生因病医治无效逝世。其教过的学生闻讯后通过不同的方式向恩师表达了崇敬之心与缅怀之情。

2020年教师节前夕，蒋心焕先生培养的研究生赠送给他一本题为《老师，您好！》的纪念画册。9月2日，《山东师大报》编辑专门精选了其中的四篇文章，并配上编者按予以刊发。文章发表后，引起了社会的广泛关注。9月8日，人民网以《老师您好！山师名师蒋心焕的文化求索之路》为题进行了报道："在教师节来临之际，由山东师范大学主办的《山东师大报》刊发了一组稿件，关注了该校一位退休老师和他的学生们的感人故事。原来，前不久，今年已是88岁高龄的文学院教授蒋心焕收到一本精美的画册——《老师，您好！》，这是他指导过的20多位研究生献给他特别的教师节礼物。""这本精美画册的面世既彰显山师教师教书育人、为人师表的崇高品格，又表现山师学生不忘母校、不忘师恩的赤子情怀。"2020年9月25日，《光明日报》在《山东师范大学：厚植尊师"软实力"　党建引领"强内功"》一文中指出："教师节前，山东师大文学院88岁的蒋心焕教授收到一本精美的水晶画册——《老师，您好！》，这是他指导过的20多位研究生献给他的教师节礼物。""翻开画册，深情的文字、老旧的照片、精彩的故事，几十年来难忘的师生情谊、追求学术的精神跃然纸上。"正如其学生所说的那样，"是蒋心焕老师这样的一代代学者，筑起了学校学术的'高原'，讴歌礼赞老一辈学者是山东师大人的责任，我们不忘尊师重教，感恩老师培养，同时也想把这种优良传统传承给我们的学生"。收到画册，蒋心焕教授不胜感慨："这本相册浓缩着我与大家的校园岁月，浓缩着我们的友情，这些宝贵财富，我将永远铭记于心。"

令人感动的是，这种师生友谊已经跨越了三四十年，依然历久弥新，便愈发让人肃然起敬。诚如蒋老师培养的第一届研究生、国家万人计划教学名师魏建教授在《追随恩师四十年》一文中所言：“我第一次给山师本科生讲课就是老师的课，虽然我只讲了8课时，但1985级同学每次聚会都邀请我；我独立开设的第一门选修课中国现代小说史，是老师在山师开创的，后来成了我最叫座的课。”现已退休的郭济访编审在《仁者如山：亦师亦父蒋老师》一文中写道：“在人生最困难的1985年，我考入了山东师范大学，那时我刚刚失去父亲……亲近蒋老师，令我感受到了浓浓的父爱，仿佛又回到了父亲的身边。”

如果说研究生的培养机制本身便自动地拉近了学生与导师之间的心理与情感距离的话，那么，普通的本科生便没有这种所谓的天然优势，其师生之间自然应该相对有一些距离。然而，事实并不尽然，蒋心焕先生所教过的一些普通的本科生同样对其怀有深厚的感情，且这种师生之情所跨越的时间竟然已经超过了半个世纪。

山东师范学院中文系1962级学生——蒋心焕先生带的第一批学生，在得知蒋老师去世后悲痛不已。该年级学生徐志伟说：“今天早上惊闻蒋老师仙逝的信息，十分悲痛！看了《讣告》，我们老学生们十分理解蒋老师家人的心情，遗憾不能亲临送尊敬的蒋老师一程……前些年，每年春节，我们在济南的老学生都要到山师教师楼给老师们拜年，看望尊敬且如兄长的诸位老师……呜呼，母校老师一个一个走了，我们这些在济南的老学生感觉如老家里的老人们一个个驾鹤远行，不胜痛哉也夫！今天上午，我随即将《讣告》转给六二级同学群，蒋老师的老学生以各种不同形式表达了各自的悲悼之情……今天下午，我坐公交18路去原工作单位，在山东省杂技团转乘110路，遥望山师老师宿舍楼默念：蒋老师慈爱音容犹在，蒋老师爱生师魂永存。”该年级学生韩吉荣给中国现当代文学学科发来唁电：“惊闻蒋心焕教授仙逝，蒋老师音容笑貌，几十年如一日之敬业精神，无不如昨，他将永远成为激励我们前进的楷模！在此，谨向蒋老师表达无限的哀悼，并请其家属节哀保重！”六二级李桦和六三级宋学俊在撰写的《痛悼恩师蒋心焕先生》一诗中写道："寒风凛冽兮愁云低，悲雾弥漫兮伤泪滴，蒋师离世兮心欲碎，德风存馨兮砺吾志。"如今半个多世纪过去了，这些昔日风华正茂的学生也大都迈入古稀之年，但回忆起蒋老师的点点滴滴仍旧如昨日重现，字里行间折射出师生之间那种超越世俗的真挚情谊。

在20世纪80年代，蒋心焕先生不仅关爱本科生，还参与了其他导师所带研究生的培养。如在鲁迅与俄罗斯文学关系研究方面成就显赫的1979级硕士研究生、辽宁社科院研究员李春林，他在唁电中深情地写道："我在山师读研期间及毕业后，得到了蒋先生的许多指教和关怀，硕士论文题目《鲁迅与陀思妥耶夫斯基》就是蒋先生建议的。以后我一直将鲁迅与外国文学比较研究作为自己的主攻方向。从此角度言之，蒋先生是我的学术领路人之一，对我的成长功莫大焉。"八五级硕士研究生林凌特别推崇蒋老师用大爱作底色、用赏识来激励的教育方式："蒋老师从来没有看轻任何一个学生，这话说得太准确了。我们八五级人数多，来源复杂……我们几个大专、其他专业考来的同学，学起来有些吃力，要补课……与蒋老师交往比较多，每次他都是鼓励我，态度亲切，那情景历历在目。"

生命总有终结的时候，但人们为之奉献了一生的事业从来不会终止。蒋心焕先生的生命尽管已经结束了，但他洒向学生的大爱依然像阳光雨露，将滋润着他所教过的学生，成为当下弥足珍贵的精神财富。从这样的意义上说，蒋心焕先生在教学实践中奉为圭臬的爱的哲学，依然可以穿越时空的阻隔抵达遥远的未来！

（原载《齐鲁晚报》2021年2月2日）

附7.12　各界对蒋心焕教授辞世表达深切悼念

徐　金　孙昊楠

1月22日，山东师范大学文学院教授、山东省中国现代文学学会原副会长蒋心焕先生，因医治无效不幸逝世，享年88岁。连日来，各界以多种方式对蒋心焕教授的辞世表示沉痛哀悼。

山东师范大学校长曾庆良特别委托治丧小组，向蒋心焕教授的家人表达慰问之情。山东大学文学院致唁电："蒋先生是我国现当代学科的资深学者，在鲁迅研究、茅盾研究和中国现代小说史研究等领域成就卓著。多年来，蒋先生坚持在教学和科研的第一线，为后辈学人做出表率。蒋先生多次到我院参与学术研讨会等学术活动，其长者之风和对学术的虔敬之情犹历历在目。"山东师范大学教授魏建和翟德耀分别撰写挽联："敬老师敬学术不敬功名谱写一时佳话，爱学生爱教育只爱桃李哺育几代栋梁"，"学高为师探幽发微文章立言著述重创新，身正成范春风化雨道德育人桃李满天下"。

蒋心焕，江苏南通人，于1954年考取山东师范学院中文系，1958年毕业，留校任教，先后担任中文系助教、讲师，1980年晋升副教授，1985年开始招收中国现代文学专业硕士研究生，1988年晋升教授，1999年1月退休。蒋心焕先生大学一毕业就开始研究中国现代文学史，积极吸收前辈学术营养，长期致力于山东师范大学文学院学科建设，为山东师范大学中国现当代文学学科获得山东省首批重点学科和博士学位授予权，做出了独特的贡献。与此同时，他参加了多部重要学术著作的撰写，更是中国第一部《中国现代小说史》的作者之一，并在《中国现代文学研究丛刊》《新文学史料》等刊物发表近百篇论文。在此期间，蒋心焕教授担任山东省中国现代文学学会副会长25年，甘为绿叶，毫无保留地全力支持两代会长的工作，在学界传为佳话。人民网曾评价蒋心焕教授："不饰外在、不作华丽炫耀，尽可能地追求内在精神上的守真守朴。"值得一提的是，蒋心焕教授不仅在学术研究上有极高的造诣，更是一位在教育园地辛勤耕耘且收获颇丰的教授，他亲自指导的研究生20余人，其中有些在工作岗位上已经成绩斐然。蒋心焕教授的学生，山东师范大学文学院教授魏建形容他为“谦谦君子”，称其“读书读出来的教授”，不计较“名头”，有“老师本分内在的东西”，并表示“谨记老师教诲，认真读书，认真做事，认真写东西”。山东师范大学文学院教授李宗刚回忆，恩师对学生总是报以欣赏和期待，“老师从来没有看轻任何一个学生”。

（原载山东师范大学文学院网站，2021年1月24日）

附7.13 唁　函

（以收到先后为序）

蒋心焕教授治丧小组并山东师范大学中国现当代文学学科同仁：

惊闻蒋心焕先生于2021年1月22日去世，不胜哀痛！

蒋先生一生致力于中国现代文学史和中国现代小说研究，著述等身，成就卓著，为山东和全国现代文学研究做出了卓越贡献；先生诲人不倦、桃李满天，哺育了一代代后学，为山东和全国的教育事业做出了无私奉献。先生的去世，不但是山师大中国现当代文学学科和文学院的重大损失，也是山东现代文学界和全国现代文学界的重大损失！

惊悉蒋先生远去，青岛大学文学院中国现当代学同仁无不震悼！仅以微言，向蒋先生表达无尽的哀思和追悼！愿蒋先生安息！家属节哀顺变！

青岛大学文学院

青岛大学文学院中国现当代文学学科

2021年1月22日

蒋心焕教授治丧小组并山东师范大学中国现当代文学学科同仁：

惊悉蒋心焕先生病逝，不胜悲痛！蒋先生为中国现代文学研究作出的贡献嘉惠后学，定会载入学术史册；蒋先生生前十分关切聊城大学文学院尤其是中国现代文学学科发展，我们十分感念。谨致沉痛的哀悼并望家属节哀。

聊城大学文学院

聊城大学文学院中国现当代文学学科

2021年1月22日

山东师大中国现当代文学学科：

惊闻蒋心焕先生不幸逝世，我们深感哀痛！

蒋心焕先生是著名文学史家，毕生致力于中国现当代文学的教学与研究，在鲁迅研究、茅盾研究、中国现代小说研究、中国现代散文研究等领域成就卓越、贡献突出。他躬耕杏坛数十载，教书育人，孜孜不倦，为学界培养了一大批优秀人才。他为人有君子之风，道德文章堪称学界楷模，精神风骨必将垂范后世。先生长期关心与支持我们学科的发展，我们将永远铭记！我们深切哀悼蒋心焕先生，并向蒋先生家人致以深切的问候。

蒋心焕先生千古！

山东大学中国现当代文学学科

2021年1月22日

山东师范大学文学院：

惊悉蒋心焕先生仙逝，不胜哀恸！

蒋先生是我国现当代学科的资深学者，在鲁迅研究、茅盾研究和中国现代小说史研究等领域成就卓著。多年来，蒋先生坚持在教学和科研的第一线，为后辈学人做出表率。蒋先生多次到我院参与学术研讨会等学术活动，其长者之风和对学术的虔敬之情犹历历在目。先生对我院工作的支持，我们将永远铭记！蒋先生的逝世是学界和教育界的一大损失。谨代表山东大学文学院全体师生对蒋先生的逝世表示深切哀悼，并向蒋先生的家人表示诚挚慰问。

蒋心焕老师千古！

山东大学文学院

2021年1月22日

山东师范大学蒋心焕教授治丧委员会并山东师范大学中国现当代文学学科同仁：

惊悉著名学者蒋心焕先生不幸辞世，中国海洋大学中国现当代文学学科全体同仁深感悲痛，谨致最沉痛的哀悼！并向蒋先生的家属致以最诚挚的慰问！

蒋心焕先生将毕生精力献给了中国现代文学研究，深得学界同仁的广泛爱戴，蒋先生的离世是中国现代文学研究界的巨大损失。先生道德文章，堪称学界楷模，人格风范，更为学界仰慕。我们深切缅怀蒋先生。

蒋心焕先生千古！

中国海洋大学中国现当代文学学科

2021年1月22日

蒋心焕教授治丧小组并山东师范大学中国现当代文学学科同仁：

惊悉蒋心焕先生病逝，不胜悲痛！蒋心焕先生一生致力于中国现代文学研究，成就卓著、著作等身，是我辈学人学习的楷模。蒋先生的逝世是中国现代文学界的巨大损失。在此我们谨致以最沉痛的哀悼，并望蒋先生家属节哀顺变，保重身体！

潍坊学院文学院

潍坊学院中国现当代文学学科

2021年1月22日

蒋心焕教授治丧小组并山东师范大学中国现当代文学学科同仁：

惊悉蒋心焕先生不幸逝世，深感悲痛！蒋先生毕生致力于中国现代文学史研究，为中国现代文学研究和学科建设做出了重要贡献，彪炳史册。谨致沉痛哀悼，并望家属节哀！

泰山学院文学与传媒学院

泰山学院文学与传媒学院中国现当代文学学科

2021年1月23日

山东师范大学文学院并蒋心焕教授治丧小组：

惊闻蒋心焕先生仙逝，南京晓庄学院文学院同仁悲痛万分！谨致最沉痛哀悼，并向先生的亲属表示最诚挚的慰问！节哀顺变！

蒋先生是中国现代文学界著名专家，道德文章堪为楷模，深受学林敬仰。蒋先生的离去是学界不可挽回的重大损失。

蒋心焕先生千古！

南京晓庄学院文学院

2021年1月23日

山东师范大学蒋心焕教授治丧委员会并山东师范大学中国现当代文学学科同仁：

惊悉蒋心焕先生不幸辞世，鲁东大学中国现当代文学学科全体同仁深感悲痛，谨致最沉痛的哀悼！并向蒋先生的家属致以最诚挚的慰问！

蒋先生将毕生精力献给了中国现代文学研究，深得学界同仁的广泛爱戴。蒋先生智者仁心，以宽容、慈和爱护学生，以平和、淡泊赠予学生终生的财富。蒋先生虽仙逝，但他留下的精神财富与日同辉。我们深切缅怀蒋先生。

蒋先生千古！

鲁东大学中国现当代文学学科

2021年1月26日

山东师范大学蒋心焕教授治丧委员会并山东师范大学中国现当代文学学科同仁：

惊悉蒋心焕先生病逝，德州学院中国现当代文学教研室全体同仁深感悲痛！蒋先生将毕生精力献给了中国现代文学研究，是我辈学人学习的楷模。我们深切缅怀蒋先生！在此谨致以最沉痛的哀悼，并向蒋先生的家属致以最诚挚的慰问。

德州学院中国现当代文学教研室

2021年1月26日

文学院治丧小组：

怀着沉痛的心情哀悼蒋老师。蒋老师和蔼可亲，长者风范，每次见面都愿意跟先生交谈，聆听教诲，每次都温暖如春，增添奋进力量。先生千古！

翟德耀

2021年1月22日

尚不认识蒋先生时，他为拙著《黑土地文化与东北作家群》写了书评并发表，无比感激。后相识，觉先生的为恂恂学者，江南之清俊与齐鲁之大气集于一身。

蒋先生千古！

——中国传媒大学逄增玉

山东师范大学蒋心焕教授治丧小组：

惊悉蒋老师去世，深感悲痛。烦请通过治丧小组向蒋老师家属转致慰问，如可，请代办花圈，表达对蒋老师的悼念之情。

——王湛

山东师范大学蒋心焕教授治丧小组：

惊闻蒋心焕先生逝世，不胜哀痛。我在山师读研期间及毕业后，得到了蒋先生的许多指教和关怀，硕士论文题目《鲁迅与陀思妥耶夫斯基》就是蒋先生建议的。以后我一直将鲁迅与外国文学比较研究作为自己的主攻方向。从此角度言之，蒋先生是我的学术领路人之一，对我的成长功莫大焉。蒋先生也是到过我沈阳家中的两位先生之一（另一位是书新先生）。斯人已去，音容宛在，悲戚唏嘘。愿先生一路走好！

——学生李春林

顷得蒋心焕先生讣闻，知蒋先生于今日凌晨一时许以八十八岁高龄辞世，深为痛惜。

我无缘做蒋先生的直系门生，但毕竟有两度师生之缘，叫一声蒋老师当不至有僭越之嫌疑吧。

其实所谓两度师生缘，也非大中小学那样的关系，而是在职已久之后的“进修”“深造”，即1988—1989这一年的山东师大现代文学助教进修班和1994—1997这三年南京大学与山师大合办的在职研究生学习。

助教进修班时期，听过蒋老师一个学期的现代小说研究课；三年研究生却似乎并没有蒋老师授课的印象，因为那时课程方面主要是南大老师的面授，如叶子铭、许志英、董健诸先生。

蒋先生是江苏南通人，20世纪50年代北上求学，毕业后以田仲济先生赏识而留在山师任教。可惜我读助教班和研究生期间的注意重心在诗而不在小说，对蒋先生的学术研究未肯留心观察，错失了向他请教的机会。但对蒋老师，我是很尊敬的，他那份诚恳、淡泊、与人为善的心性，尤其让我觉得可亲。

这封信是他为研究生班教学安排写给我的，所以除了信，还另附一份打印的教学计划。好在师友们的信我大都留存，就于听到蒋老师讣闻后找出这封信。重温往事，到蒋老师家里听他说话的情景就又出现在眼前了。

自然地老去乃修行的福分，灵前有后人一瓣心香，想必蒋老师当安心矣。

2021年1月22日子张于杭州午山

山师学报资深作者蒋心焕教授千古

山东师范大学文科学报编辑部全体同仁敬挽

痛悼恩师蒋心焕先生

寒风凛冽兮愁云低
悲雾弥漫兮伤泪滴
蒋师离世兮心欲碎
德风存馨兮砺吾志

中文系受业弟子　1962级李桦　1963级宋学俊　祭拜

蒋心焕教授治丧小组转致佟老师及家人：

惊悉蒋老师不幸逝世，作为昔日蒋老师受业弟子，我们万分悲痛！在此悲伤与困难时刻，特向您表示慰问并请您节哀顺变，多多保重！

蒋老师为人师表，德业风范堪为楷模。为深切悼念蒋老师，我们草就一首吊唁诗，敬献于老师灵前。

中文系

1962级李桦　1963级宋学俊

今天早上惊闻蒋老师仙逝信息，十分悲痛！看了《讣告》，我们老学生们十分理解蒋老师家人的心情，遗憾不能亲临送尊敬的蒋老师一程……前些年每年春节，我们在济南的老学生都要到山师教师楼给老师们拜年，看望尊敬且如兄长的诸位老师……呜呼，母校老师一个一个走了，我们这些在济南的老学生感觉如老家里的老人们一个个驾鹤远行，不胜痛哉也夫！今天上午，我随即将《讣告》转给六二级同学群，蒋老师的老学生以各种不同形式表达了各自的悲悼之情……今天下午，我坐公交18路去原工作单位，在山东省杂技团转乘110路，遥望山师老师宿舍楼默念：蒋老师慈爱音容犹在，蒋老师爱生师魂永存。

中文系

1962级徐志伟（徐好）

惊闻蒋心焕教授仙逝，蒋老师音容笑貌，几十年如一日之敬业精神，无不如昨，他将永远成为激励我们前进的楷模！在此，谨向蒋老师表达无限的哀悼，并向其家属请节哀保重！

你的永远的学生，中文系1962级韩吉荣敬挽

惊闻噩耗，非常悲痛！在山东，从80年代初我就与魏建兄为友，而蒋心焕先生是魏建兄的硕士生导师，所以我对蒋先生有着天然的敬意。他的风度尤其令人赞赏。愿蒋先生一路走好，在天堂福乐无疆！

——中国人民大学高旭东

2018年10月份左右，曾经去看过蒋先生，那时候他精神健旺，还是一口南方普通话，还是那么平和而又亲切。没想今天上来就听到了先生去世的噩耗。

沉痛悼念蒋先生，先生安息！

——天津师范大学张林杰

蒋师是永远值得尊敬爱戴的师长，他宅心仁厚关爱学生有加！悲哀未能见他老人家最后一面。蒋老师安息！

——南京师范大学杨洪承

读过蒋心焕老师为主要执笔人之一的《中国现代小说史》，印象很深。默默者存，蒋老师千古！

——西南交通大学段从学

哭蒋师

三十六年师有恩，
七十二贤我不贤。
欲觅音容惟梦里，
犹读遗篇一泫然！

——万直纯

请转达我对佟玲同志的慰问，希望她节哀，保重身体。也请转达我对她孩子的问候，希望他们都能节哀，继承父亲的未竟事业，做好工作，保重身体。

——张杰

宗刚兄，您在群里发的文章太好啦！

蒋老师从来没有看轻任何一个学生，这话说得太准确了。我们八五级人数多，来源复杂，魏建、谭桂林、房福贤、刘新华他们几位已经在高校中文系执教，对现当代文学理解得更深刻，大多数同学经过本科培养，能跟上教学进度，我们几个大专、其他专业考来的同学，学起来有些吃力，要补课。也许都来自南方，也许是脾气相投，与蒋老师交往比较多，每次他都是鼓励我，态度亲切，那情景历历在目。后来毕业到南京工作，蒋老师或回老家，到南京看儿子，或去南大跑博士点，在南京前后见了不少于10次。有一次，他和朱老师，还有其他两位老师奔波几天后最后一站住在我的工作单位解放军南京政治学院内部招待所，他们到时已经过了饭点，又坚持就去食堂吃饭。食堂里只有简单的米饭和蔬菜，给每人端了一碗免费的汤，蒋老师吃得特别开心，好多年后去他家里看望他，他还提起过那次吃饭的事，他好像不是给我面子、装出来的。我揣摩，他是南方人喜欢吃米饭，吃到了家乡的味道。

先生们一个个走了，心里十分悲痛！先生们安息吧！

——林凌

附7.14 挽 联

（以收到先后为序）

敬老师敬学术不敬功名谱写一时佳话

爱学生爱教育只爱桃李哺育几代栋梁

弟子魏建敬挽

尊师重教俯仰无愧蒋师大可放心远行

天堂遥远星云渺茫恳望尊师一路走好

刘增人敬挽

学高为师探幽发微文章立言著述重创新

身正成范春风化雨道德育人桃李满天下

翟德耀敬挽

八十八尘世修行度人无数

九万九天国福报功德圆满

弟子史振伟敬挽

春寒料峭痛失老娘亲肝肠寸断

寒冬腊月告别蒋老师椎心泣血

——郭济访敬挽

教诲永记　音容宛在；德艺双馨　风范长存。深切怀念蒋心焕老师！

山东师范大学1990级中国现当代文学专业研究生全体同学敬挽

八

追思

蒋心焕教授追思会

2021年3月27日下午，山东师范大学文学院教授、山东省中国现代文学学会原副会长蒋心焕教授追思会在山东福寿园举行，追思会以“谦谦君子，温润如玉”为主题。蒋心焕教授家属、生前好友、山东师范大学师生代表共20多人到场缅怀故人。

追思会开始前，全体与会人员一同观看了追忆蒋心焕教授生平的短片。随后，全体参会人员低头默哀沉痛哀悼这位恩师、好友。追思会由山东省中国现代文学学会会长魏建教授主持。蒋心焕教授生前所教各界学生代表接连表达了对蒋教授的追思、感谢与怀念，大家从个人品德、作品影响、师道师德等不同角度向蒋心焕教授致以深切的缅怀和崇高的敬意。

今天的追思会很有社会意义，既是对我们家人的安慰，也是对学生们对孩子们的教育，教育年轻人在前辈做出的成绩上继续努力下去，一辈更比一辈强。

——蒋心焕夫人佟玲接受采访时说

1988年5月，我怀着杭州大学陈坚教授的推荐信来到济南市，第一次敲开了蒋老师家的门，一位儒雅的学者出现在我的面前，从此我们结下了一世的师生之缘。1990年我亲笔给蒋老师写信说要报考山东师范大学，1990年9月我正式步入了蒋师之门。毕业后我留在济南，就在蒋老师身边，他关心我的生活，关心我的工作，同时蒋老师的两个儿子与我们亲如兄弟、情同手足。蒋老师化大爱于严厉的教学风格，是我人生路上的永恒典范。

——蒋心焕学生李天程在追思会上说

随后大家来到蒋心焕教授墓碑前，为其系上祈福牌，并把早已写好的祈福卡放置墓前，相继送上鲜花以表哀思。

（原载于微信公众号：山东福寿园）

追思会文字实录

（追思会第一段主持人魏建）

尊敬的佟玲老师，尊敬的各位来宾，亲爱的同学们：

由山东福寿园举办的蒋心焕教授追思会现在开始。

首先请允许我介绍部分与会者：

蒋心焕教授夫人佟玲老师，长子蒋鲁松、长媳甘昭兰，次子蒋鲁岩。

山东福寿园副总经理魏然，销售经理赵娜、胡云思。

感谢福寿园为这次追思会所做的一切。

下面我介绍现场蒋心焕教授学生代表：

九〇级研究生山东省党史研究院李天程、九〇级山东建设发展研究院史振伟、九三级山东财经大学王征、九四级山东师范大学孙丽君、九四级齐鲁银行路燕、九五级烟台日报社马全应、九五级人民网山东频道郝爱萍。

还有再传弟子代表：太原师范学院乔雨菲。

我是八五级研究生山东师范大学魏建。

媒体代表：《山东商报》朱德蒙。

今天的与会者还有一些在校的研究生同学，因时间关系，请恕我不再一一介绍。

追思会第一项，请脱帽，为蒋心焕教授默哀……默哀毕。

追思会第二项，观看蒋老师生平视频片段。

追思会第三项，来宾发言。先后发言的有李天程、马全应等（略）。

追思会第四项，请福寿园礼仪人员为家属发放鲜花、追思带。填写各位的追思卡。

追思会第一段到此结束，第二段在墓区举行，请各位来宾跟随工作人员移步墓区。

（追思会第二段开始由福寿园主持人主持）

尊敬的各位来宾，今天我们齐聚在此，来追思我们敬爱的蒋心焕教授。请各位保持安静，将手机调至静音档。现在我宣布，蒋心焕教授追思会第二段现在开始！

首先请蒋鲁松、蒋鲁岩上前为墓碑揭幕。唯值此揭碑，开碑立传，厚德彪炳，光耀千秋。

请两位公子上前擦拭墓碑，清洗这尘世中的浮尘。一抹明镜菩提，再抹寿碑洁净，三抹家宅清宁。请归位。

请蒋鲁松上前摆放供品。粗粮细米，一片孝心，丰衣足食，万事如意！

请蒋鲁松上前敬香，请将清香举至齐眉，行三拜礼。

一拜，一福压百祸；再拜，一尊驱百邪；三拜，一德镇四方！请置入香炉，福荫后代香火永旺。

请长子上前敬酒。

一敬，拳拳孝心；再敬，款款真情；三敬，奉以酒水，报答亲人养育之恩。

请全体家属及来宾双手合十，为蒋心焕先生默哀祈福。

时光无数，相依相随，旋律依旧，情怀已远，徒留一抹忧伤，飘散在曾经的梦中，奚落的残片拾起关于你的记忆，在梦里，那样熟悉。一抹阳光，一如既往，点点过往，默默珍藏，藏到岁月无法企及的地方。淡淡思念，淡淡芬芳，淡淡情怀，淡淡惆怅。是一份永恒宁静的温馨，静静时光的流淌，往事经过的地方。我们记得您的一言一行，您的一颦一笑，这些美好的点滴深烙在心口。今天我们想在这和煦的阳光里，给您温暖的怀抱，感受对您的眷恋不舍和感人动情。看着与您灵魂交融的这一瞬，回想起这芸芸众生，我们带着千种情绪、万种相思，心有灵犀是我们彼此最享受的快乐，只希望您能知道，温暖此时相伴您左右。

祈福毕。请各位拿好手中的祈福牌上前放到墓碑两侧，愿蒋心焕先生带着我们的思念平安归去。

下面请亲人上前敬献鲜花。

这花瓣似圆月，彼岸亦是团聚；这花叶似掌心，愿来生仍旧牵手重逢。

下面请所有学生上前敬献鲜花。

教诲如春风，师恩似海深。让我们共同祝愿蒋心焕先生在天国也拥有一份他那清风明月般的从容。

下面请蒋鲁岩上前致辞。（略）

最后请全体家属及亲友行三鞠躬礼：一鞠躬，再鞠躬，三鞠躬。

我宣布蒋心焕教授追思会圆满礼成，下面请家属自由祭奠。

我与父亲

蒋鲁松

蒋鲁岩，我的弟弟，他点燃一支烟，在缭绕升腾中完成了一篇洋洋洒洒的纪念父亲蒋心焕的文章。他是学习理工科的，条理性强。而我点燃好几支烟，脑中还是一片空白，只有父亲那晚从重症病房推出来的遗体定格在我的脑海，挥之不去！那夜，我牢牢地盯住父亲的脸庞，装殓的小伙子在熟练地忙活着，我和爱人一直站在父亲的身边，好像那一时刻悲哀从我的身上剥离了一样。我们把父亲抬上灵车，爱人在前座，我在后排，身边躺着父亲，沿着经十路白天刚冲洗的宽阔的马路前行，那一刻我觉得温暖，好像父亲还在。

我八个月时，因父母工作繁忙，被送到老家江苏南通。父亲在家中排行老大，在老家我得到无微不至的照顾，现在回想起来，依稀就在眼前。慢慢长大了，每年春节，父亲都带我踏上回家的路。那时坐火车回家过年要带很多东西，父亲常背着沉重的行李，一手提着给兄弟姊妹的礼物，一手牵着我在熙熙攘攘的站台上奔跑，直到坐上座位，火车的长笛在耳边响起，我们才放下心来。下了火车，我们又登上长江边回乡的轮船，轮船启航的汽笛声缓慢有力，仿佛是故乡的召唤。一夜后，父亲的步伐更加有力轻捷，小脚奶奶慈祥地站在巷口，张开怀抱……以至于现在每当我听到铁路广播音、类似的汽笛声，都有莫名的惆怅。到家后，父亲的兄弟姊妹都会欢快地围绕在他的身边，争先恐后地问候，父亲一一地回应着。许多年后，父亲曾对我说："那时家里很穷，我上学的学费都是你二叔在外面打工挣来的，我对不起他们啊！"可我知道，父亲每月留下生活费后，其余的工资都寄回老家；老家的旧房子拆迁，他得到的那份钱平分给了弟弟妹妹。

父亲是慈祥的老人，他上下打量晚辈的时候，你总会感到一股温暖从心底升起。他带的23位研究生，每一位都对我的父亲亲敬有加，有时候我就很纳闷。但这次父亲病重住院，在他与弟子的互动中，我突然明白了。父亲总是为他的弟子们取得的成绩而感到骄傲，为他的弟子遇到的瓶颈问题感到忧心，总是能在弟子遇到困扰时循循善诱；弟子们也惦着这个慈爱的老头，也会在第一时间欢呼着向他汇报战绩，也会在不开心的时候向他倾诉。

我在山师附小读书，五年级的时候开始叛逆，老师讲课我坐在课桌上，崔秀英校长来了也纹丝不动，还逃学。老师告状到家里，恰巧让放学的我看到，那夜我去外面过夜了，但早上还是像往常一样背着书包上学去了。早晨六点，我坐在教室的台阶上，凝望着不远处的一只死去的小猫，又冷又饿。这时，父亲骑着自行车来了，对我说："小松，回家吧。"我默默地上了自行车的后座，双手紧抓自行车后座前端的铁框。父亲带着我，在崎岖不平的土路上颠簸着前行，他的身影来回摆动，双腿在奋力轮流蹬着车。回到家里，父亲给我端上面条、馒头、咸菜，我狼吞虎咽地吃起来。父亲在我的身边站了一会儿，他也许想说点什么吧，但还是什么也没说。

一天上午阳光明媚，父亲指着他那两大橱书对我说："你可以看看这些书。"我开始摆弄起来。我发现，父亲的书橱里鲁迅的书居多，然后是郭沫若的，再就是孙犁等一些现代作家的。鲁迅的，看不懂，只记得语言犀利，间或骂骂人。突然，我在书橱最底层最里面发现了一本已经破烂不堪的书，书名赫然在目——《红岩》。我一时好奇，读起来。

时光是一个封存不住的东西，它在缓缓流淌，很快，我中专毕业工作了。中专的学历高不成低不就，最好的出路就是山东师范大学夜大，我中专的专业是轻工机械，我问父亲再选择什么专业好，父亲不假思索地说："中文。"我听从父亲的建议，如愿考入山东师范大学夜大五年本科。五年，人生有几个五年？平常晚上学习，周末一上午学习。我最喜欢的科目听得津津有味。记得最清楚的是魏建老师的课。他穿戴整洁，讲课旁征博引，把我们都吸引住了，好像有点遨游书海的意味。那时，我不在家里住，住在山师校园里。晚上无聊的时候，什么书都看，反正对什么都有兴趣。住校园也是件有趣的事，艺术系练歌房里经常传来悠扬的琴声；坐在石椅上，透过核桃树的间隙仰望蓝天的感受至今让我难以忘怀。体育系当时在全国全省都有名，也是一个大系，每当他们招生，我都驻足观看，清晨黄昏在体育场上闪动的跑步身影让人感觉充满活力。现在回想起来，很感激父亲给我指明的这条通往光明之路。

很多次，我都在问，时间是什么？时间就是当你留意时，的确存在；当你漫不经心时，它就无影无踪。转眼父亲80多了，我50多了。这时的父亲已经走路蹒跚，但慈爱依旧。父亲罹患前列腺肿瘤，在齐鲁医院做了手术，在家里躺了一段时间后就下床活动了，但从他的脸上看不到丝毫恐惧。他的弟子们这个时期来得更加频繁了，在房间与父亲畅谈或合影，谈人生的感悟，父亲频频点头，笑而不语。父亲给我打电话说得最多的话就是：明天星期六了，我们一起去山师职工食堂吃饭如何？我每次都答应，但其实每次我都有点不乐意。现在想想真是后悔。

父亲88岁，又罹患食道癌，已经是晚期。在医院里，父亲得到尽心的医治和无微不至的照料，重症监护室微信视频里传出的父亲安泰的面容给了我莫大的安慰。每次视频连线结束，我都把手机紧紧贴在脸颊上，潸然泪下。这个世上没有后悔药，远去就是远去了，父亲再一次教育了我！

点上一支香烟，蓝色烟雾在升腾，清茶在翻滚，感恩所有在这段艰难岁月里帮助过我们的人，感恩国家没有让我们背负过大的负担。展望未来，全面社保的覆盖，让我们感到放心、安心。

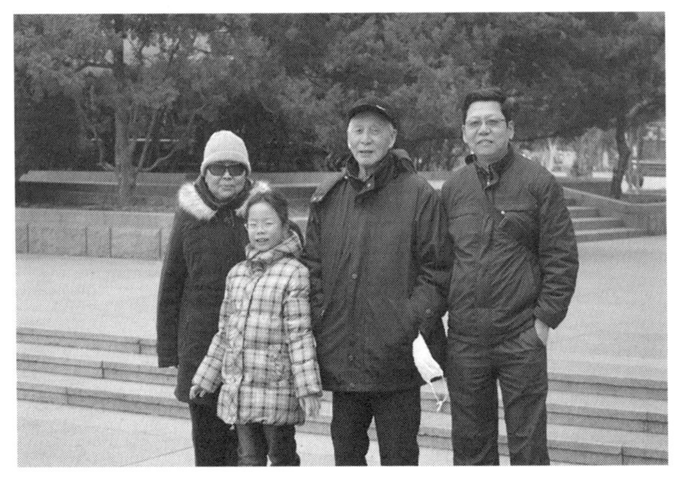

本文作者蒋鲁松（右一）与父母和侄女在一起

辛丑年元日忆父亲

蒋鲁岩

2021年大年初一，我点燃一支烟，看着缭绕的烟雾，不禁问自己，父亲过世了？最近我经常问自己这个问题，总觉得不是真的，因为我仿佛感觉亲爱的父亲昨天还在我的身边，慈祥地看着我，叮嘱着我些什么；仿佛他才和我通过电话，了解着他孙女的学习和生活，赞许的声音仍然在我耳边萦绕……可是，这是真的，我的父亲，蒋心焕先生，于2021年1月22日永远地离开了我，享年88岁。

父亲的老家在江苏南通，他1933年12月12日出生于一个职员家庭，是家中的长子长孙。他从小聪明好学，一路考上了山东师范学院中文系，毕业后留校任教，直至退休。他在教学第一线默默奉献40余年，曾讲授中国现代文学史、鲁迅作品选讲等课程，学生多达数万名，遍布海内外，其中有的后来成长为享誉学界的知名学者，文艺、新闻、出版、商务、法律等领域的杰出人物。他主持和参与多部代表性著作撰写，在国内，尤其是在华东地区产生了很大的影响。他长期参与山东师范大学中国现当代文学学科建设和山东省中国现代文学学会的组织领导工作，在省内外学界有很高的威望。

父亲在2020年9月查出了食道癌晚期，听到这个消息，我感到突然，但来不及多想什么，赶回济南，和母亲、兄长一道紧急商量他的治疗方案，安排护工，料理他的饮食，了解治疗情况和他的身体状况。9月，我请了一个月的假，在济南照顾他，每天去医院送饭，有时和他聊聊天。他经常催促我回去上班，说不能耽误工作，还老对我说你妈天天吃得太简单，没营养，这样是不行的，你要多照顾她。为了防止父亲情绪波动，我们没有告诉他实际病情，但我感觉他内心还是清楚的，他平静又顽强地和病魔做斗争，很少给我们说哪里不舒服，反而有时很乐观地讲，他觉得恢复得不错，很快就会出院了，以此来宽慰我们。国庆长假后，我终于要回去了，他很不舍，又说“这么快就回去了？”，充满着对儿女的深深眷念。当时我转身离开病房时，都不由得心酸流泪，因为我知道这次离开和之前的许许多多道别不同，父亲病得很重了，今后的每次离开或许就是永别。

父亲得了这个病后，我更加有着一个念头，有一天他会终将离开我，而且这一天不久了，内心很沮丧。父亲到最终离去，在医院住了4个月零20天，我经常在内心感激他，因为他给了我们家人较长时间的准备来最终接受这个残酷的事实。

父亲过世后，料理好他的后事，慢慢静下来，才感到深重的悲痛渐渐袭来，我真的失去了我的至亲——我的爸爸。我努力回忆父亲和我的往事，但总感到有些模糊，不是那么真切，或许是我离家去外地求学、在外地工作时间太长，难得的每次回来探亲都时光匆匆。父母经常从我回来的第一天就开始计算我要走的那一天，常常感叹时间过得太快了。所以父亲不想，也来不及跟我深谈，只是把最好吃的留给我，把好的事情告诉我，其他的病痛和烦恼都深藏起来，怕我为他操心，为琐事分神。每次我问父母有什么困难，他们都说非常好，让我专心工作，照顾好孩子和家。在渐渐清晰的记忆中，很多事情浮现出来。

蒋心焕与母亲合影

父亲兄弟姐妹共7人，作为老大，他是一个孝子，参加工作后，尽管当时我们自己家生活也非常困难，但他每个月坚持给爷爷奶奶寄钱，补贴家用。我记得当时我哥和我每天早上分吃一个鸡蛋，我小时候过年基本上都穿我哥剩下的衣服，每件衣服上都有补丁，鞋子上有破洞是常态。直到我奶奶2005年去世，他才停止了寄钱。

父亲很有耐心，从小到大，他都没打过我，我做了错事，他总是耐心地和我讲道理。我带女儿回济探亲期间，有两次失去耐心，对女儿吼了几句，他看到马上制止了我，然后把孙女拉到一边给她细细地分析她错在哪里，最后对我说，对孩子要耐心，要把道理讲给她听才好。

父亲专注于学问，做事非常仔细，有条理。他有两大书橱专业书籍，并且有几大摞他做研究时写下的卡片和摘抄。2017年我回家，他很高兴地给了我一袋资料，我打开一看，里面竟然有我小学的作文本、中学郊游的照片、大学的录取通知书、研究生得奖学金的表彰和毕业时找工作写的简历。他说："我一直保存着这些东西，现在给你吧，怕我年纪大了，忘记放哪里了。"看着自己成长的脚印，我不由得眼睛一热，这里面饱含着满满的父亲对我的教育和培养的心血，让我永世不能忘记。

父亲平时忙于工作，对我具体的吃喝睡关注不多，但是父亲常常教导我怎么做人和读书，这让我铭记于心。他说要做善良和正直的人，要甘于寂寞，深入到书本中，才能在学业上取得成绩。虽然我现在离父亲对我的期待和要求还差距很远，但我会记住他生前对我的期许，向他学习，做一个善良、乐于助人和不断进取的人。

蒋心焕、佟玲与长子蒋鲁松、次子蒋鲁岩、孙女蒋雨诺祖孙三代合影

记得去年10月回南京后的一天，我在公园走路锻炼，看到前面的人一个个消失在路远端的拐角处，我不由得心生感慨，告诉自己，我的父亲也已渐近转角了。其实子女和父母的人生路途也是看着年迈的长者终有一天在前面的某个转角处永远地消失，但这个旅途充满了爱和亲情，充满了牵挂和惊喜，充满了无数的风景和无比丰富的精神内涵，充满着更大的希望，所有的这些将在记忆中保存，一代代永远传承。

父亲，你就放心走吧，我们会照顾好母亲，更好地生活。

最后，我还要由衷地感谢父亲的学生们，正是你们在各自工作岗位上突出的业绩和对他生活各种的关心和帮助，尤其是去年他病重期间筹办的教师节纪念相册和他的米寿生日庆祝会，让他此生无憾，走时如此安详、满足。

一支烟，一篇纪念小文，愿我的父亲在天堂安息。

2021年2月12日大年初一于南京

纪念爷爷

——全世界最好的爷爷

蒋雨诺

爷爷走了，去了很远很远的地方……

我，爷爷疼爱的小孙女儿，真的很想很想爷爷……

爷爷，是个中文系教授，是学生眼里风度翩翩、谦和端庄的好老师；爷爷，是个好脾气、易相处的人，快递小哥、送奶工、邻里邻居每次都与爷爷亲切地打招呼；爷爷，是个德高望重的老人，是全家人无比敬重爱戴的长辈……在我眼中，爷爷只有一个身份，那就是我的爷爷，是毫无长辈架子的“老顽童”爷爷，是从不急眼批评我的爷爷，是开心时能同我一齐手舞足蹈的爷爷，是全世界最好最棒最可爱的爷爷!

爷爷离开后，泪水无数次涌出我的眼眶，无数次我望着窗外发呆，无数次我拼命在心中勾勒出爷爷的样貌，不落一个细节，却发现最终留存心间的竟只有朦胧的温存的印象——爷爷若有若无的神态、笑容，那熟悉亲切的仿佛无声又有声的呼唤声，那若隐若现的身影儿……原来，留存在记忆最深处的，最让我无法淡忘的，从来不是具象，思念至深之时，感受到的竟是那抽象的一些意象，如泼墨画儿在心中漾开，纵使努力拨开云雾看青天，也不可，只觉丝丝线线盘绕，更有一番深沉。我每每思念爷爷，都陷入这一片印象之中，虽然抓不住摸不着，但我着实能体会出什么，心中也渐渐不是那般空落落的了。也许，爷爷从来就没有离开过吧，我想……那么这番奇特的抽象意象是怎么来的？我剥开记忆的壳儿，搜寻到如此多的点点滴滴——

一、每回到爷爷奶奶家，爷爷总是迫不及待地给我量身高——我正正地贴着那身高墙站着，爷爷在我头顶处记下一条杠儿，拿出卷尺测量，再端端正正地在杠儿旁写下我的身高。如今，那面墙上也已是几十条杠儿了。

二、小时候的我很爱吃甜品，尤爱“提拉米苏”，爷爷本是对这些新玩意儿一窍不通，但他硬生生记下了这“奇形怪状”的蛋糕名儿。他去蛋糕店，自信地对店员说：“来一个‘提拉米苏’！”他之后还学会了“沙拉”“至尊匹萨”这一个个新名儿……

三、爷爷领着我去他校园操场散步，我好动得很，爬上了高高的裁判台，他执拗得很，非要我拽他上去，我说不动爷爷，他最终爬上来了，笑得像个孩子……

四、那年，我参加钢琴比赛获了奖。爷爷领我出门儿，逢人便夸：“我小孙女儿，钢琴获了一等奖，厉害吧！”我都有些不好意思了，爷爷却无比自豪……

五、夏天，我们去郊区钓鱼。爷爷搬个小马扎同我一起坐在湖边，拿着芭蕉扇扇着，帮我驱蚊子。等鱼要上钩了，他目不转睛地盯着浮标；我成功钓上鱼了，他拍手叫好，比我还起劲儿……

六、爷爷奶奶家门口开了个小店儿，我看上了一只毛绒兔挂件儿，不好意思缠着爸妈买，偷偷告诉爷爷。他立马领着我去买了回来，还跟爸爸说是他想买了送我的，我躲在爷爷后边儿偷着乐，可开心了……

七、暑假里，我一大早起床和爷爷一起去食堂买早点，平日里勤俭节约的爷爷怕我不够吃，几乎把每样菜都点了一遍，知道我爱吃辣，往豆腐脑里加了一大勺辣椒油。吃早餐时，爷爷自己被辣着了……

八、爷爷总能找到我弄丢的东西。虽然时而对我的“丢三落四”表示无奈，但他总忙碌着帮我找东西，爷爷帮我拾到床底下的眼镜，厨房里的自动铅笔，棉被下的充电器……

九、爷爷喜欢读我的作文，无论多幼稚的文章他都说很好，爷爷甚至对我讲我超过了他呢。我曾觉得我的文学造诣强过了教授，可厉害了，现在再想，又湿润了双眸……

十、爷爷帮我收拾草稿纸时发现了错别字，连忙找到看电视的我，他用红笔圈了一下，让我改。我满不在乎地说这是数学作业，写错字儿没关系，爷爷苦口婆心地说了老半天儿，直到我肯改为止……

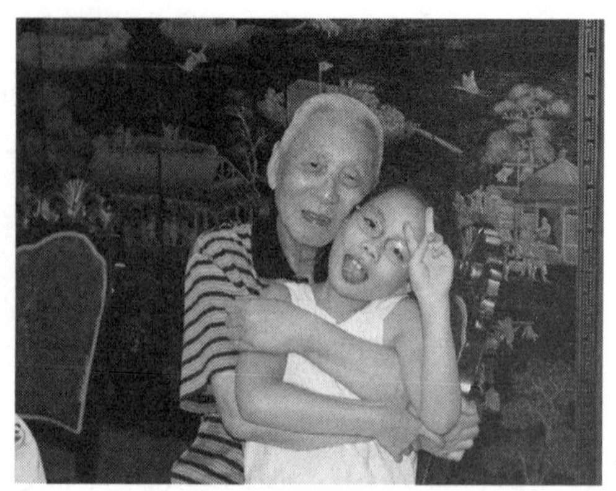

蒋心焕和孙女蒋雨诺的合影

十一、爷爷送给我他出的“自选集”，在扉页上认认真真写道，希望我“自省、自思、自悟”，“创造出更多好的作品”。小时候的我不懂爷爷的意思，只是嬉笑着说好，现在想想，觉得这本书十分厚重……

十二、在爷爷奶奶家，我总是个放肆的孩子，从小到大，我乐极了便滚在地上又笑又闹，活像个小疯子。奶奶有时让我快长大，爷爷却常笑说，“诺诺还是个小孩子呢”……

十三、每逢去爷爷奶奶家，我都会在墙上留下一幅大作，白花花的墙壁上现到处都是我的画作。客人来访，说爷爷奶奶太惯我了，爷爷说：“画得多好啊。”有几次我功课太忙，忘了这茬事儿，爷爷说：“别忘了这次也要留下个作品啊……”

十四、爷爷有个老式台式电脑，里面存满了我从小到大的照片视频。他和我说，我平时在南京上学时，就常和奶奶在电脑前看，一个下午过去了方不觉时间过了很久……

十五、爷爷在病房过生日，我去看他，瘦瘦的爷爷躺在病床上，对我说“真漂亮”，方才一会儿，他又想起什么，说：“你每次来我都给你买新衣服，这次来，我也送你件衣服吧？”看着虚弱的他，我眼中噙满泪水，忍住不哭，默默摇摇头……

十六、最后一次我与爷爷视频，他插着管儿，我与他说话，爷爷虽无法回答，却挤出了淡淡的笑容，我又是欣慰又是心酸……

……

今年，我十六岁了。就暂且叙述以上十六件“小事”吧。

我思念着爷爷，常默默细数我们一起创造的一点一滴回忆，有些明白了这种萦绕心头的印象从何而来。也许，这就是“积水成渊，聚沙成塔”，但貌似又不限于此，无数件细小的具象之事汇聚而成了浩渺无边的抽象的意象，弥漫于我的心中。我感觉，这是一种伟大的精神的力量，引领着我，寄托着我说不尽的思念之情。我又感觉到，爷爷仍然在关注着我的成长，只不过，换了一种方式，他在天堂，默默地看着我。我想，这条心灵的纽带是不会切断的，这真真切切而虚无缥缈的意象也会一直贮存在我的心底。

最后，我想对在那一个世界的爷爷说：我想你了，我爱你，你一定要好好照顾自己，我们也会好好的……你会听到的，对吧？我最最最最好的爷爷……

深切怀念蒋兄

韩之友

蒋公离开我们快一年了。他的音容笑貌时时在我眼中浮现，时间愈久思念愈深。至今我还为没能参加他的告别仪式最后送他一程而深感愧疚和遗憾。

我与蒋公相识是在我从天津调来山师以后，那是1973年3月，当时学校还不给解决住房，我只好每天从远在工人新村的岳母家骑车赶到学校，在教研室工作学习。刚刚离开熟悉的同事朋友，来到一个新环境，人生地不熟，举目无亲，很不适应。这时，蒋公常常过来看看我，向我介绍中文系乃至学校的情况，帮我适应新环境，有时也聊聊天，这样就逐渐熟悉起来。后来学校给我分了一间住房，与蒋公同住五排房，两人做了邻居，接触的机会就更多了。晚饭后蒋公常常到我房间聊天，我们更加熟悉起来。从这普通的过从中，我深深感到蒋公是一个体贴人的人，是一个宽厚和蔼、很平易近人的人。当年我38岁，而蒋公长我5岁，比我成熟稳重，当时以及此后40多年相处中，我一直把他当作兄长敬重。

相处时间一长，蒋公不但对我的日常生活很关心，对我政治进步帮助也很大。得知我在天津工作时曾经申请入团，但到组织准备考察时发现已超过了入团年龄，他除表示惋惜外，还引导我更进一步靠近党组织。我曾经很坦率地跟他讲过，我有两大思想包袱：一是家庭出身不好，二是父亲的历史问题。虽然我在理论上也明白，对待这些问题应采取正确的态度，但是在那个“唯成分论”泛滥的历史年代，这些问题像梦魇一样纠缠了我多年。蒋公了解这些情况后，给我做了很细致的工作，鼓励我积极向党组织靠拢，用实际行动甩掉这些思想包袱。在他的一再鼓励下，我终于递交了入党申请书。嗣后很长时间，蒋公做我的入党联系人之一，耐心了解我的思想进步情况，有针对性地做工作。并且后来与朱德发同志一起做了我的入党介绍人。直到1985年“七一”

前夕，党支部通过了我的入党申请。蒋公是我政治上的引路人。每念及此，我没齿难忘！

蒋公还是一位正直、讲大局的人。这是一位老党员的优秀品质。我调来山师时，生怕陷入系里的人事纠葛。这在一些老校是很普遍的，山师也不例外。时间长了，蒋公也承认山师乃至教研室也免不了这类人事纠葛：既有历史的，也有“文革”时期形成的。但是他的态度很明确，就是同事之间彼此有些意见，乃至成见，也不应该影响工作。他的态度是：在工作上要补台，而不能拆台；即使不能同心，也要协力。经过40多年的接触观察，我深信这是他一生不变的信条。比如在教研室的会议上，从来没有发生过同事之间对着干的现象，在私下从来未闻“嚼舌头”的事。“文革”结束以后，教研室历次编写教材、多次更新教材，都是大家共同讨论、分头执笔完成的，有力地推动了教改的深入。记得教研室还总结成“更新观念是教改的关键”的经验，并获省级教学成果一等奖。这也是整个学科在新时期获得蓬勃发展、长足进步的一大经验。又如在历次申报博士点的工作中，蒋公作为一名老教师都表现了服从统一安排、顾全大局的高尚品德。开始，像蒋公、我这样接近退休年龄的教师尚能安排进梯队，甚至安排成某个专业方向的带头人。后来经过广泛征求领导和权威专家的评估，认为申报梯队的过于老龄化是一大弱点，为了提高申报的成功率，必须组织年轻化的梯队。这样，一些老教师有的不能进入梯队，即使安排进梯队，也只能作为一般成员安排。在这种变化中，蒋公表示无条件服从大局的安排，决不计较个人得失。整个学科就是在这样同心协力的拼搏下，终于在1998年5月获得了成功。我作为当时中文系的负责人，亲身体验过这段艰难曲折的历史，在为学科申报成功而高兴的同时，也为蒋公等老同志的高风亮节而感动、而自豪。

一年来，每当我沉浸在回忆中的时候，仿佛蒋公还在我身边，指导我、帮助我，鼓励我更好地做人、做事……

难忘恩师三春晖

李　桦

说老实话，对于蒋心焕老师大限的步步逼近，我是有心理准备的，因为近一年来他的病情确实不容乐观。尽管如此，但当1月22日清早济南的同学戴永夏告诉我蒋老师去世的噩耗时，我还是怎么也不能接受这个现实。“真的吗，是真的吗？”我禁不住急切地责问着。电话那边老戴伤心的哽咽声，使我的心瞬间紧缩了起来，什么话也说不出来，只是喃喃地说：“老戴，再也见不到我们的蒋老师了，再也见不到我们的蒋老师了。”止不住的热泪，满脸横流。

蒋老师是我的恩师，回望几十年的足迹，我的每一步都受到他慈父般的呵护和引领。

我是1962年考入山师中文系的。蒋老师给我们上现代文学史课。课堂上，他不疾不徐，侃侃而谈，纷纭繁复的新文学现象，在他的梳理下清晰起来了；一个个睡在书页里的形象，经他的描述鲜活起来了；一位位文学大家的身影，经过他的剖析矗立起来了。他那浸染着江南水乡味的普通话，至今仍在耳畔回荡。与现在的学子相比，我们那个年代大多数的学生都很拘谨，乃至呆板。我尤其然，既从未做到“程门立雪”，也不善于主动找老师沟通思想。真正和蒋老师熟稔起来是1965年的实习。他是我们赴济南九中实习组的指导老师。由坐板凳变成站讲台，从学生升级为教师，这是一个不小的转折，何况听说九中语文教学水平很高，所以同学们都很紧张。针对这种情况，蒋老师首先和我们进行了集体谈心，鼓励我们丢下包袱，树立信心。他当时所说的，我大都忘记了，但有一句话至今还豁然有声：“一个合格的教师，应该既是学生的好老师，又能做学生的好朋友。”我想这既是蒋老师对我们的要求，也分明是他本人的为师之道。在一个多月实习的日子里，蒋老师整天和我们泡在一起，他仔细批阅每个人的教案，从教学目的的确立到教学步骤的设计，他不放过任何一个细节；他亲自听每个人的试讲，从板书到讲授的每个环节，他都一一把关，不遗漏一点瑕疵。在他的严格训练下，我们的讲课受到了学生的普遍欢迎，也得到了学校语文组的好评，更重要的是，我们每个人的专业水准都得到了切实的演练和提升。在我以后几十年的教学生涯中，之所以能在讲台上稳稳地站住脚跟，也收获了许多赞许和荣誉，与当年蒋老师对我耳提面命的教诲、一招一式一丝不苟的训练有着直接的关系。在我教职起步时，他为我树立了坚实的标杆，培植了丰厚而牢固的根基。

20世纪70年代末，我赴济南参加中专语文教材编写会议，趁会议间隙，和一位与蒋师熟络的学长一起到山师五排房去看他。恰逢师母佟老师也在，她非常干练，爽朗又热情。我与之虽是初见，却觉得像是老相识。说话的工夫，她就为我们端上了一桌丰盛的饭菜。蒋老师则依然为我的业务着想，希望我能在喜欢的专业方面有所进取。品尝着师母操持的美味佳肴，聆听着老师对我语重心长的计议，心里感到无比的温暖和幸福。离开蒋老师的家，学长又一次向我强调："蒋老师最关心你的业务发展，在我们面前也多次讲到。"这是我知道的，这么一大把年纪了，仍然让老师操心，在万般不安之余，心底里也飘浮起丝丝的庆幸，在蒋老师面前，我的确是一个幸运儿。

1983年，我被调到烟台教育学院中文系，从事现代文学和语文教学法的教学。其时，我已年届不惑，重新拿起一门专业课来，并非易事。可是我没过多犹豫，底气就来自母校中文系那片人文深厚的沃土，来自中文系当年学养丰厚的师长们辛勤的培育，而其中的蒋老师就是我心中的一棵大树，我要重新跟他学习。他知道这事后，连忙写信给我，信中列出他搜罗剔抉出来的所谓我的长处，鼓励我再接再厉。然后赠我书籍、送我资料，还邀约我参加中国现代文学研究和鲁迅研究学会，使我得以参加学术会议，听取专家们的最新研究成果，这为我继续深造提供了很好的平台。就这样，他又一次把我扶上马，送了一程又一程。给我力量的还有师母，其时，因工作需要她由教语文改教哲学，尽管已跨过了知天命的年龄，且身体还不太好，但佟老师二话没说，毅然放下家务，捧起哲学书本，走进山大培训班，重新做起了学生。师母虽然没亲授业于我，但她在攻坚路上彰显出的那份气魄、那份潇洒，深深激励着我。我心悦诚服地奉她为精神导师、人生路上的楷模。

对于我的成长，较之师母，蒋老师自然来得直截了当："你应该这样""不应该那样"。这似乎是单刀直入，不讲情面。可是在他面前，我从来没有过局促不安，也从来无须拘谨而巧饰，每每总是若临秋水、如沐春风。他那温煦的目光里充盈着的信任和期待，那情理交融的话语中满蕴着的拳拳盛意，不经意间就把我的偏见、执拗、桀骜等熔化净尽，尽管刚刚我还以为自己真理在握、颠扑不破。1984年我到母校办完事，蒋老师出来送我。我忽然发现"文革"造反留校的同班同学正从远处走来，心猛地战栗起来，扭头就想躲开。要知道，当年造反派冠我"修正主义苗子"的罪名，予以批判挞伐，使我至今余悸犹存，发誓永不和他们往来。但我此时的心迹和举动丝毫也没逃过蒋老师的眼睛，他忙止住我说："你现在这样做是不对的！当年根本责任不在他。时过境迁，今天该怎么做，就看你的境界了。"我怔怔地立在那里，一时回不过神来。蒋老师热切地看着我，真诚地敦促我说："别犹豫！马上迎上去！首先伸出手来！"这话像是施予了我神功魔法，顿时让我变得神清气爽，便大步上前，真诚地与那位同学握手问候。对方有些不知所措，虽一时语塞，但我感受到了他心底的波澜。我曾想，蒋老师此刻的一句话为什么会有如此大的法力？究其实，是他山包海容的气量和胸襟，多年来对我们熏染的作用；而今天又是他高尚的思想境界之光辉，驱散了我心中狭隘的雾霾。

推诚接物、宽以待人，是蒋老师一向的生活常态，这实在是源于他仁厚慈善的心性。追随他半个多世纪以来，我为之总结了两个"从来没有"：一是从来没有听到他对别人说三道四,二是从来没有见到他遇事大动肝火。他心里没有仇恨和私敌，记得的全是别人的好处和优点。说起他的同行来，他总是极口项斯，不遗寸长；说起他的学生来，他也是赞不绝口，称颂有加；说其他的研究生来，他更是分外兴奋地给你介绍：这个取得了什么成就，那个又有新的建树……如数家珍，滔滔不绝。也难怪他这般高兴，据我所知，他的研究生，确实大多都是其单位的精英和骨干，很是令人歆羡。对于我们这届被浩劫耽误了十年的老学生，每每谈起来，蒋老师无不嗟叹再三。凡学业上有求于他帮助的，不管多么繁忙，他总是有求必应，不声不响，竭尽所能。受其恩泽的同学很多，大家无不感动于老师的古道热肠。

2011年，我因生活变故一时蒙了头，便把自己封闭了起来，朋友都说我“失联”了。2015年两位恩师终于打听到了我的下落，师母便一遍遍打电话来，邀约我去她家住些时日。我何尝不想念两位老人？可是二老身体都不太好，蒋老师还做过手术不久，我不敢前去叨扰。任凭我怎么样拒绝，师母坚决不改初衷，不容分说地向我下了最后通牒：“房间给你准备好了，被褥刚晒过，赶快来！”听着这般暖心窝子的话，我只是默默地流泪，说不出一句话。恭敬不如从命，于是启程前往。啊！给我的房间是他们家最敞亮的，凭窗南望，千佛山排闼送青；柔软的被褥，散发着浓浓的阳光的味道；而最该庆幸的是，我又可近聆謦欬，面获亲炙。第二天早饭后，蒋老师要带我去重游母校。80多岁的人了，虽然精神矍铄，但当年那坚实轻快的步履不再。我坚持要自己到校园里转转。可他坚决不答应，连连说：“我行的，我行的，就当是散步了。”他边走边指点着对我说：文化楼还是老样子，道路两旁的梧桐却遮天蔽日了，你们的文史楼已经变了，这是后建的体育馆，那是新添的实验楼，原来的卫生所现在成了校医院了……他俨然是一位尽职尽责的导游。我怕他累着，几次提议抄近道大略转转就可以，可他非要领我到处看看；遇到休息椅我便让他坐下歇歇再走，可他也坚决不答应，依然是：“我行的，我行的。”我跟着他那缓慢又琐碎的脚步，听着他那气息已不饱满的声音，心里百感交集：又幸福，又痛惜，又感激，又不安……我真想大声对他说：“蒋老师，你今天让我看到的是世上最美丽的校园，学生会铭刻在心上，永远也不会忘记。”

几十年来，蒋老师就是这样，从为人、为师、为教、为学、为生活的方方面面，全方位地关怀提携我，他的恩惠犹如三春之晖，我沐浴其中，再寒冷的岁月也不乏温暖，再黑暗的路上也有光明在前。在他已经驾鹤西去的今天，要把这一切铸成文字，心头尤其感到悲楚，笔力沉重不堪，几次令我不能自持，不得不停下叙写。透过婆娑的泪眼，我又看到了他那温和的笑容，那带我游览校园时蹒跚的身影。蒋老师没有走远，他会永远活在我们绵绵不绝的思念里……

（李桦，山东师范学院中文系1962级学生）

洒满阳光的房间

——忆念恩师蒋心焕先生

李春林

得知恩师蒋心焕先生仙逝后，老师的音容笑貌盘桓于心间，久久不去。而他和佟老师以前住过的校内西侧的五排房，亦同时涌现于脑际——那是洒满阳光的房间，在山师求学的三年时光，那里是我最爱去的地方之一，从那里我得到了那么多的温暖。

记得1979年秋，我们入学不久，几位同学一起到蒋老师家拜望。我一进屋就发觉房间的采光非常好，整个房间显得明亮而温暖。这也许因我来自东北寒地，对于房间的采光情况格外敏感之故。等到秋冬之际，那时我们的宿舍并无采暖设备，我作为一个东北人尤其不适应。可是一到蒋老师家，看到满屋阳光，顿时感觉暖意融融，如沐春风：蒋老师和佟老师背靠背备课，我一到，立即停下来，对我嘘寒问暖。无论请教什么，他总是循循善诱。在最后一年撰写毕业论文的日子里，我更成为那洒满阳光的房间的常客，蒋师每每给予口头或书面（在论文草稿上）的种种指教。尤其是题目的选定，完全是蒋老师的意见：当他得知我想写《鲁迅与契诃夫》时，告诉我王富仁正在写此题，你写不过他，不如写《鲁迅与陀思妥耶夫斯基》；我说陀思妥耶夫斯基太复杂，不好写，蒋师说正因为复杂，写出来就是成功。征得了书新老师和田老师的同意后，就这样定了下来。虽然我完成得并不算太好，但毕竟凭此走向了学界，并且一直坚持着鲁迅与外国文学比较研究的学术道路。所以，从此角度言之，蒋老师无疑是我的学术领路人之一。而那洒满阳光的房间，也就成为《鲁迅与陀思妥耶夫斯基》的滥觞之地，我真正从事学术研究的出发点！

毕业之际，我一开始跟田先生说准备回沈阳。后来山大的马龙潜到校告诉我，他决定不回沈阳，留校。劝告我也这样做。我说已经说要回沈阳了，再变有点不好意思。他说找一位对你好的老师去跟田先生说。我马上想到的就是蒋老师。马龙潜陪我一起到蒋老师家说明了情况，并很快得到了田先生的同意。不料由于家属方面的原因，后来更加不好意思地出尔反尔了。气得田先生说：钱荫愉已经回贵州，你又要回沈阳，白培养你们了！书新老师也很不高兴。倒是蒋老师对我很宽容，表示了理解，给予我抚慰。我对不起那洒满阳光的房间啊！回沈后也的确是阳光灿烂的日子少，阴雨晦暝的日子多。朱德发先生在2001年绍兴鲁迅会上曾对我说过："你人生最大的失误就是没有坚持留校，否则成绩会比现在大得多。"是啊！母校有蒋老师、朱老师等那么多恩师可以耳提面命地指教我、帮助我啊！

回沈后，蒋老师与我一直联系不断。尤其是新年之际，每年我都要给蒋老师寄贺年卡。他也给我寄，有时甚至是他先给我寄，令我十分感动。或许是心有灵犀之故，有时我们几乎同时寄信或贺年卡。如2008年12月31日上午，蒋老师在给我的贺年卡上写道："2008年[①]30日上午，我给你发出一封信，寄辽宁社科院老干部工作处，当日下午收到你的贺卡，万分高兴。"后来，每年都通电话。蒋老师始终对我的各方面都十分关心，每次都不忘记问候我的老母，直至老人家不在。发现我一度"打滑"，就提出批评。而我退休后，又以他本人为例，多次告知我一方面还是要少写点东西，为了健脑，同时必须注意身体健康。心情要好，要快快乐乐过好每一天。我以前一遇到不顺心的事就往往长久郁郁不乐；在蒋老师的谆谆告诫下，现在已经大有转变，很快能使自己释怀。

我们也曾见过几次面：1984年在泰安召开的《阿Q正传》研讨会上；1985年参加书新先生葬礼，2002年参加田先生葬礼。每次都必到蒋老师家中拜望，得到蒋老师和佟老师的热情接待。虽然他早已离开了那洒满阳光的房间，但这座高层的房间照样明亮：蒋老师的人格光耀决定了房间的明亮与温度！

尤其令我难忘的是，1996年蒋老师应邀来到了沈阳，参加辽宁省纪念鲁迅逝世60周年研讨会，并做大会发言，肯定了辽宁省的成就，也对山东省的鲁迅研究做了介绍，获得好评。我和蒋老师一起相处了几天，陪他参观了沈阳故宫。

---

① 此处漏写"12月"。

蒋老师还到我家做客，令我全家十分高兴。母校老师到过我家的仅有蒋老师和书新老师，同侪也很少：翟德耀、姜静楠以及田先生女儿田桦。还有两位小师弟（他们的名字和导师是谁都记不起来了，只记得一位毕业后到南京某部队院校任教，曾给我来过信，对我当年的接待表示感谢——又是母校遗风！）到过我家，他们要访问彭定安先生，请我介绍。这些都是令我终生难忘的美好时光。

在多年相处和联系中，深切感到的是，蒋老师不仅学问踏实、成绩斐然，更感到他的道德品质堪称高尚。他为人谦虚朴实，不事张扬；热情助人，从不图报。我曾对他说过滴水之恩当涌泉相报；他说对老师不必，老师所做的都是分内应该的。但他对田先生始终执弟子之礼，我感触尤甚。他在2008年1月8日给我的信中，曾提及他2007年抱病去北京参加田先生百年诞辰纪念活动事："来去两天，体力消耗相当大，但没有出问题。这是我近几年来第一次出远门，走前，思虑再三，感到这样的活动不参加是会遗憾终身的。"他与田仲济先生的关系，总是让我想起柔石与鲁迅。在1991年绍兴会议期间，北京鲁迅博物馆的张杰说我对朱德发先生执弟子之礼，令他很感动。其实，这固然有着我的个性使然，但其中也有着蒋老师的潜移默化。

1996年10月，蒋心焕（右）与李春林摄于沈阳故宫

蒋老师极念旧谊，我亦是忝列其中者。他在2008年12月29日信中写道："在这新旧交替之际，自然而然地想念着一些老朋友老同学，而东北区和我相知心念的就是您了。"（有时蒋老师在信中竟然称我为"您"，实在令我不敢当，但也从中折射出蒋老师的平易近人）在信中他还说到聊城开会，对当年因随山师迁至聊城办学三年而最终又未能随校

返回济南的同事“一一上门拜访”。而此时蒋老师已经患病了。他对英年早逝的书新老师一直关心、同情，和我见面时每每要谈起他。朱德发先生的葬礼本来不让80岁以上的人参加，但蒋老师还是为他的同调同好莫逆之交送最后一程。蒋老师在沈阳开会时，同本溪钢铁公司宣传部的王积彬同住一屋，他是个杂文作家，业余也搞鲁迅研究，有两本专著问世。严格说来，他属于圈外人。然而蒋老师同他相处很好，会后两人仍有联系。人们谈起蒋老师，总是为他的人格所感动。某次，张清华和我都是辽宁师大博士论文答辩委员会成员，一起闲谈山师的往事时，他对蒋老师赞不绝口，称颂蒋老师的热情和坦诚。蒋老师生前病重之际，他的学生们为他编印专刊，使得他在生命的最后时日能够见到。拳拳之心，令我动容。但这也是蒋老师对他们的眷眷之心必然的结果啊！

今天（1月25日）上午，我与佟老师通了电话。她告诉我，蒋老师走得很安详。这位总是给人们带来温暖的人，心里怀揣着阳光走向了天堂，会使得天堂更加温暖和明亮。

我怀念蒋老师住过的那洒满阳光的房间。恐怕它早已拆迁了吧？然而它却永存于我的心中，它给我带来了偌多温暖和滋润，使得我在山师的三年时光不孤独、不寂寞，每每感到快乐和幸福。

记得我们入学的第一课，田先生讲的是怎样做人，强调先做好人，才能做好学问。蒋老师就是践行田老此种主张的楷模。如今，斯人已去，但业绩与风范长存，成为母校和学界一笔宝贵的精神财富，成为照耀后学的永不消逝的阳光！

2021年1月25日

最难忘先生那关切的目光

郭济访

心心念念着写写蒋老师，千言万语不知从何说起，终日枯坐竟不得一字，然而蒋老师的音容笑貌却渐渐浮现眼前，那样亲切，和蒋老师在一起的昨日往事点点滴滴奔涌而来，那样清晰。恍惚来到一个地方，彤云四合，气氛肃穆，一屋子的人，认识的不认识的，看到了万直纯和魏建，我着急地问，蒋老师呢？蒋老师呢？蒋老师在哪里？他们不语，面带悲伤，我顿时了然，蒋老师走了，再也见不到蒋老师了！不禁悲情难抑。忽然惊醒，原是一梦，披衣起身，凌晨4点40分，晨霭弥漫，曙色初现，身在万里之遥的澳洲墨尔本。

先生于2021年1月22日晨1时14分辞世，得享虚龄八十九高寿，也算人生功德圆满。因为疫情影响未能参加先生追悼会行弟子礼执绋送先生最后一程，心中留下永远的痛，冥冥中竟以这种方式弥补了缺憾。和友人谈起梦中之事，友人说，日有所思夜有所梦，梦中之人一定是深藏于你潜意识之中的人，一定是对你人生产生过最重要影响的人。

是的，蒋老师确实是我人生中最重要的人！

说起来很惭愧，和有些师兄弟不同，他们大都为蒋老师的文章学识所折服，报考之前就和蒋老师联系，并得到他的指点，而我却是在导师见面会上才第一次见到蒋老师。当时觉得眼前一亮，很为蒋老师的丰采所折服，那时先生刚过五十，年富力强，玉树临风，慈眉善目，神采俊朗，举手投足，风度翩翩，算得上是个美男子，处处都透露出成熟和稳健。

实话实说，我报考研究生带有很大的功利性，本来是要调动工作，去我岳父任教的江苏农学院任教，商调函都发来了，可丹阳县（今丹阳市）教育局却始终压着我的档案不放我走，迫不得已我这才起心动念报考研究生，其实根本没有献身学术的思想准备，报考前甚至连选报哪所学校哪个导师哪个专业都没有确定。临阵磨枪，仓促上阵。那年山师大现当代文学专业不仅要招收十多名研究生，还招一个研究生班，我知道自己准备不足，硬是冲着人多赶集来了。结果20多个名额的研究生班只有5个人达线，学校犹豫着放弃研究生班，冯光廉老师那时是中文系副系主任，他找到蒋老师商量说，老蒋你看我们怎么处理这事，这些孩子考试成绩虽然差了点，但考成这样也挺不容易的，若是放弃他们，也许他们的人生就会是另外的样子。蒋老师说，是啊，那我们就把他们带上吧。冯老师说我也是这个意思，但就怕大家太辛苦忙不过来。蒋老师说，没问题，我们几个就辛苦点吧。冯老师说你是南方人，两个南方人要不就你来带？就这样，我和万直纯来到了蒋老师身边，和魏建三人成为蒋老师亲自带的第一届研究生。

蒋老师和冯老师这次轻松的交谈决定了我们几个人的命运。人生就是那么奇妙，我能投身师门得蒋老师终身教诲引导纯属偶然，然而这偶然难道不就是人生中最奇妙的缘分？

读书期间，我对此一无所知。毕业后我到南京工作，蒋老师有一次出差来南京，傍晚我们在南京师大随园的大草坪附近散步，秋高气爽，绿草如茵，秋风起处，落叶缤纷，南京师大是我的本科母校，我在这里度过了难忘的4年，如今伴随在先生身边随意聊天，置身于古典园林般的美景中，真有点“风乎舞雩，咏而归”的惬意。我提到我和万直纯怎么到了先生身边的话题，蒋老师这才告诉我当年的情况，我于是开玩笑地对先生说，原来我和万直纯是您捡来的啊？蒋老师看了我一眼，笑着说，那倒也不是，你们后来都很用功，成绩也不错，事实上你们几个的表现几乎改变了老师们后来招生的观念，大家觉得外校学生因为不了解本校老师的命题思路，考试成绩相对会差一点，但却有潜力，能后来居上，学术上的近亲繁殖总有弊端，今后得多招外校学生。我知道这是蒋老师安慰我的说辞。蒋老师为人厚道、做事谨慎，言语间总是生怕不小心会伤及他人，对我们也是如此。

不久，蒋老师为我们开设了小说研究课程，他预先给我们布置了不少阅读书目，至于上课的地点，蒋老师说，我们人少，就到我家来聊聊吧。

记得那天上午9点，我们准时来到了先生家，师母佟老师也在家，热情地招呼我们坐在沙发上，为我们沏上茶，端来削好的苹果，嘘寒问暖。刚开始我们还有点拘谨，不久就完全放松了。先生与我们一起提出问题进行讨论，完全是引导式的，既有学术话题，也有作家生平掌故花边趣闻，话题时远时近，就像登高望远，观看一路风景……秋日的阳光从东边慢慢爬上窗棂，顿时洒满客厅，氤氲的茶香弥漫在空气中，我们在先生的循循引导下开始了有趣的学术讨论。这温馨的一幕永远烙印在我的记忆中不能抹去，只要想起先生，心中就会浮现出先生客厅里温暖的阳光和氤氲的茶香。林语堂说，哈佛的学生都是在教授的客厅里被先生烟斗中缭绕的烟雾熏陶而成，每闻此言，心中戚戚焉。

慢慢地和先生师母熟稔起来，他们也会随意问我一些家庭情况，得知蒋老师是江苏南通人，有一次我对蒋老师说，我也算是半个南通人啊。蒋老师觉得奇怪说你不是镇江丹阳人吗？我说我爷爷带领全家从广东汕头迁居南通石港，我父亲在那里长大学医，然后又离开那里，对那里怀有很深的感情，所以我也算得上半个南通人。“你父亲还好吗？”蒋老师关心地问。“今年6月刚去世……”我心中依然满是悲伤。“哦，”蒋老师一愣，大概是觉得不小心触及了我的伤痛，他沉默了一会儿，说，“节哀顺变吧，生离死别，人生无常。”他向我投来安慰的目光，让我顿然感觉到一股暖流从心底流过，抚慰着我受伤的心灵，仿佛是父亲的凝望。

我们家是那种慈父严母的家庭，用我母亲的话来说，你爸一辈子连风都没有吹到你们身上。是的，在我们兄妹的记忆里父亲从来没有训斥过我们，即使我们在学校顽皮闯祸，他也是和我们“讲道理”。在小松和小岩这些孩子们眼里，他们的家庭也属于这种慈父严母的模式。我看到小松写文章回忆父亲，说到自己小时候闯祸犯错离家不归，他爸推着自行车到处找他，找到后连一句责备的话也没有，只是轻轻地对他说“回家吧”，然后让他坐在自行车后座上，带着他慢慢骑回家，给他端来早饭。看到此处我禁不住哑然失笑。小松有一次来南京我们畅谈很久，他的故事大都是叛逆期这些关于慈父严母的记忆，和我的记忆差不多，我们话逢知己有太多的共同语言，差不多聊了一个晚上。现在想起来，小孩子哪有不顽皮的？当爹的可以不管，当妈的当然要管，一个家里父母之间总要扮个红脸白脸的，不过这个红白脸也是他们性格的自然流露而形成的。

蒋老师的个性就是这种慈父的个性，他在家庭里扮演了慈父的角色，他倾注在我们这些学生身上的又何尝不是他慈父个性的自然流露？蒋老师去世后，我一直在想，我们一生遇到过许多老师，为什么蒋老师能够得到我们每个人发自心底的爱戴？也许每个同学都会根据自己和蒋老师独特的交往经历得出属于自己的答案。对我来说，蒋老师所给予的已经不仅是一种师生之间的情感，而是倾注了超出一般师生之间的情感，乃是一种慈父般的关爱。

记得那年我们为蒋老师庆贺80大寿，各地的学生齐聚济南，看到他的弟子们学有所成发展顺利，那天他真的很开心，幸福的笑容始终挂在他清癯的脸上。大家要求他讲话，他站起来，有点激动，他说：“我年纪大了，很多事情都忘掉了，记不住了，但是我记住了和你们在一起时的这份感情，这份感情是那样浓厚，浓得化不开，它永远留在我心间，温暖着我……”说到这里，先生的声音有点哽咽，眼里噙着泪花。

在山师问学的两年很快就过去了，时间虽然短暂，却留下了太多美好的回忆。读书期间，我爱人生了孩子，当时我恨不得马上回去帮她，家庭的挂碍突然多了起来。临近毕业，我已是归心似箭。可当时有消息说外省学生都要安排在山东工作，这传言让人十分焦虑。一天下午，蒋老师捎话叫我去他家，坐下后他突然问，你认识扬州师院的张泽民吗？他打电话给我了解你，想要接收你。我告诉蒋老师，他是我岳父的朋友，我爱人希望我去扬州师院，春节期间我们曾一起去拜访过他，他是中文系副系主任。聊了一会儿，他又带我们去见系主任曾华鹏。曾华鹏也是现代文学研究专家，和蒋老师很熟悉。听后，蒋老师沉吟了一会儿，忽然很认真地对我说，我听说今年的毕业生山东不放，你是否考虑一下留校的可能。这消息对我来说太过突然，以我的学术水平和能力来说，真的有点受宠若惊。蒋老师接着说，知道你有顾虑，南方人不习惯北方生活，我也是南方人啊。师母也在旁边帮腔说，我们在家里还是保持着南方人的生活习惯，以大米饭为主。蒋老师接着说，听说你爱人是做资料情报翻译工作的，可以调到学校图书馆来工作。蒋老师为我想得这么周全，什么都考虑到了。这样的安排对许多人来说简直是梦寐以求的，我心里也完全清楚，不是我有多优秀，而是蒋老师已经把我当作他的孩子一样，想要把我留在他的身边。看我没有马上应承，蒋老师用期待的眼光看着我，语气缓缓地说，你认真考虑一下，也和你爱人商量商量。把我送到大门口，蒋老师语重心长地加上一句，还是要以事业为重哦。

思虑再三，我最终还是辜负了蒋老师的期望，但是我从心底里感激他。我做过五年中学老师，留下了一个职业病，就是连续讲课3个小时以上我的声带就会发炎，俗话说哑嗓子，所以我对做老师还是有点畏之如虎。其次，我始终没能把学术研究作为人生追求的目标，毕竟在高校从事教学科研工作竞争激烈道路并不平坦，更何况我并没有像其他同学那样打下坚实的学术基础，我还是有点自知之明。再加上我爱人坚决不愿意去北方，不同意我留在山东工作。权衡之下，我最终选择去南京，在江苏文艺出版社从事编辑出版工作。毫无疑问，放弃晨昏定省受教先生的机会对我来说是一件十分遗憾的事，在不能两全的选择中，我心中也充满了纠结。我怀着忐忑不安的心情去见蒋老师，打算向他做些解释，却不料他反而倒过来宽慰我，说都很好啊，无论当老师做出版都不错，南京是个大城市，生活上肯定比济南好，做出版也是可以做科研出成果的，只要有心都会有成。蒋老师就是这样宽厚的人，他从不强人所难，从不把自己的意志强加给别人，他总是设身处地为你着想，为他人考虑。

到南京半年后，出版社给我安排了一套小两居室的房子，离单位比较远，但是总算把家安下了，我把我母亲和孩子接了过来。蒋老师听说后执意要去我家“坐坐”，我说路远地偏，家徒四壁，不去了吧。蒋老师说我要去看看你母亲和孩子。我不好再拒绝了。蒋老师来了，进门见了我母亲，直接问候我母亲：“妈妈好！”这令我大吃一惊！这是南方称呼人最老派的一种习惯，就是自我降低一辈，以孩子的身份称呼对方。蒋老师这种谦虚低调的为人处世方式，看起来更像是那种渐渐被我们遗忘在历史尘埃中旧文人的做派，然唯其古朴则更是醇厚暖心。我母亲则回应他：“蒋先生好！”那天蒋老师和我母亲说了很多话，交谈中我母亲还特意提到我父亲是南通人，在南通生活多年，对南通很有感情。她说，要是他爸健在，见到先生是家乡人，不知道会有多么高兴。我母亲炒了几个时鲜蔬菜，南京的春天已经来了，有青绿的蚕豆和新鲜的草头，蒋老师很开心，一边吃一边赞不绝口，夸我母亲厨艺好，烧的菜味道好。他说这个季节难得回趟老家，多少年没有吃到过时鲜的蚕豆和草头了。又夸你好福气，生了个好儿子，有出息。我终于有点明白蒋老师不辞路远地偏登门来看望我母亲的用意了，他的到来，给我母亲带来很大的安慰，也给她留下了深刻的印象。多年后，我母亲总会提到蒋老师文质彬彬、平易近人，是个好先生。临走，蒋老师叮嘱我说，不要只顾着忙工作，先把小家庭建设建设吧，生活还是很重要的。抬头见蒋老师正望着我，目光中充满关切，我赶紧喏喏应承，请他放心，我会把生活安排好的。

虽然从事出版工作，但与学界的联系依然千丝万缕。我接手的第一部大书就是由南通师专徐应珮和周溶泉两位教授联袂主编、100多万字的《古典诗词鉴赏辞典》。周老师是蒋老师南通师范的前后届同学，早就熟识，徐老师虽然是扬州师院毕业，但因为是南通师专老师，与蒋老师多有交往。他们知道我是蒋老师的学生，竖起大拇指说“老蒋，好人一个”，称赞蒋老师道德文章都不错。一个人能当得起人称“好人”真不是一件容易的事。两位教授也都是骄傲的人，因为蒋老师，他们对我立即产生了亲近感，编稿审稿中不知不觉多了一份信任。在学校读书时，我们对社会上的事情茫然无知，到了工作中这才越来越感觉到蒋老师在学术圈内的人品口碑和影响力，他在现代文学领域辛勤拓荒耕耘几十年，积累了大量人脉，在江苏省内凡是我接触到的著名的现代文学学者，叶子铭、许志英、丁帆、曾华鹏、范伯群……只要提及蒋老师，立即会得到他们的认可，就会产生一家人似的奇妙感觉，给我的工作带来极大的方便。

现代文学研究在当时可谓是一门显学，研究热火朝天，研究成果累累，然而现代文学也是一门与政治联系十分紧密的学科，研究对象的选择，研究方式的选择，无不反映出研究者的立场观点和价值判断。我是个政治上不太敏感的人，在研究对象的选择上完全是凭着兴趣来，和其他同学选择红色作家和热门大作家作为研究对象不同，我选择了许地山作为研究对象。蒋老师当时就提出质疑，问我你为什么要选择这个作家进行研究。我说许地山具有宗教思想，作品有趣好玩。蒋老师笑了，可能他觉得我的回答比较幼稚可笑。笑完了他却也认可了我的选择，我猜想是不是他也认同了我将有趣好玩作为文学的价值判断具有一定的合理性？20世纪80年代思想解放运动中，现代文学的治学对象和范围正努力寻求突破，政治立场和价值判断也在发生改变，张爱玲、苏青、钱锺书等原先的边缘作家开始进入研究者视野并得到重视，也许正是这种学术氛围的改变促成了蒋老师认可我的选择，他进一步鼓励我形成研究生论文，他说研究薄弱的地方往往是比较容易出成果的。在蒋老师的指导下，我将许地山研究作为硕士研究生课题，此后又公开发表了多篇许地山研究论文，有几篇被人大资料等复印转载，产生了一定的影响，得到了他的赞许。

蒋老师所带的研究生中算我年齿稍长，他认为我高考前就在社会上摸爬滚打，社会阅历比较丰富，认识事物感同身受，评判问题比较客观。我曾经写过一篇评论老舍《骆驼祥子》的文章请他指导，他看过以后说，你的文章能够从生活出发去体会作品，有自己独到的见解和发现。他欣赏和鼓励我发挥自己的优点去进行研究，他说通过对自己生活的观察理解去研究作家作品，才能更准确地贴近作家理解作品。蒋老师对每个学生都有他的理解和欣赏，话虽不多，点到为止，但往往切中肯綮。

从事出版工作后，我记住蒋老师的嘱咐，坚持学术研究，但是出版任务越来越重，市场化倾向越来越强，不得已我只能暂时放弃学术研究，花费心思去研究如何多出好书，如何为出版社多赚钱，美其名曰既要社会效益又要经济效益。当然，这也许都是托词，当我后来看到万直纯不仅将出版搞得有声有色，而且学术研究也是成果累累，真心觉得惭愧，觉得辜负了蒋老师对我的期望。

蒋老师那时经常来南京出差，只要有时间，每次来总要电话召我去吃饭聊天，询问我的工作生活情况，一直到他退休，大约有十来年的时间，这段时间是我和他师生之间交往最为频密的时期，甚至超过了我们在校期间的接触。茶余饭后，蒋老师和我天南海北地闲聊，他似乎把我当成了他的亲密朋友那样无话不谈，我们海阔天空、无拘无束，甚至涉及不少比较私密的话题，我们谈社会谈学问谈道德，也谈人生谈爱情谈家庭。现在想起来，虽然我毕业时未能选择待在蒋老师身边是我人生的遗憾，然而“塞翁失马，焉知非福”，我在毕业后的将近十来年又能亲炙于先生，经常得到蒋老师的耳提面命，这一切岂非命乎？

和蒋老师频繁接触的这段时间，我所受到的教益已经远远超出学问本身，蒋老师不仅是我授业解惑的老师，更是我的人生导师。毋庸讳言，蒋老师不是圣人，我们也都是凡人，人之为人，总有七情六欲，面对世界，无法四大皆空。我们如何为人处世，我们如何为人子对父母，如何为人父对子女，如何为夫妻对家庭，如何处理亲情友情爱情，蒋老师身体力行、言传身教，让我看到了不一样的蒋老师。蒋老师本是一个情感丰富的人，然而更是一个责任心超强的人，他对孩子舐犊情深，浓浓的慈父情怀；奉老母可谓至孝，真的是儿女情长。他多次满怀深情地提到他的老母亲，他说我老母亲的健康长寿是我这辈子真正的幸福，让我60多岁还觉得自己像个孩子。虽然那时候南京去南通交通不便，有时候要坐一个晚上的轮船，但他总是不顾劳累，尽可能安排时间回家省亲看望老母亲。

蒋老师和师母既是同学又是夫妻，他对师母称得上感情真挚、包容爱护。师母曾经罹患红斑狼疮，这是一种免疫性缺乏疾病，很难治疗，发展下去甚至会危及生命。她被疾病折磨，一度病情十分严重，导致情绪消沉。蒋老师鼓励她建立与疾病斗争的信心，然后四处求医问药，他听说南京军区总院有位专家擅长治疗这种病，便让我联系专家，带着师母来诊病治疗。多年来，蒋老师悉心照顾着病中的师母，绝不放弃，终得善果，师母居然逐渐战胜这个凶险的疾病，身体慢慢痊愈康复，得享高寿。蒋老师算得上劳苦功高，至于他吃了多少苦，受了多少委屈，付出多少代价，只有他们自己心中有数。后来蒋老师也身患多种疾病，师母带病精心照顾他，真可谓相濡以沫了。那次去看望他们，师母指着柜子上各种各样的药瓶子说：“你看我们现在互相提醒着吃药，互相搀扶着走路，人老了就这样，唉……”听了让人心酸不已。人都说夫妻间除了情感，更重要的是责任，所谓“执子之手，与子偕老”，蒋老师和师母搀扶着共同走过几十年的风雨人生，令人感慨。我们为蒋老师庆贺“88米寿”那天，师母因为疫情无法进入病房守护蒋老师，隔着窗户对病床上的蒋老师呼喊：“老蒋，你要坚持，要有信心，我们共同努力，手挽手向前走，我们已经超过了平均寿命，我们要向一百岁努力！你要听我的，啊，要听我的！”我在视频中看到此情此景不禁潸然泪下。蒋老师在病房那头却打趣地对师母说："好好好，我听你的，我一辈子都听你的……"仿佛又自言自语似地说："我怎么能不听你的呢？"真像一对孩子那样，教人破涕为笑。

随着时间的流淌，淘尽泥沙，蒋老师在我心目中逐渐形塑为一位仁者和智者的形象：他既是一位理性沉稳的仁者，又是一位满怀深情的智者。他就像一座大山那样厚重包容，忠厚善良，爱心慈祥；他也像一湾清流那样透彻明亮，润物无声，静谧安详。

蒋老师一连带了多届研究生，蒋门弟子人丁兴旺。魏建、宗刚他们接过了蒋老师和老一辈学人手中的接力棒，挑起了学术大梁，将山东师大现代文学研究学科带上了一个新的高度，承前启后，光耀师门。其他师兄弟姊妹们也都努力上进，把蒋老师的学术传统、道德文章带向四方，遍地开花，烂漫似锦。作为教书育人的老师和治学研究的学者，蒋老师一生可以无憾。

岁月不居，时节如流，蒋老师年岁渐老，体弱多病，来南京也少了。我也因工作繁杂，匆匆忙忙，不能经常问候先生。这一切都成为深深的遗憾和内疚。叹人生无常，一切都将渐渐消失在历史的尘雾中成为过去，而唯能温暖人心和值得珍惜的是我们曾经拥有。

记得看到过一幅画，前面是蹒跚学步的孩子，身后是观望的父亲。蹒跚学步的孩子随时可能跌倒，而身后的父亲却没有去搀扶他、引导他，只是冷冷地看着，然而，在父亲的目光中流露出来的分明是浓浓的关爱和殷切的期望。

蒋老师走了，离开了这个世界，离开了我，此生再没有机会向他求学问道，再没有可能聆听他的教诲，只能独自去面对这个世界，品味人性善恶，体察人生冷暖。然而，我分明能感受到蒋老师向我投来的目光，充满了关切和期望。

附记 此文断断续续写了很久，絮絮叨叨说了很多，总觉得无法摹画出蒋老师在我心中的形象。其间因电脑故障丢失写了一半的文字，而后根据回忆补出，增删改削十多次，不敢敷衍塞责，算是交给蒋老师的最后一篇作业，终于2022年1月22日脱稿，适逢蒋老师周年祭日。白驹过隙，人生如斯，不禁悲从中来，一声叹息。

不思量，自难忘！

——心祭蒋心焕老师

万直纯

2021年1月22日上午，收到魏建同学的微信，微信报告了蒋老师于凌晨1时14分去世的噩耗。虽有预感，这一天终会到来的，但真的到来，还是难抑悲伤！我在医院中，当天有雨，凄冷的冬雨。晚间，我在日记中记下了这一令我悲伤的时刻，还写下“先生结束了与病痛搏斗的漫长历程”。

最近一次，也是最后一次见到蒋老师，已过去多年了。当时先生已有病在身，步履有点迟缓。在我一直的印象中，先生表情和悦、话语亲切，还有身材高大、体格壮实、步履沉稳。多少年来没有什么变化，给人感觉不显老。此时，我隐隐地感到，先生老矣！近来，先生罹患重症，缠绵病榻，他的病骨支离的形容，令我心痛！他在病床上与师母隔窗相见，生离死别的场景令我心碎！如今，他在空间上，也在时间上远远地离开我们！真真是：死生亦大矣，岂不痛哉！

一时间，失师的悲痛笼罩在同学们的心头，弥漫在“蒋门弟子”微信群里。次日23号，有诗《哭蒋师》发“蒋门弟子”群上：“三十六年师有恩，七十二贤我不贤。欲觅音容惟梦里，犹读遗篇一泫然！”当天日记注解此诗：“1985年投蒋师门下，36年矣！孔圣有三千门弟子，七十二贤人，蒋师育才亦众矣！师有诸贤，余未及也。我乃首届3名研究生之一。”

25号有挽蒋师联：

天堂无病痛，祥云缭绕引魂灵；

人间有悲伤，泪雨滂沱忆音容。

蒋老师的告别仪式于当日举行，因疫情不能送先生最后一程，只有用文字表达哀思。我有堂叔，未出五服，早年多蒙关照，一直心存感念。他一直在县城公干，后来我在省城谋生，也有交集，渐次稀少。几年前他中风了，一直打算去看望，却未成行。今年二弟说他旧病复发，病情转危，再次住院。我们兄弟三人去医院探视，他已经成为植物人，眼睛睁着，已不认人了。我无言以对，对床良久……之后向他的儿子我的堂弟致歉：我来迟了！并告诉二弟，他若有事一定要告知我。今年十一假期中，突接大学老师严老师去世的噩耗。大半年中痛失两位恩师，心情抑郁，多日难以缓解。严师他稍前调到出版局担任业务领导，我无意中追随了老师步伐。此后工作联系颇多，过从甚密。他在业务上的指导、工作上的关照，都令我受益甚多、感激不已，特别是他的书生意气，我有共鸣，敬重之外，谬为知音。也好久未见到，十分惦念。正准备登门拜访，闻说生病住院，很快传来噩耗，只能在殡仪馆见面。此时，他口不能言，面无表情！蒋师呢，病中，未能问候一声；身后，未能跪送一程。憾恨绵绵，绵绵憾恨！

先生，您走了，把悲伤留给我们，留给您的老伴、您的儿孙、您的亲友、您的学生！当然，不是只有悲伤，还有思量。悲伤之余，唯有思量。

不思量，自难忘！

20年前，我的关于丁玲研究的专著《丁玲和她的文本世界》曾寄呈老师指教;20年后的去年岁末，我的论文集《万直纯文学论集》也寄呈。他在病中，不知见到此书没有，不知有无指导意见。像所有的学生一样，我十分渴望老师的指导，还私心期待老师的鼓励、欣赏呢。

论文集也呈送系和学科点，书前我写下一段话：

自有仙才自不知，十年长梦采华芝。

秋风动地黄云暮，归去嵩阳寻旧师。

诗人李商隐早年学道于嵩阳（禅院），多年后仍不忘传道之师。

我曾问学于山师，学问实发蒙于此。惭无“仙才”，悔未坚持，成果微薄，愧对业师。唯愿后来者多采“华芝”，如此而已。

李商隐东还可寻旧师，而今，我的旧师已成先师，无有觅处。只待纸船明烛送走新冠瘟神，再北上济南拜祭先生陵墓吧。此刻，唯有此文权作心香一瓣，焚祭于先生灵前。

“绿叶”的成色

魏　建

1月25日，即蒋心焕老师逝世后第三天，我与几位师弟师妹陪同蒋老师的儿子儿媳孙女到济南福寿园文星园安放骨灰。安放结束，我们拜谒了朱德发老师墓，相距十几米，两位老友相邻而眠。

1981年8月，青岛汇泉湾太平角宾馆，山东省纪念鲁迅100周年诞辰研讨会在这里举行。我第一次见识了学术研讨会。会上会下，我记住了他们中的每一个人。那天午饭后，在海水浴场旁边，我碰上几位会上的老师，全是山师的，正在打听到哪里买游泳裤。我去帮他们买来，本不想收钱。朱德发老师命令似的要我收下钱，那高亢的胶东音调惊动了周边很多人；蒋心焕老师操着温柔的南方普通话，笑眯眯地劝着，直到看着我把钱收好。这是我对两位老师最初的印象。

两位老师几乎同龄，当时蒋老师的职称和学科地位都比朱老师高。两年后，山东省中国现代文学学会成立，田仲济先生当选会长，蒋老师是最年轻的副会长，朱老师任秘书长。1985年我到山师读硕士研究生，蒋老师是教研室主任，副教授五年已具备晋升教授的资格；朱老师刚被任命为教研室副主任，依然是讲师。

山师这个学科创建很早，1955年首批被当时的高教部批准招收中国现代文学专业的研究生。直到1978年，山东省属高校文科的研究生导师只有田仲济教授。就在我读硕士研究生期间，山东师范大学中国现当代文学学科经历了重大的人事变更，先是学科奠基人田仲济先生退休，不久学科带头人冯光廉老师调离。谁来领导这个学科呢？论学科地位和资历首推蒋心焕老师，论学界影响和原行政职务可以考虑宋遂良老师，论科研成果和学术影响应是朱德发老师……或许有人会想象出一番争斗的场景，结果任何冲突都没有发生。朱德发老师成了山师现当代文学学科的又一面旗帜，蒋心焕老师就是那个举旗的人，如同他过去高举田仲济的旗帜。

1985年，郭济访、万直纯和我成了蒋老师的第一届研究生。郭兄是江苏人，毕业后去了江苏文艺出版社。万兄是安徽人，毕业后入职安徽教育学院，后来调到安徽教育出版社。我留校任教，一直在老师们身边，经常听他们讲过去的事情。

蒋老师生长在江苏南通城里，爷爷在上海的盐栈做司账，父亲在钱庄当差；朱老师生长于山东蓬莱乡下，爷爷是农民，父亲是80年前的农民工，病死他乡。蒋老师5岁读私塾，7岁多进入当地最好的小学，毕业后由于学习成绩好被保送进入南通师范学校，毕业即考入山东师范学院中文系；朱老师断断续续读完高小，教学条件极差，常常是老师和学生都在地上写字。蒋老师娶的是大学同班同学，朱老师接受的是包办婚姻。蒋老师从小就多次去过上海，朱老师27岁以前所到最远的地方是县城。蒋老师本科毕业后得到田仲济教授的指导，还到武汉大学学习两年半，受到研究生式的学术训练，指导教师是刘绶松教授；朱老师始终没有学业上的导师，没有给任何老师当过助教。蒋老师开始进行学术研究的时候，朱老师刚上大学，学术起步晚了十几年。

如此说来，蒋老师更应该成功，因为朱老师早就“输”在起跑线上了，然而，事实并非如此。这说明，生活经常是非逻辑的，有时甚至是反逻辑的；或说明，不是生活欺骗了我们，而是某些生活的信条让我们上当受骗。如说“上不了好小学就不能上好中学，上不了好中学就不能上好大学，上不了好大学就找不到好工作”，多数人都知道这类推理很荒谬，却又把这一套推给自己的孩子，也这样欺骗自己。

人生路上充满变数，每一步都有N种可能。谁也不知道这一步是迈向“对”的可能，还是迈向“错”的可能，抑或是非“对”非“错”的可能。更不知迈出这一步的每一种可能与后面第N步的N种可能之间具有怎样的联系。例如，蒋老师学术起步早本应是好事，但在思想解放的背景下已经固化的学术思维就不是好事了，难以接受新的学术话语；反之，朱老师在20世纪70年代中期以前几乎没有学术研究，学术思维较少固化，以新的学术话语进行学术创造也就相对容易。当然，不能因此把朱老师后来的成就归因于什么“逆境出人才”，似乎幸亏朱老师早期受教育不好、幸亏他学术起步晚……若这样，比“上不了好小学就不能上好中学……”还要可笑。

每个人都是不可复制的独特存在。朱老师的低位逆袭，尤其是晚年的学术“逆生长”，只能是朱德发式的；蒋老师的特点，总是让人联想到“温良恭俭让”，当然是蒋心焕式的“温良恭俭让”，是他独特的“命”和“运”造就的。

我曾以为温良恭俭让是很多优秀人物的品德，随着年龄的增长，见的人多了才发现这品德是极为稀缺的。这在蒋老师所经历的暴力血腥的战争年代、力争上游的建设年代和竞争创新的改革年代，都是难以兼容的。因为这一特点，蒋老师的个性隐而不彰，更多体现在生活细节中。例如，别人说话的时候他总是认真倾听，无论是领导还是平民，无论是著名学者还是普通学生，一概如此，几十年一贯如此。再比如，蒋老师平时说话声音不高，在公共场合更会压低声音说话。后来在许多文明国家的公共场合，听不到却“看”着人家交谈，我马上联想到蒋心焕老师，一次次为自己的高嗓门羞愧，也更明白我与蒋老师在修养上的差距。所有这类生活细节透露出他骨子里对他人的尊重。在我的记忆中，蒋老师没有小瞧过任何一个人，几十年一贯如此。

除了低调谦和、温柔敦厚，蒋老师还以最听老师的话而闻名。对老师的指示，无论赞同的或不赞同的，他都会不折不扣地贯彻执行。蒋老师从1958年做毕业论文到80年代一直研究小说，是国内第一部《中国现代小说史》的四大主力作者之一。田仲济老师偏爱杂文和散文，动员蒋老师研究散文，他就转向了。田老师接手《中国新文艺大系（1937—1949）散文杂文集》的主编任务，就是蒋老师帮他编成的。

蒋老师并非生来温顺。很多年前的一天晚上，在我的单身宿舍，他与我聊了很久，曾提到他小学六年级的时候为同学打抱不平，公开顶撞了教育局局长的儿子，后来被人暴打，施暴者中有人拿着手枪。那天晚上，他更多的谈话是为编《中国新文艺大系（1937—1949）散文杂文集》犯愁。我要帮他被婉言相拒，反复强调老师交代的事必须做，我听出了他的不情愿。他焦虑着，生怕漏掉这一时期好的散文杂文，责怪自己缺乏文献史料的功夫。这项工程浩繁卷帙，当时蒋老师已是满头白发，那些日子他与民国年间的书籍、报纸、杂志相伴，在尘封土掩的历史文献中钩沉、校勘，花了很多年才做完。样书出来，是16开本、1000页，我向蒋老师表示祝贺，他很平静。从此蒋老师真的研究散文了，不知是他自觉转向，还是为老师改变了他的学术志向？我听说，蒋老师还帮他的多位老师做了很多事情，尤其一些勉为其难之事他都竭尽全力去做，而且被他帮助的老师一定看不出不悦之色。当年子夏向孔子问孝，子曰：色难。对老师几十年如一色，更难；就我所见，蒋老师40多年来对所有人都是和颜悦色。张杰老师1962年来山师跟田仲济先生进修，他说：对蒋心焕最深刻的印象是他对薛绥之、林乐腾等“右派”老师的态度。当时人们对这些“右派”，有训斥的，有划清界限的，有嘲笑的，有避之唯恐不及的，极少有蒋心焕那样总是平等相待。

1991年起，我担任山东省中国现代文学学会秘书长。1996年学会换届时，田仲济会长已经快90岁了，他早就屡屡要求退下来，换年轻人。这时的朱德发老师已经硕果累累、大名鼎鼎，本应是最具竞争力的候选人，但包括会长在内的少数学会领导更看好蒋心焕老师，蒋老师却极力推荐朱德发老师，直到研究换届的最后一次常务理事会议之前，我们在田会长家商量换届的事，田老再一次劝蒋老师接任，蒋老师极为严肃地对田老说：会长就是朱德发，不要提我。这很可能是他绝无仅有的一场违抗师命。后来朱老师顺利当选会长，但我知道，并非没有悬念。

提到与朱老师的关系，蒋老师跟很多人打过这样的比方：朱德发是一朵大红花，我就是绿叶。当年田仲济先生在学科和学会当红花的时候，蒋老师是绿叶；后来冯光廉老师担任学科带头人，他还是绿叶；到了朱德发老师后来居上，尽管两人有过隔阂和矛盾，但为了学科的事业，为了学会的发展，蒋老师甘愿做朱老师的绿叶。结果，两人从不齐心可以协力的同事关系，变成推心置腹的好友关系。世上绿叶多，红花少。想做红花的多，愿当绿叶的少，一辈子甘当绿叶并拥戴别人当红花的，更是罕见。

10年前蒋老师罹患前列腺癌，去年9月初又发现了食道癌。蒋老师的弟子们不约而同地思考着：能为老师做点什么？

史振伟师弟建议、策划并监制成一本精美的画册：水晶材质的封面，除蒋老师的介绍和照片外，每一页是蒋老师与他的一位研究生弟子的合影和这位弟子为导师写的短文，文字间跃动着一颗颗感恩的心。不到十天画册做成，题名《老师，您好！》，赶在教师节前送到蒋老师手中。从那刻起，反复欣赏这本画册，成了蒋老师在病床上每天的“功课”。

为老师做的第二件事——举办“米寿”庆典，做这件事也是为了让甘为“绿叶”的蒋老师当一回“红花”。2020年12月12日是蒋老师88岁生日，按传统称为米寿。疫情防控的原因，我们不能进入病房当面贺寿，于是举办了一个线上的庆典。庆典仪式16点8分开始，这个时间年月日时分相加正好是88（20+20+12+12+16+8＝88）。此刻，天南地北的蒋门研究生都登录腾讯会议与导师相会。蒋老师借助弟子们赠送的移动电脑，接受来自四方的、各具特色的祝福。弟子们赠送的最大礼物是一位师妹请济南最好的花艺师设计的花艺作品，作品的主体是一株松树，山形，内涵设计师诸多寓意：师恩如山，寿比南山，松树的生命力……弟子们更看好这“花”主要是“绿叶”，因为他们如“红花”般绽放的时刻，首先想到了自己的导师。

蒋老师晚年也很听弟子的话，但有一次例外。2018年7月16日中午，36摄氏度高温。85岁重病缠身的蒋老师，执意要出席朱德发老师的遗体告别仪式，多位弟子反复劝说，都没用。他说，我的所有老师和朋友，我能送的都送了，朱德发我怎能不去呢？那天，冒着酷暑，蒋老师硬撑着身子到殡仪馆看了朱德发老师最后一眼。

我相信灵魂不灭，但总想不出蒋心焕老师与朱德发老师灵魂相遇的情形，只能想到：那个世界里无所谓红花，也无所谓绿叶。

（原载《中国社会科学报》2021年3月19日）

蒋心焕先生琐忆

张清华

庚子之年即将结束的时候，又传来了噩耗。蒋心焕先生以米寿之龄辞世，闻之不胜悲悼。因防疫要求严苛，学校师友告知不设灵堂，不举行告别仪式，故无法亲往，只能在心中默默祈祷，祈愿先生西行鹤驾，无风雪袭扰，一路祥和平安。

心焕先生亦吾师也。1980年我考入山东师范大学中文系读本科，入学不久就见到了这位儒雅的长者，他面孔清秀白皙，身材高大，操一口温和而抑扬的南方口音，上课时总从容不迫，娓娓道来，且总面带微笑，令人如沐春风。

那时的山东师大，正是在学术上蒸蒸日上之时，尤其是中国现代文学学科，因为拥有著名的前辈学者田仲济先生，田先生身居副校长位置，不但使中国现代文学专业在全国最早恢复了研究生招生，而且相继调入了多位在现当代文学界崭露头角的中青年学者，学术氛围空前活跃。记得我在1989年初冬，随业师朱德发先生前往北京大学拜访著名学者王瑶先生时，王先生就首先询问田先生是否安好，并致达敬意，说田先生是现代文学研究的拓荒者。

我是在本科毕业工作了4年之后，又回到母校读硕士研究生的。但说来惭愧，我在工作期间，主要是研读了几年欧美文学，因为所在的学校责我讲授外国文学课程，以我那时的浅薄，只能是现搬现卖，并无暇顾及其他，而考研时又有些权宜想法，所以准备潦草。1988年春夏之交参加复试，记得导师组里就有蒋老师。我抽到了一道题目，大概是谈一谈茅盾的文章《从牯岭到东京》。我脑袋一下就蒙了，因为我虽读过茅盾的大部分小说，但对他的随笔和文论却所知寥寥，只读过他的《西洋文学通论》，而《从牯岭到东京》这篇长文究竟谈的什么，全然记不清楚了。遂大窘，脑袋上流下汗来。我毕竟不同于外校考生，与老师并不相识，答得好歹不会有难为情处，可我作为一个老学生，会让老师觉得我不只学薄才疏，且无备而来，态度也有问题。所以由不得我不一番尴尬。

这时蒋老师开口了，他微笑着，摇着一把扇子，慢悠悠地说："小张不要紧张，这题有点偏了。你可以另选一篇茅盾的文章，谈一谈他的文学思想。"这下救了我，我便说愿意谈谈《西洋文学通论》。那时我对此书很是激赏，觉得他对于西方近代以来的文学潮流把握精准，论述也简约通透，遂谈了一点看法，算是蒙混过关。

谈完，蒋老师又安慰了我几句，并且说，"牯岭"一文中的很多想法，其实与《西洋文学通论》中是重合的，你随后可以找来看一看。你是教外国文学的，这篇文章对于你理解西方文学，了解中国现代文学和西方文学之间的关系，会很有好处。

我急忙点头，觉得蒋老师真是一位慈心的长者，一位好老师。

后来我当真混进了现当代文学专业读硕士研究生。入学后，常常见到蒋老师，他每每都用他那和善的话语给我些鼓励。偶尔我在报刊上发一点东西，他看到了，也不吝夸赞。他所讲授的中国现代小说史课程，更是让我收获颇丰。1991年春夏，就在我即将毕业之时，因我与导师朱德发先生合著的《中国情爱文学史论》出版，几位长辈看到此书，对我撰写的那一部分颇有些奖掖之辞，蒋老师也注意到了，便向朱老师建议让我留校任教。后来朱老师告诉我，工作的事情本来是很难办的，但没想到几位老师意见都这样一致。

多年后回想此事，一直感动不已。因为我读研的性质属于定向，原来任教的那所专科学校本就缺人，允许我读研，是希望我再回去出力，没想到山师大要留，如果不是专业上的老师们都有此主张，根本没有可能。后来费尽周章，终于落定母校，想来真是幸运。没有朱先生、蒋老师，没有宋遂良、袁忠岳诸先生的错爱和帮助，我不可能有后来的工作环境与条件。

在山师大执教的岁月里，我始终没有太多机会真正走近蒋老师。只是慢慢知道了他在学术上的贡献和造诣，了解到他早年一直是田先生的助手，在学科建设、学术研究方面所做的工作，拥有的地位。这些非经年深日久的交集，单从他低调的为人、朴素的做派上是看不出来的。1994年我搬至山师北街的

“鸳鸯楼”时，方才有机会常与他见面。鸳鸯楼临近蒋老师住的宿舍楼，是个条件简陋的筒子楼，但好处是离学校近在咫尺，孩子入托方便。我出入时，常常看到先生。他总是很关心地问这问那，关心孩子的成长，也关心我的生活，经常鼓励说，年轻人艰苦一点不要紧，很快会好起来。

1997年夏，我写成了书稿《中国当代先锋文学思潮论》，当时很希望这本书能够纳入江苏文艺出版社的“跨世纪文丛”中，因为那套书里都是非常优秀的同行或师友的著述。刚好一位学兄郭济访就在该社任职，济访是蒋老师的研究生。蒋老师得知我的愿望，非常支持，亲自给济访兄打电话，向他介绍了我的情况，多有鼓励之辞，遂使此书顺利出版。这是我个人职业生涯中第一本产生了影响的著述，没有蒋老师的热心帮助，很难设想能够很快面世。我自然心怀感激，但每当我当面向他表达谢意的时候，他都会淡然一笑，说小张不要客气，你好好做学问，好东西还应该在后头。

如今回忆起来，蒋老师当时还算盛年，刚过60岁，身体气色都好，永远是气定神闲的样子。后来才知道，那些年他也非常不易，一边照顾有病的师母，一边坚持做着研究，写了许多文章，在中国现代文学，尤其是小说史领域继续耕耘着。

2004年年底，我离开工作生活多年的济南，来到北师大工作，与蒋老师见面的机会就少了。客观上确实是因为忙碌，但从诸多师友和同门兄弟那里也还时常了解知晓他的情况。

蒋老师生性淡泊平和，除了专业内的学术事务，很少参加社会活动，偶有母校主办或在济南举行的会议，也很少出席。但一旦见面，还是倍感亲切，握着手，久久不肯松开，问工作、问孩子，问长问短，另外也少不了鼓励，从那慈祥的神态中，我总能够感受到那一份关切和温暖。

三四年前，我隐约知晓蒋老师身体有了状况，便暗暗担心。但是后来获知的消息令人安慰，知道病情控制得很好，蒋老师也很乐观。尤其从魏建学兄处知道，在几位差不多同类的病患中，蒋老师是最稳定的。

2018年夏，令人难以接受的，是原先身体最好的朱德发先生，也因罹患同样的病症而仙逝。他患病最晚，却走得最早。在如火的天气里，我在殡仪馆告别大厅里见到了蒋老师，几年不见，他已十分瘦弱的身躯，让人揪心。在拥挤的人群里，他握着我的手，老泪横流，说："没想到，朱老师比我先走了。"我也眼含热泪，嘱他老人家多保重，向他检讨自己的疏于问候。蒋老师说："小张啊，我理解你。你们也都年纪不小了，平时工作太忙，一定要多保重身体！"

这竟成了我与先生的最后一面。

曾与诸多师友谈及蒋老师，用"人淡如菊"来形容之，或许是一个合适的比喻。的确，在吾师长中，学问做得大，影响最广远的，可能数不到蒋老师；但若数从容淡泊，不惊宠辱得失，蒋老师则是典范。在山东师大现当代文学的诸位先生中，论个性，或许蒋老师是最后一个让人记起来的，但他那"仁慈平易"（宋遂良先生语）的气度，也同样构成了这所学校至为珍贵的人文传统与不可多得的精神元素。

故我也常想，韩愈所说之"师者"究竟何为，或许不只是传道、授业与解惑，还应该有标立淡定、淡泊与"不为"之风范。直如江上清风、山间明月，何曾为有为之物，但依然徐拂万物，朗照人间，不亦吾师耶？

岁月荏苒，想我们这些做学生的，现在也已成将及六旬之人，何乞先生不老，光阴常驻，也确实应该想开，释然。

末了，想起了义山的一首《无题》，其中有句"万里风波一叶舟，忆归初罢更夷犹。碧江地没元相引，黄鹤沙边亦少留"，所说的，乃是人生的诸般寥落与渐行渐远的个体的孤单。这自然不能简单地看作一种感伤，细想此理，或许年少时会易于伤怀，步入中年时亦多愁苦，但真正到了必须面对的年纪，还是坦然以对。就像心焕吾师，唯有一弯明月，一缕清风而已。故义山之诗是最好的慰藉："人生岂得长无谓，怀古思乡共白头。"这一切，非经历而不能解也。愿心焕先生吾师，在天国也拥有一份，他那清风明月般的从容。

（原刊于《南方周末》2021年3月4日）

初识蒋心焕先生

李宗刚

2021年1月22日，山东师范大学文学院教授蒋心焕永远地离开了我们。这个再普通不过的日子，在我——他曾经指导过的硕士研究生——的内心深处便一下子变成了一个冰冷的日子。一年过去了，这种冰冷的感觉不仅没有随着春天与夏天的浸润有所消减，反而随着1月22日的来临而变得愈加寒冷。寒冷的日子犹如显影剂，30多年前初识蒋先生的诸多场景，犹如存储于记忆深处的底片，开始变得分明起来。

在考入大学之前，我便给自己描绘了一幅令人炫目的蓝图，那就是要走学术研究之路，将来也能够像历史上诸多先生那样，以儒雅的姿态对抗萎靡不振的人生，用灵动的文字自由自在地表达，进而也写出那么几篇会变成铅字的文章。正是基于这一简单的想法，我进入大学之后便成了爱学习的学生，自然也旁听了高年级的选修课。蒋心焕先生的选修课便是我所旁听的诸多选修课之一。

我与蒋先生初识于1987年。在这一学年下学期，蒋先生开设了一门针对高年级本科生的“中国现代小说史”选修课，尽管无法选修这门课程，但我出于对知识的渴望，便成了一名旁听生。

蒋心焕先生在选修课上讲解了中国现代小说史的哪些具体内容，在30多年之后的今天，已经无法从记忆深处打捞出任何可以留存下来的碎片了。但是，能够牢牢地镌刻在记忆深处的一个镜头总也无法涂抹掉，那就是在下课之后，在教学三楼的走廊里，我向蒋先生表达了要考他的研究生的想法。蒋先生对此表示赞赏，同时还要我提交一篇论文。我那个时候正在关注莫言的《透明的红萝卜》，为此还写了一篇评论习作，便把这篇关于莫言小说思考的习作交给了蒋先生。过了一周，蒋先生对我的习作给予肯定，认为我的素质不错，希望我积极准备研究生考试。蒋先生的表扬让我在冬日跋涉的漫漫长途上看到了即将钻出云雾的阳光，一下子使我充满阴霾的人生天空增添了些许温暖的阳光。正是基于这种机缘巧合，我开始汇入研究生入学考试的大军之中。

作为从农村走进大学的学生，既往的田园生活尽管给了我自由自在、无拘无束的生长环境，但也难免让自己在迈进大学殿堂之后显现出人生的不足，乃至窘迫。这在我第一次去蒋先生家拜访时表现得特别明显。在一位学兄的引领下，我们一起敲开了先生家的大门，开门的是先生的公子。蒋先生外出还未归来，我们便坐在书房等着先生。当时的具体情景已非常模糊，唯有一点记忆犹新：蒋先生家里的沙发。这是一个造型极其简朴的沙发，没有一般沙发的那种奢侈和夸张，两个木头扶手向前稍稍翘起，简单、方正而内敛，恰有一种大气而正直的气节。坐在这样的沙发上，我有一种诚惶诚恐的感觉，禁不住产生了这样的遐想：在这个沙发上，说不准就坐过什么大学者，或者什么大人物，而我们这样的籍籍无名之辈，也坐在一些大人物曾经坐过的沙发上。

在1987年那个出奇寒冷的冬季，即将出列的1988级硕士研究生进入了排列组合的最后阶段，机遇会垂青谁，又会抛弃谁，一切似乎都在未知之中。值得庆幸的是，我终于熬过了那个寒冷的冬季，在次年春暖花开之际，相继接到了研究生复试和录取的通知书。然而，我的许多同学因为应届考生的复试成绩要比往届考生高出35分才算合格的高门槛而未能考取，一些应届考生尽管笔试第一也未能上合格线，这一限定使不少人的学术梦想最终凝固于寒冷的冰天雪地里，没能迎来梦想如鲜花般自由绽放的春天。

1988年9月，随着新生报到日子的到来，来自全国四面八方的硕士研究生会聚于山师，其中便包括后来的著名学者张清华、杨学民等人。我们这批人由此开启了人生的新历程。

研究生入学之后的第一件大事便是导师与研究生互选。缘于我早在考研究生之前便已经向蒋先生表达了自己的心愿，于是在师生互选时郑重地写下了“蒋心焕”三个大字，承蒙蒋先生不弃，我便成了他名副其实的研究生。而张清华则成了朱德发的研究生，杨学民也投入蒋先生门下。

研究生学习阶段，研究生与导师的联系比本科生多了起来，这一下子拉近了我与蒋心焕先生的距离，师生情谊逐渐深厚起来。蒋先生虽然是南方人，但他的身高比许多北方人的还要高，在我看来，他应该在一米八左右，这也许与我作为学生对老师总是爱戴着仰慕的“眼镜”有关，但客观情况的确如此。能够清晰地显现出蒋心焕先生南方人特征的是两个方面：一是带有南方口音的普通话，二是儒雅、温润、平和、兼容的性情。如果说前者是外在的标志，那么后者则是内在的精神气质。

1991年7月，我在蒋先生的推荐下留校任教，由此我有了更多向先生学习和请教的机会。2002年，蒋先生在为我的一本小册子所作的序中这样写道：“在他攻读硕研的三年期间，我对他有了更多的了解和认识。这是一个把人品和文品、做人和做学问两者相融作为自己追求的有思想有作为的青年。同我前后带的研究生相比较，宗刚身上有两点比较突出。其一，兴趣比较广泛，渴求多方面的知识。他除阅读本专业所要求的中外古今各方面的理论书和作品外，自己还选取中外名家的文化著作和哲学著作，并且把自己研读所得运用于自己的专业中。其二，他信书本，又不唯书本，立足学术，又着眼于实践，逐渐形成了一种以理性观照的顿悟式的思维特点，使其较为熟练地掌握了一种观察和评价人物和事件的全新文化眼光和视角，掌握了一种逻辑严密的思维方法和文章笔法。表现在论文的写作上，不是纯感悟式的，而是力求做到史的学术研究与现实的当代性意义相互融合。我认为，这是一种富有朝气和学术生命力的有效研究方法。”在序言中，蒋先生善于发现学生的长处，并加以概括提升，这对还处于学术研究探索期的我而言，其鼓舞作用是毋庸置疑的。

蒋先生作为我在学术道路上的引路人，对我在学术研究上由中国近代文学向现代文学转换研究之路起到了导引作用。2002年，我又跟随朱德发先生攻读博士学位，便把学术兴趣逐渐定位于五四文学发生学和20世纪中国文学教育研究；2011年，我走上了《山东师范大学学报（社会科学版）》主编的岗位，在编辑工作和学术研究上也算是有了一点进步。但是，我总是无法忘记初识蒋心焕先生的情景——那些划定了自我人生疆域和未来发展方向的诸多情景。

（原载《齐鲁晚报》2022年2月14日）

那片绿荫到天国去了

杨学民

恩师蒋心焕先生离开我们已经三百多天了！几次坐在电脑前发呆，想写一点文字，刚开头，就停下了。每次想动笔，脑海里就浮现出他那蔼然的笑容，以及向先生问学、与先生闲聊的情景……而不能自已。

先生有点南人北相，看上去就像北方的一棵白桦树，挺拔、俊朗，但南方口音的普通话还是有些糯米味道。这是1988年9月初我第一次和宗刚听完研究生课的感觉。从此以后，我就在这棵“大树”的呵护下走上了学术之路，走累了就靠一靠、歇一歇。在那片绿荫下，走走停停，已经30余年了。

说实话，在此以前，我从没见过蒋先生，甚至一封信也没写过，因为我当年报考的并不是蒋老师，却有幸忝列蒋门，自己都有些纳闷，蒋老师一直也没有提起过，我也不好问。毕业两年以后，朱德发老师和蒋老师等一起到胜利油田讲学时，朱老师才告诉了我原委。我们那一届，山东师大中文系中国现当代文学方向原计划招六名研究生，系领导觉得那年考生多，上线人数也多，就争取了两个委培名额，决定扩招一男一女，但一个萝卜一个坑，老师们都招满了。我们两人就悬在那里，成了难题。蒋老师了解到这种情况以后，跟系领导说：“学生考上不容易，那位男同学就让我带吧。”这时我才知道，我就是当年的那位男同学。朱老师与我说话时，蒋老师就坐在旁边，一直微笑着，一会儿看看我，一会儿看看朱老师，不停地说：“缘分！缘分！”那晚我陪老师们喝了不少酒，醉了！

好像就在陪老师吃饭的第二天，我们胜利油田的几位山师大校友邀请老师们游览黄河口风光，赏滩涂红柳，登瞭望塔，遥望黄河与渤海的对冲，一路说笑，兴致勃勃。回程过黄河大桥时正值大河落日时分，一行下车，宋遂良老师不禁放声吟唱：“君不见黄河之水天上来，奔流到海不复回，君不见高堂明镜悲白发，朝如青丝暮成雪……”他那灰白的长发在风中飞舞。

老师们回济南不到一星期，我收到了蒋老师的一封长信。开头说了感谢的话，接着又夸了油田职工生活福利好，什么水、电、气免费供应等。接着又告诫我：“小杨，我觉得你有点乐不思蜀了，油田是国有大企业，生活条件不错，但不能忘了读书。”读完长信，我的心情难以平静。老师提醒如棒喝，毕业以后自己确实一篇像样的文章也没写，沉沦了！

1996年暑假，蒋老师一人到油田讲学，有幸陪伴左右一周，两个孩子也是人来疯，前呼后拥，老师天天笑呵呵的。第二年暑假，女儿还在问：“蒋爷爷今年还来吗？”回程以后，蒋老师再来信，夸了孩子，也表扬了我的精神状态，说等着看我的汪曾祺研究书稿。三年后的暑假，我带着书稿赶到蒋老师家时，师母和先生正在吃晚饭，师母招呼我吃饭，先生放下碗筷就翻阅书稿，边翻边说：“不错，有把刷子！”那天师徒两人天南海北，聊到很晚。不到一个月，我就收到了先生为小书写的序言手稿，誊写得非常整洁，墨香细长。后来，宗刚推荐到《联合日报》登载出来。

2000年年初，打电话已经很方便了，但我还是习惯给蒋老师写信，总觉得电话里词不达意。汇报了小书出版情况后，表达了想离开油田读博士的想法。先生在回信里鼓励我，要有信心。开弓没有回头箭，既然想考就一定坚持。并告诉我，他已经给南京大学的许志英老师和南京师范大学的杨洪承老师分别写了推荐信。2001年春天，南京大学和南京师大的博士生招生考试时间冲突，只能二选一，我参加了南京师大的考试。为了更保险，又马不停蹄地赶到复旦大学参加了一场。也是运气好，两个学校的考分都过录取线了，但我却犯难了。去复旦读书就有违人情，蒋老师都向杨老师推荐了，自己又不想去，老师的面子往哪儿搁！先生知道了我的想法和为难之处后，在电话里对我说，放心到上海去吧，南京那边我解释。博士毕业后，来南京工作，见杨老师比较方便了。有一次与杨老师谈起当年博士考试的事，他说：“你们蒋老师真把学生当回事！为了你的事还向我当面解释。不提了，都是为了你们更好！”

来南京工作十几年了，不如在胜利油田时去济南方便。后来先生身体有恙，不敢轻易叨扰。有几年我负责学校学报的编辑工作，每期出版后，都给先生寄一份，心想，随便翻翻，权当解闷吧。想不到有一天编辑部转给我一封信，一看那熟悉的字体，就急不可耐地打开了。信中居然写的是对几篇文章的感想，并嘱我，文章无小事，要守住底线。

一场秋雨一层凉。窗外冷雨淅淅沥沥。栖霞山的枫叶更红了，红得发紫，不知天国里的那片绿荫是变得金黄还是紫红。蒋老师，天国里不冷吧？!

2021年10月30日

秋日忆恩师

孙丽君

又到暮秋时节，树上的黄叶，带着一丝苍凉，却依旧拼着全力把它最美的色彩呈现给人间。望着枝头那不时飘离的落叶，不禁想起去年此时，正是我的恩师蒋心焕先生病重之际。病中的老师以特有的平静心性、达观态度，一天天顽强地和病魔抗争着。而作为学生的我，因为疫情原因，只能天天从“蒋门弟子”微信群中获知老师病情发展近况，时而无奈担忧，时而充满期待幻想。虽天不遂人愿，但唯可聊慰此心的是，在魏建师兄的倡议和策划下，“蒋门弟子为恩师过了一个终生难忘的病榻前88岁米寿生日”，这让牵挂着老师病情、身居天南海北的每一位弟子都有机会通过视频与恩师见了最后一面，把先前所有的牵挂、所有的惦念、所有的不舍都化作了一声声的祝福和祈盼……

许是世间万事万物皆有缘定，就在老师患病的几个月前，我参加朋友的聚会，不期而遇同门师兄史振伟，他说打算策划一本蒋门弟子和老师的画册，让我准备一下我和老师相关的照片。当时振伟兄是为了能在教师节到来时，用这样一份特殊的礼物，给老师一个惊喜，以表达我们的感恩。但没有想到的是，恩师住院期间多次翻阅这本画册，画册成了他最好的精神慰藉，这也许是冥冥之中最好的安排。每每看到老师翻阅时的那份欣喜、那份慈爱、那份只有说起他学生时才有的傲骄眼神，我便从心里好感激史振伟，这本画册真的好及时、好有意义。

我有幸成为蒋老师的学生也是缘定。1992年6月，我由山师的古籍整理研究所调入当时的中文系，第一次接触蒋老师，就被这位气质儒雅、说话慢条斯理的“老”先生吸引。没想到1994年，山师中国现当代文学专业和南京大学联合招考了一批研究生，专门针对有学士学位并在教育单位工作满4年的人员。当我得知录取后需报导师时，第一个想到的便是这位儒雅的蒋先生，因为我特喜欢“以貌取人”，先生身上特有的斯文气以及那一口软糯的南方普通话，使他成为我眼中最像教授的教授。确实江浙大地浓郁的人文气息，在先生身上得到了充分体现，也造就了先生为人一向谦和的君子之风。尤其是对他的学生们来说，正如其子所言，“他上下打量晚辈的时候，你总会感到一股温暖在心底升起”。当年在没有进入蒋门时，我只是崇拜与敬畏，甚至在先生面前说话都有些不自信。但当我有幸成为蒋门弟子后，对先生身上绽放的人格魅力，才真正地深深体悟到。3年的研究生学习，由于当时我依然在中文系工作，只能是一边工作一边学习，加上孩子小又时常生病，常常有力不从心的感觉。每每此时，老师总像是慈爱的父亲，安慰我不要着急，慢慢来，一切都会好起来……他永远都是那样不急不躁，慢条斯理。就连我没做好事情挨批时，他的声音也是柔和的。记得我研究生实习阶段，先生听我试讲，虽然我自己感觉准备很充分了，可是一上讲台，看见先生和魏师兄目光灼灼地看着我，突然就慌了神，把一节课讲得一塌糊涂，现在想起来都汗颜。试讲完，我觉得好丢人，只能等着挨批了，但先生只是轻轻地说：“这节课你没有讲好，再准备，准备好我再听你讲，你肯定能讲得好……”那是我从师以来讲得最差的一节课，也是我记忆最深的一节课。正是先生的一句“你肯定能讲好”，让我一直走到今天，一直热爱着讲台……后来，我转入了一个新的学科从事教学，虽然自己暗下决心，一定要好好努力，也曾立志在自己从事的领域做出一番成绩来，可是随着年龄的增长，家里老人需要照顾，曾经的诺言已成枉然……最近几年，魏建和李宗刚二位师兄已堪称学界巨擘，不仅是为文学院，更为学校做出了巨大贡献。每逢和老师见面，老师总是在自豪地夸赞他们的同时，还要替我找出种种不上进的借口，以消解我的尴尬。当望着老师慈祥的目光、依然充满鼓励的眼神时，我心中常常有种对不起他老人家的感觉。

2021年1月22日，这是一个令我不愿意回想的日子。我不敢想、不忍想这位慈父般的先生离去，更不是一句不舍能表达我此刻的心情。好在今年，文学院为更好地传承老一代教师的治学思想，在教学三楼的西侧大厅制作了一套大型的电子屏幕，循环播放着老一代教师的教学访谈录像。依旧是缘分使然，每逢我去院里上课，一进教学楼，总能不经意间听见老师那带着南方口音的普通话，看见老师谦和慈祥的面容。每当此时，我总是不自觉地停住脚步，静静地站上几分钟，听着他的谆谆教诲，仿佛是老师还在给我上课。此情此景，让我不由得想起龚自珍的那句“落红不是无情物，化作春泥更护花”的诗句来，这不正是对恩师一生最好的诠释吗？

恩师如父

朱爱军

蒋老师离开我们一年了。在这一年里，多次想提笔写点什么，纪念一下蒋老师，但终究提不起笔。毕竟从毕业起我就一直混迹在企业，远离学界几十年了，一切都那么遥远，一切都那么模糊，一切都那么似是而非……

还是从初识蒋老师说起。我是1985年考入山东师范大学中文系本科学习的，记得好像是大二抑或是大三的时候，蒋老师给我们开设了选修课“中国现代小说史”，同学很踊跃，我也选修了，由此认识了蒋老师——高高的个子，挺拔的身材，花白的头发总是理得那么短那么干练，带有浓浓南方口音的普通话，侃侃而谈，温文尔雅，和蔼可亲，气质非凡，给我留下了深刻的印象。至于讲的内容，我早已不记得了。掐指算来，那一年，蒋老师应该是55岁，和我现在的年纪差不多。同时在这门选修课上，还有一个重大的意外收获，就是认识了魏建师兄。蒋老师在给我们开设这门课的过程中，因外出开会，委托魏建师兄代课，由此我认识了魏老师。所以直到今天，对魏建师兄我也是有时叫老师，有时称师兄，正所谓亦师亦友吧。当时的魏建老师给我们留下的印象那何止叫惊艳，高大、英俊、帅气，挺拔的鼻梁、炯炯有神的大眼睛，讲起课来激情飞扬、滔滔不绝、出神入化，让人陶醉其中，给我们讲郭沫若，我们感觉他仿佛就是郭沫若。那一年，魏师兄应该是美好的30岁，时间都去哪儿啦……

我是保送上的研究生。山师中文系在八二级本科生中保送过研究生，在八三、八四级这项工作停止了，没有保送研究生，所以我们八五级从来也没有过这个奢望。在大四上学期的时候，应该是1988年10月吧，在文史楼一层的一个大教室里，在正式上课前，辅导员王明强老师走进教室，宣读了学校的一个通知，从中文系八五级本科生中免试保送三名同学就读本校的硕士研究生！

现代文学、文艺理论、现代汉语每个专业一名。

我一直认为上研究生是我这一生最大的转折。那个时候从农村考出来的大学生，上学目的都很“纯”，就是要转非农业户口，要吃国库粮，摆脱面朝黄土背朝天的命运。但是，考上了大学不一定能够彻底改变命运，因为当时有一个“定向”的政策，即“定向培养”，对来自落后地区的学生实行定向培养，毕业后仍然回原籍工作，所谓哪里来的哪里去。一般回到本县教育局报到后，县一中在县城，是留不下的，要分到二中三中四中，就到了乡镇，又回到了农村，找媳妇都难。后来的实践也证明了这一点。我们那一届本科生，在1989年的那个春夏之交以后，就匆匆地哪里来的回哪里去了，大都到了乡镇中学。所以从大二开始，就陆续有同学开始准备考研，一个班也就那么十来个人吧，远不像今天的“考研热”，我便也成了其中的一员。当时国门刚刚开放，西风东渐，一切都是那么新鲜，现代派、西方哲学、比较文学时髦得很，我选择了比较文学方向，经仔细查询杭州大学招收该专业硕士研究生，我就和杭州大学的陈元凯教授取得了联系，给他写了一封信，希望能报考他的研究生，陈教授认真地回了信，说了很多鼓励的话，并给我寄来了一本他写的比较文学方面的书。那个时候的老师真的很淳朴。此后，我便一心一意地开始准备起考研来。当保送研究生的政策出来以后，大家想当然地都以为那是给班干部的、给学生党员的，不会有我们普通学生的份。那时的我既不是班干部也不是党员，学习成绩中上，普通得不能再普通，但是也抱着打酱油的心态报了名，总共报了三十四个人吧。

虽说叫免试保送，但是也要考试。考试那天，大家坐在教室里静静地等着，只见系办公室的宁茂昌老师来到教室，走上讲台，从讲桌上拿起一个粉笔头，转身在黑板上写了六个大字——“我的专业选择”，说：“写吧，时间两个半小时。”

考完就考完了，本来就是打酱油的，没抱什么希望，所以也没有什么期待。直到有一天晚自习后回到宿舍，我们宿舍有一位同学说保送研究生成绩出来了，一共保送三个，有咱宿舍的朱爱军，在报现代文学的十几个人中成绩排名第一。后来知道，是现代文学教研室的八位导师分别对报考本专业的每位考生都打了分数，取平均分，我是第一名。人家当时说得淡淡的，也许还有点酸酸的，但我的心里却翻江倒海了。熄灯后，我在床上翻来覆去睡不着，我考上研究生了，我可以不回老家了，可以不当中学老师了，彻底改变命运了！越想越兴奋，越想越激动，我摸着黑悄悄地从上铺爬下来，跑到操场上，一个劲地干呕，只想吐，那种激动永远也不会忘记。

到这里，另一个重要人物，李宗刚该出场了。我和宗刚师兄是一个县的老乡，来自同一所中学，宗刚师兄本科是八四级，比我高一级，年龄比我大两三岁，我们俩关系非常密切。他一直颇有老大哥的风范，对我颇有教益，影响也颇大。当时他刚上研究生一年级，导师是蒋心焕老师。所以我在第一时间把我保送研究生的消息告诉了他，宗刚师兄由衷地为我高兴，并为我做了详细的分析和谋划，果断地带我先后拜访了朱德发老师和蒋心焕老师，那年除朱德发老师没有招收研究生计划外，其他七位导师每人招收一名。宗刚师兄极力推荐我报蒋老师作为导师，在宗刚师兄的保荐下，蒋老师慨然应允收下了我这个免试保送的徒弟。时间已经过去30多年了，我依然认为，宗刚师兄是在我大学和研究生7年间对我影响很大的一个人物，我一直在心里深深地感念。

1989级，蒋老师只带了我一个研究生，给我上课的时候，是在他家里。我到的时候先生已泡好一壶茶，放在茶几上，先生坐在左侧的沙发上，我坐在右侧，先生娓娓道来，带有浓厚南方口音的普通话宛转悠扬，沁人心脾，整部中国现代小说史娓娓道来，从明末清初的林琴南到现代的鲁郭茅巴老曹，如数家珍。蒋老师特别是对清末民初小说的发展演变历史有其独特的研究和理解，这也引发了我对这方面的兴趣。我的毕业论文选题是“四十年代中国小说的现代主义”，蒋老师给我加了两个字“倾向”，成为“四十年代中国小说中的现代主义倾向”，可谓画龙点睛，细思极高。写作前，我查阅了大量的资料，特别是查阅了一些港台地区出版的资料，涉及不少大陆教材中较少提到的作家，比如张爱玲、无名氏等。那个时代这方面的资料还比较少，我在第一部分选用了大量的史料，罗列了中国现代小说中的现代主义倾向，得到蒋老师的充分肯定，特别是对史料的梳理和占有方面。后来毕业工作后，蒋老师曾和我说：你毕业论文第一部分梳理的那些资料整理一下给我，我参考一下。是因为懒惰与拖延症，始终没有做，始终没有给蒋老师，成为我永远的遗憾！每想及此，心痛不已。

蒋老师的慈爱不仅表现在对学生，也表现在对待家人上。蒋老师和师母佟老师的恩爱故事在我们研究生中传为佳话。那时候师母身体很不好，蒋老师晚上看书的时候，怕影响到师母休息，翻书页的时候都轻轻再轻轻地。怕晚上睡觉翻身会影响师母，他特别买了一种特制的床垫，类似由两张单人床垫组成的双人床垫，这样他翻身的时候就不会影响师母。这种产品现在不算稀奇，但是在30多年前绝对是不多见的，真真的是用心了，让我大开眼界。后来我谈恋爱的时候，和爱人讲到先生的这些恩爱故事，爱人很羡慕也很郑重地对我讲，你也要像你老师对待师母那样对我！蒋老师和师母的“爱情”也深刻地影响了我们。

1992年的春天，我面临毕业找工作，当时是刚刚开始“双向选择”，自己联系和学校分配相结合。蒋老师骑着自行车驮着我，带着我的毕业论文，帮我联系工作。蒋老师高高的个子，是标准的大长腿，上下自行车的姿势好帅，一直深深地刻在我的脑海里。

我们毕业后，蒋老师关心着他的每一位学生，他的学生们也愿意和他交流，无论是工作还是生活，如意还是不如意，都愿意和蒋老师倾诉一番。蒋老师为我们取得的每一点进步而由衷地高兴，甚至关心我们的家人，我们的每一点进步，蒋老师也都津津乐道，蒋老师家就成了我们师兄弟们的信息平台。可能我们师兄弟们并不经常见面，但是只要去一趟蒋老师家，我们就会欣喜地得知师兄弟们的近况，魏师兄成了“国家级人才”，宗刚师兄又得了什么奖，魏师兄的儿子魏铼考了多少分、得了多少名，蒋老师都如数家珍。蒋老师像自己的孩子取得了优异成绩那样高兴。我那年被评为山东省泰山产业领军人才，蒋老师比我都高兴。前几年我主持开发建设了一个山岳型景区，效果还不错，每到节假日人山人海，蒋老师听了非常高兴和自豪，并表示要去看看，但是终究没有成行，也成为我永远的遗憾。

那年教师节，我带着爱人去看蒋老师，蒋老师更瘦了，但精神还好。师母说蒋老师爱忘事了，有点老年痴呆的迹象，“比如说你和小李今天来了，刚走，他就会问，小朱和小李是哪天来的？”我想大概是老年人的常见现象吧。刚坐下，蒋老师的一句话“爱军啊，我很想你们”，差点让我潸然泪下。说话聊天间，蒋老师主动提出要照相、合影。走的时候，蒋老师执意要送下楼来，送我们上车，然后对着车窗说：“谢谢你们！”满满的留恋与不舍……回来后，我和爱人念叨了好几天。此后不到半年，蒋老师就走了，永远地离开了我们。

30多年弹指一挥间，时间苍老了容颜，沧桑了心，也模糊了许多记忆。但是，和蒋老师在一起的点点滴滴却依然那么清晰，清晰得仿佛就在耳边：“爱军啊，我很想你们！”行笔至此，泪水已是夺眶而出。我从小没有父亲，没有享受过什么是父爱，也许这就是慈父般的爱吧！

大恩不言谢

周建国

确切地说，其实我并不能完全算是蒋门嫡系弟子，我的硕士生导师是吕家乡先生。但是，我之所以能顺利地进入山东师大学习却是得到了蒋老师的莫大帮助，真是恩重如山。所以我自认为是蒋门半个弟子，而蒋先生也把我当成自己的弟子一样看待，虽不是亲弟子却胜似亲弟子。

1989年夏，我刚从安徽师大夜大汉语言专业毕业。同年秋天准备报名继续参加1990年的全国研究生考试，在翻看全国研究生招生目录时，偶然记住了“蒋心焕”导师的名字。我1978年初中毕业考入安徽省航运技工学校，毕业后被分配到芜湖一家造船厂工作，工作期间上了5年夜大。由于底子薄、年纪大，而且在此之前我已经参加过1988年和1989年的全国研究生考试，均名落孙山，这次是三战（也是我决定的最后一战，因为常言道事不过三，再考不取就没脸再考了），所以在选择报考学校时比较慎重，尽量选择招生人数多的学校。而这一年山师现当代文学专业的招生计划应是全国最多的，所以选择报考山师。至于为什么在一众导师中记住了“蒋心焕”，当时就觉得这名字好，“将心换心”。随后就抱着试试看的侥幸心理，给蒋老师写了一封信，叙述了自己的“悲惨”经历，表达了强烈的报考愿望。没想到很快就收到了蒋老师的回信，对我一番鼓励，并夸我是勤奋上进的好青年（其时我已虚年29岁），一定要坚持。最令我激动不已的是信的结尾署名“心焕”二字，简直难以置信，世上还有这么谦逊的教授。看到这个署名，我已激动得热泪盈眶，并且有一种很好的预感：我遇到生命中的贵人了，这次一定能中。随后又写信央求蒋老师帮我搞点往年的试题，蒋老师很快又给我寄来了往年的考试题目。这给了我极大的鼓舞，使我的备考信心更足。

第一次见到蒋老师是1990年的春天，去济南参加复试。可在去济南之前，我在三天之内接连收到蒋老师的两封电报。第一封电报的内容是：总分336，请自找委培单位。我一看内容，心情一下子跌到低谷，回家蒙头睡了三天。因为1989年我也接到过中国人民大学同样的“自找委培单位”的回信，我一个工厂的工人上哪儿去找委培单位，结果自然不了了之。可第三天早上，单位同事急切地敲着我的房门，说有山东来的电报，让我参加复试。我欣喜若狂又忐忑不安地登上了北上济南的列车。

由于担心不能参加复试，我见到蒋老师的第一句话就是“我找不到委培单位”。蒋老师见我怯怯的样子，便和颜悦色地细语道：“你暂时不要管委培单位，先用心复试就是。”我暗自高兴，心想能参加复试就有一定的希望。复试结束后并没有当场公布结果，但我又必须赶回厂里去上班，心里没底，便恹恹地向蒋老师道别，蒋老师只淡淡地说：“你先回去等结果吧。”会是怎样的结果呢？

在烦人的等待中，我终于收到山师的录取通知书，如愿以偿地进入山师，开始了研究生的学习和生活。这是我人生一个重大的转折点。

复试的时候，由于背着“自找委培单位”的包袱，我的心情抑郁，但蒋老师给我留下的印象十分深刻。他不仅谦逊，而且儒雅、俊逸，这就是我心中大学教授的美好形象。蒋老师说话时总是面带微笑、轻声细语，话不多，却给人温暖、信心和力量。

虽然我顺利入学，但心里总是不踏实，一个疙瘩始终没解开。不是要我自找委培单位吗？难道不需要了吗？还是学校帮我定向了呢？我很是疑惑，但又不敢去问蒋老师。后来才听别人说是蒋老师为我打了破格录取报告。因为当年录取要求是英语、政治双60分，而我英语只考了55分，不符合正常录取要求。这大概也是要我“自找委培单位”的主要原因吧。我之所以能风轻云淡地享受与其他研究生同样的待遇，那是蒋老师煞费苦心，为我做了许多幕后工作。而我却一点都不知道，他也一句都没跟我提过。这让我非常感动，也让我理解蒋老师的为人品格：儒雅、俊逸，又谦逊、低调，只做不说。

入学后，在蒋老师的引荐下，我结识了吕家乡老师，从此成为吕门弟子。但蒋老师还是一如既往地关爱我，把我当成自己的弟子一样对待，并把我引荐给上一届的爱军和学民兄，还有刚毕业留校任教的宗刚兄以及魏老师（魏建师兄），后来又把我引荐给下一届的秀亮和城希，希望他们能给我各方面的帮助。我有一种结识同门师兄弟的豪情，好像在济南找到了家。之后，只要蒋老师家有师兄弟聚会都少不了我，感觉真的成为蒋门弟子中的一员。正因如此，除了同届的天程和振伟知道我是蒋老师的半个弟子，其他各位师兄弟都以为我是蒋门嫡系。

可能是我的年纪大、底子薄的原因，蒋老师和吕老师像是商量好的一样，对我格外关爱有加。可能怕我敏感，为了不给我施压，他们很少跟我谈学业，更多的是谈家庭和生活。蒋老师只要一见到我就问：最近过得还好吧？在山师读研的三年，我可能是研究生中学习最差却最有口福的人，经常在蒋、吕两位导师家蹭饭。像我这样在两位老师家穿梭蹭饭的可能不多。我只知道同届的现代汉语专业的文孟君也和我一样经常在蒋、吕两位老师家蹭饭，难道他跟我也有相似的经历？我没问过，但我猜想，文孟君也一定是先认识蒋老师的，因为他报考的是现当代文学专业，后来被调剂到现代汉语专业。

没有蒋老师的帮助，我是进不了山师学习的；没有蒋老师和吕老师的教导，我是毕不了业的。

说来惭愧，自1993年毕业后，只是在1999年5月回过济南一次，目的还是从学校要回我的档案，只在匆忙中看望了蒋老师和吕老师。蒋老师得知我在1996年动过一次大手术，还把家里的东阿阿胶送给我，让我补补身体。

师恩如山，我却无以回报……

相遇是缘

——怀念恩师蒋心焕

李天程

人和人的相识是要有一点缘分的，我和蒋老师的相识亦如是。1988年5月，我到杭州大学参加研究生复试，复试完后需要找个委托培养单位。潇洒倜傥的陈坚教授和蒋老师是南通老乡，且相交甚好，便为我写了一封推荐信，托蒋老师帮我在山东找个委培单位。

我从杭州取道上海到达济南，找到山师教工楼33号楼。蒋老师住西单元5楼东。当我怀揣陈坚教授的推荐信去敲开蒋老师家门的那一刻，一位温和慈祥、风度翩翩的教授出现在我面前。恩师的形象从此定格在我记忆的最深处，永世难忘。法国作家普鲁斯特说过，有的人找了一百年的门偶然间敲开了，我幸运地凭一封信便敲开了。蒋老师看过陈坚教授的信后，便热心地为我写信推荐了几个学校。虽然后来出于种种原因没有找到委培单位，但和蒋老师的师生之缘从此注定。

人在一生中，不知要敲开多少扇门，但能真正成为人生幸福之门的，想来不多。童年时代，日暮时分，炊烟袅袅，挖菜提篮回家敲开自家大门时，父母开门的那一刻，是幸福的；青年时代，风尘仆仆，千里之外从求学之地归来，年迈的双亲用期盼而亲切的目光打量你的时候，是幸福的；学术路上，有一位为人宽厚、治学严谨的导师领你进门，是幸福的。

1990年，我仍想南下读书，给杭州大学的张颂南教授写信，迟迟未收到回信。于是我冒昧地给蒋老师写信，蒋老师很快复信，鼓励我积极报考。1990年研究生考试推迟到4月。6月我被通知录取，但当地教育部门不放人。无奈之下，我又提笔写信向蒋老师求助。蒋老师回信说山师会给省教育厅反映情况，同时，让我在胶南疏通关系。共同努力之下，9月，我入山师，成为蒋老师的学生，亦真正步入蒋门——我一生的幸福之门！从此，与恩师结下世上最深厚的师生之缘。

毕业之后，我留在济南工作，与蒋老师的感情日渐加深。我结婚时，蒋老师送我一套精致的茶具。时至今日，我用小松兄弟送我的茶杯泡茶，用蒋老师送我的茶碗喝茶。恩师走后，睹物思人，每每拿起茶碗送至嘴边，便忆及恩师在世时的点点滴滴，音容笑貌宛在目前，一种温润之感油然而生。

多年来，逢年过节，我都去看望恩师和师母。每次去，蒋老师都会让我坐在客厅的单人沙发上，然后给我泡一杯浓浓的绿茶，放在茶几上。师母搬个软软的圆座，坐在对面。毕业之后见老师，没有做学生时那样拘谨了，加之恩师又是和蔼可亲的老人，所以说话就随便了不少。蒋老师谈得最多的，还是问问我的工作和家庭，以及读书情况。多年前，蒋老师教导我读书要有系统、有计划，这应是他了解我读书散杂后给我的导引。恩师也谈旧事，多次谈起田仲济教授和武大的刘绶松教授。言谈中，流露出他对武大岁月的怀恋和对刘绶松教授的怀念。但不知为何，他从没有谈起自己的童年。这次为写恩师年谱梳理资料时，对恩师的南通岁月有些感性的认知。恩师少年聪慧，人缘极好，校长老师多有赞许。想来恩师应是把自己的童年留在记忆的深处吧。法国诗人波德莱尔曾言："天才，无非是精确阐述的童年。"阐述，一是形诸文字，二是大道无言。南通，史有"静海"之称，亦有"中国近代第一城"之谓。虾油巷6号，一个烟雨迷蒙的江南小巷，一个普普通通的门牌号，恩师的童年在此度过，亦沉淀了恩师静如大海的胸怀和气质。

人老了，生病亦属正常。2013年夏天，蒋老师患前列腺癌，于齐鲁医院手术治疗。晚上，小松、小岩兄弟和济南的弟子们轮流陪护着他。我陪床的那个夜晚，天气挺闷的。蒋老师很通达，跟我说，这样根治还是很好的，比保守治疗效果好。恩师很坚强，术后刀口肯定是很疼的，但我没听见恩师呻吟一声。对一个年近80岁的老人来说，这是需要极大的毅力的。今日思来，能陪伴恩师一个夜晚，贴身照料他，是很幸福的。出院后，我又去看望恩师，他很乐观："医生说发现得早，手术也很顺利，再服药巩固，是没有问题的。也谢谢你给找了个好的麻醉师啊。"恩师就是这样的人，就是自己的学生给他做了一点事情，他也要言谢，总是那样客客气气的。术后，恩师的身体恢复得很快，这跟他乐观豁达的性格有很大关系，也与师母的精心照料，小松、小岩两兄弟的孝顺密切相关。师母对恩师的关怀无微不至。“老蒋啊，该吃药了。”“老蒋啊，周三该到医院复查了。”这都是我亲耳听到的。我们三人谈，有时师母的话比恩师都多，恩师就那样静静地、专注地听着，像个老学生似的。那情那景，令人羡慕，也令人感动。“少年的夫妻老来的伴”，这在恩师、师母身上得到了最生动、最感人的诠释。“小松，明天该买点菜了。”“小松，明天陪我去医院吧。”这是恩师在给小松安排工作了。小岩远在南京，也是天天晚上打电话陪恩师和师母聊天，以慰双亲思念之情。

大概是最近三四年吧，每次我去看望恩师，都习惯性地捏捏他的胳膊，是胖了，还是瘦了？心里最怕的是恩师无端地消瘦。记得2019年的中秋节，我明显感到恩师胳膊的肉少了不少，也明显松弛了。当时心里酸酸的，但又不能表现出来。只是问问恩师最近饭量如何，喜欢吃点什么。2020年夏天的一个上午，我和小松一起在千佛山医院陪恩师做检查。小松去取片子并向医生询问恩师的病情时，我伏在轮椅上的恩师身边，谈了许多话题。唉，只是当时不知，那竟是我与恩师的最后一次长谈了。恩师问我散文集出了吗，我说没有。恩师的话令我惭愧得很，因多年疏懒，我已经很少写散文了。那次谈话出奇得很，恩师又一次谈到了陈坚教授。难道恩师又忆起了1988年我敲门的那一刻？

我从小松口中约略知道了恩师的病情，心中悲悲的。唉，不是复发，而是转移，且部位不好。当时恩师是不知道的，我也没想到竟是如此结果。后来恩师从千佛山医院转到山东中医院治疗。因疫情原因，医院几乎禁止探视。有一次，小松兄弟疏通了一下关系，我才进入恩师的病房。不巧的是，恩师睡着了，我实在不忍喊醒熟睡中的恩师。我站在病床前，久久地望着躺在床上的恩师。唉，这就是90年代的夏天，穿一件短袖衬衫，手中拿着一个小布兜，潇洒行走在山师校园林荫道上的恩师吗？男陪护在侧，我询问了一下恩师的病情，衔伤默默，离开了医院。

恩师走后的第一个中秋节，我去看望师母，是师母给我开的门。唉，还是那座楼，还是1102，但恩师再也不会一边说着“来了”一边快步来给我开门了。沙发还在那个位置，茶几还在那个位置，但我的恩师，再也不会抱个茶杯，陪我喝茶聊天了。还是那个门，还是那个电梯，但恩师再也不会和师母一起每次都送我到电梯口了。去年春节前，师母坚持坐在轮椅上，把我送到了电梯口，“问小李好！问孩子好！”唉，往年这话是恩师和师母一起说的啊。

人和人的相识是要有一点缘分的。若有来世，蒋老师——我的恩师，我们一定会再续师生之缘的。

此生幸运遇明师

史振伟

在非常紧要的人生关头，类同于鲤鱼跳龙门的时刻，我极其幸运地遇上了一位明师——蒋心焕，成为入室弟子跟随他学习，在同一个城市生活工作31年，能经常到他身边感受风范、聆听教诲，直到他老人家去世。

今天去长清孝里福寿园墓地参加蒋老师的追思会，在回来的路上我的耳边一直响彻着阎肃老爷子写的那首歌《风雨真情》，韦唯用最深沉、最高亢的天籁之音唱着："经历岁月久，得遇知己难。几十年风风雨雨，更加懂得真情暖。"我根本不敢说是蒋老师的知己，也不敢说得到了蒋老师真传的十分之一。但是，我是1968年出生的人，年过半百，53岁了，也算经历了不少岁月的风风雨雨，懂得了些许人情冷暖，越回想越觉得，蒋老师品高德劭，是难得一见的谦谦君子，不仅是我生命中的贵人，更是一位明师，一位大修行者。

蒋老师是我生命中的贵人

我出身非常贫寒，天生内向，不机灵，但还算有一点点小慧根，比较喜欢读书，读后基本能掌握大义。从6岁上村办小学开始，一级没留（我大多数同学都有留级经历），一直到1985年县高中毕业。本来学习成绩一直不错的我，高考发挥不甚理想，没能考上本科院校（当年我们百万人口的大县，文科只有四五人能考上本科），我就只能上专科——洛阳师专。此前我从来没有出过县，更没有到过像样的大城市。洛阳是著名的古都，历史文化深厚，洛阳师专文科底子好，特别是校长叶鹏亲自讲授现代文学，求学洛师的那段时间，我学到了很多东西。两年后毕业，我被分配到老家蟒川乡中学教书。我曾经跳出过农门到洛阳这样的城市开过眼界，怎能一辈子窝在农村当井底之蛙？我决心第二次跳跃，走出寂静的乡村，到繁华的大城市去，过现代的生活。这第二次跳跃，唯一的办法就是考研。

1990年考研前，我从来没有见过一个研究生。在洛阳师专读书两年没见过有研究生学历的老师，毕业后在闭塞的乡村中学教书3年，更不可能见到真正的研究生了，只见过两个考研失败者。如此低的起步，现在想想都觉得那时候胆子真大，正确的道路是先读个自考本科之后再考研，可当时我实在等不及了，认为不一鼓作气考研就是忍受煎熬，必然会消磨掉我的意志。报名的时候，看到山东师大现当代文学招收10名研究生，我的眼睛马上就绿了，大多数学校只招两三名，超过5名的几乎没有，这个学校整整招收10名呢，我盘算着，就是考第9名都有可能上呀！于是报考了山师。报名后，我深知自己水平低，如果不看山东师大中文系的教科书，绝对是无的放矢，必败无疑。我以极大的勇气，冒昧给“山东师大中文系现当代文学研究生导师”写了一封信，信封里面装了20元钱，祈求代买专业课的教材。等呀等，盼呀盼……期盼上苍把这封信顺利送到山师中文系，期盼能被一位善良的现当代文学导师看到，期盼他能动恻隐之心给我救命的书籍。等呀等，盼呀盼……半个月左右，终于收到蒋老师给我的挂号信，寄给我两本山师的教材，一本是他主编的《中国现代文学史》(上)，另一本是李衍柱老师主编的《文学原理》。至今，我仍然非常坚定地认为，如果没有蒋老师寄给我的这两本教材，考到349分是根本不可能的，特别是专业课，少考20分是一定的了。如果真的少考20分，我的成绩就可能从第4名降到第12名(当年实招13人，其中2人是推荐免试)。如果当年考不上，以后还会不会再鼓起勇气考研我真的不敢说，很大可能此生就永远错过研究生了(这两年加入洛阳师专中文系八五级同学微信群后知道，两个班只有我一人考上了研究生)。如果没有来山师上研究生，凭我的家庭背景和个人的活动能力，估计调到县城教书的机会也不会有；更不敢想还能在省城找到工作，并且是能帮我开眼界的新闻单位；就是做天大的梦也不敢想，我还能到首都去，在住建部典雅气派的大楼里以规划司干部的身份风风光光工作一整年。后来的这一切美好生活，全都基于我能考上研究生，都起因于蒋老师给我寄的两本教材。

30年来，我从来没有就寄书这件事问过蒋老师，我估计他早已忘记了，因为在他是非常微不足道的一桩小事，他做的善事实在太多了。但对我来说，是终生不能忘怀的。我曾在国家图书馆、北大和清华大学图书馆见过价值百万、千万元甚至上亿的传世好书，但总觉得没有蒋老师寄给我的这两本书贵重，那些书我只能远观一眼但不能使用，而这两本书是助我起跳的坚硬垫脚石和进入城市生活响当当的敲门砖。

我相信，一定是我和蒋老师前世有缘。蒋老师召唤我，亲自撑船度我脱离苦海，助我上岸寻找光明。我永远不能忘记，蒋老师是我生命中遇到的重要的贵人，他改变了我的人生命运！

蒋老师是一位明师

这世上追名逐利、夸夸其谈的名师多，传承文明、立德树人的明师少呀。遇到了，一定要倍加珍惜；毕业了，还要经常联系，因为明师的高明，绝不是两三年就能看清楚，并能学到家的。蒋老师就是一位值得一生追随学习的明师。

考上研究生后，我正式跟随蒋老师学习三年。这三年，我仍然是把主要精力放在开阔眼界上，如果不是蒋老师宽容包容和指导有方，我今天很可能还是一个井底之蛙。

山东师大是个很好的学校。图书馆藏书真多，研究生可以亲自到书海中挑选的，一次能借15本之多，毕业时交还借书证的时候，我查了一下，三年来总共从校图书馆借了427本书，数量真不多，不足校图书馆藏书的千分之一，这是遗憾，只能望洋兴叹了。山东师大现代文学专业很是厉害，国家级重点学科，能排到全国的前三四位，人才济济、高朋满座，经常请名家过来传经送宝，北京大学的陈平原、钱理群等都来讲过课，我亲身感受了名家大师的风范。蒋老师的心胸非常宽广，鼓励我长见识多探索，去成都参加巴金国际学术研究会，去上海戏剧学院拜访余秋雨，去南京大学拜访朱寿桐……总之，山师3年，在蒋老师的帮助下，我基本从井底爬了出来，虽然没取得大的成就，但也不再是只能看见巴掌大块天的癞蛤蟆了。我已脱胎换骨，成为一只青蛙，可以在金色池塘里游泳了。

大家都知道，孔子是中国最伟大的教育家，他最突出的教育思想就是“有教无类、因材施教、循循善诱”，这三大原则今天仍然放射着伟大的光芒。为啥这看似简单的三大原则历经2500多年仍然不断被人强调？因为这三大原则今天仍有很多学校、很多老师只喊在嘴上、写在文章中，并没有刻在心中、脑中，并没有落实到具体行动中。蒋老师是真正继承并践行孔子教育思想的教育家。

蒋老师从事了一辈子教育工作，教过上万名学生，取得了相当的成就，他对得起“教育家”这个称号！

“有教无类”是对教师职业道德的基本要求。可是，放眼看看现在的教育界，难道不是有很多见权下跪、见利忘义、见钱眼开的势利之徒吗？正是因为现实很污浊，才显得蒋老师切实践行孔子“有教无类”思想的难能可贵。蒋老师去世后，宗刚师兄写了一篇怀念文章，其中一个小标题就是“他从不看轻任何一个学生”。蒋老师的学生中没有高官权贵子弟，多数人出身比较低，我是农民的孩子，好几个人和我一样，但蒋老师从来不嫌弃我们，相反，他非常同情我们的处境，给我们更多的帮助和尊重。这里我想简单说一下老师对学生的“尊重”，学生尊敬老师是应该的，而老师尊重学生却很不容易做到。说起蒋老师对我的“尊重”，不敢说眼泪马上夺眶而出，绝对是心里涌现出一股暖流。如果没有蒋老师给我长时间的“尊重”培养，自卑很严重、毛病很突出的我怎能在省级和国家部委权贵和高人云集的行政部门不亢不卑地圆满完成工作任务？！

“因材施教”是对教师教学思想的基本要求，尤其对研究生的培养。蒋老师充分尊重每一个学生的个性和自我选择。就说我自己，蒋老师主要是研究现代小说的，可我对戏剧和诗歌很感兴趣，蒋老师一点也不生气，不强迫我传承师门。蒋老师不仅在教学中如此，在家里也是如此。他的儿子蒋鲁岩喜欢微生物，他就没有强迫鲁岩学习文学，而是支持他学理工，支持他搞病毒研究。

“循循善诱”是对教师教学方法的基本要求。“凡是与蒋老师接触过的人，都觉得他非常谦和，温润如玉。”他极少大声说话，总是摆出问题与你讨论，进行启发式教学。蒋老师深知他一个人的力量有限，总是鼓励学生多向其他高人学习，不但介绍，有时候还亲自带着去，我就曾被他带到田仲济田老家里去上课听讲。

蒋老师不但继承和践行孔子的教育思想，还继承和践行蔡元培的教育思想，推崇“兼容并包”“五育并举”。

蒋老师非常民主，从来不“唯我独尊”，总是认真倾听不同的观点，包容一切不同见解。他看重的是一个人的全面发展，不仅仅看重学术研究这一项。正因为如此，蒋老师的学生们真正百家争鸣、百花齐放，有留在学高校教书的，有从政的，有经商的，有搞新闻的，有搞出版的，各行各业都有，均取得了相当的成就，并有一定的社会地位。每一个学生都成为对社会有用的人，这也是蒋老师最欣慰的。

蒋老师最欣慰的，除了他的学生都成才，就是他和学生们的深厚情谊了。他视学生如子女，学生待他如父亲，这样的师生情谊真是不多见。不说常规的每年教师节学生们上门看望，就是在他生病住院期间，也总有早已毕业的研究生去陪床。在他87岁那年的教师节，天南海北的学生们送他一本水晶画册，里面全是充满历史感的图片和饱含着感恩之情的纪念文章，并给他搞了一场隆重的庆典。

蒋老师去世后，我撰写了一副挽联：

教书育人　桃李满天下是一代名师

做人做事　道德品格高为齐鲁贤达

我水平有限，不配评价蒋老师，也写不出好挽联。我找到了中国现代历史一位名人给现代文学创始人胡适写的挽联，我觉得，用在蒋老师身上很合适：

新文化中旧道德的楷模

旧伦理中新思想的师表

蒋老师，相信会有很多师兄弟姐妹会用大段大段的文字来写您高尚的品德和卓越的学术成就，举出很多很多感人的事例来说明您在旧伦理“仁义礼智信”“温良恭俭让”和新思想“民主、自由、平等、博爱”等方面都堪称楷模师表，我该就此停下来，认真倾听他们的讲述、阅读他们的文字，对我来说，那将又是一次受教育和洗礼。

蒋老师，我想对您的在天之灵说：您是我此生遇到的最好的老师，追随您学习并能和您生活和工作在一个城市31年，这是我此生的极大荣幸！

蒋老师，阳光满屋，思念无尽，您永远活在我的心中。

忆蒋心焕老师

吴秀亮

今年清明时节，雨水淅沥，有些清冷。想及蒋师，思念无限。

去年冬天，蒋师住院，彼时新冠疫情严峻。于周末，我匆匆去了济南，直奔医院。医院的同志得知我是从外地来看蒋师，破例准我进病房，说只能见五分钟。其实又磨了几分钟，最后医院再三催促，我不得不离开。那天蒋师十分安详，思维依然清晰。他告诉我，他生病期间，都是魏建、李宗刚等在济南的学生里里外外奔走，他非常感谢，并感欣慰自豪。因为疫情，不好进病房探视，学生们常从病房外的窗户看看他，隔窗相望。他还关心我的身体及恢复，嘱我多休息。还说，等他病情好转，想再去南京走走。因为时间有限，我不得不向他告别。临别的刹那间，见蒋老师十分不舍，慈爱的目光透出无限的深情，我的灵魂被电击般震颤。我忍住泪花，悄悄离开。没想到，这竟成永别。

遇见蒋师，是缘。记得1989年后，我一度想考研读书。遇到点困难，工作单位领导不想让我考。如执意去考，考上未必走成；考不上则可能无法再在原单位立足。如今想来其实有些冒险。我是20世纪80年代初读的小中专，毕业后，17岁就工作了，边工作边读书，英语也只在初中学过3年。犹豫之际，我以书信的方式向蒋老师咨询考研情况，那时蒋师和我素昧平生，但他仍书面一一回答了我，并鼓励我。这让我坚定了考研的信心。几个月后，我有幸成为蒋门弟子。

在蒋师身边读书，是我一生中最快乐的时光。平时刻苦读书写作，每至周末，常到老师家坐坐，蒋老师、佟老师总会泡上一壶清茶，我与蒋师面对面闲聊，谈读书、谈研究、谈南北的文化。蒋老师不抽烟不喝酒，只喝茶。平时沉静，话不多，但每次茶后，他总是娓娓而叙，时而微笑，时而沉思。有史家的睿智，有学者的严谨，更有蒋师特有的儒雅趣味和风轻云淡。每一次见面都颇受益，也十分愉快，甚至充满诗意。如果我是当地人，其实真愿意永远在老师身边。

再后来，我赴南京攻读博士。蒋老师有时来南京出差，常来看我。常常就住在校园里，我陪他散散步、聊聊天。他仍然满溢着从容达观与微笑，印象至深的是他对魏建、郭济访、万直纯等研究生由衷的称赞。他对每一位学生都关怀呵护，每一个学生也对蒋师敬爱有加。

时光匆匆。当年的学生竟也已到开始考虑退休生活的时候。蓦然回首，竟无语凝噎，终于更懂得老师。特别是前几年的一场病，让我终于意识到生命脆弱。医嘱戒烟戒酒戒烦忧，早睡早起早锻炼，放下该放下的一切。感慨人生苦短、生命有期，能有一二件事聊以自慰就十分不易了。但蒋老师不一样。他在学术研究及学科建设领域，占据了自己的一席之地，是个好学者；他毕生侍奉田仲济等先生，严执弟子之礼、做好每篇“作业”，是个好学生；他善待每一个学生、尊重每一个学生、成就每一个学生，桃李满园，是个好老师；他谦和做人、谦让同仁，长者之风、成人之美，是个好同事；他与佟老师相濡以沫、相敬如宾，家风敦厚，是个好丈夫……

这就是我的老师，蒋心焕先生。他传承了中国文化的优秀基因，一路走来，一边努力突破时代历史之局限，一边奋力披荆斩棘、艰难探索，同时为后人铺路，他做到了那个时代他能做的一切，犹如历史天空中的一颗闪闪之星，永远照亮着他人。

于我辈而言，唯有肃然仰望。

先生之风，确如高山流水，万古长存。

怀念蒋老师

刘曾文

今年1月，恩师蒋心焕先生离开了我们。这段时间，恩师那慈祥的目光与温和的面容常常浮现在眼前。记忆中的先生，面容还是那么的鲜明、那么的亲切与熟悉，就像一束在暗夜中降临的异常明亮的光。每当此时，热泪便潸然而下。

自己聆听蒋老师的教诲已经28年了。无论在校期间还是工作以后，这些年来，恩师和师母都以无尽的宽容、爱心和学识默默影响着我，尤其是在那些人生道路上最重要的时刻。

研究生入学之初，自己写了一篇“随感”样式的文字呈于蒋老师以求斧正。其时，自己懵懵懂懂，尚未意识到文学研究之途的严谨与庄重，反而对文字敏感，也正陷于文学感悟与当下现实的内心冲突之中，有那么多的困惑与淤积的感受需要表达，最终将这些野生的思绪都肆无忌惮地宣泄于那篇粗糙且凌乱的文字底稿之中。几天之后，蒋老师目光慈祥，语调温和地说：“曾文，你需要引导。”就这样，当自己以稚嫩的笔触首次敞开心扉尝试书写时，是恩师的宽容、温厚与博大引领着我、修正着我，使我蹒跚着学会起步，并在读研期间进一步由文学感悟转至理性思考，逐步尝试，由浅入深地涉足文学评论及研究。

一生中会有许多人相识，同行，以至相伴。但对我影响至深至远、令自己感恩终生的只有恩师蒋先生。无数的午后以及傍晚，常常至蒋老师和师母家中，每次都是一两个小时的长谈。其间，蒋老师不仅指点学业、讲述学科的历史，而且更多地谈及人生，关心学生的现实当下，同时，也会谈及自己的感触与过往。传道、授业、解惑，正是蒋老师秉持的传统学人风范。这些来自恩师的悉心教诲、关爱与良善，深深地铭刻在我的心中。这样的时刻，在后来的岁月中，始终陪伴着我，给我带来勇气和希望。这样的点点滴滴，至今历历在目。在我的世界里，对我而言，是父爱。

深秋沉静，红叶斜阳。时光荏苒之中，感恩之情，铭记终生。

幸福的守望者

——忆恩师蒋心焕先生

王　征

1992年年底，初见蒋老师，是山师中文系现代汉语教研室黄杏林老师引荐的。热心的黄老师亲自带我登门拜师，我担心自己学业不精被老师问倒，心里七上八下但又充满好奇，读本科三年多，还没见过蒋心焕先生。门开处，蒋老师高大俊朗，风度翩翩，面色温和。他操着一口南方普通话亲切地鼓励我认真备考，并没有想象中的严肃，那个极不自信的我立刻心里暖暖的，放轻松了。1993年9月，我如愿拜入师门，同届还有何英师妹和刘曾文师兄。

2020年9月，蒋老师病重入院，学生们常常聚拢在一起，或商议如何请大夫为老师诊治，或筹划如何搞活动让老师高兴。听师兄弟姐妹们讲那些与老师在一起的故事，我十分讶异，忽然感觉这些年我并未真的了解老师，老师的学术造诣、老师的人生历程、老师的喜怒哀乐，我好像错过了许多重要环节，究竟是错过了什么？我忍不住一遍遍回忆那些与老师相处的过往。

我读研之初，对学术懵懵懂懂，阅读也信马由缰没有方向。蒋老师曾经引导我们阅读散文，悉心指导写论文，我却因为个人阅历太浅，始终不能深入。研一选修了蒋老师的“现代小说理论与创作研究”，研二又选修了他的“思维方法与中国新文学”，记得蒋老师曾经要求我们翻阅山师图书馆珍藏的民国旧杂志并做笔记，希望我们领会史料对文学史研究的意义。慢慢地，在老师的影响下，我的兴趣集中到中国现代小说史上。毕业论文选题，我选择了张爱玲小说的文体解析。将那些灵光乍现的阅读感悟，借助恰当的理论工具撰写出有骨有肉的论文，颇费周折。蒋老师耐心帮助、鼓励再三，论文终于完成并通过了答辩。

在立业方面，我比较晚熟。及至找工作，我并没有专门从事中国现当代文学研究的决心。因此，除了学校，还向出版社、报社甚至保险公司投了简历，蒋老师并无半点责怪和不悦。寻来寻去，得知我现在供职的学校需要对外汉语教师。那时全国上下还未设立专门的汉语国际教育专业，所以文学、语言学，甚至历史学各专业毕业生，都可以从事对外汉语教学。我烦请蒋老师为我写一封推荐信，蒋老师写完后沉吟片刻，拿起电话打给朱德发老师，他说我联系到某高校的工作，鉴于朱老师在省内学界的影响力，请他在推荐信上共同签名，朱老师欣然答应。就这样，两位老师帮助我落实了工作单位。

学生们都有着相似的经历：到蒋老师家做客，在蒋老师家留饭。上学时经常如此，毕业以后去看望老师和师母也是如此，老师和师母是真的宠学生。及至学生们成家生子，老师和师母的宠爱又延续到第三代身上。女儿上幼儿园时曾学习舞蹈，她不那么喜欢，也不很擅长，汇课时总是东张西望心不在焉，我打算尽快结束这营生，以便节省时间和银子。恰在此时我带孩子到老师家拜访，老师和师母十分热情，亲切温柔地跟小家伙聊天，聊她学的本领，没想到孩子主动跳到沙发上，练起了刚学的那点儿舞蹈基本功，鼓励之下跳个不停。从那以后，孩子上舞蹈课认真很多，老师和师母也一直非常关心孩子的成长，常常开心地谈起那天她在沙发上跳舞时活泼的样子，每当听到孩子进步的消息，总是满脸欢愉。2017年秋天，我给蒋老师打电话，告诉他女儿高考考上武汉大学的消息，老师高兴地说："太好了！我的小师妹呀！"蒋老师对学生家人的关切何止是孩子，老人们的状况他也总是记挂着。从十多年前开始，我父母相继生病不能自理，而我是唯一待在他们身边的孩子，照顾家庭的责任越来越重，看望老师的时间越来越少，尤其是春节，再也没能到老师家拜年。蒋老师总是给予充分的理解和关心，常常嘱咐我要劳逸结合，保重身体。2020年秋天，在千佛山医院，蒋老师躺在病床上，瘦弱无力，反应也不似以前那样机敏，我内心难过愧疚：太久没有看望老师了。蒋老师却对小岩师哥说，她跟你一样，一边工作一边照顾病人，跑来跑去，很不容易。

我40岁左右，遇到职业瓶颈，想要报考博士，回到专业和教师岗位上，以免到退休一事无成。蒋老师二话不说，帮我联络，然而事与愿违，考博未果。我陷入迷茫失落的情绪，无力自拔，坐在蒋老师家唉声叹气。蒋老师细细询问我的近况，然后语重心长地开导我：成名成家固然很好，然而机遇不佳，平凡一生也没什么不好。工作轻松一点，照顾好老人和孩子，也是不小的成就。赢得内心从容，与家人一起享受幸福，才是生活中最重要的。蒋老师从未因哪一个学生寂寂无名、空空无位而看轻他，他总能看到平凡人身上的闪光点，热切地加以鼓励。

2021年1月22日，蒋老师仙逝，我再次回望来路：人生的每个转折点上都有老师的身影，他及时引导、常常帮助、总是抚慰，就像一位忠诚的守望者，守护着孩子们的幸福和美好。而我，却无以回报。我终究是错过了对老师更透彻的理解和给予更多晚年的慰藉，不能像师兄那样梳理老师的学术成果，也不曾像师弟那样常常陪老师聊天解闷。然而我又知道，蒋老师对学生从来都是不图回报，只要我们心中向善，幸福快乐地生活下去，就不会辜负恩师一生的守望。

“通”“济”之心，焕乎有文

——怀念恩师蒋心焕先生

何　英

1993年4月，去山师参加研究生招考的复试，是我第一次到济南，繁花盛开的校园，文化东路上蔓延在便道上的书摊儿，让我在花香与书香中对未来的求学生活满怀憧憬，而不时在耳畔响起的陌生人之间“老师儿”“老师儿”的互称，则让我感叹：尊师之风如此之盛，真不愧是孔孟之乡的首府！

5个月后，我如愿成为蒋心焕先生的弟子，从1993年9月到1996年7月，真正在蒋老师身边聆听教诲的日子不足一千，但被蒋老师的温暖所照亮的日子已然逾万。

研一的第一学期，家母旧病复发并不断恶化，因宿舍没有电话，家父的电话几次打到蒋老师家里，最后一次，蒋老师竟亲自给我送信儿并帮我请好了假。那个冬天，我在家从小雪住到三九，陪母亲走完了最后一程，在学期末，才赶回学校参加考试。那是我平生记忆中最寒冷的一个冬天，却也是加倍领受蒋老师的关怀与温暖的开始。

春天，蒋老师介绍我认识了他的老朋友张怿慈教授，张老师和蒋老师不仅是南通老乡，而且同一年考入山师，毕业后又一起留校。张怿慈教授以在物理教学与研究方面的卓越成就，于1993年12月荣获首届曾宪梓教育基金会高等师范院校教师奖一等奖第一名。学校要宣传张老师的先进事迹，蒋老师不仅帮我争取了采写张老师事迹的机会，而且特意在家里为我安排了一场与张老师面对面的正式访谈，并以张老师老朋友的身份提供了很多宝贵的素材。差不多10年后，有一天跟蒋老师通话，谈及工作，我才恍悟：蒋老师当时之所以让我来做这件事，除了表达提携和期许、借机锻炼我的写作能力，更缘于他知道我的职业理想是做教师，所以煞费苦心地给我安排了那样一场国家级名师的“职业导航课”。

1994年春，谢昭新先生的《老舍小说艺术心理研究》出版，蒋老师知道我当时正痴迷老舍作品，就第一时间推荐我阅读该著，并鼓励我写一篇书评，这促成了后来我公开发表的第一篇学术文字。这篇稚嫩的小文虽不足观，但蒋老师扶助中的鼓励、点拨和殷殷期盼之情却久久不能忘怀。

工作后的第二年，蒋老师到天津出差，约我一见，听说我刚搬了新宿舍，就兴致勃勃地亲自来检阅。中午我请蒋老师在学校附近的一个小馆吃饭，不料最后竟被蒋老师抢先付了账……

2015年9月，我惊喜地收到蒋老师亲笔签赠的《蒋心焕自选集》，开篇的序言好面熟——原来，蒋老师20多年前送我的那本《中国现代小说的历史沉思》的序言就是这一篇！那是田仲济先生1993年4月所作。蒋老师说以田先生这篇20多年前的文章作为自选集的代序："一是纪念田仲济先生，二是表明学术的代际传承。"

多年在蒋老师身边治学与从教的魏建师兄和李宗刚师兄，不仅专业成绩斐然，在汇聚力量做好学术传承方面也最得蒋老师真传，从20多年前组织同门合著《中国现代小说美学思想史论》(该书2006年由江苏文艺出版社出版，郭济访、万直纯两位师兄为此书出版亦投入甚多)，到2015年策划、编辑《蒋心焕自选集》，再到蒋老师病逝后策划组织蒋老师纪念文集的出版，既让我感佩，也催我奋进。而诸多在济同门在蒋老师病重住院期间对老师的陪护、在师门微信群对老师境况的及时播报，特别是1月22日蒋老师远行后大家的各种追怀纪念文字，让我非常感动，也让我对蒋老师的一生有了更深入细致的了解。再次展读一再被蒋老师选用为序的田仲济先生的文章，则不仅感动于田先生对蒋老师所知之深，似乎对蒋师所言之"学术的代际传承"也有了更进一步的体认。

田先生说："蒋心焕教授生长在文化发达、经济繁荣、物丰人寿的鱼米之乡的南通市。可是他大学的教育却是跑到黄河岸边的山东师范大学的前身山东师范学院来完成的。"从鱼米之乡的江南到条件艰苦的北方，由"(南)通"至"济(南)"，从20世纪50年代到2021年，蒋老师秉和悦通达之性，兼济人危困之侠，是乐于成人之美的谦谦君子，也是严守底线有所不为的刚正之士。田先生说，在运动年代"不仅在历次出现的，昙花一现的英雄中，从来不论是学习时期的学生还是毕业后成为教师的蒋心焕，都难以看到他的影子”，“他一直潜心地学习，潜心地工作，居于一个平凡的位子上，从不想借机取得个人的利益，更不会以人为梯企图爬向高处，或只顾自己冒尖，置他人于不顾”。我想，对蒋老师来说，作为“人”学的文学不仅是他一生钟爱的研究对象，更是他用生命践行和守护、并瞩望于弟子们同行的事业。也正是这种知行合一的真诚，让蒋老师在文学的滋养下，练就“通”“济”之心，执教著述，修己达人，源源不断地给世界带来希望、温暖与感动。

感谢蒋老师在为人、为文与为师之道上带给我的终身教益！

忆先生蒋心焕

周成建

2021年1月22日，敬爱的老师蒋心焕先生永远离开了我们。先生刚过米寿不久，就传来了噩耗。由于疫情防控原因没能为先生送别，成为终身遗憾，深有愧意。

先生是山东师范大学文学院的著名教授。最初知晓先生名字是因为准备考研时读了一本《新编中国现代文学史》，那是一本翻看了很多遍的书，在当时写得和一般文学史教科书有点不一样，在体例、观念等方面都有很多创新突破，而且把现代文学中一些问题归纳总结提炼得很到位，适合复习使用。记得那是一本由华东地区各个师范大学的专家教授共同编著的文学史，先生担任主编之一，所以很容易记住了他的名字。

那年春天，怀揣年轻的梦想和渴望，我从江苏奔赴齐鲁大地求学，到校复试时才知道先生是江苏南通人。先生身材高大，保持南方口音，很有亲和力。入学后自然就想选择先生作为导师，心中忐忑惴惴然很久，非常幸运先生接纳了我。

9月入学来到济南这个陌生的城市里，对那里的气候环境、饮食习惯以及文化习俗都有点不适应。素因大明湖、千佛山、趵突泉三大名胜著称的济南，秋天的景色是迷人的。可是鼻子常常干燥出血，吃的以馒头小米稀饭为主，还有硬邦邦的市井方言我也听不懂，这些都加剧了我心底思乡的感觉。有时候会把各种不适的感受说给先生听，向先生诉诉苦，先生就开导我，说他刚来学校时，学校更是荒芜落后，砖头石块路，条件很差，他也是刚刚搬离五排房平房没几年。先生在长江边上长大，20世纪50年代就来到济南学习生活，对齐鲁之地应该更有深刻的体验。当然，我把这些不适感受就像是对着一个在异乡遇到的老乡吐槽一番，向先生倾诉后也消解了不少。

先生一生致力于学术，淡泊宁静，非常关心学生的成长，凡是了解先生的人都非常敬重他。我感觉到，先生对大家要求的方式很是特别。有时候他会对你讲，谁谁取得了这个成绩、谁谁获得了那个进步。作为学生，听的人也就心神领悟了。有时候，过一段时间，他能把师兄师姐们近来取得的成绩和进步都历数一遍，让你感觉要努力了，不能傻傻地贪玩了，不进步不行啊！记得他说得比较多的就是上几届早已毕业的师兄们，如魏建、郭济访、万直纯、杨学民、李宗刚、朱爱军等，还有两年就提前毕业的吴秀亮，虽然有的至今未能见过面，但是这些都是老师教育我的“工具人”，是我学习的好榜样！

先生从不严厉呵责，而是温和敦厚、谆谆教诲。记得有一门专业选修课“中国现代小说专题”，就是每周去他的家里上的。穿过学校门前的文化东路走到北面，一个大门进去向前一拐就是几幢褐色的6层砖混结构的教授公寓楼。没记错的话应该是在4楼或5楼的样子，洒满阳光的书房里，大家就在木扶手的布艺沙发上坐下，品着香茗，听先生讲课，汇报一下本周看的书籍和作品以及心得体会，也会翻翻他书橱上的藏书，在温馨愉快中度过一上午。有时候师母佟老师还会留下吃一顿她亲手做的香香的饭菜。

毕业时，我没有从事文艺文化或者教育类的工作，而是进入企业，随后又逼迫自己在山东大学、天津大学兼读了法学专业和金融及管理专业，后来到上海从事金融保险和律师工作，开启了亦文亦法亦商的人生模式。我觉得先生一直鼓励和惠泽我，但他并不完全要求他的学生都从事文学研究方面的工作。人有时候有专业依赖，跨越专业时会有撕裂的痛苦和艰难。有一次与先生聊天，他说文学是心灵化的东西，虽能涵养内心，但是也要防止完全掉落到里面去。我知道，先生是在用力推开我，努力推动着我！

其实，文学和法律从来就是分不开的。也许，从法律角度阅读英国作家查尔斯·狄更斯（Charles Dickens）的小说更有意义。而美国联邦上诉法院法官、芝加哥大学法学院教授理查德·艾伦·波斯纳（Richard Allen Posner）的著作《法律与文学》（*Law and Literature*），则开启了法学研究的一种新的路径。我在通过了中国律师资格考试后，因为从事跨国公司涉外法律的关系，又开始学习美国法律。可以看到，往往在优秀的法律判决中，在英美法的庭辩中，结案陈词就是非常精彩的文学作品，既有理性的光芒，也有艺术的魅力。而好的庭审，更是冲突激烈的法庭剧。一个法律事件背后的故事则更加精彩、更加吸引人。“影视都是剧本，生活没有彩排”，在真实法律世界中看到的，很多要比充满想象力的文艺作品魔幻。

离开山东后，我就很少去看望先生了。大约2015年，有一次出差去济南，见到了先生，他精神仍然健朗矍铄，只是有点瘦。他和师母都非常高兴，关心地问这问那，了解我的生活工作情况。没想到，那次和先生的见面竟成永别!

有一年某天，偶尔在工作地不远附近的福州路旧书店里逛逛，竟然看到了先生和田仲济先生编著的一本书。真是欣喜若狂，在这里竟然发现了先生的书，足见其也被许多专业收藏家所看重。福州路是许多爱书人经常光顾寻觅的地方，你若留心，许多难得的书籍都可以在这里发现，但是要高出几倍的价格才能到手。上海福州路文化街，过去这里是租界。先生曾经讲授过的一些现代文学中的许多人和事都在这里有交集，报业、新闻、出版、书店充斥其间。像著名的申报馆、百新书店就在附近，鸳鸯蝴蝶派张恨水的许多小说也在这里发行。张爱玲较早的小说也发表在这里的《万象》杂志上。新感觉派的刘呐鸥、穆时英就是在这条路附近遭枪杀的。而离之不远，还有茅盾小说《子夜》里写到的债券交易所。

应该说很多年读文学研究的书并不多。最近，偶然从一个书商手中购得了一本先生的专著《中国现代小说的历史沉思》，真是如获至宝，要珍藏起来，以寄托对先生的缅怀和哀思。当打开书一眼看到封面折页上面那张先生年轻时候的照片，双目便又模糊起来，许多往事一起浮现在眼前……

永远不远

——致恩师蒋心焕先生

路　燕

逝者如斯。

离别的场景还历历在目，转眼又是一年。

亲爱的蒋老师，您在天上那边过得还好吗？

我，我们，这一群孩子，这一群学生，想您了呢。

写下这个句子，甚至想到这个句子，泪雨滂沱。想来在您跟前这许多年，我居然没当您面掉过一次眼泪，您就允许我放肆一回吧。

在您走后，各种赞誉雪片一样飞来。不过我猜想，您会一笑置之。名或利，得或失，在您那里早已勘破，而且从未退转。否则，高洁的品行，豁达忠恕的精神气质，一生风轻云淡于世间起伏，又从何谈起呢？

几位师兄擎起传承大旗，继续您心心念念的现当代文学研究，风生水起，频频获奖，您一定是十分欣慰的吧。

而我，并不觉得您已一去不返。

聆听教诲的那一堂堂课，病床上或长或短的聊天，已经长在我的记忆里了。追思会时，我们正站在墓碑前，一直阴着的天空忽然透亮，阳光灿烂地穿过云层而来，仿佛是您想告诉我们，您去的那里，香花满树，永夜不夜，漆黑不黑。

而我，想当然地觉得，忠实内心而无嗔，坚守自我而圆融，我也是得您的真传呐，麻烦老师您，继续给我高分哈。

因为懂得，所以慈悲。

因为离开，所以永在。

亲爱的老师，天上人间，永远不远。

文学时代的最后守望者

——痛悼恩师蒋心焕先生

束学山

我敬爱的导师蒋心焕先生于2021年1月22日1时14分离开了我们。至今，已近一年了，我一直想写一篇纪念恩师的文字，加之宗刚师兄加我微信告知出版纪念先生的文集之后，我更是每天诚惶诚恐，一直想着这篇特殊的作业如何完成。我想这不是师兄们的安排，而是我们作为先生的学生该交给老师的最后一篇作业了。

但那段时间，我的心绪仿佛被冻结的冬天一样，僵化、固执、颓靡，以至冥想之中，先生仿佛依旧和平常一样，站在山东师范大学的住宅高楼上，遥遥地望着分布在全国各地的学生们忙忙碌碌，平和地等待他的学生们的一个电话、一声问候、一份佳音……先生何曾离开过我们呀！

现在，已过了师兄规定的交稿日期，对于迟交作业的行为，我是自责的，自责自己的懒惰，自责自己忙于杂事而延迟上交作业。先生却仍然在济南的高楼上遥望，他曾对我说要来南京玩的呀！我知道先生不会因此而责备我，即使26年前，我们这帮学生到他家里上课，聆听他的教诲，他也从不批评我们，总是一副客客气气的样子，总是微笑着关心我们的生活。尤其是我这个来自南方的学生，他像我母亲一样询问我适应不适应北方的生活和气候，时不时地问我济南的馒头吃得习惯吗？那时，初到济南的我一心想做一个山东大汉，每餐都不吃米饭，而是买馒头，那馒头比南方的大且硬，我硬是一口一口地啃，一口一口地就着菜才能下咽。先生是如此知晓学生的生活感受。学生的困难，他看得就像明镜似的，虽然他言语不多，但都想得仔仔细细。甚至，到后来，因我年龄大些，他都关心我的婚姻了，拜托师姐帮我介绍对象……他就像我母亲一样。那时，我放假回家乡，母亲便对我说：你若是结婚了，我死了就能合眼了……

我坐在电脑前写下这些文字的时候，先生的音容笑貌便不由自主地浮现在眼前，眼睛便湿润了，正如我每当想起已过世的父母一样。先生何曾离开过我们呀！

愿此文化为一炷香，化为一束花，祭奠于先生的墓前。愿先生原谅我这个迟交作业的学生，愿先生再听学生向老师汇报我的一切——开心的或难过的，成功的或失败的。先生从不批评，也从不说教，他总是乐呵呵地看着学生，好像从来没有不快乐的时候。

我知道，先生在天之灵一定会再次批阅学生的作业，正如他生前一样……先生何曾离开过我们呀！

我是1995年考入山东师范大学中文系硕士研究生的。第一次见到老师是5月面试的时候。那时，先生和同专业的导师们坐在系里的小会议室里，对我们即将就读的学生一个个考问。那时，先生们问些什么，我都不记得了，只记得其中一位先生操着淡淡的江南口音提问，这一下就拉近了我跟先生的距离，我是第一次离开南方到北方城市，听到了南方口音甚为亲切。先生给我最深刻的印象便是他身材高大，帅气、温和、敦厚、儒雅，是知识分子标准的形象。

但是，他与那个火热但开始冷却的文学时代的大多数知识分子不同，那个文学时代的老师们激进、尖锐，甚至极端、锋芒毕露，但先生显得内敛、和气，仿佛《红楼梦》第一回中叙述的大荒山青埂峰下的仙人道长一样，“骨格不凡，丰神迥别”。他看淡了风云，看穿了人生，看透了时世。因此，先生显示出与那个时代的文学导师不一样的朴实、淡泊、雅致。

那一年，他一下子招了4位学生。

通过了面试，这是我人生巨大的拐点，否则，我仍然挣扎于南昌的一所学校里，做着自己不愿意做的工作，过着自己不想过的日子。

我有幸做了先生的学生。我知道，是先生拯救了我的生活，是先生改变了我的人生，是先生引领我开创了事业的新境界。

26年前，先生接收了我这个业余文学爱好者，一个游走在文学外围的青年。那个时代几乎人人都是文学青年，年轻人不爱文学，就是没有理想的人、没有激情的人。

进入学校后，先生对我的学习非常关心，常常在我面前提及某某师兄又在哪里发表了论文。我听闻便暗暗下决心多看书，多研究论文的写作方法，多看知名的文学学术杂志。我记得第一学期时，给一位山东散文作家写的书评，是我写的第一篇小书评，也算是作业，交给了先生。其实，那时我还不懂文学评论和书评怎么写，只是个人的感悟。但先生是那么认真地对待我的习作。记得那天上大课后，先生特地把稿子交给我，让我找宋遂良老师看看。我觉得这是一篇不值得重视的文章，但老师却极为看重我的“处女作”。现在想想，先生这是为何呢？有这个必要吗？不就是一篇作业吗？但是，那时，我是多么想得到先生的肯定，看到他手里拿着我的稿纸递给我时，我是那么紧张，害怕被批评。但是，这样的经历，对我日后的学术研究起到了很大的作用。后来在先生和吴义勤、张清华等老师的关心下，我在校期间就发表了十余篇论文及文章，发表在《小说评论》《博览群书》《东方论坛》《创作评谭》等刊物上。毕业论文《回到民间——当代中国知识分子的精神走向》的部分章节还在学术核心期刊《当代作家评论》上发表。

每次见到先生，先生都问我看什么书。那时，我对李泽厚的美学、西方哲学、心理学、精神分析学等方面的书籍特别感兴趣，买了大量的书。这些书对我学术思维训练和学术价值观的形成都产生了重要影响。

我特别感恩先生及山师中文系那时纯粹的学术气氛。这是一个思想自由、学术开放的世界。1995—1998年，对我而言，和先生朝夕相处，让我进入了这个纯粹的文学世界，在一个兴起20年之后即将落幕、消沉、转型的年代，我有幸在先生们的指导下，徜徉在文学的自由世界，锤炼文字，训练逻辑，锻造思想，为日后在报社工作时写杂文和时评打下了坚实的文字和思维基础。

先生最快乐的时候便是学生的论文发表，这比先生自己发表论文还开心。我成为先生的学生时，先生已年过六旬了，这时，他把大量的时间都花在了培养学生身上。我上面还有两届学生，加上我这一届，一共9位学生同时在他身边。在这样的年纪，跟一帮学术还在成长、生活还未定型的年轻人在一起，应该是非常操劳的，他为每一位学生的学业、就业操心，为学生不时起伏波动的情绪操心。但是，先生总是乐呵呵的，每次到他家里上课，总是有热茶和果盘。我们边上课边闲聊边喝茶边吃水果，这哪里是上课呀，分明是开茶话会嘛。但是，在这样的学习气氛中，先生的思想和学术观像馨香的茶水一样滋养了我们，潜移默化地流入了我们的心田，至今仍然滋养着我。我知道，这样学识丰厚的先生何曾离开过我们呀！

记得我们入校后不久，先生请我们新学生吃饭。在饭桌上，我们每个学生都想在先生面前展示自己的才华。我在复习考研期间，曾经写过一首诗，名字叫《坐在一棵大树下》，先生闻之，顿时神采起来，便让我读出来。我便背给先生和同学们听："一个人在森林里旅行、你走了很长时间，累了、你便坐在一棵大树下，休息、在森林里，这样的大树很多、你随便就可以坐在一棵大树下、你休息片刻，离开这棵大树|你继续旅行，直到走出这片森林……"

先生闻之鼓掌。我很羞愧，没有长成这样的大树，但我有幸坐在先生这棵大树下，这是我人生最开心的时刻（我至今仍然保留着刚入学时坐在先生家拍的一张照片，我左手拿着香蕉，畅快地面对镜头。这是我人生最开心的笑容）。我至今仍然在森林里行走，只是再难看到像先生这样的大树了。先生，您不要走！先生是我生命中的大树，先生何曾离开过我们呀！

20世纪90年代，是中国社会剧烈转型的时代。在经济上，计划经济正在复杂地、痛苦地向市场经济转变，其中各种社会问题和价值观激烈地冲刷着每一个中国人。与此同时，在思想文化界也交织着形形色色的文化思潮、文化观念。在崇高与伪崇高的碰撞中，在庙堂与民间的斗转星移中，尤其是被山师大教授朱德发先生反复说的"物欲横流"之中，兴起于七八十年代的文学热潮开始冷却，人们越来越物质了，思想也越来越现实了，文学理想大厦开始摇摇欲坠。

但是，先生却一以贯之地坚守着这块文学圣地，不为时世所动。他像一位坚强的战士一样始终保持着纯正的文学站姿，守护着他的这帮爱好文学的年轻人，希望他们学业有成，鼓励他们保持一颗文学的心。正如田仲济教授在先生的《中国现代小说的历史沉思》著作序言中评价他的得意学生，他不参与形形色色的斗争和运动，"不论是学习时期的学生还是毕业后成为老师的蒋心焕，都难以看到他的影子，也没看到他的文章”。先生从那个狂热的年代走过来，能保持如此冷静超然的心态，与他这颗纯粹的文学之心分不开，也与他真正读懂读透“文学”二字分不开。

因为先生知道，文学是人学，做一位卓越的文学研究家，必定以真善美为衡量标准。文学艺术是对人类社会真的深度、善的宽度、美的高度的无限开掘。很多在文学史上曾火红一时的人和作品都如烟雾一样消散了，唯有真善美的文字在人类文明历史上才能历久弥坚、熠熠生辉。拥有一颗文学的心，就拥有一颗纯粹的心灵。先生把这颗纯粹的心灵传递给了我们，无论学生们毕业后做什么工作，文学都在滋养着我们。先生何曾离开过我们呀！

先生的学术成就非我等学生能评价。他的学术研究范围广泛，视野开阔，涉及中国现代作家、作品、流派、思潮，涉及小说、散文、杂文、戏剧等。

在校期间，先生讲到周作人、林语堂、梁实秋三位现代散文大家的研究成果，我记忆深刻。先生对他们的散文艺术特点娓娓道来，给我别开生面的研究视角。

中西合璧，儒道释合流，使梁实秋的内心呈现出一种独特的平衡状态：信儒而不激进，信道而不颓废，信佛而不虚妄，信人文主义而不纵情享乐，既没有狂妄和没落，也没有孤愤和悲怆；既没有飘飘然超凡脱俗，也没有躲进一隅掷笔徘徊。他始终宁静超然，淡泊有为。正是在这种独特心态的支配下，梁实秋才正式开始了他的散文创作。因此，其散文作品不可避免地呈现出与众不同的思想艺术风貌。（此文系先生与学生吴秀亮合作撰写的《论梁实秋散文的独特品格》）

我后来一直在想，先生为什么对这些作家情有独钟呢？为什么对雅舍小品文的研究深得觉悟和独到发现呢？是不是与他的文化个性、思想、兴趣有某种内在的契合和联系呢？

而这种契合和联系，也正是他为文为人的品行一致的呀！

先生不极端，不偏激，不激情昂然，但先生从不含糊，也不迷糊，更不糊弄。他是一个明朗的人。但是，先生也并不是逃避，甚至不是回避，也不是不偏不倚地保持中立，他不中庸，也不圆滑，更不颓然。他的精神世界也不是靠儒释道支持，他不迷信这些。他是入世主义者，他采取的也是进取积极的态度，但是，他始终与时世保持一定的距离，他冷眼观察，独立判断，他不随波逐流，更不同流合污。他始终如季羡林老先生的散文《清塘荷韵》中描写的那半塘青荷那样“力量大到无法抗御”。他始终是一个现代人类文明精华的人文主义者。他超然而不超脱，淡泊而不颓废，冷静而不漠然，宽容而不宽恕。他是一个明朗的人，正因为明朗，他才少言慎言。先生这种融入社会但对之又保持一定距离的心态，决定了他观察世界与社会的视角，也决定了对待时世的态度。他是现代中国知识分子的文化精神和文化品格的继承者和典范。正因为如此，他才是纯粹的文学时代的守望者。

先生对学生也一直秉持着自由、包容和鼓励的态度，从不以自己的学术思想影响学生的学术自由选择，从不对学生说不，这是何等的人生和学术智慧呀！这种朴实、淡泊、超然的文学思想化身为修身，化身为持家，成为先生最核心最美丽的文学价值，至今滋养着我们。先生何曾离开过我们呀！

先生是那个文学热潮即将落寞时代最后的守望者。先生站在那个时代的门槛，守候着还怀揣文学梦想的年轻人。这些年轻人，如果不进入他的门槛，就坠入滚滚红尘、物欲横流之中。那时，文学不能当饭吃，文学不能让我们生存，于是，有的人放弃了文学下海经商，金钱和商业在今天这个时代已成为最被追捧的明星，而那个时代，它们已开始污染了文学时代的浪潮，开始侵蚀了激情的躯体，腐化了美丽的梦想。

我们这帮爱好文学的年轻人聚集于老师身边，我们都有幸拜师于先生，聆听他的教诲。我们因此多多少少地或避免了或过早地被金钱腐化。

先生啊，您的一辈子始终保持着中国现代知识分子形象，不为时世所动，也不为人事而变。您就站在文学时代的门槛上，始终保持着纯粹的文学理想，成为不朽的守护者，成为文学灯塔，成为我们学生永远的明星。您在浩瀚的天宇中闪耀着智慧的光芒，照亮人世间的夜行人，照亮我们学生的心灵……先生何曾离开过我们呀！

即使我们这帮学生毕业了，先生对待我们，仍然像在校时那样，时刻关注学生们的动态，并力所能及地帮助学生，始终保持着跟学生们互通状态。

1998年毕业后，我被分配至济南时报做记者和编辑，一年后创办《国风》副刊。《国风》副刊还在第一个记者节被评为济南名优专栏。那时，我开始对杂文写作感兴趣，工作和业余时间都在创作杂文。短短两三年就在全国各大报刊发表了几百篇杂文，并获得《四川文学》杂志举办的全国杂文大赛特等奖第一名。那些年创作的杂文、时评被《新华文摘》《报刊文摘》《杂文选刊》《中国杂文年度选集》及《中国青年报》《南方周末》等上百家报刊发表或转载。

2002年年初，我主编了一套“荆棘鸟”杂文丛书，收集了当时6位最知名最活跃的青年杂文作家作品，其中也有我的一本。为此，我请先生为我的书集作序。先生欣然提笔，写了一篇热情鼓励的序言，并寄给了我。近日，我翻箱倒柜终于在读研期间的杂志影集中找到了先生的墨宝，读着先生的一笔一画为我写的文字，我痛哭起来！那时，先生已有70岁高龄了，仍然为学生提笔鼓与励。从这些文字中，我深感先生对学生的厚望，深感先生的宽容和仁心。先生在序言中开头便说：“学山在他的第一个杂文集《思想在别处》出版之际，嘱我写几句话。我记得，他有意写杂文随笔始于2000年5月，至今才两年左右。应该说，他写杂文的时间很短，然而，观其杂文的数量和质量却令我惊喜连连。这是耐人思考的。”我想，只有至亲至爱的人才会说出“惊喜连连”的词语！读着这篇1500余字的序言，我仿佛又坐在先生家里的沙发上，聆听先生的智慧之言！可叹啊！如今先生已离开了我们，我们再也听不到先生和我们促膝谈心了，再也听不到先生那淡淡的南通口音了！再也看不到先生那样高大、帅气、敦厚、儒雅的身影了！

先生，学生想念您！

先生，您别走！我们还想和您欢聚呀！

我捧着先生用山东中国现代文学研究会稿纸写的序言，泪如雨下！

我知道，先生的文字和思想将陪伴我的人生！先生何曾离开过我们呀！

只是，我现在深深地感到遗憾，这套杂文丛书因为我于2002年年底离开《济南时报》社前往广州的南方报业集团的南方都市报工作而夭折，其中的缘由，不得而知。

但是，先生的鼓励我始终铭记在心，成为我的精神食粮。

此后，我时常跟先生电话联系，有时回济南也看望先生，我还嘱咐当时在济南的儿子拜望爷爷。我知道先生习惯阅读纸质报刊，我便把曾经主编的《祝您健康》杂志寄给先生，希望先生晚年身体健康，心情愉快。

只是，没有想到，2020年9月6日大师兄魏建教授电话告知先生患病情况，我闻讯天崩地裂!

我立即想着赶回济南探望先生。大师兄劝我不要去：一是疫情严重，医院不让探视病人，即使找院长也没有用；二是也没有让其他同学去，怕学生都来探视影响先生治病，即使济南的同学都没有允许。我哽咽着对师兄说，我好几年未见先生了，我一定要去看看先生。我不知道先生一直在跟病魔战斗，我一定要再次聆听先生的教诲。最后，魏师兄准许我回济南探视先生了。

第二天一早，我便坐高铁赶到千佛山医院。在医院门口见到了大师兄，大师兄告知病房，又嘱咐我见到先生时不要哭，影响先生的情绪。我一一答应。然后，我独自走向医院。不知道是老天感念先生与我这份师生情，还是其他什么原因，那天，我轻易地就走进了医院大门，门卫未加任何干涉。

走进病房，当我看到恩师和师母都躺在病床时，我被眼前的情景震惊了！两位老人都同时住院治病，这对先生是何等的打击。病床前有先生的两位公子小松和小岩在看护，晚上还请了护工照料。师母眼睛看不见了，但声音却还和以前一样明晰、爽朗。但先生却已不能多说话了，他骨瘦如柴，陷于窄窄的病床上，薄薄的被子盖在身上，是那样的单薄。我已看不到先生曾经高大硬朗的身躯了。先生已经坐不起来了，只是让小松把床头轻轻摇起来。

先生看到我进来，露出微弱的笑容。

先生已经做不到像以前那样主动和我说话，嘘寒问暖，而是静静地望着白色的天花板。病房里一下子显得异常安静，我知道先生和我一样，心中是不宁静的。我不断地控制自己悲痛的心情。我知道，此时，我不能让我的坏情绪影响先生和师母，而应该给予先生以生命的力量，减轻他的病痛，增强他的信心和力量。当时，我有一肚子的话想对先生说。我多想聆听先生像在学校或家里时那样的声音。但是，先生已没有力气多讲话了。

我跟先生说，师兄写了一篇关于先生的文章，他突然说，你读给我听。

我便拿出手机读了起来，就像当年上课时我阐述自己的文学观点，描述作家的作品一样。那时，先生的家是安静的，大家的情绪是激动的。但是，此时，先生躺在病床上，只是安静地听着，不发表任何言语。

随着文章对先生人生事业评述的展开，往事历历在目。我读到三分之一的时候，再也抑制不住情绪，一股悲伤从胸腔涌向喉咙，眼睛也开始湿润起来，喉咙又像被什么东西堵住一样，我一下子读不出来了。我知道，此时不能中断朗读，在哽咽、停顿了一两秒钟之后，我便对小松说，你来读吧，我想喝口水。小松接过我的手机继续读。

我这才控制了情绪，拿着手机拍摄先生，记录先生人生中最后的时光，记录先生最后和我在一起的日子。我知道，这样时光不再有了。

先生很安详，并不为写他的文章所动，正如以前一样，他很淡泊，很雅致，他看淡了人世间的一切。

我平复了心情，喝了水，便又接过手机读上面的文章。

读完文章，我便向先生汇报我的动态，我跟他说了自己的《红楼梦》研究心得。我想滔滔不绝地像在上课那样讲，希望把自己几年来没有来得及向先生汇报的内容告诉先生。但是，我知道，不能占用先生太多的时间。我多想以此为先生增添一些力量，一些战胜病魔的力量。

先生突然插话说：你应该把书印出来。

我望着先生清瘦的面颊，感觉先生要把平生的力量都使出来一样，南通的乡音依然，但力量却弱了起来。

我听到先生开口，便点头称是。先生在人生最后的时光仍然惦记我出书的事。

先生接着说：等我病好了，我到南京去看你。

听到此话，我立即说："那太好了，我到车站去接您。我陪您在南京游玩……"

我知道，我不能再耽误先生的时间了。

我站起来，走到床的那一边，一只手环绕在先生的头部，想让他的头枕在我的手臂，一只手握着先生的手，就像当年我抱着生病的父亲一样。我让小松给我和先生照相。

不料，这也是先生的意思。他轻轻地说，我们一起照相吧。

先生也是多么想把这段时光保存起来啊！先生和学生一点也不隔阂，一点也不生疏，即使几年没有相聚，但先生和他的学生始终是心灵相通，亲如父子一般。

我知道该和先生道别了。

我强抑着悲伤的情绪，强装着笑脸，握着先生的手，希望先生保重，等病好了再来看望先生，再陪先生聊天。

我跟先生和师母告别，走出病房。出来后，我向小岩具体询问了治疗的情况。

从千佛山医院出来，在回去的路上，我跟魏建师兄简单汇报了探视先生的情况，我终于控制不了情绪，便在出租车上痛哭起来，我任由泪水放肆地流着，流着。我是真的舍不得先生啊！

……

回到南京，我找到南京中医药大学专治癌症的教授咨询，并进行了远程会诊，开了许多中药，把熬好的中药水寄给了先生。

我痛恨自己不能为先生再做什么事！也痛恨自己不能给先生带去更多的快乐！我痛恨时光不能倒流！否则，我可以多陪伴先生左右！

但是，先生对学生给予的始终是付出，即使在他生命最后的时光，仍然惦记我出书的事。

之后，我跟小岩多次通话，询问先生治疗的情况，小岩反馈的也是积极的信息。

不料，在2021年1月22日，先生竟永远离开了我们！

济南一别竟成永别！

先生啊，学生还等着您来南京呢！

那时，南京疫情又严峻起来，疫情严控严防使得全市处于高度的紧张和隔离状态。我因疫情没能最后送别先生，这是我一生最大的遗憾！

此时，我控制不住对先生的思念，一遍遍追忆求教于先生的美好时光。

我是多么想还坐在他家的沙发里，喝着老人家沏的香喷喷的茶，听他江苏南通口音的言谈，那是多么美好的时刻啊，正如那时的窗外阳光一样，而不是现在的寒冬。

是老人家对我的关心与教导才有学生今天的发展，才使学生不至于昏昏噩噩地度过人生。先生教会学生如何看待人生，如何看待时世。

先生的光辉如皓月永存！

回忆我师从先生的美好时光，我深感先生在个人性情和禀赋上契合了雅舍小品散文家们的品行，传承了中国现代知识分子的人文主义精神。先生从来不想做光芒万丈却炙烤大地的太阳，而宁愿做一轮宁静致远、淡泊名利的清朗明月。清淡的光亮，清洁的轮廓隐于闹市，不干涉你前行的方向，不强迫你目光的远近，但是，他却始终明亮地普照大地，愿大地上芸芸众生都宁静美好地活着。

此时，我在翻阅先生的“自选集”。他在《完美人格的典范——痛悼恩师田仲济教授》一文中写道：人活着要有一种精神。人就是靠精神活着，人死后留下的也是精神。我想，先生为文为人为师都给我们做出了美好的阐释，他以朴实、淡泊、儒雅的气质，呈现出中国知识分子难能可贵的另一面镜子，先生是中国当代文学时代最后的守望者。

先生的一生都奉献于中国文学的教与研，文学的自由天国多了一颗清淡的星星，他将永远照耀我的心灵大地。

文学从来没有离开过我们。

先生何曾离开过我们呀！

2021年11月26日星期五清晨

一句“您好”暖终身

——忆我的导师蒋心焕先生

马全应

九月初秋，阳光和煦，又是一年开学季。寄居校园，随处是青春面孔。到蒋老师身边读书的温馨时刻、在蒋老师身边度过的温暖日子，又一幕幕涌上脑海，记忆最深的是蒋老师在第一次给我回信时的第一句：“马全应同学，您好。”

那是1994年秋天，我在山西临汾读书。第二年就要毕业了，出于逃离老家的心态，我想考外省的研究生，几番斟酌后选定山东师大中文系中国现当代文学专业。报考前夕，从招生目录上查到导师中有位蒋心焕教授，抱着试试看看的心理，我斗胆给蒋老师写了封信，表达渴望到先生门下读书的心愿，咨询报考和复习事宜，希望老师能给予指点。信寄出去后，心里很是忐忑，不知老师是否会理睬我这个冒冒失失找上门的偏远地方的陌生学生。

很快，我就收到了蒋老师的回信。在一个阳光和煦的下午，我激动地打开信封，读到的第一句是“马全应同学，您好”。我一下子被击中了，一股暖流传遍全身。我惊诧于这个世界上还有以这样的语气给学生写信的老师，还有这样亲切地问学生“您好”的老师。在我当年浅薄的认知想象中，招收研究生的教授导师都是有架子的，是需要人仰视的。然而，蒋老师的一句“您好”，立即让我感受到先生宽厚温润的人格力量，瞬间拉近了我和先生的距离。接下来的日子里，我加倍用功，急切期盼早日到先生身边读书。

1995年秋天，我幸运地来到多位名士留下过足迹的泉城济南，成为蒋门弟子中的一员。在美丽的山东师大校园里，我逐渐了解到蒋老师在中国现当代文学研究领域所做的贡献和拥有的学术地位，听到看到先生友善对待师友学生的雅事，也更加真切地感受到先生温润如玉的谦谦君子风采。我渐次体认到，先生像一眼甘泉无私地滋润着走近他的每一个人，像一盆炭火无声地温暖着身边的每一个人；像一支火把无悔地照亮着门下的每一名学生。每次去蒋老师家汇报学业或闲聊，师母佟老师都会慈爱地给我一杯碧螺春或一个苹果、两支香蕉，蒋老师面带微笑，耐心地听我夸夸其谈。如今想起来，当年的我可真是无知而无畏，在我不知天高地厚的言语中有太多漏洞。然而，蒋老师不但包容了我太多的浅薄和鲁莽，而且给予我太多润物细无声的提醒和鼓励。

刚入学那年的元旦前夕，蒋老师召集他的在校研究生聚餐。当时，我对齐鲁大地的宴席礼仪一窍不通，稀里糊涂坐在了靠近门口正对老师的座位上，还自以为这样可以方便给同学们端菜倒茶。几杯酒下肚，我言语间有些许轻狂，有同学打趣说全应酒量不错，蒋老师笑着说："他今天坐在喝酒的位置上了。"后来，我才知道那天我坐的是副陪位置，羞愧得无地自容。1998年春天，蒋老师带我去北京访学，抵京那天先到中央民族大学办事，完事后天色已晚，学校宾馆房间客满，于是带我住了每人30元的地下室招待所。当时，蒋老师已65岁，考虑到晚上洗漱很不方便，我建议换个地方住，老师说一晚上很快就凑合过去了。现在想来还是我处事不周，没有事先安排好行程住宿，让65岁的老教授跟我住一晚30块钱的地下室，说出来真是让人笑话；但蒋老师毫不在意，事后也没有表露出对我的丝毫不满。那次，蒋老师带我拜访了中国现当代文学研究大家郭志刚教授、王富仁教授，两位学界名家热情地接待了我们，王富仁教授还签名赠给我一册他刚出版的随笔集《蛙声与牛声》。在他们和蒋老师熟络亲切的交谈中，我进一步了解了蒋老师在中国现代文学研究界的地位和分量。

到烟台工作后，离泉城远了，再也不能想去就去蒋老师家坐坐了，但老师的关心一直温暖着我，老师的指点一直照亮我前行的路。有一段时间，我遇到点坎坷，蒋老师听说后，特地给我打电话，给予开导鼓励。我每次到济南出差，都要去蒋老师家坐坐，仍然像当年一样跟他和师母聊天，向他们汇报我的工作生活情况。老师和师母总是微笑着听我说话，为我的点滴成绩而由衷地高兴，每次都问我爱人和孩子好，让我觉得像回到山西老家、回到父母身边一样。

现在，蒋老师永远地离我而去了，回想和先生相处的点点滴滴，泪水止不住地流。唯愿天堂里也有校园，能让先生继续教书育人，而我将谨记先生教诲，踏实走好自己的每一步。

怀念恩师

郝爱萍

立冬，十月节。立，建始也；冬，终也，万物收藏也。

这一天，伴随其如约而至的竟然是2021年的第一场雪，只是这场大暴雪比往年来得略早些。整个泉城雪花飘飘洒洒，银装素裹，美不胜收，这是我记忆中来到济南见过的最大的一场雪。

雪压枝头，睹物思人。又到了网上纪念馆祭拜恩师——我的研究生导师蒋心焕先生的时候了。今年1月恩师去世的那个时候，新冠疫情肆虐汹涌，为便于济南以外的人们悼念追思，受大师兄魏建之托，我在线上简单搭建了一个恩师的纪念馆。虽然当时没起多大作用，但日后却成了我个人纪念恩师最好的地方。作为纪念馆的管理员，隔三岔五我就上来看看。通常的步骤多是先敬上香烛，献上鲜花，然后挑选各类祭品分别呈上，橘子、苹果、桂花糕等各种水果面点，然后就是烤鸭、蒸鱼、梅菜扣肉等多种家常菜，当然少不了呈上一壶酒，沏上一壶茶，偶尔也送上一支香烟，最后环节就是行礼祭拜，行礼前再烧上一些孝敬纸钱，也算给恩师送点零花钱。我一直琢磨这些网上虚拟祭品，不知道恩师在那边能不能享用?

等一场雪落，念一人安好。这场二十年不遇的罕见大雪引起了我对恩师的深深怀念。

2017年1月春节前一天，我意外收到恩师用微信发给我的一条信息：“我上网了，新年快乐！”我马上回复：“上网好啊，打开一个新世界。”原来恩师开始学习使用微信了，我俩就互动聊起来，我随机把老家刚刚大雪过后的几张风景照发给他，恩师看了很高兴，立马用语音回复：“家乡真好，内蒙古真好，向你们家里人问好……”真是了不起，一个84岁的老人还能玩转智能手机，不仅会输入文字，还会使用语音留言，我真是佩服恩师与时俱进的生活态度。

通过微信，我看到恩师鲜为人知的另一面：被可爱的小孙女画成白胡子爷爷的卡通形象，还有还斜挎背包去闲游水库，有时一个人悠然从容地漫步校园……很遗憾，因为工作较忙，和恩师用微信沟通的时间少了一些，到后来因为身体的原因，恩师的微信就很少用了。至今那些聊天记录还完整保存在我手机里，特别是他的语音留言依然洪亮清晰、亲切感人，成为恩师留给我的非常珍贵的收藏和纪念。

我始终坚信我和恩师的结缘那是冥冥中上苍的恩赐。

我出生在内蒙古一个偏僻的小山村，父母都是地道的农民，没有读过一天书。而我基础差底子薄，高考勉强上了一个师专。步入师专校园，我丝毫没有上大学的喜悦，因为按照当时的招生政策，我是属于定向招生，3年毕业后还得回到老家那个偏僻的小镇。心有不甘的我就一直很努力学习，寻找机会摆脱早就被安排好的境况，而考研无疑是最佳的出路。

那是1994年的冬天，在邮寄完报考研究生有关表格资料的几天后，我意外接到了山师研究生处一位老师打来的电话，报名表还有一处报考专业方向的指导老师没有填写，10分钟之后必须给回复。面对招生简单里列出的现当代文学十多个不同研究方向的老师的名字，我懵懂发呆，一脸茫然，这些老师一个也不认识，也没有联系过，更没有任何可以帮助选择的参考信息。听天由命，抓阄吧，我看着那几个名字字符，一遍遍地心里默念筛选……“心焕”“心焕”，一种特别的感觉撞击着大脑，不就是心灵在召唤吗？对，就是他了——蒋心焕老师！

那一年我奇迹般地以一个应届专科生的身份考取了山师的研究生。在参加复试时，主持复试的老师问了一个文学常识问题，我一时回答不上来，那位老师很严肃地说这个学生基础比较差。恩师却支持我：他一个专科生自学完本科，研究生考试通过了国家线，能入围复试，这就证明这个学生的学习能力很强。就这样，我很幸运地被录取了。后来研究生处的老师告诉我：你太幸运了！本来起初同意你报名只是给你一个机会让你试试而已，没想到却考上了。

内蒙古和山东，远隔千里，一个从内蒙古偏僻山沟里出生的农村孩子，很幸运地成为恩师的一名学生。我人生的幸运之门也就此打开了。我总认为这是冥冥中的天意和恩赐。从我工作、就业、结婚、孩子升学等，每一个大的生活变化，都伴随着恩师父亲般的关怀，每每想起总有暖流在心里流淌。

那是2008年的炎热夏天，我就任齐鲁晚报房产主编期间，有一天我突然接到恩师的电话，说他已到了我办公室楼下，想上来看看我。在楼下见到恩师，他一手扇着扇子，一手用毛巾擦着汗。大热的天，他是自己从家里一步步走过来的。原来听说我换了工作岗位，从新闻采编部门调整到经营部门，就是不放心，想亲眼看看搞经营到底是干啥的。当时我的部门有20多人，正在赶着做一个策划活动，一个大的办公室里大家紧张地忙碌着。恩师还到几个同事跟前问这问那，最后搞明白我的工作性质时，他露出欣慰的笑容。最后他要离开时，说啥也不让我送，“这么多人围着你，不能耽误你工作，你现在做管理工作，我很高兴”。

恩师招收的学生来自五湖四海，天南地北，每次见到恩师，他总是如数家珍地分享学生们生活、家庭的近况，工作上的业绩，喜悦之情溢于言表。那是一种由衷的发自内心的高兴。

曾有多次，工作上遇到问题，我就找恩师聊天，恩师豁达睿智、风轻云淡的处世哲学，让我在顿悟中轻松释然，无处排解的郁闷得到最贴心的化解。那种父亲一样的关爱让我感到身上有源源不断的动能支撑着继续努力前行。

他低调、沉静、温和，是个温润如玉的谦谦君子，在我的记忆中，恩师极少有严厉的时候。他给了他所有的学生以宽容和自由，似乎从来没有显示出自己的要求和原则，但他身上总是一种神奇的治愈的力量。在师德师表上，给我们树立了一座无人超越的高峰。

近几年，虽说已是耄耋之年，还有老病缠身，可恩师在治病的同时，还将更多的时间和精力照顾师母，买菜买药做家务，里里外外，俨然忘掉了自己做过手术还在积极恢复阶段。两个老人相濡以沫，一路相伴，生活得平静温馨。他们积极快乐的心态，叫人感动，还感染着别人。

恩师生前一直有一个愿望，就是能再回老家南通看看，给已故的老人上坟烧张纸，看看家里的亲人们。师母却不同意他出远门，长途远行难免舟车劳顿，身体吃不消。记得大约是2019年秋天，我去看望恩师，说起老家这个话题，他悄悄地拉着我的手，压低声音说：你帮我做做佟老师的工作，劝说她同意我回趟老家。于是我就理理思路，从目前交通最便捷的高铁动车说起，跟师母讲起了现在出门是多么快捷和方便，就拿济南到南京来讲，坐高铁最多也就两个多小时，而且比坐飞机还舒适。好多年不出门的师母听了半信半疑，用惊讶的口气一个劲地问真的假的。最后师母听得有点心动了，说自己闷在家里早就落伍了，等春暖花开天气暖和了，可以去坐一次高铁体验一下。这时我看到恩师眼睛里闪烁着久违的光芒，直冲我竖大拇指。

然而，夙愿最终成为永久的遗憾。因为疫情的大面积暴发、防控，加上师母身体不好，身边根本离不开人，恩师的老家之旅一直就搁浅下来。如今，恩师永远地离开了我们。再也没有什么羁绊和顾虑，他一定已魂归故里，又回到美丽的江南老家，回到父母身边……

恩师，我们想念你！

永远传承的大课题

王卫红

叶子黄了，一树一树的，是那种橙黄橘绿的诗意的黄绿、秋香绿、金黄、褐黄。

叶子红了，一丛一丛的，是那种红茶、红酒所专属的醇厚的赭红、朱砂红、车厘子红、铁锈红。

又是一年金风度。秋半如春意转迷。我决意调整此时的心境和怀念的基调，选取一种传承自恩师的那种坐看云卷云舒的优游和悦适的视角。此刻，那些珍藏在记忆里早已定格的经典画面，那些情景那些瞬间依稀仿佛就发生在昨日——

蒋心焕教授和佟师母两位老教授伉俪，一起从容徐缓地漫步在山东师大校园的林荫道上；

在导师书香氤氲的家里，大家一起聚聊，讨论读书和研究的题目，蒋老师一边听着学生的发言，一边慢慢地摇着那时候家庭用的手动苹果机，亲手为学生削上一个个又大又红的红富士苹果；

每逢中秋节、元旦等传统节日和历届研究生毕业前夕，蒋老师都会请他指导的各届在校的研究生弟子们一起聚餐，师生同席，如同家宴，谈笑风生，其乐融融……

在宽敞明亮的山师大教研室，蒋老师和研究生弟子们围坐在大会议桌前，他的一口带有南方口音的普通话至今都言犹在耳。导师给我们讲解散文研究文学理论，慈祥的面容，蔼然的风度，谦牧的微笑，淡泊的性情，渊厚的学养……那时便感觉蒋老师的人格魅力和精神气质和他正在从事的散文研究是那样的协调一致、完全契合，用今天的话来说就是“毫无违和感”。

至今导师当时讲课经常用到的词语，比如“冲淡平和”“淡泊宁静”“静穆幽微”“典雅蕴藉”“闲适优游”“吉光片羽”等，以及导师带着研读与传授、分享的热忱，跟我们推荐介绍的那些文学流派、文学现象，文学史、思想史，以及学者、作家、作品，让我在多年以后不期然间与之邂逅的某个时分，都会或是朦胧或是清晰地渐次回忆起来：哦对了，这好像是许多年前蒋老师跟我们讲过的。

导师的籍贯是江苏南通，总觉得他和江苏高邮的作家汪曾祺颇有几分相像，或许是因为他们同样有着宁静蕴藉的性情气质和愉悦平和的音容笑貌。尤其是老师穿着一件棕色羊绒开衫微笑着坐在扶手椅上的一张生活近照，像极了汪曾祺的一张照片。有时他又让人莫名联想到作家孙犁，同样的温和、仁厚。有时，老师身上所具有的洞明而沉稳的人生智慧，又让人勾连起杨绛女先生那通透、达观、隐逸的智性风采。也许是学生有些完全不着边际的遐思，比之更遥远的竟然追溯到了“行到水穷处，坐看云起时”的唐代诗佛王维……

作为蒋教授当年指导的硕士研究生，直到今天，我始终都保持了对散文创作的热爱，又在近年来萌生出对散文理论研究的兴趣，自然这些都离不开导师润物无声的指导、鼓励和熏陶、濡染。

导师曾经为我毕业后去报社工作之初出版的一本青涩的作品集写过这样一段书评：“作为一个有着自己的独立思考和感知方式的学生，即便是那些现当代文学的学术论文，也多能够从自己的文化立场和情感向度做出有着自己鲜明个性的解读。而在我则缘于感到导师的职责重在导而不在堵，更不是把学生的个性纳入自我的模子中消解学生的主体性，所以，对于苇虹身上所体现出来的那种积极的现实性情怀，也自觉地采取了一种积极的‘指导政策’，在鼓励她冲浪于时代的潮头的同时，也在其理性的深度上予以适当的点拨……”

在这里，之所以引用导师的上述一段文字，是因为联想到今天蒋门弟子从业领域之广阔、宽泛，政府、新闻、出版、教育、科研、金融、企业，真可谓桃李芬芳，花开万朵，各表一枝，不拘一格，美美与共。现在想来，这正在于导师重视学生们的主体性，尊重每个学生的个性，平等看待每一个弟子，对每位学生加以充分地发掘、激发、点拨、引领、化育的综合结果。

多年以后，无数次地蓦然回首和用心体悟——蒋老师对待文学、语言、生活和历史的态度，不是矛盾和割裂的，而是在追求“修辞”和“修身”的统一中得到了贯通与融合，既有一种现代的文学精神，又继承了古典文学的优秀传统，从而打通了现代生活、现代语言与“中国审美意境”之间可能会有的隔阂。

并且更进一步，作为导师他是在身体力行地研究和践行一门“生命与实践”的永恒课题——把文学以及其他人文学科的多种综合素养、立体的知识结构炉火纯青地运用纯熟，不只是用在笔下的作品中，而且更注重运用在生命这部大作品中！譬如文学，只有做到既表达个体生命经验，也表达集体经验、历史经验，如此把个性和共性结合得很好，才能够达到文学表达的理想境界，实现雅俗共赏的读者接受效果。

那么人生的艺术也是如此，比如改变自我还是坚持自我？以环境为本还是以人为本？不同的选择各自都要付出和承担怎样的代价？如果说世界上没有纯粹的二元对立的事物，那么主体性和客体性应该保持在怎样一个刚刚好的比例？或许，这才是我们在读书识人中真正乐于思考探讨的，也是回荡盘旋在我们每一个人心中，只不过大多数时候始终都在沉默时分与暗黑地带喧哗躁动着的精神原型和人生母题。

师从恩师多年以后，面对导师，在检阅自己行囊的时候仍不免心中有些惴惴和忐忑。一路走来，或许得失成败难以言尽，但有一点一直是我坚定的大原则，这便是如同导师所教导和期待的那样——不断寻求实践与理论的有机结合，感性与理性的紧密融合，自我主体性与时代环境需求的调和。

从来没有像此时此刻这样意识到那些语词的深刻内涵与久远的穿透力，譬如——“薪火相传”“文化传承”“弘扬光大”……我们相信，老师即便躺在此时秋色阑珊的长清墓园，为之鞠躬尽瘁的那个有关“修辞和修身”的“生命与实践”的大课题，也仍然会继续开展、承接下去。因为我们本身就是导师的作品和成果。

暖阳在天

贾小瑞

因核酸检测停课，我凭空多出了一个下午，可以看一点儿自己感兴趣的东西，就忙不迭地打开李宗刚老师的论文《中国现代文学研究的代际传承——以蒋心焕教授为例》。说实话，我对文学研究的学派爬梳并不热心，是副标题中的“蒋心焕”三字在无声处向我发出召唤。李老师在纵横交织中凸显蒋心焕老师的学术形象，让我第一次全面、深入地了解了蒋老师的研究成果与贡献。这固然是一份沉甸甸的收获，但让我感动落泪、恐怕会铭记一生的，是蒋老师接续下的三代学人“做好人、作好文”的精神传承。我不是列名于蒋老师门下的弟子，但我是蒋老师教过的、爱护过的学生，我在泪眼婆娑中忆起与蒋老师交往的点滴。

第一次见蒋老师，是在1996年春硕士研究生面试的考场上。面试是按抽签的顺序一个一个进行的。考生在桌子的一边，对面是七八位导师。我生性怯弱，面对这审问一般的架势，心魂早就不安其位了。我抽到的题是评价《青春之歌》的修改。《青春之歌》我上高中就读过，上大学后是否重读，现在记不清了，记得清楚的是我被那个问题当场窘住，一脸困难的表情恐怕谁都能看得出来。朱德发老师似乎微笑着，高亢而快速地追问了一句。关键是，朱老师所操的是浓重的蓬莱普通话啊！我，一个第一次踏上齐鲁大地、头脑正在发蒙的内蒙古包头考生，如何能够听懂？看懂这一切的，是蒋老师。在26年后的今天，我依然清清楚楚、明明白白地记着：蒋老师说话了，缓慢地、亲切地为我“翻译”着朱老师的问题！

秋天入学后，蒋老师和其他几位老师一起为我们上现代文学课。每位老师讲自己最擅于的领域，蒋老师讲的是现代散文。我现在已经记不起蒋老师所讲的具体内容了，当时的我根本不知学术为何物，确实没有感受到蒋老师对我的学术领引，但我真的喜欢蒋老师本人。蒋老师身材高大、肩膀宽阔，国字大脸写满忠正，本应与威严、肃穆等带有凛然之风的修饰语搭成标配，但奈何他皮肤白皙、眉眼欢喜、说话和缓，仿佛总是预备好温暖的话语才徐徐吐出，让人不由得感到亲近！于是，我又选修了蒋老师的课，仿佛也没学到什么知识与学问，仿佛就是为了让他温文尔雅的气质熏染一下，又仿佛在无意识之中为了在他和暖的气场中弥补心中的某种缺憾。在校园里偶遇蒋老师，蒋老师总是会主动停下脚步，用软糯的话语和我打招呼。就这样，并不是我导师的蒋老师，成了我心中的暖阳。

毕业时，我循着最初的梦想，要去海滨城市烟台求职，目标是烟台的大学。临行前几日，我去拜访蒋老师。我已经忘掉了具体细节，但我深深记着的是蒋老师主动谈起他认识烟台师范学院（现更名为鲁东大学）中文系的韩日新老师，并提出给韩老师写封信，让我带着，去找韩老师。我到烟台的那一天，天空无比湛蓝、无比纯净，湛蓝得让人怀疑海把自己的颜色送给了天空，纯净得让人相信在这样的天空下生活会幸福无比。蒋老师的书信如同通行证，让我顺利走入韩老师家；又如同免费餐券，让我在韩老师家吃了到烟台的第一顿饭。

毕业后若干年，我去济南出差，抽空去看望蒋老师。那时，蒋老师已搬入山师的高层家属楼，家中陈设依旧简单。还记得师母穿一件类似“背背佳”的马甲，说是为了治疗某种病。蒋老师呢，心脏不太好，但言语之间，老师并没有对自己的病流露出焦虑、担忧之意，而是一副知天乐命的样子，还是微笑着，询问我的工作与生活。

之后，我会在教师节当日给蒋老师打个电话，问候老师与师母，也在老师的关心中再次享受被暖阳照耀的感觉。还记得有一次在电话中谈到考博的事情，蒋老师鼓励我，还主动把张清华教授的电话给我，嘱我联系张老师。蒋老师啊，就是这样无私而单纯地关心、帮助自己的学生，我内心的感动已不是简单的“感动”二字可以表达，我想起了汪国真的一句诗——“我原想收获一缕春风，你却给了我整个春天。”

此时正是春花烂漫的三月天，但蒋老师已看不到2022年的姹紫嫣红了。岁月就是这样无情无义，它不分青红皂白，不论贤愚才庸，掳去了我们心爱的老师。唯愿老师在天堂依旧如暖阳，在天空的缝隙中透下光亮，照在我心上！

恩师蒋心焕先生祭

章　芳

我的恩师蒋心焕先生远去了。

师兄师姐们泣别恩师的消息一直在滚屏，与一声强过一声的回响“不再有老师管我了……”，在我那空旷的心里叠加着、震荡着，激起层层涟漪，一只蝴蝶扑闪而来，挥舞着翅膀将我“扇”回了25年前。

正在四处寻找保送研究生接收学校的我，在东南沿海校园的某个电话亭，忐忑地拨通了一个远在千里之外的济南的电话，电话那端传来的声音，甫一出现，便安抚住了我惶恐不安的心。就是那熟悉到可以封印血脉的江南腔调，温润软糯、不轻不重，我被深深地感动了，泪光模糊中，我从南国一路蹒跚走到了北国。

彼时，直到我真的来到千佛山脚下，才知道恩师蒋心焕先生已经退休，淡泊名利的他原本可以安享晚年生活，因为我，他老人家重返杏坛，理由是一个南方小女孩孤孤单单在北方求学很不容易！站在人生已过不惑就要知天命的此刻，回望来时路，往事如烟。但并不都如烟，许多许多的梦已远去不再重逢，但我还没踏进山师教职工宿舍楼门就被一股浓浓中药味儿顶到鼻子的镜头，从来都没在记忆中消失过。门虚掩着，我推门即进，恩师在他的书房等我呢，刚坐定，师母就端着碗中药汤进来，“来，趁热喝了”。南方人在北方水土不服，寝食难安与病痛折磨的不仅是身体，更有对学业和前途的担忧，我确信那烟火缭绕的正是恩师和师母亲情般的无私疼爱。而这个体会，在三年后我研究生毕业找工作，从我父母选择了从南方寓居青岛来照顾我的行动当中得到更深刻的验证。

快进的镜头摇回去，又迅速拉进到那间20个世纪八九十年代大学知识分子家里再普通不过的书房里，三面环放着装满书的书橱，另一面放着沙发，沙发布已经洗得发白，临窗是书桌，上面堆满了书籍、文稿。恩师在这里会客兼读书、工作，有时也临时拿来充当课堂，给研究生上课。

恩师毕生从事中国现代文学研究，我师从恩师自然也当是攻读现代文学方向，但20世纪90年代初中国当代文坛之活跃不可能令一个中文系的学生能置之身外，尤其新时期先锋小说的劲风还在吹。作为忠实的拥趸，我的目光根本不舍得离场。在恩师的书房，透明的阳光里，细尘飞舞，小女孩的心思细密亦如尘落不安分，这都没能逃过恩师的目光。在我的印象里，每次我挑起新时期文学的话题，恩师都认真聆听，并不打断。有一天，又听完我胡吹乱侃之后，恩师问，你关注“70后”作家陈家桥这么久，怎么不写一篇关于他的小说评论呢？于是我读研期间发表的第一篇论文，是在现代文学导师的指导下撰写的一篇关于当代后先锋小说的小文章。这是一件有趣的小事情，当时我以为恩师只是对我这个关门弟子“无节制”的宽仁，在后来的学业中我才渐渐理解其中的深意。恩师如此，如润物细无声般，引领的是青年人在场意识的自觉性，如不能亲历当下文学在场，便无从谈起史学观的连续性，这显然无助于形成一个人的文学史。犹记得“一个人的文学史”这七个字对当时的我是如何的振聋发聩，这不是对一个文学硕士专业学习的画饼，而是一次思想启蒙。

学生生涯转眼就到尾声，恩师亲自张罗帮忙找工作，我也如愿到青岛就业，接下来在职场打拼，成家育女，一地鸡毛，虽然陪伴我的父亲早早离去，但那也只是生命中少了一个角色为父亲的人管我，天塌下来我还有恩师呢。

人生散场，而不离场，软语呢喃，微风轻起，三年的师生情谊绵亘流长，我以为这一路的攻城拔寨，必定能掠过一生一世的一个又一个山头，直到2021年1月22日恩师病逝，有个世界戛然而止。

此去，长路跋涉。我不知道当年恩师在教诲时知不知道，他不曾割裂当代与现代，宽容任由我在自己的喜好间左冲右突，其实还让我学会在多元的认知里清晰地触摸当下的丰厚，当下既有现在，也有过去，更有未来，你永远不知道你在当时当刻的场域将会链接往何时何处，你唯有保持在场的警惕性。

就像此时此刻，我走在缅怀恩师的书写中，再见，恩师！

九

蒋心焕与中国现代文学研究

1. 中国现代文学研究的代际传承

——以蒋心焕教授为例

李宗刚

摘　要： 任何学术事业的发展都离不开一代代学者的持续努力和传承，蒋心焕作为中国现当代文学研究的第二代学者，既接续了中国现当代文学研究第一代学者的风骨和精神，又对第三代学者的成长起到了积极的促进作用。他曾在武汉大学进修研究生课程，师从著名中国现代文学研究专家刘绶松教授。在珞珈山学习的日子里，他涵养了学术心智，窥见了治学门径，提升了人生境界，为未来的学术人生奠定了坚实的基础。武大中文系深厚的学术底蕴，文史兼治、注重实证、关注前沿的治学风格，使蒋心焕受益匪浅。他又继承和发扬了“山师学派”的学术研究传统，注重资料在学术研究中的重要作用，在散文研究与散文创作方面独树一帜。他博采众长、融会贯通，不仅自我学术研究日臻成熟与完善，而且继往开来，推动了中国现当代文学研究的代际传承。

关键词： 蒋心焕，田仲济，刘绶松，中国现代文学研究，学术传承

温儒敏在《第二代中国现代文学学者自述》一书的序言中，对从事中国现当代文学研究的20世纪30年代出生的学者有过这样的代际界定：

> 这一代学人有些共同的特点，是其他世代所没有的。他们求学的青春年代，经历了频繁的政治运动，生活艰难而动荡，命运把他们抛到严酷的时代大潮中，他们身上的“学院气”和“贵族气”少一些，使命感却很强，是比较富于理想的一代，又是贴近现实关注社会的一代。马克思主义的世界观与方法论从一开始就支撑着他们的治学，他们的文章一般不拘泥，较大气，善于从复杂的社会历史现象提炼问题，把握文学的精

神现象与时代内涵，给予明快的论说。90年代之后他们纷纷反思自己的理路，方法上不无变通，每个人形成不同的风格，但过去积淀下来的那种明快、大气与贴近现实的特点，还是保留与贯通在许多人的文章中。[①]

根据温儒敏的代际划分，山东师范大学（1981年初改为现名，为了行文方便，下文均简称“山师”）的蒋心焕（1933—2021）教授无疑属于第二代学者。实际上，第二代学者恰好处于第一代学者与第三代学者中间，是中国学术史发展不可或缺的重要链条。如果说一个时代有一个时代的学术，那么，一个时代也有一个时代的代表性学者。我们只有把每一代学者放在历史进化的链条中还原其社会角色，才会真正地对他们做到“理解之同情”，也才能勘探出中国学术是如何艰难嬗变的。本文拟以蒋心焕为例，就中国现当代文学研究的第二代学者是如何接续了中国现当代文学研究的第一代学者的风骨和精神，又对第三代学者的成长起到了怎样的积极促进作用，从学术的代际传承的维度进行阐释。从这样的意义上说，通过对蒋心焕学术人生的回顾梳理，我们可以探寻到中国现代文学研究的学术代际传承是如何进行的，其学术史价值和意义不可小觑。

一、重视做人与作文的统一

按照学术界对从事中国现代文学研究的学者进行的代际划分，我们可以发现，蒋心焕不仅属于第二代学者，而且是较为典型的第二代学者。温儒敏在纪念张恩和的文章中曾说，“张恩和老师属于‘第二代学者’”，“‘第二代学者’中的很多人毕业后就分配做现代文学研究，专业意识很强，目标明确，毕生精力基本上就围绕这一学科”。[②]蒋心焕与张恩和一样，都是1958年大学毕业后便开始从事现代文学教学和研究工作，也都在第一代学者的引领下参与了

① 温儒敏：《〈第二代中国现代文学学者自述〉序言》，冯济平编：《第二代中国现代文学学者自述》，北京：文化艺术出版社2011年版，序言第2页。

② 温儒敏：《作为“第二代学者”的张恩和教授》，张洁宇、杨联芬编：《回响——张恩和纪念文集》，北京：中国大百科全书出版社2020年版，第115页。

中国文学史的书写工作，都把毕生的精力都献给了现代文学教学和研究事业。他们在第二代学者中是“老资格的”[①]。类似的第二代学者还有不少，如南京大学的董健便是大学毕业后留校，然后得到了陈白尘的具体指导。[②]因此，我们对作为第二代学者的蒋心焕进行考察，便具有学术史的价值和意义。

蒋心焕深受田仲济、刘绶松等中国现代文学研究第一代学者的影响，在他们的具体指导下，特别重视做人与作文的统一，并把做人作为做好学术研究的前提。

蒋心焕于1954年考取山师中文系，1958年毕业留校任教。1960年1月至1962年7月在武汉大学进修研究生课程，师从著名中国现代文学研究专家刘绶松教授。1962年7月起先后担任中文系助教、讲师，1980年晋升副教授，1985年开始招收中国现代文学专业硕士研究生，1988年晋升教授，1999年退休。

20世纪80年代，蒋心焕先后担任山师中文系中国现代文学教研室副主任、主任，配合田仲济教授、冯光廉教授做了大量学科建设工作。1987年以后，他配合学科带头人朱德发教授不断推进学科建设，为山师中国现当代文学学科获得山东省首批省重点学科和博士学位授予权做出了独特的贡献。1983年，山东省中国现代文学学会成立，他是创会副会长之一。

蒋心焕讲授过现代文选、中国现代文学史、中国现代文学研究专题、鲁迅作品选讲、中国现代小说史[③]等课程。他培养的学生多达数万名，遍布海内外。其中，有的后来成长为享誉学界的知名学者，有的成为文艺、新闻、出版、商务、法律等领域的杰出人物，还有从基层到中央的领导干部，更多的是

---

① 魏建把第二代学者划分为四类，“甲类学术起步早、成名早，大学毕业后一直从事中国现代文学教学和研究，学术成果在‘文革’以前就产生了影响”。见魏建：《千夫诺诺，不如一士谔谔——有关张恩和先生的记忆》，张洁宇、杨联芬编：《回响——张恩和纪念文集》，北京：中国大百科全书出版社2020年版，第264页。

② 董健曾经这样回忆道：“我便听从了白尘老的劝告，协助他做起了现代戏剧与戏剧理论的研究。”见董健：《一碗“夹生饭”及其回炉的尴尬与苦恼——略谈我的学术道路》，冯济平编：《第二代中国现代文学学者自述》，北京：文化艺术出版社2011年版，第447页。

③ 张清华曾经对蒋心焕开设的课程有过这样的回忆：“他所讲授的中国现代小说史的课程，更是让我受益许多。”参见张清华：《蒋心焕先生琐忆》，《南方周末》2021年3月4日。

不同层次的优秀教师。

蒋心焕对如何搞好学术有着自己独到的理性认知和实践路径。他常说，做好学问，关键要做好人。做好人是做好学问的根本，做不好人，学问再大也不会受到人们的推崇。为此，蒋心焕为研究生新生上“第一课”时，总是讲如何做好人。蒋心焕以平常之心，安于寂寞生活，乐于自我学术研究；他强调为人要真诚、实在，不要像墙头草一样，没有自我的定力，在摇摆中失却自我安身立命的根本。

在中国传统文化中，知识分子一直强调人品与文品的统一。实际上，做人与做学问之所以能够统一起来，恰好在于做人的境界决定了做学问的境界。一个人，如果没有超越个人观念的天下情怀，没有超越个人私欲的高远追求，没有超越功利的真理诉求，就会把做学问视为获得功名利禄的“敲门砖”，把私利置于学术的根基之上。由此，在做学问与做人上，这种人只会是摇摆于墙头的小草——这样的小草尽管不会折腰，但也绝不会有劲风吹过之后屹立不倒的气节。蒋心焕把做好人作为自己的人生追求，视为自己人生的第一要义，并传授给学生。在某种程度上，这成为蒋心焕的座右铭，既是他自我所信奉的文化理念，也是他所恪守的人生实践原则。从这样的意义上讲，蒋心焕把做人与做学问置于一个有机的统一体内，并特别强化了做人之于做学问的支撑作用。这恰是中国知识分子能够成为独立的“分子”而不是“分母”的要义之所在。

从蒋心焕的成长背景来看，他出生于江苏南通的一个小职员家庭，并在南通较早接受了较为系统的小学教育。南通作为较早接受了现代教育影响的地区，小学教育相对于中国的大多数小学，尤其是相对于山东的许多农村小学来说，现代特质是极为显著的。小学毕业后，他考入南通师范学校。在他看来，在南通师范学校就读的六年是永生难忘的：

> 我从一九四八年九月到一九五四年七月就学于南通师范学校（前三年，读的是南通师范附设的初中班）。这六年是翻天覆地的六年，这六年是我永生难忘的六年。

……在我所怀念的张梅庵校长、我所崇敬的陆文蔚、唐雪蕉、王育李、王炯等严师的培育下，我初步明确了为革命、为人民而学习的目的。

……一九五四年党组织选派我报考高等师范院校继续学习，是陆文蔚老师指导我选择了攻读文科专业的方向，促使了我从事自己所热爱的现代文学教学工作。此后在山东师范学院四年学习生活和二十余年的教学工作中，陆老师仍通过书信把他严谨治学、严于律己的好品质传授给我，把他珍藏多年的梅庵校长赠送给他的题词复制印洗转赠于我："知困更兼不知足，自强自反出心裁，新型教学能相长，不倦原从不愿来。"这不仅使我们共同分享了师长对学生的爱，而且为自己指明了做人和治学的奋斗方向。[①]

蒋心焕于1954年从南通师范学校考入山师，因品学兼优获得了执掌学术牛耳的田仲济的赏识，并于1958年留校任教。对此，他曾这样回忆：

1954年，我从南方来到山师读书，有幸聆听先生主讲的文学概论课。他系统传授的理论知识始终体现着一种执著现实、关注人生的精神，这种精神对我潜移默化的影响直至如今。1958年我毕业留校任教，有幸成为先生主持的研究室的成员，先生上的第一课便是如何做人，他让我们学习高尔基、鲁迅等伟人，在任何情况下，都要做一个诚实的人，做一个表里一致的好人。先生就是我心目中这样的人：真诚、坦荡、严谨，刚正不阿、疾恶如仇。数十年来，时代风云几经变幻，可先生"竖起脊梁做人"的态度一直没变，堪称完美人格的典范。[②]

我们在对以蒋心焕为代表的第二代学者进行精神和情感世界解读的过程

---

① 蒋心焕：《殷殷之情　终身难忘》，《南通师范学校建校80周年纪念专刊》，1982年。

② 蒋心焕：《完美人格的典范——痛悼恩师田仲济教授》，《蒋心焕自选集》，济南：山东人民出版社2015年版，第415页。

中，不应该忽略对其内在精神的发掘和阐释。实际上，如果把蒋心焕放在历史纬度上重新阐释和理解其留给我们的精神遗产，尤其是将其放在历次政治运动和文化大潮中加以透视，便会发现，一位平凡的知识分子的伟大之处，不仅在于他为自己的时代提供了什么，还在于他面对诱惑和功利又拒绝了什么。只有这样，我们才能真正地继承和发扬第二代学者的内在精神，并在传承中规避历史的误区，保持着自我相对自觉的文化认知，不偏离历史的正确航线。在40余年的交往中，蒋心焕深得田仲济的信任。对此，田仲济在为蒋心焕的《中国现代小说的历史沉思》一书作的序中这样写道：

> 在这近40年中，他的青春年华完全奉献给中国现代文学的学习、研究和教学中。这40年不是平静的40年，在前17年中，可说一个运动接着一个运动，特别是史无前例的“文革”10年中，出现了许许多多身上生麟、头上长角的“革命英雄”，在每次运动中，就好像出英雄的乱世似的，也总是跳出几条英雄好汉。可惜这些英雄一般都英名不长，是昙花一现的人物。批武训传，批胡风反革命集团、批丁陈反党反社会主义……不仅在历次出现的，昙花一现的英雄中，从来不论是学习时期的学生还是毕业后成为教师的蒋心焕，都难以看到他的影子，也没看到他的文章。①

如果把田老的这寥寥数语还原到具体的历史场景中，尤其是还原出那些曾经给他带来精神和情感伤害的具体历史人物和历史事件，我们便可以看到，蒋心焕对田仲济不仅有一种知遇之恩的情感认同，而且有一种捍卫自我文化认同的理性自觉。也许，这恰是田老如此动情地褒奖他的内在缘由吧。毕竟，在那个特别的时期，一系列特别的事情都以特别的方式横空出世了，能够守得住自己的良知，坚守住自我的文化立场，并不是轻而易举就可以做到的事

① 田仲济：《序》，蒋心焕：《中国现代小说的历史沉思》，海口：南海出版公司1993年版，序第1—2页。

情——别人通过落井下石的方式证明自己是经得起考验的“英雄”，那些拒绝落井下石的人便自然缺少了一条证明自己也是“英雄”的路径。从这样的意义上看，那些曾经与被批判的人物同处一个战壕的人，为了能够证明自己已经与被批判者划清界限，不少都采取了“反戈一击”的战略战术，借此把自我塑造为“英雄”。正是基于这一历史逻辑，蒋心焕要秉承自己所恪守的人生第一要义，便面临着“非此即彼”“非黑即白”的两难选择。正是有了这样的一个内在逻辑，在历史已经过去20多年之后，田仲济的脑海里还萦绕着“英雄”的影像，还清晰地记得哪些人曾经在运动中现过身，哪些人曾经在运动中写了文章。这显然不是田老一味地纠缠于细枝末节的历史，而是这些细枝末节的历史曾经对他造成了无法痊愈的情感创伤，也表明田老对这些细枝末节的历史保持着足够的警惕。从这样的历史逻辑中，蒋心焕用行动践行了自己的座右铭，使“做好人”不再是一句口号，而是一种超然于趋利避害等人之常情的人生大境界。

我们如果对蒋心焕的这种“做好人情结”进行历史溯源的话，可以发现他的这一情结还得到过著名文学史家刘绶松的影响。蒋心焕曾经在散文中记叙了1962年在武汉求学时深受刘绶松的影响：“为人要坦诚、自信、坚忍，内外一致，在生活中保持一种明朗、健康的情绪和格调，不断追求高品质，愉悦身心。”对刘绶松的教导，蒋心焕在时隔38年之后，依然记忆清晰，并动情地议论道：“绶松师对学生的亲情之爱和关于‘圆’的议论却成为我终身受益的精神财富，永久定格在我心中。”①由此说来，蒋心焕关于做好人的说法并不是一时突发奇想，而是一种绵延不断的文脉的自然延伸。蒋心焕关于做好人的议论，距今快要35年了。今天，蒋心焕一如他的绶松师一样，也一并到那个人人都会去的世界了，我则坐在办公室的桌前，像20多年前的蒋心焕一样，写下我对于业师理解的一些文字。岁月不居，逝者如斯，这是当年孔夫子站在小河边发出的无限感喟。在过去，我对孔夫子的这种感喟体会并不是很深。而今，透过蒋心焕纪念刘绶松的文字，我深切地体会到，人生就像一个大舞台，

① 蒋心焕：《没有元宵的元宵夜》，《济南日报》2000年2月15日。

你方唱罢我登场，所谓新人换旧人，也许就是这个道理吧。然而，不管新人还是旧人，永远不变的是“做人要做一个好人”这样一个浅显的道理。从这样的意义上说，蒋心焕从田仲济和刘绶松那里自觉地接过了“做人要做一个好人”的接力棒，并身体力行，用自己的一生践行了自己的誓言。那么，我作为蒋心焕的学生，自然也应该从老师那里接过这一接力棒，并跑好这一棒，然后再把这一接力棒传给我的学生们，如此才会使学术在代际传承中发扬光大。由此说来，蒋心焕在研究生的第一堂课上便郑重其事地把做好人的基本原则当作人生的第一要义讲给我们听，其隐含的历史意蕴的确是宏远的。在现实生活中，蒋心焕不仅是这样说的，也是这样做的。诚如他的老朋友所言：蒋老师40多年来对所有人都是和颜悦色。张杰老师1962年来山师跟田仲济先生进修，他说：对蒋心焕最深刻的印象，是他对薛绥之、林乐腾等“右派”老师的态度，没有避之唯恐不及，而是平等相待。[①]这恰好从一个侧面映现出了蒋心焕待人处事的基本原则。

蒋心焕所秉承的做人原则是在温和谦逊中既有鲜明的接纳，也有毫不含糊的拒斥，这在某种意义上展现了一个有节操的知识分子的风骨。田仲济对蒋心焕的特别认可，大概就缘于这一点。实际上，蒋心焕的节操与风骨传承了田老的内里精神，他一生低调，待人真诚，富有爱心，但并不是无原则、无坚守的学者，他绝不说违心话、做违心事，毫不掩饰对世俗的拒绝，蒋心焕正是因为有了这样一种人生态度，才使得“绿叶”的成色达到了难以超越的程度。[②]这种甘愿做“绿叶”的平和心态恰是很多人所缺乏的——我们或满足于自我的“鲜花”镜像，或依附于“鲜花”镜像的附丽，绝少真正地去做一个“圆满”的自己。而蒋心焕能够超然于外物的纷扰，能够平心静气地做好自己，至于自己在别人看来是“鲜花”还是“绿叶”，则是他绝少考虑的。也许，在他的人生哲学词典里，做一个“成色”最高的自己，才是他所孜孜以求的人生境界。从某种意义上说，成色犹如黄金的含金量一样，绿叶与红花只有达到了极致才

---

① 魏建:《“绿叶”的成色》,《中国社会科学报》2021年3月19日。

② 魏建:《“绿叶”的成色》,《中国社会科学报》2021年3月19日。

会显现出“纯”的成色。对此，郭济访曾不无感慨地评论道：“君子宜自强，这是一般人都可以做到的，而能够助人为乐、成人之美、谦让容忍，是君子更高的境界，大儒风范，这就是我们蒋老师为人的本质。争与不争，让与不让，有时候是非常考验人的。人生在世名利奔波，熙熙攘攘，真正做到舍得放弃谦让，能有几人？”[①]正是基于此，魏建通过对“成色”的阐释便在客观上消解了绿叶与红花的边缘与中心的界限，把蒋心焕自己谦称的绿叶提升到“成色”的维度加以阐释，使其人生的价值和意义得到了升华。尤其值得赞许的是，魏建通过把蒋心焕与朱德发融会在一起进行书写，既凸显了绿叶的“成色”，又还原了山师中国现当代文学学科之所以能够创造佳绩的内在奥秘——这是一代人同心协力，即便是不同心也能协力的结果，正是这样一批第二代学者，创造了学科建设历史上一个又一个骄人的业绩！

在过去的岁月中，蒋心焕恪守和践行的做好人原则，便是身处逆境而不坠青云之志，身处顺境而不忘乎所以，总是怀揣着一颗敬畏之心，小心翼翼，脚踏实地干实事、干正事，忍辱负重，砥砺前行，努力让生命焕发出不该被压抑，更不该被遮蔽的光芒。这种精神恰是其作为第二代学者对第一代学者内在精神的继承，自然，他所接受的精神则对下一代学者内在精神的培养起到了涵养作用。

二、建构独具特色的文学史书写学术体系

蒋心焕不仅秉承了田仲济和刘绶松的“做好人”精神，而且在治学上有所拓展，进而逐渐寻求到自己的文学研究路径，形成了自己的研究特色。蒋心焕的治学深受田仲济的影响，他不仅是田仲济等主编的《中国现代文学史》和《中国现代小说史》的主要执笔者，而且逐渐形成了自己的治学风格，注重在资料的爬梳中获得具有文学史价值的结论。蒋心焕正是在田仲济等学者重视原始文献资料的影响下，逐渐形成了在充分占有资料的基础上阐释观点的研究方法，由此开启了自己独立的学术研究历程。蒋心焕曾经结合自己的治学体验有

① 摘自郭济访给笔者的微信。

过这样的阐释：

> 我写作论述中国现代历史小说的几篇论文，用了半年左右的时间，有空就泡在图书馆和资料室——翻阅原始报刊资料，在尽可能多的（地）占有资料的基础上形成自己的看法，并写成文章。[①]

正是有了这种研究方法的自觉，蒋心焕才能发现一些别人没有发现的问题，提出前瞻性的研究结论。

在以田仲济、刘绶松等为代表的中国现代文学第一代学者的具体指导下，作为第二代学者的蒋心焕的中国现代文学研究汲取了第一代学者的文学研究的内在精髓，并逐渐地形成了自己的学术研究特色。这主要体现在蒋心焕对第一代学者文学史书写的继承等诸多方面。二十世纪五六十年代，他开始参与文学史写作；70年代末，积极承担文学史写作任务，是拨乱反正的文学史书写方面的主力作者；80年代后期，成为独当一面的学者，成为文学史书写的领军人物之一；90年代，他在中国现代小说美学思想史方面体现出了独立的学术思考，在文学史书写上尝试建构具有自我独立思考的学术体系。

从蒋心焕的早期学术研究历史来看，他在二十世纪五六十年代的学术研究处于探索期。这一时期，他参与了山师中文系编著的《中国现代文学史》（五卷本，1962年3月印刷）的编写工作。50年代末，北京大学、复旦大学、北京师范大学等全国诸多高校均有学生编写的《中国现代文学史》，山师则以教师为主编写了《中国现代文学史》。蒋心焕作为青年教师参与了这项工作。尽管这套中国现代文学史存在着一定的历史局限，但从培养中国现代文学史编写队伍来讲，其历史作用还是不可漠视的。也许，那种初生牛犊不怕虎的豪迈以及历史责任感，让这批青年学者较早地接受了文学史编写所需要的历史眼光和专业训练，为他们在新时期的中国现代文学史书写奠定了坚实的基础。实际

① 蒋心焕：《中国现代小说的历史沉思·后记》，海口：南海出版公司1993年版，第193页。

情况也的确如此。像北京大学的洪子诚、北京师范大学的郭志刚，都在新时期的中国现代文学史编写方面做出了突出的贡献，这恐怕与他们当初迈出了尽管略显稚嫩但依然向前的中国现代文学史编写的脚步有着密切的关系。同样，蒋心焕是新时期中国现代文学史编写的参与者和推动者。

在中国现代文学史编写方面得到历练的蒋心焕，于1960年负笈南下，到武汉大学进修中国现代文学，这使得他在从事中国现代文学研究之初，除了得到田仲济的精心指导，还得到了刘绶松的悉心指导。20世纪50年代中期，当时的高等教育部批准北京大学、南开大学、武汉大学和山东师范学院等校招收中国现代文学专业的研究生。批准的理由没公布，学界的理解是这些学校有杰出的中国现代文学研究专家，如北京大学的王瑶、南开大学的李何林、武汉大学的刘绶松和山东师范学院的田仲济。由此说来，蒋心焕既得到了田仲济的认可与赏识，又拜师于刘绶松的门下，受益于中国现代文学研究中两位著名学者的青睐与指导。实际情况也的确如此。蒋心焕进入武汉大学之后，获得了刘绶松的特别赏识。对此，蒋心焕在后来的回忆中曾说，“60年代初，正值三年困难时期，我们几个20多岁的青年带着渴望和崇敬的心情，从全国各地先后投奔武汉大学著名学者刘绶松门下攻读现代文学”，“先生在（引者注：北京）出色完成编著工作的同时，还经常在深夜或凌晨，以书信形式对我们进行答疑解惑，做切实具体的指导”。刘绶松先生把自己治学的经验感悟同样借助“圆”进行了深入阐释：“一个人能力、智力不一样，但只要把自己的潜质充分展现出来就符合‘圆’了。”那么，这种潜质如何展现呢？刘绶松先生认为：“（一）不急不躁，循序渐进；（二）博览与精读相结合；（三）手脑并用（即读和写同时并用）。我想只要照这样做下去，涉猎愈广，积累愈富，钻研愈深，是没有什么攻不下的科学堡垒的。”这番点拨，使得蒋心焕由此感悟到：“人生的最佳境界是对圆满的不懈追求，这是我们一生为之奋斗的目标，只要一步一个脚印向此目标前进，我们的人生就是充盈的，就是问心无愧的！”[①]显然，刘绶松的一番宏论，的确给人以

① 蒋心焕：《没有元宵的元宵夜》，《济南日报》2000年2月15日。

醍醐灌顶般的感觉。蒋心焕正是循着刘绶松的这一指导，在未来的学术研究上做到了不以物喜，不以己悲，总是用坦然的态度来对待治学与做人，不疾不徐，不左不右，努力在学术研究中寻找适合自身的中正研究之路，最终博采众长，在融会贯通中自我学术研究日臻成熟与完善。在武汉大学跟随刘绶松学习的日子里，蒋心焕涵养了自己的学术心智，窥见了治学的门径，提升了人生的境界，为他在未来的学术人生中从容地绽放出属于自己的"花姿"奠定了坚实的基础。蒋心焕从田仲济和刘绶松那里继承下来的学术精神，穿越时空的阻隔，成为下一代学者的精神谱系的组成部分。

20世纪70年代，蒋心焕在学术研究上尽管深受时代的影响，但其可贵之处在于他依然保持着相对独立的学术思考，这主要表现在他的关于鲁迅与同时代其他历史人物关系的阐释上，如他和查国华合作撰写的《我们的斗争需要马克思主义——学习〈关于太炎先生二三事〉札记》[①]《鲁迅和史沫特莱——学习鲁迅札记》[②]《鲁迅和内山完造——学习鲁迅札记》[③]《鲁迅与钱玄同的交往和斗争——学习鲁迅札记》[④]《鲁迅保卫"五四"文化革命胜利成果的斗争》[⑤]《鲁迅和肖红——学习鲁迅札记》[⑥]等。这一系列的鲁迅研究论文相对于特殊历史时期的鲁迅研究而言，具有其自我的学术特色，那就是在把鲁迅研究纳入政治发展的特殊背景下，研究者依然注重鲁迅本体的研究，尤其是对鲁迅的社会关系的研究，具有以鲁迅为本体研究的基本特色。对此，笔者曾经在有关文章中

---

① 蒋心焕、查国华：《我们的斗争需要马克思主义——学习〈关于太炎先生二三事〉札记》，《山东师院》1975年第1期。

② 蒋心焕、查国华：《鲁迅和史沫特莱——学习鲁迅札记》，《山东师院（社会科学版）》1975年第4期。

③ 查国华、蒋心焕：《鲁迅和内山完造——学习鲁迅札记》，《山东师院学报》1976年第4—5期。

④ 蒋心焕、查国华：《鲁迅与钱玄同的交往和斗争——学习鲁迅札记》，《山东师院学报（社会科学版）》1976年第1期。

⑤ 查国华、蒋心焕：《鲁迅保卫"五四"文化革命胜利成果的斗争》，《山东师院学报（社会科学版）》1976年第3期。

⑥ 查国华、蒋心焕：《鲁迅和肖红——学习鲁迅札记》，《山东师院学报（社会科学版）》1977年第5期。

有过这样的阐释：

> 在探究鲁迅生平时，努力将其与平庸的政治化解释区别开来，最大限度地还原鲁迅思想和情感的本真世界。当然，作为国内的学者，他们的研究不能不打上深深的时代烙印，其中的某些话语还可能具有那个时代的鲜明痕迹。但是，值得肯定的是，其中的有些作者和论文，并不是把鲁迅研究当作现实政治的注脚，而是努力还原鲁迅的真实思想和情感。如查国华与蒋心焕合作撰写的《鲁迅与内山完造》一文，则对鲁迅与日本友人内山完造之间的交往进行了历史的梳理与阐述……这样的结论，没有宏大的话语，也没有多少时代的标语口号，显得较为平实，这可以看作他们在鲁迅研究过程中回归鲁迅本体的可贵努力。①

除了鲁迅研究的系列论文，蒋心焕还与查国华合作撰写了《谈“学衡派”》②和《试论沙汀的前期短篇小说》③等论文，这两篇论文作为历史转型时期的研究论文，体现了新旧研究范式转换的某些特点，可以视为特定时期第二代学者化蛹为蝶的历史蜕变之作。

1979年，蒋心焕作为新时期第一批出版的《中国现代文学史》（田仲济、孙昌熙主编，山东人民出版社1979年8月版）的11名执笔者之一，撰写了其中的几个部分。这本中国现代文学史尽管在1979年才正式出版，但早在1965年，由于教学的需要，便由“山东大学、山东师范学院、曲阜师范学院的刘泮溪、韩长经、张伯海、薛绥之、冯光廉、蒋心焕、谷辅林诸同志执笔写成教材。此后，在一九七七年粉碎‘四人帮’的第二年，由山大、山师、曲师和山师聊城分院的韩长经、王长水；蒋心焕、朱德发；魏绍馨；孙慎之诸同志参与

---

① 李宗刚：《“文革”后期鲁迅研究的一个缩影——以〈山东师院学报〉“纪念鲁迅逝世四十周年专刊”为例》，《鲁迅研究月刊》2014年第10期。

② 查国华、蒋心焕：《谈“学衡派”》，《山东师院学报（社会科学版）》1979年第2期。

③ 查国华、蒋心焕：《试论沙汀的前期短篇小说》，《山东师院学报（哲学社会科学版）》1979年第6期。

上述教材的部分章节，执笔编写成约二十万字的铅印教本”[①]。1978年，又确定扩大篇幅，正式印行。其中，蒋心焕执笔的章节为第五章和第六章，即第二次国内革命战争时期的文学（上、下；第184—288页，全书共544页）。作为一本旨在“恢复实事求是的党的优良传统”的中国现代文学史，编写者们力争践行解放思想的编写原则，在史学上恢复历史的原来面目。从历史的维度来看，这本中国现代文学史还是基本达到了预期目的，出版后得到了海内外学术界的好评，可谓新时期中国现代文学史领域的一枝报春花。对此，蒋心焕曾经有过这样的回忆：

> 1979年他与孙昌熙教授主编的《中国现代文学史》，是十一届三中全会以后我国出版的最早的教科书之一。田老带领编写人员认真总结了建国以来文学史编写中的“左”的和形而上学的倾向，提出解放思想、实事求是、恢复历史本来面目的要求。这本书出版后，香港《文汇报》、《大公报》、日本《野草》杂志以及国内《文学评论》等报刊相继发表推荐、评介文章，肯定了这本书较早地恢复了文学史本来的面貌，是一本可信之书。[②]
>
> 该书出版后，好评如潮，香港《大公报》以“实事求是！实事求是！实事求是！”的大字广告推荐此书。[③]

《中国现代文学史》作为“中国现代文学史丛书”之一种，1985年又由山东文艺出版社出版了修订本。

20世纪80年代初期，不仅中国现代文学史的重新书写得到了有效推进，而且中国现代小说史的重新书写也提上了日程。1984年，由田仲济、孙昌熙

---

① 田仲济、孙昌熙主编：《中国现代文学史·写在后面》，济南：山东人民出版社1979年版，第543页。

② 蒋心焕：《回忆恩师田仲济》，《春秋》2009年第1期。

③ 蒋心焕：《文学史研究的春天——二十年瞬间与记忆》，《蒋心焕自选集》，济南：山东人民出版社2015年版，第455页。

主编，韩立群、蒋心焕、王长水、韩之友执笔的《中国现代小说史》由山东文艺出版社作为“中国现代文学史丛书”之一种公开出版。蒋心焕执笔第三章和第七章及附录部分（第三章为“在斗争中成长的工人形象”，第205—259页；第七章为“嵌着时代记印的历史小说中的人物形象”，第455—508页；附录为“中国现代小说发展概貌”，第547—579页）。①该书堪称80年代初期中国现代小说史书写方面的代表性著作，得到了学术界的好评。

在80年代前后，蒋心焕的主要精力集中于文学史和小说史的书写，此外，他还把许多精力放在中国现代历史小说研究上。这方面的代表性成果有《中国现代历史小说的开拓者、成功者——谈〈故事新编〉》②《略谈抗日战争和解放战争时期的历史小说》③《三十年代历史小说创作琐议》④《试论1927—1937年的历史小说创作》⑤《中国现代文学第一个十年的历史小说创作》⑥等。这一时期他集中于对中国现代历史小说发展脉络的梳理和内在发展规律的阐释，对推动历史小说研究具有积极的作用。当然，从蒋心焕的历史小说的研究范式来看，他的这一系列研究主要使用人物形象分析的范式，这种范式对历史小说历史发展的呈现自然有其不可替代的作用，但也显示出新时期伊始文学研究新旧更替的某些特点。这恰如魏建用辩证的观点来审视人生和学术的得失所总结出来的规律一样：“人生的路上充满变数，每一步都有N种可能。谁也不知道……迈出这一步的每一种可能与后面第N步的N种可能之间具有怎样的联系。”⑦万事万物都自有其发展的内在轨道，人生

---

① 田仲济、孙昌熙主编：《中国现代小说史》，济南：山东文艺出版社1984年版。

② 蒋心焕：《中国现代历史小说的开拓者、成功者——谈〈故事新编〉》，《山东师大学报（哲学社会科学版）》1981年第5期。

③ 蒋心焕：《略谈抗日战争和解放战争时期的历史小说》，《聊城师范学院学报》1982年第3期。

④ 蒋心焕：《三十年代历史小说创作琐议》，《教学与进修》1983年第1期。

⑤ 蒋心焕：《试论1927—1937年的历史小说创作》，《文苑纵横谈》（7），济南：山东人民出版社1983年版。

⑥ 蒋心焕：《中国现代文学第一个十年的历史小说创作》，《文艺评论通讯》1984年第2期。

⑦ 魏建：《“绿叶”的成色》，《中国社会科学报》2021年3月19日。

路上充满的变数也就意味着任何一种可能都会发生，人们常说“失之东隅，收之桑榆”，便是对这一哲理的形象概括。我们以此来勘探蒋心焕的学术研究变迁之路时，就会对此有深刻的体会。蒋心焕将中国现代历史小说研究作为出发点，在不经意间把历史勘探的钻头深入中国近代文学这块富矿，并搭建起一座联结中国近代文学和现代文学的桥梁，并由此开启了“转换”研究的新视域。

80年代中后期，蒋心焕作为主编之一的《新编中国现代文学史》[①]，在国内，尤其是在华东地区产生了很大影响。这一时期他的主要精力集中在中国近代文学与现代文学关系的研究上，其主要研究成果是《“五四”新小说理论和近代小说理论关系琐议》[②]《论中国近代文学向现代文学的转换——纪念五四运动七十周年》[③]《中国近代文学向现代文学转换》[④]等几篇重要论文，这些研究成果在《新编中国现代文学史》有所体现。诚如笔者早在2000年指出的那样：

> 有关近代文学向现代文学的转换研究（见《论中国近代文学向现代文学的转换》、《论梁启超的小说观》等文），更是较早地摆脱了静态的文学研究方式，代之以动态的文学发展规律的探讨，使近代文学的研究向前推进了一大步。即便是在今天，其理论的描述亦显示出学术的光芒。这显然与其深厚的文学理论功底分不开。与近代文学向现代文学的转型研究紧密相连的是蒋先生的小说史研究。《“五四”新小说理论和近代小说理论关系琐议》一文便是这方面的佐证。该文从小说理论的视角，疏浚

---

① 朱德发、蒋心焕、陈振国主编：《新编中国现代文学史》，济南：明天出版社1989年版。

② 蒋心焕：《“五四”新小说理论和近代小说理论关系琐议》，《山东师大学报（社会科学版）》1986年第1期。

③ 蒋心焕：《论中国近代文学向现代文学的转换——纪念五四运动七十周年》，《山东师大学报（社会科学版）》1989年第2期。

④ 本文系蒋心焕先生为《新编中国现代文学史》一书所撰写的绪论部分，详见：朱德发、蒋心焕、陈振国主编：《新编中国现代文学史》，济南：明天出版社1989年版，第1—41页。

了中国现代小说的源头。[①]

实际上，我们如果远距离地观照蒋心焕关于中国近现代文学的转换思考，便会发现这一问题的提出的确具有学术史的价值和意义。这恰如蒋心焕所指出的那样："这是一个有待深入研究的课题。"然后，他追溯了现代以来的诸多学者对这一问题的阐释历史，认为：

> 解放以前出版的学术著作，诸如胡适的《五十年来中国之文学》、陈炳堃的《最近三十年中国文学史》、周作人的《中国新文学的源流》、朱自清的《中国新文学研究纲要》(《文艺论丛》第十四辑)等，都注意到五四文学和近代文学的关系及时代思潮同文学变革的关系，但这些史著，由于所论的角度或侧重点不同的缘故，大都只提出了问题，未能展开论证；有的论著，或立论失之偏颇，或资料明显荒缺。[②]

他又对接了新中国成立之后的研究历史，认为：

> 解放以后，特别是近几年来，研究工作者以新的观点和较为丰富、翔实的资料，对这个专题进行了系统的研究，如严家炎的《中国现代文学发展中的几个基本问题》、沙似鹏的《五四小说理论与近代小说理论的关系》等专论，对进一步研讨这个专题，提供了很好的基础。[③]

蒋心焕把自己的学术研究置于前人的研究基础之上，并围绕着这一专题，从

---

① 李宗刚：《淡泊有为　宁静致远——记蒋心焕先生的文化求索之路》，《联合日报》2000年1月4日。

② 蒋心焕：《"五四"新小说理论和近代小说理论关系琐议》，《山东师大学报（社会科学版）》1986年第1期。

③ 蒋心焕：《"五四"新小说理论和近代小说理论关系琐议》，《山东师大学报（社会科学版）》1986年第1期。

“如何评价梁启超等人的小说理论和现代小说理论对近代小说理论的革新”角度进行了阐释。这一阐释的独到之处在于把梁启超等人的小说理论与现代小说理论内在关系进行了疏浚，把整个中国小说纳入有机的统一体之内进行辨析，并由此缝合了近代小说理论与现代小说理论之间的缝隙。这对忽视二者之间的关系研究具有纠偏作用。

如果说蒋心焕的《“五四”新小说理论和近代小说理论关系琐议》一文还停留在“琐议”层面上的话，那么，他的《论中国近代文学向现代文学的转换——纪念五四运动七十周年》和《中国近代文学向现代文学转换论》便是较为系统化和理论化的思考结晶。蒋心焕在《论中国近代文学向现代文学的转换——纪念五四运动七十周年》的开首便鲜明地提出了自己的观点：

> 以“五四”为标志的中国现代文学是具有现代特征的一种新质的文学，但它的新质不是突然冒出来的。历史证明，中国现代文学是中国知识分子中的先驱者经过对中国近代政治、文化的沉痛反思后而实现转换的。[①]

为此，他从“从政治意识的觉醒到伦理意识的觉醒”“从晚清文学改良到五四文学革命”等方面进行了较为系统深入的阐释，并由此把近代文学视为“五四文学革命的先声”：

> 从鸦片战争到五四前夕的文学构成了具有独立特质的近代文学。但从历史联系上看，资产阶级文学改良运动适应了时代的潮流，对泛滥于文学领域的复古主义、形式主义的理论观念和文学创作是一个猛烈的冲击，特别是梁启超所发动的一连串的文体革命，标志着同中国古代文学断裂的开始，它成了五四文学革命的先声。[②]

① 蒋心焕：《论中国近代文学向现代文学的转换——纪念五四运动七十周年》，《山东师大学报（社会科学版）》1989年第2期。

② 蒋心焕：《论中国近代文学向现代文学的转换——纪念五四运动七十周年》，《山东师大学报（社会科学版）》1989年第2期。

正是基于如此深入的分析，蒋心焕强调：

从总体上说，不论是改良派还是革命派对文学进行革新的经验教训，为五四文学革命的崛起，提供了内在的历史根据；而转换的直接原因则是五四的社会历史条件和文化氛围；以西方文学为楷模，对其大规模的自觉的翻译介绍，催生着中国文学发生根本的转换。①

在论文的结尾部分，作者豪迈地指出：

五四时期“人的文学”的倡导和实践，不仅在中国文学史上是一次根本性的变革，开启了中国新文学走向现代化的新时代，成为世界进步文学中的一个重要组成部分，而且由此引发了文艺内部一系列的变革：它以新的理论观念和审美意识彻底改造了旧文学，奠定了中国现代文学的基础；它使文学从以“教化”为中心的思想观念向以真、善、美为中心的审美观念迅速转化；它使文学（小说表现得最明显）从主要以写故事为主转化为主要以刻画人物的性格、心态为主；它实现了白话文取代文言文的真正变革，完成了对旧格律诗、章回小说、笔记小说等体式的蜕变。这种变革和创新，形成了五四文学在思想内容和语言体式上琳琅多采（彩）的姿态，促进了中国现代文学的繁荣，实现了文学向现代化、民族化的转换。②

我们如果循着这样的一个文学史研究范式往前推演，不难看出，这种大文学史观与20世纪90年代后期兴起的“20世纪中国文学史”书写理念具有内

① 蒋心焕：《论中国近代文学向现代文学的转换——纪念五四运动七十周年》，《山东师大学报（社会科学版）》1989年第2期。

② 蒋心焕：《论中国近代文学向现代文学的转换——纪念五四运动七十周年》，《山东师大学报（社会科学版）》1989年第2期。

在旨趣上的统一性。由此，“20世纪中国文学史”[①]便从根本上纠正了既有的中国现代文学史割裂现代文学与近代文学的关系的认知偏颇。

蒋心焕在这一时期之所以能够从现代文学研究的领域中突围出来，并从中国近现代文学转换的视角对其进行阐释，与他研究中国现代历史小说有着密切的关系。在研究中国现代历史小说的过程中，他逐渐走出了中国现代文学的疆域，把现代历史小说与明清特别是晚清时期的历史小说进行对比：

> 中国的历史小说并非始于五四文学革命以后，早在明清特别晚清时期就比较发达了，并且涌现出一些颇有影响的广为流传的长篇历史小说，如《三国演义》《水浒传》《说岳传》《东周列国志》《东汉演义》《西汉演义》《隋唐演义》等。五四文学革命兴起的新的历史小说虽然同古代历史小说有一定的联系，但从本质上看却具有了崭新的特点，不论是思想内容或艺术形式都发生了根本变革。[②]

由此看来，蒋心焕在对中国历史小说进行梳理的过程中，既看到了它们之间的差异，又看到了它们之间的内在联系，尤其是看到了现代历史小说在近代小说的继承和扬弃中进一步发展与完善。这种注重勾连二者关系的研究视角，便为他后来提出中国近代文学向现代文学的转换奠定了坚实的基础。

在研究中国现代历史小说的过程中，蒋心焕把思想的触角伸展到了近代历史小说的疆域之中，这又与他注重事物之间的普遍联系性、注重在对比中确立研究对象等研究范式有关。这种研究方法在其对田仲济的研究方法的体悟中有所表现：

---

① 在20世纪90年代前后，中国现当代文学史的书写出现了新局面，其中的标志之一便是“20世纪中国文学史”从理念的提出转向编撰的实践，代表性著作有：陈平原著：《二十世纪中国小说史》(第1卷)，北京：北京大学出版社1989年版；乔福生、谢洪杰主编：《二十世纪中国文学》，杭州：杭州大学出版社1992年版；孔范今主编：《二十世纪中国文学史》(上下册)，济南：山东文艺出版社1997年版；黄修己主编：《20世纪中国文学史》，广州：中山大学出版社1998年版；等等。

② 蒋心焕：《中国现代文学第一个十年的历史小说创作》，《文艺评论通讯》1984年第2期。

他（田仲济，笔者注）不仅把研究的眼光紧紧盯在现代文学这块园地上，而且，还主张把现代文学放在整个中外文学史的链条上加以透视，既发现现代文学与古代文学、外国文学的千丝万缕的联系，又发掘现代文学与当代文学及社会现实之间的内在的历史因果关系，他常常以作家的眼光审视研究对象，力图把文学放在一个当时历史、时代、生活、文化等多种因子组合的立体世界中加以研究。[①]

显然，蒋心焕能够把田仲济的研究方法予以如此清晰的概括和提炼，也恰好说明了这种研究方法已经深入他的学术研究之中，并成为他把中国现代文学纳入近代文学的发展链条中加以阐释的内在缘由。

在90年代前后，蒋心焕未能循着“转换”的视角对中国近代文学与现代文学的关系进一步向纵深处挺进，这主要缘于他的学术研究开始转向。其一是他在中国现代小说史研究方面深化了自己的思考，并从美学思想的维度尝试着建构自己的学术体系；其二是他受田仲济之邀，参与了《中国新文艺大系（1937—1949）散文杂文集》[②]的编选工作。在培育研究生的过程中，他注重从现代小说本体，尤其是现代小说美学思想的维度引领学生进行思考，并主编了《中国现代小说美学思想史论》[③]这部著作。该著作尽管延宕了十多年才得以问世，但其关于中国现代小说美学的思考依然具有其不可取代的价值和意义。至于蒋心焕参与《中国新文艺大系（1937—1949）散文杂文集》的编选工作，魏建有过这样的回忆：“田仲济老师偏爱杂文和散文，动员蒋老师研究散文，他就转向了。田老师接手《中国新文艺大系（1937—1949）散文杂文集》的主编任务，就是蒋老师帮他编成的。”“这项工程卷帙浩繁，当时蒋老师已是满头白发，那些日子他与民国年间的书籍、报纸、杂志相伴，在尘封土掩的历史文献

---

① 蒋心焕：《从一个窗口看田仲济先生》，《中国现代文学研究丛刊》1993年第4期。

② 田仲济、蒋心焕主编：《中国新文艺大系（1937—1949）：散文杂文集》，北京：中国文联出版公司1996年版。

③ 蒋心焕主编：《中国现代小说美学思想史论》，南京：江苏文艺出版社2006年版。

中钩沉、校勘，花了很多年才做完。样书出来，是16开本、1000页。”[①]如此浩大的工程，使得蒋心焕的学术再次开启了系统性的“转换”，那就是从中国近代文学向现代文学的转换研究，“转换”到了以资料搜集整理为主的中国新文艺大系散文杂文的历史文献钩沉和校勘等具体工作中。

在这一时期，蒋心焕的学术研究主要集中于散文方面，其中的代表性成果有《论梁实秋散文的独特品格》[②]《试论闲适派散文——兼及周作人、林语堂、梁实秋散文之比较》[③]《“海派”散文与文化市场》[④]《文化散文发展的轮廓》[⑤]《漫谈周作人的文化人格及其散文的文学史意义》[⑥]《中国现代散文走向鸟瞰》[⑦]等。蒋心焕的散文研究奠基于坚实的资料基础之上，所以，他的散文研究论文得到了学术界的关注，除了散文研究之外，蒋心焕还继续关注中国现代作家作品的个案解读，其中的代表性的论文是《茅盾文学思想结构探》[⑧]。

21世纪以来，作为第二代学者的蒋心焕已经退出了学术舞台，由此开始转向散文创作。他的散文创作始于20世纪90年代，作品数量虽然不是很多，但别具一格，具有清新淡泊的风格。他在周作人的散文研究方面用功甚多，这便使得其散文创作既融会了其文学研究的某些个人体验，又自觉地承继了周作人散文的风格，同时接续了田仲济散文杂文创作的某种风范，结合自我的独特人生体验，逐渐形成了平和淡泊的散文风格。如《枣树的思念》一文，他在开头和结尾是这样写的：“老家庭院里有棵枣树，是母亲栽植的。”“我每次回乡

---

① 魏建：《“绿叶”的成色》，《中国社会科学报》2021年3月19日。

② 蒋心焕、吴秀亮：《论梁实秋散文的独特品格》，《山东师大学报（社会科学版）》1993年第2期。

③ 蒋心焕、吴秀亮：《试论闲适派散文——兼及周作人、林语堂、梁实秋散文之比较》，《聊城师范学院学报（哲学社会科学版）》1993年第2期。

④ 蒋心焕：《“海派”散文与文化市场》，《东岳论丛》1998年第1期。

⑤ 蒋心焕：《文化散文发展的轮廓》，《山东师大学报（社会科学版）》1999年第2期。

⑥ 蒋心焕：《漫谈周作人的文化人格及其散文的文学史意义》，《胜利油田师范专科学校学报》1999年第3期。

⑦ 蒋心焕：《中国现代散文走向鸟瞰》，《山东师范大学学报（人文社会科学版）》2015年第2期。

⑧ 蒋心焕：《茅盾文学思想结构探》，《山东师大学报（社会科学版）》1996年第4期。

留恋于枣树之下，总能深深感受到母子亲情的激荡，尽管已是天上人间！”[①] 然而，正是这棵枣树，不仅激荡着母子的亲情，还渗透着自我的文化反思、贯穿着时代的风雨！也许，在20世纪90年代以及此后的市场经济大潮涌动的特定历史背景下，蒋心焕的散文的清新淡泊的风格恰是作者坚守自我人文文化立场以及由此对抗经济大潮的外化。

尽管作为第二代学者的代表，蒋心焕始终坚守自己作为一个独立的知识分子的操守，并把学术视为安身立命的根本，但从总体上看，这一代学者中的大多数或由于身体的限制，或由于体制的疏离，已经逐渐淡出学术界，只有少数第二代学者还身在体制之内，由此开启了人生的“逆生长”之路。例如朱德发便在山师中国现当代文学学科获得博士点之后，受聘为博士生导师，其学术人生由此进入了一个新时代。[②]

三、重视原始资料的搜集与研究

蒋心焕从事学术研究，继承和发扬了“山师学派”[③]的学术研究传统，注重资料在学术研究中的重要作用。

山师的中国现代文学教研室在1952年设立，第一代学者田仲济和薛绥之极为重视原始资料的搜集整理与研究，并由此形成了在原始资料基础上进行学理阐释的治学风格。早在1947年，田仲济先生撰写其成名作《中国抗战文艺史》时便显示了他的这一治学路径。作为深受田仲济影响的第二代学者，蒋心焕继承和发扬了山师学派的这一传统。他在回忆田仲济的文章中曾就此专门进行了详细说明：

---

① 蒋心焕：《枣树的思念》，《贵州日报》1994年10月9日。

② 魏建：《试析“朱德发现象”》，《中国现代文学研究丛刊》2015年第4期。

③ 魏建认为，“无论依据‘学派’的工具书定义，还是依据人们对‘学派’的理解，中国现当代文学研究界的‘山师学派’早就存在了。这一学派正式出现的时间应该追溯到60多年之前。”魏建：《中国现代文学期刊研究与学派传承——以“山师学派”为例》，《山东师范大学学报（人文社会科学版）》2017年第3期。

先生（田仲济）正是以此指导我们编写“文革”以后国内出版的第一部并取得史学界好评的《中国现代文学史》和《中国现代小说史》等学术著作的。令我特别感动的是先生将珍藏数十年的《抗战文艺》（计七十八期）借我阅读，让我接触原始资料，感受历史氛围，从而理清抗战文艺的发展线索。我翻阅着抗战时期艰难出版现已发黄变脆甚至发霉的杂志的每一页，真是感慨万千，受益终生。[①]

他（田仲济，笔者注）多次对教研室的同志说，资料的搜集、积累和整理是我们的传统，要不断补充、添置新的资料。他认为，资料是研究的基础和前提，只有从第一手资料出发进行的研究，才能经受住实践和历史的考验，成为有学术生命的著作。由此，我不由得联想到从上世纪50年代到80年代，他利用各种机会充实、丰富新文学藏书的感人情景。[②]

建国初期，田先生担任齐鲁大学中文系教授兼系主任时，就注意有关现代文学资料的搜集，购买了当时东方书社出版的新文学书籍。一九五二年院系调整，齐鲁大学合并到山东师院后，他更是有意识地购买五四以来出版的新文学书籍和期刊。一九五五年上级给田先生主持的研究生班拨了八千元经费，田先生全用来购买书报杂志，并建立了资料室。七十年代初期，田先生获悉已故现代文学著名藏书家瞿光熙的家属拟出售私人藏书的消息，他一则以喜，一则以忧，惟恐这批资料零落散失，他不顾个人还在受“审查”的艰难处境，冲破了种种阻力，想方设法使这一大批名贵书籍从南方私人书库安抵师大图书馆。田老常说，资料是研究的基础和前提；只有从第一手资料出发所进行的科学研究，才能经受住历史的考验，才是真正有价值的研究论著。[③]

田先生一贯的最明显的倾向是：尊重历史、力求真实。应该说，这是文学史研究的根本的原则，但也是最高原则，说说容易，做起来是颇

① 蒋心焕：《完美人格的典范——痛悼恩师田仲济教授》，《齐鲁晚报》2002年1月18日。

② 蒋心焕：《回忆恩师田仲济》，《春秋》2009年第1期。

③ 蒋心焕、宋遂良：《青山不老桃李成林——田仲济教授和现代文学研究》，《山东师大学报（社会科学版）》1987年第4期。

为艰难的。

田先生曾于40年代初写的《〈夜间相〉后记》一文中说："尊重历史的现实，这就是尊重历史的真实。是不能以现在的面貌来窜改过去的。"时过四五十年，近半个世纪，田先生仍然反复强调这一点："文学史要有公允地恰如其分地对于文学运动、重大事件、风格流派等等的记述、分析……""至于我，我是不主张以今天的思想改过去的思想的，那实际是对历史的窜改……"多年来，田先生始终以此为准绳，来指导他的文学史研究工作，力求科学、准确，常在清醒、冷静、理智的分析中，显示自己个人的独到见解，不为流行观点所左右。①

正是在田仲济等第一代学者的影响下，蒋心焕极为重视原始资料的搜集与研究，并保存了一大批有价值的原始文献，其中，在鲁迅研究资料方面的成果较具代表性。山师作为鲁迅研究和文献资料搜集与整理的重镇，向来具有重视鲁迅相关文献资料的传统，蒋心焕受此影响，保存了一大批与鲁迅相关的文献资料，保存有相对完整的鲁迅著作注释"征求意见本"。早在21世纪之初，笔者曾经在向蒋心焕请教未来的学术研究计划时说过，鲁迅著作注释"征求意见本"作为特定历史的一种特殊学术活动，在学术史中具有其无法替代的价值和意义。我们如果循着"征求意见本"的编纂轨迹，可以穿越历史时空的阻隔，抵达历史的深处，进而帮助读者理解特定时代的学术研究如何平衡功利性诉求与学理性诉求的关系，也可以为未来的学术研究规避历史误区提供镜鉴。蒋心焕对此想法特别赞赏，并相继把他保存了30多年的鲁迅著作注释"征求意见本"赠送给我。后来，缘于我将学术兴趣逐渐定位于中国文学的文学教育领域，这一话题便暂时搁浅了。但是，我每每想到他赠送的"征求意见本"未能释放出其应有的学术能量时，便深感愧疚，所以建议我指导的博士研究生把这一课题纳入博士论文的备选课题中。令人欣慰的是，这一时机在2018年终于来到，我指导的2017级博士研究生谢慧聪对此课题很感兴趣，把鲁迅著作

---

① 蒋心焕：《从一个窗口看田仲济先生》，《中国现代文学研究丛刊》1993年第4期。

注释“征求意见本”作为自己的博士论文研究对象，我便把蒋心焕的这套相对完整的“征求意见本”转赠给了谢慧聪。谢慧聪不仅在此基础上完成了博士论文，还获得山东省优秀博士学位论文，其系列论文也相继刊出。谢慧聪在文中写道：“本文所使用的‘红皮本’系山师文学院蒋心焕教授提供，在此一并表示感谢。”①学术研究正是在这样的代际承续的转换中不断推进的。这也说明，我们在评估第二代学者的学术贡献时，除了要关注他们曾经发表了哪些值得历史记忆的学术论文或学术著作，还要关注他们在提携后学、在代际传承中如何很好地承担了其作为“历史中间物”所应该承担的“传”之重任！

在20世纪70年代末和80年代初，蒋心焕除了参与中国现代文学史和中国现代小说史的编写工作外，还与朱德发合作完成了《第三次国内革命战争时期解放区文艺运动资料汇编》。这本资料汇编系“中国现代文学史资料汇编（甲种）”之一。为了能够较好地完成这一资料汇编任务，朱德发与蒋心焕跑了诸多图书馆，从浩瀚的资料中遴选出篇目，再抄录到一页300字的方格纸上，如此下来，厚厚的一大摞手抄资料才算是顺利完成了。然而，令人遗憾的是，这本资料汇编因为北岳文艺出版社出版经费的限制，未能付梓出版。对此，朱德发老师有过这样的回忆：

> 本资料汇编顺利通过审稿，于20世纪80年代初由中国社会科学院文研所徐迺翔同志直接交给山西人民出版社付梓出版，但该社不知何故久久不出版。中间我们询问过徐迺翔同志，徐迺翔同志也催促出版社；后来这部书稿又转给北岳出版社，该社已做好发稿的具体编排，但迟迟不出版，这就拖至20世纪末了。这时我们又催问徐迺翔同志，北岳出版社终于将要发排的文稿原样不动地退给我们，这已是21世纪初了。我们只能将这部资料汇编保存起来，等待问世的时机。②

---

① 谢慧聪：《〈鲁迅全集〉编注史上的“征求意见本”》，《山东师范大学学报（社会科学版）》2021年第4期。

② 朱德发、蒋心焕、李宗刚编：《第三次国内革命战争时期解放区文艺运动资料汇编（上卷）》，沈阳：辽宁人民出版社2018年版，第2页。

然而，从两位老师的年龄来看，这部保存起来的资料汇编，如果没有人再去过问，随着岁月的流逝，知晓这部资料汇编的人也许会越来越少。甚至，随着两位老师的离去，这部资料汇编也许再也等不来问世的机会。在经过了近38年的沉寂之后，当听到蒋心焕不无遗憾地谈及此事，并说这本资料汇编的手稿由朱德发老师收藏时，我便默默下定决心替两位老师完成心愿。朱德发是深受诸多同学崇敬的老师，他的五四文学研究课是我们这一届学生的选修课，他在思想上大胆地冲破“左”的思想桎梏，深得同学们的推崇。2002年，我考取了朱德发老师的博士研究生。如此一来，我既是蒋心焕的硕士研究生，又是朱德发的博士研究生。这样一种特殊的机缘使我感到，如果能够把两位老师当年合作完成的资料汇编毫无缺损地出版，帮助两位老师还上这段已经搁浅了38年的未了情，这该是一件多么令老师高兴的事啊！这既可以完成蒋心焕的资料汇编出版的未了情，又可以勘探朱德发20世纪80年代初期在学术研究上能够有所突围的内在奥秘。

当我向两位老师表达了自己愿意帮助他们完成出版这本资料汇编的心愿时，他们都很高兴。于是，我从朱德发家里拿到了已经被老鼠啃噬过的书稿，并拉开了出版的大幕，重新呈现出已经被延宕了38年的第二代学者艰苦卓绝地躬耕于图书馆的奋斗大剧。对此，朱老师在前言中又专门加上了几句话：

> 救活这部书稿的时机终究来到：一是我们所在的山东师范大学中国现当代文学学科于2007年被批准为国家级重点建设学科，不仅承传并光大了本学科在历史上重视文学史料汇编的优良传统，而且对有价值的文学资料出版给予大力资助；二是李宗刚教授是我们两个人培养指导的硕士和博士研究生，他既热爱文学资料工作，又潜心学术研究，既是硕士生指导教师，又是博士生指导教师，并心甘情愿地承续这部资料的重新校勘、重新打印、重新联系出版等诸多烦琐工作，争取完好无损地将这部积压了三十多年的“资料汇编”救活！①

① 朱德发、蒋心焕、李宗刚编：《第三次国内革命战争时期解放区文艺运动资料汇编（上）》，沈阳：辽宁人民出版社2018年版，第2页。

其实，我的名字被两位老师加在他们的名字之后，是我从未想到过的事情。我本来就是要替老师实现一个被搁置了38年的心愿——希望他们能够在有生之年目睹当年这本渗透了他们汗水的资料汇编顺利面世，至于我自己则从来没有想到由此获取什么个人的名声。但虑及两位老师意在提携学生的美意，再加上我作为两位老师的学生，能够忝列老师之后，也实在是一件令我感到荣幸的事情，于是，我的名字便在朱德发和蒋心焕之后，也出现在这本资料汇编的编者行列。当然，我之所以接受了两位老师的美意，还有一层意思，那就是要表明这样的一个真谛：学术研究是一代代人不懈地接续奋斗的事业，这既有前辈学者对后学的栽培与提携，又有后学对前辈学者的推崇与热爱，如此一来，学术才会真正地在代际传承中发扬光大。

值得欣慰的是，这本资料汇编终于赶在2018年7月正式出版了——6月底，在我的再三督促下，这本书的样书赶印出来，我便迫不及待地送给了两位老师。此时，朱德发已经到了生命的最后时刻。据他的女儿朱筱芳讲，朱德发看到这本书后，很欣慰。令人痛惜的是，朱德发在7月12日便离开了他魂系梦绕的学术研究事业，终止了他一直视为一种生活方式的学术研究生涯。蒋心焕拿到这本资料汇编之后，非常满意，他兴奋地在该书的扉页上题写了如下的文字："此书堪称红色经典，其价值永存！它的出版归功于'重点学科'的支持及宗刚的辛勤付出。蒋心焕2018年11月11日。"①

令人深感痛惜的是，匆匆几年的时光，朱德发和蒋心焕竟先后离开了我们。每当这种伤感的情绪袭来之时，我看到老师们留下的文字，便又切实地感到，他们依然活在由文字砌成的学术大厦里，他们的思想和情感的脉搏依然铿锵有力地跳动着，他们的文化生命超越了生理生命，依然是我们在学术研究的道路上继续前行的动力源泉。实际情况也的确如此。每当我们在山师教学三楼的3141会议室慷慨激昂地驰骋于学术的疆域时，便会看到两位老师在1987年和2018年的两张学科教师合影中那或神采飞扬、或温情谦和的笑容，仿佛感到两位老师并没有远去，他们将与山师的中国现当代文学学科同在！我与研究生合作完成的《山

① 蒋心焕的题字见该书的扉页。该书由笔者保存。

东师范大学中国现当代文学学科资料汇编的历史回溯》一文，便像溯历史长河而上一般，对学科在中国现当代文学资料整理与研究方面的工作进行了溯源性的考辨，其中便包括对朱德发和蒋心焕在资料整理和研究方面所做贡献的梳理。[①]

从20世纪80年代末到90年代初，蒋心焕协助田仲济完成了《中国新文艺大系（1937—1949）散文杂文集》[②]的编选工作，这是蒋心焕与田仲济近半个世纪的学术代际传承的最后一次清晰呈现。《中国新文艺大系》作为一部反映五四以来中国新文艺优秀成果及其发展历程的重要文献史料集，对五四运动前后到1982年年底新文艺作品和史料进行总结，以文学艺术门类分集编纂整理，为相关研究者提供了比较系统、完整的史料文献。在参与这部重要文献史料集编纂的过程中，蒋心焕对学术的代际传承有着这样深刻的感悟：

令我终生难忘的是田老作为老一代学者严之又严的工作态度和一丝不苟的工作作风。该书最后审定的作品为506篇，但这506篇是我们费时几年从近万篇作品中筛选出来的。经过初选、二选和最后审定，田老勤奋、严谨的工作作风贯穿始终，万分感人。1937—1949年这10多年，正是伟大而艰巨的战争年代，当时出版的不少书籍和报刊一般都是土纸印刷，字迹模糊难辨，田老拿着放大镜，多次校对，改正错字、漏字。初选、初校工作，我做得比较多，自以为是够认真的，但经他审定还是发现一些差错。这时，他就语重心长地说："事在人为。"我们不敢保证一个错字也没有，但应以"尽善尽美"的高标准来完成它。田老还把有些作品寄给他熟识的作家，询问用哪个版本为好。总之，大到作品入选标准，小到对错漏的订正，都在他殚精竭虑的关注中。[③]

---

① 李宗刚、高明玉：《山东师范大学中国现当代文学学科资料汇编的历史回溯》，《山东青年政治学院学报》2021年第5期。

② 田仲济、蒋心焕主编：《中国新文艺大系（1937—1949）散文杂文集》，北京：中国文联出版公司1996年版。

③ 蒋心焕：《田仲济先生的散文观》，《蒋心焕自选集》，济南：山东人民出版社2015年版，第413页。

这部研究资料的编选，不仅对中国现代文学第一代学者与第二代学者的学术传承有了清晰的呈现，而且使第二代学者对如何发扬光大第一代学者的学术精神有了更加明确的目标——蒋心焕在既有的资料编选的过程中，开启了自我学术的转型——从早期的中国现代文学史书写到20世纪90年代的散文研究的学术之路。

四、教书育人，薪火相传

1949年之后，大学教育遵循着现代教育的基本法则，在不同的院系开设了不同的课程。在中文系则开设了中国古代文学、古代汉语、现代汉语、文学理论、外国文学以及嗣后开设的中国现代文学等课程。但是，限于大学的课程多由数个老师合作完成，师生之间的互动多限于课堂上的教师讲解知识、学生听讲这种单向度的活动。由此带来的问题便是，教师与学生之间除知识的传递外，那种真正的内化于精神和情感深处的交流则处于缺失的状态。我之所以能够走进蒋心焕的学术人生的世界中去，恰好是因为我有了一次能够超越大学本科的师生交往的研究生学习经历。在研究生学习生活的三年时间里，我不仅对蒋心焕的做人原则有了深切的感知，而且对他的学术研究有了更多的理解。

在科研上能够披荆斩棘并终成一家之言的老师，固然是少数，更多的老师是舌耕于三尺讲台，通过教书达到育人的目的，进而把现代文化理念植根于学生的心灵深处，由此实现薪火相传。蒋心焕不仅在学术上有自己的独立建树，而且还深谙教育规律，培养了众多优秀的学生，这些学生既有本科生，也有研究生。虽然说本科生、研究生的教育是诸多老师通过“合力”完成的，但是从整体上说，研究生的指导教师无疑是诸多“合力”中最为重要的那股历史力量，或者说是培养学生的主导性力量。

在研究生培养方面，蒋心焕继承了第一代学者的优良传统，根据研究生的个性特征及其特长有针对性地引导研究生找寻到自我的学术研究方向。李春林作为1979级的硕士生，尽管不是蒋心焕亲自指导的硕士研究生，但蒋心焕依然积极参与他的学术人生的设计，并在关键节点上给予了有针对性的指导。

据李春林回忆：

> 在最后一年撰写毕业论文的日子里，我更成为那洒满阳光的房间的常客，蒋老师每每给予口头或书面（在论文草稿上）的种种指教。尤其是题目的选定，完全是蒋老师的意见：当他得知我想写《鲁迅与契诃夫》时，告诉我王富仁正在写此题，你写不过他，不如写《鲁迅与陀思妥耶夫斯基》；我说陀思妥耶夫斯基太复杂，不好写，蒋老师说正因为复杂，写出来就是成功。征得了书新老师和田老师的同意后，就这样定了下来。[①]

自此以后，李春林一直将鲁迅与外国文学比较研究作为自己的主攻方向，并在此基础上建构起了自我的学术大厦。

蒋心焕从1985年开始指导硕士研究生，1995年停止招生，前后带了8届，共有20多人。他培养的学生大都已经成为工作岗位上的业务骨干。以1985级硕士研究生为例，蒋心焕共招了郭济访、万直纯、魏建（按照年龄排序）等3名研究生。郭济访1988年毕业之后便到了江苏文艺出版社，曾经主导过在20世纪90年代具有较大学术影响的丛书编辑工作，并相继推出了山师青年学者吴义勤、张清华（按其著作出版时间先后排序）的著作，这成为他们在学术界的成名作和代表作。直到今天，这些著作仍是本科生和研究生学习中国当代文学的重要参考书目。对此，张清华曾经这样回忆过他的《中国当代先锋文学思潮论》：

> 1997年夏，我写成了书稿《中国当代先锋文学思潮论》，当时很希望这本书能够纳入江苏文艺出版社的“跨世纪文丛”中，因为那套书里都是非常优秀的同行或师友的著述。刚好一位学兄郭济访就在该社任职，济访是蒋老师的研究生。蒋老师得知我的愿望，非常支持，亲自给

① 李春林：《洒满阳光的房间——忆念恩师蒋心焕先生》，《济南时报》2021年2月8日。

> 济访兄打电话，向他介绍了我的情况，多有鼓励之辞，遂使此书顺利出版……我自然心怀感激，但每当我当面向他表示谢意的时候，他都会淡然一笑，说小张不要客气，你好好做学问，好东西还应该在后头。[①]

这说明，蒋心焕恰是秉承着学术为公器的理念，积极地为每一位具有学术追求的后学提供力所能及的帮助和提携。郭济访也传承了蒋心焕的学术理念，不仅积极扶持青年学者，还注重发掘资深学者的资料，其中具有代表性的成果便是在他的主导下出版了《田仲济文集》(四卷本)[②]。郭济访因业绩突出，获得了国务院特殊津贴，并被提拔为出版社的副社长，为中国学术的发展做出了突出贡献。万直纯作为安徽教育出版社编辑、编辑部主任、副总编辑，2001年被选拔为安徽省省直宣传部门“四个一批”拔尖人才，2002年享受国务院政府特殊津贴，2008年被选拔为全国新闻出版行业领军人才，2013年担任时代出版传媒公司专家委员会主任委员、出版策划中心副主任，公司编辑委员会委员、副主任。他责编的《卞之琳译文集》获国家图书奖提名奖、全国外国文学优秀图书奖一等奖。他曾是44卷本《胡适全集》这一浩繁出版工程的项目负责人，也是其中的责任编辑之一。这项工程无疑是1949年以来首次对胡适一生学术研究撰述的系统性梳理，对胡适研究的普及与深化起到了无法替代的历史作用。此外，他还出版过《丁玲和她的文本世界》《万直纯文学论集》等学术专著。郭济访和万直纯在出版行业依然较好地传承了其在研究生学习期间所接纳的第一代学者和第二代学者的精神，并以自己不懈的努力，最终参与并推动了新时期中国现当代文学研究事业的发展。

魏建作为蒋心焕指导的第一届硕士研究生，1988年毕业留校任教。他既是蒋心焕指导的硕士研究生，又与田仲济和朱德发两代学者有着较为深入的交往，并深受他们的赏识。魏建在攻读硕士学位期间便开始把创造社及郭沫若作为自己学术研究的方向，历经30多年的辛勤耕耘，其相关研究已经得到

---

① 张清华:《蒋心焕先生琐忆》,《南方周末》2021年3月4日。

② 田仲济:《田仲济文集》(四卷本)，杨洪承主编，南京：江苏文艺出版社2007年版。

了国内外学术界的好评，并成为山师中国现当代文学学科的学科带头人。他在2020年撰写的回忆蒋心焕的文章中这样写道："1988年春，我打网球严重受伤，蒋老师一次次去宿舍看望我，同时指导我的硕士学位论文写作。毕业后我幸运地与蒋老师在一个教研室工作。""一年后，我和一帮单身'青椒'沉迷于桥牌、麻将、拱猪……常常玩到天明。蒋老师委婉的批评，才结束了我玩物丧志的日子。"[①]魏建这段不无谦虚的回忆，让我们看到了蒋心焕指导研究生那种相对温润的方式，这恰如南方的毛毛细雨，润物细无声。这种教育方式在郭济访的回忆中也有所印证："在学业上老师总是鼓励有加，甚至经常到我们宿舍'登门'指导作业论文。""有一次小师妹佘小杰告诉我：'蒋老师对我们说，郭济访和你们不一样，他是用他的人生和生活来写论文的。'我至今觉得，这是老师对我的理解，也是对我最高的评价。蒋老师平时话虽然不多，其实他对我们每个人都有深刻的了解，点到为止，却切中肯綮。"[②]

山师作为中国现当代文学研究的重镇，从田仲济、薛绥之、冯中一等第一代学者，到冯光廉、蒋心焕、朱德发等组成的第二代学者，再到此后的第三代、第四代学者，在学术研究上尽管呈现出较大的差异性，但在重视原始文献史料方面却是一脉相承的。在前人的基础上，魏建在学术研究上特别重视文献史料。21世纪以来，魏建主持和完成的国家社会科学基金项目都是文献史料项目，"郭沫若文学佚作的收集、整理和研究"是一般项目，"郭沫若作品修改及因由研究"为重点项目。魏建还组织申报了国家社会科学基金重大招标项目"中国近现代文学期刊全文数据库建设与研究"，系以山师中国现当代文学学科为申报单位获得的首个重大招标项目。除此之外，魏建还积极探索文学史书写的新方法。为此，他从文献史料和学术研究两个维度来拓展20世纪中国文学研究的空间。从2013年开始，魏建带领学科成员陆续编辑出版了一套"20世纪中国文学主流·历史档案书系"，该丛书业已出版12册。

---

① 魏建：《追随恩师40年》，《山东师大报》2020年9月2日。

② 郭济访：《仁者如山：亦师亦父蒋老师》，《山东师大报》2020年9月2日。

正是在文献史料搜集、整理的基础上，魏建的学术研究获得了自我鲜明的个性特征，那就是注重从史料出发，尊重历史事实，以史为据、正本清源。这方面具有代表性的成果是其1989年发表于《中国现代文学研究丛刊》第4期的《“倡优士子”模式的创造性转化》和2014年发表于《文学评论》第4期的《〈创造〉季刊的正本清源》。有学者认为，《“倡优士子”模式的创造性转化》“视角独特，见解新颖，立论有据，分析入理，堪称是近年创造社研究中的优秀成果”①。在后文中，魏建对《创造》季刊的“名称、性质、创刊时间以及刊物作者情况等问题逐一考辨与澄清，纠正了目前学界以讹传讹的错误史料和错误结论。文章还对《创造》季刊各期目录进行了汇校，不仅提供了更为准确的全部目录，而且对有关资料书、工具书等‘二手资料’上的错误和疏漏逐一补正”②。魏建对《创造》季刊全部六期目录进行汇校，更正其中的错误、异文及不准确之处，为后来的研究者提供了一份完善准确的《创造》季刊研究资料。正是基于翔实的资料论证，该文的注释有158处，这在《文学评论》的历史上是极少见的。由此来看，正是站在第一代学者和第二代学者的肩膀上，加之自身天赋与努力，魏建的文献史料的整理与研究工作才会取得如此成就，这不能不说是中国现当代文学学术代际传承的鲜活例证。

在学术研究上，我从漫无边际探索的学生到逐渐地成长为术有专攻的学者，蒋心焕的影响无疑是深刻的。从某种意义上说，蒋心焕的中国文学由近代向现代的转换研究，对我的学术研究方向产生了较大的影响。作为蒋心焕指导的第二届硕士研究生之一，我毕业论文关注的对象是中国小说由传统向现代的转换这一话题，这是在蒋心焕20世纪80年代中期开启的中国近代文学与现代文学的关系研究的基础上开启的再研究。这篇论文得到了蒋心焕的认可：

① 王家平：《中国现代文学思潮流派研究述评》，载《1989—1990中国文学研究年鉴》，北京：社会科学文献出版社1997年版，第236页。

② 魏建：《〈创造〉季刊的正本清源》，《文学评论》2014年第4期。

> 宗刚以文化视角来研究中国近代文学，特别是小说从近代到现代的诸多转换实是有一定的难度的。“转换说”在当时学术界还是一个全新的有待开掘的宏观研究课题。宗刚迎难而上，从搜集资料入手，做了上千张卡片，在不断进行辨别和梳理的基础上，提炼了自己“有所发现”的观点，论点和论据有机的（地）结合，论文在学术的广度和深度方面均有所突破。论文受到答辩组专家的好评。

以后，论文在《中国现代文学研究丛刊》发表，在学界产生了一定的影响。[①]其实，这里还需要补充一点，这篇论文能够在《丛刊》发表，还得力于蒋心焕向王富仁的举荐。[②]我在中国小说由传统向现代的转换以及五四文学发生学研究方面用功较多，最初的精神动力便来自蒋心焕的指导。我后来的学术研究由此出发，并在现代教育视域下考察中国文学的转换问题，相继出版了《新式教育与五四文学的发生》（齐鲁书社2006年版）、《父权缺失与五四文学的发生》（人民出版社2015年版）、《现代教育与鲁迅的文学世界》（人民文学出版社2020年版）和《民国教育体制与中国现代文学》（中国社会科学出版社2021年版）等著作，也可以视为是对以蒋心焕为代表的第二代学者研究的致敬与回应。这种师承关系恰是中国当代学术在研究生阶段得以展开的重要平台。

在资料的搜集与整理方面，尤其是文献史料的搜集与整理，山师现当代文学学科传承并发展了前辈学者的精神，成果颇丰。就我个人而言，具有代表性的文献史料是《炮声与弦歌——国统区校园文学文献史料辑》[③]。除此之

---

① 蒋心焕：《〈写作理论与实践〉序》，《蒋心焕自选集》，济南：山东人民出版社2015年版，第432—433页。

② 2017年5月2日，王富仁先生逝世。5月6日，笔者与魏建教授一同前往北京，送别王富仁先生。从某种意义上说，学术的代际传承犹如一场接力赛，后学正是在一代学者的提携下步入了学术的殿堂。前辈提携后学，后学感恩前辈，这应该是维系良好的学术传承生态所必需的条件。

③ 李宗刚编：《炮声与弦歌——国统区校园文学文献史料辑》，北京：人民出版社2014年版。

外，我还独立或合作完成了诸如《杨振声研究资料选编》[①]《杨振声文献史料汇编》[②]《多维视阈下的中国现当代文学》[③]《穿越时空的鲁迅研究——“山师学报”（1957—1999）鲁迅研究论文选》[④]《山师学人视阈下的中国现代当代文学：“山师学报”论文选：1959—2009》[⑤]等10多本研究资料汇编。其中，有些研究资料在编选过程中还得到过蒋心焕的具体指导。显然，这种注重资料的整理与研究的学术研究方法对我的影响是极为深刻的，也使我在21世纪初期的学术研究上能够有再次的自我超越，正是这种学术研究的方法让我与我的学术研究对象结合起来，并乐此不疲。

真正的教育并不仅仅局限于学校，而应该扩展到终身教育。蒋心焕对学生的教育就是循着这样的轨道展开的。2019年，笔者发表了一篇题为《文学应当有力地参与和推动时代进程——作家路遥和蒋子龙当选改革先锋的启示》[⑥]，蒋心焕审读后专门把自己的阅读感受写下来。他这样写道，“集中精力看了一遍”，“该文写得有理论深度，有气魄，有激情。行文明白晓畅，逻辑性很强，尤其反思部分有很强的针对性，作者不是站在理论家的立场进行说教，而是亲切的（地）期望，站在作家中间立言发声，这样的文章自然会产生影响”。“从写学者性的论文到写具有新闻性精粹的短评短论，这是一个跳跃性的进步！”“紧扣改革四十年背景，紧扣当代文学史书写，紧扣路遥和蒋子龙作家作品，作了（集）中反思。”[⑦]从这些有点难以辨认的字迹中，我们既真切地感知到了岁月的更替带来的无可挽回的生命有机体的衰老，也真切地

---

① 李宗刚、谢慧聪选编：《杨振声研究资料选编》，济南：山东人民出版社2016年版。

② 李宗刚、谢慧聪辑校：《杨振声文献史料汇编》，济南：山东人民出版社2016年版。

③ 李宗刚编：《多维视阈下的中国现当代文学》，济南：山东人民出版社2019年版。

④ 李宗刚、王沛良编：《穿越时空的鲁迅研究——“山师学报”（1957—1999）鲁迅研究论文选》，济南：山东人民出版社2021年版。

⑤ 李宗刚编：《山师学人视阈下的中国现代当代文学：“山师学报”论文选：1959—2009》，济南：山东大学出版社2021年版。

⑥ 李宗刚：《文学应当有力地参与和推动时代进程——作家路遥和蒋子龙当选改革先锋的启示》，《光明日报》2019年1月30日。

⑦ 该纸条现由笔者保存。

体认到了学术的代际传承又是怎样冲破生命有机体的衰老而发出铿锵有力的脉动！

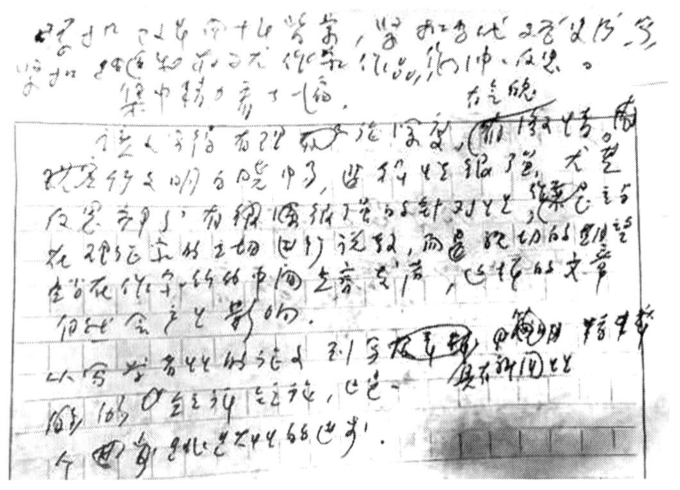

2019年，蒋心焕点评学生李宗刚论文《文学应当有力地参与和推动时代进程——作家路遥和蒋子龙当选改革先锋的启示》的手迹

蒋心焕在文学教育的过程中得到了学生的推崇和尊重。2020年，《光明日报》专门报道了他所教过的研究生送给他的教师节礼物："教师节前，山东师大文学院87岁的蒋心焕教授收到一本精美的水晶画册——《老师，您好！》[①]，这是他指导过的20多位研究生献给他的教师节礼物。""翻开画册，深情的文字、老旧的照片、精彩的故事，几十年来难忘的师生情谊、追求学术的精神跃然纸上。"[②]蒋心焕之所以能够获得学生的推崇和尊重，与其善于关注和发现每个学生的优点和潜力有着密切的关系。他总是把自我感悟到的教育规律，外化为自己指导学生的行动，总是对学生满怀着赏识的眼光，引领着学生不断地走向学术的前沿地带。有感于此，受恩于此，我在一篇文章中这样写道："恩师的赏识，犹如一盏悬挂在遥远天际线上的明灯，始终导

① 该画册荟萃了蒋心焕先生指导过的研究生最具有纪念意义的历史照片以及精短文字，承载着浓浓的师生情，表达了学生的"寸草心"对导师的"三春晖"的感恩之情。

② 赵秋丽、姚昌、崔勇：《厚植尊师"软实力"　党建引领"强内功"》，《光明日报》2020年9月25日。

引、鼓舞着我奋力前行！”①

正所谓“江山代有才人出，各领风骚数百年”，随着第二代学者功成身退，从历史舞台的中心走向边缘，尤其是随着他们的逝去，他们作为历史传承中重要链条的使命已经基本完成，历史的重任落到了下一代学者的肩上。从这样的意义上说，学术研究正是在代际的传承中得以绵延向前的！

（刊发于《长江学术》2022年第2期，后被人大复印报刊资料《中国现代、当代文学研究》2022年第8期全文转载。）

① 李宗刚：《在恩师赏识的目光中走出学术的沼泽地》，《山东师大报》2020年9月2日。

2. 新时期中国现代文学研究的开拓者

——深切怀念蒋心焕老师

李城希

摘　要：新时期伊始，蒋心焕教授参与撰写的《中国现代文学史》1979年8月即已出版，他负责撰写的“第二次国内革命战争时期的文学（上、下）”是关于中国现代文学第二个十年的文学思潮和文学创作的论述，政党与政治意识形态的直接介入使得这一时期的文学思潮及文学创作变得极其特殊复杂，产生了重要、深远的时代及历史的影响。他参与撰写的《中国现代小说史》于1984年1月出版，他负责撰写的第三章“在斗争中成长的工人形象”是对中国现代文学发展进程中出现的“劳工”形象及其演变的认识；第七章“嵌着时代记印的历史小说中的人物形象”是对中国现代历史小说中人物形象的认识和评价；由他执笔并作为“附录”形式收入这部小说史中的《中国现代小说发展概貌》则是不同于这部《中国现代小说史》体例的中国现代小说“简史”。这两部史著在新时期中国现代文学研究中具有开风气乃至开创性意义，自觉承担了在中国现代文学研究领域内解放思想、拨乱反正的特殊时代使命。作为参与者之一的蒋心焕教授在撰写的过程中，重新提出了不少重要历史问题，发掘了一些值得探究的文学现象，站在新的时代与历史起点上对这些重要历史问题和现象做出了新的认识和评价。重新审视蒋心焕教授在这两部史著中参与撰写的内容以及从这些内容中显示的思想认识，能够深切地感受到他在新的时代和历史起点上以思想者的勇气面向未来的宏大视野，以及在处理复杂历史问题和现象的过程中作为中国现代文学研究开拓者的能力和勇气。

关键词：新时期，中国现代文学研究，蒋心焕，开拓者

新时期伊始，蒋心焕教授先后参与了田仲济、孙昌熙先生主编的具有开拓乃至开创性意义的《中国现代文学史》和《中国现代小说史》的撰写，无论是内容还是篇幅，在这两部史著中他做出的贡献都占有显著的分量。他所负责撰写的两部史著中的内容值得我们深入研究和认识，从而认识到那个特殊历史时期中国现代文学研究的复杂与艰难。重新阅读和审视蒋心焕教授参与撰写的这些内容，不仅可以深入了解他的学术研究兴趣、方向及能力，更可以看出在新时期到来之际，他在中国现代文学研究领域中自觉承担起的新的时代使命，进而认识蒋心焕教授以一己之力为新时期以来的中国现代文学研究所做的特殊的时代及历史性贡献。

一、新时期中国现代文学研究的开拓者

蒋心焕教授是新时期中国现代文学研究的开拓者，他参与撰写的《中国现代文学史》(田仲济、孙昌熙主编)1979年8月即已出版。此时距1977年10月恢复高考，亦即是恢复高等教育不到两年，距1978年12月十一届三中全会召开仅8个月，同时正好赶在1979年新学期开学之前。与这部文学史同月出版的只有有九院校编写组……的《中国现代文学史》[①]，此前则仅有1979年8月，唐弢主编的三卷本《中国现代文学史》第1卷问世[②]，因此可以肯定地说，田仲济、孙昌熙主编的这部《中国现代文学史》在新时期中国现代文学研究与教学中具有开时代风气的意义，“这时出的书……在恢复现代文学教学与研究诸方面，都起了一定的历史作用”[③]，自觉承担了在中国现代文学研究和教学领域内解放思想、拨乱反正、澄清史实的重任。

蒋心焕教授是这部具有开风气意义史著的撰写者之一[④]，全书包括绪论及正文十三章。从具体内容来看，蒋心焕教授承担的是第五章及第六章“第二

① 黄修己:《中国新文学史编纂史》，北京：北京大学出版社1995年版，第217页。

② 黄修己:《中国新文学史编纂史》，北京：北京大学出版社1995年版，第217页。

③ 黄修己:《中国新文学史编纂史》，北京：北京大学出版社1995年版，第217页。

④ 参见黄修己:《中国新文学史编纂史》，北京：北京大学出版社1995年版。

次国内革命战争时期的文学（上、下）”[①]，是关于中国现代文学第二个十年的文学思潮和文学创作。仅从它的标题如“无产阶级革命文学运动的产生和发展”“对法西斯‘民族主义文学’的斗争以及对‘新月派’等的批判”“革命根据地的文艺运动”等就可以看出，政党与政治意识形态的直接介入使得这一时期的文学思潮及文学创作变得极其特殊复杂，呈现出政治高于艺术的总体样貌，产生了重要、深远的时代及历史影响。承担这一内容的写作不仅需要学术能力更需要具有开拓者的思想勇气，还少不了在新时期刚刚到来之际自觉承担起重新认识和评价历史问题和现象的重任的责任意识。从篇幅来看，全书共544页。蒋心焕教授撰写的两章共104页，约占全书内容的五分之一。[②]

值得注意的是，“这本文学史的写作过程是比较长的。一九六五年，由于教学的需要，山东大学、山东师范学院、曲阜师范学院的刘泮溪、韩长经、张伯海、薛绥之、冯光廉、蒋心焕、谷辅林诸同志执笔写成教材”[③]，也就是说，早在1965年这部《中国现代文学史》的初稿就已完成，蒋心焕教授是当时七位撰写者之一，但由于“文革”爆发，这部史著未能及时问世。

进入新时期之后，蒋心焕教授参与了这部史著的历次讨论、修改直到最终完成。如他参与了1977年的第一次讨论和修改，“一九七七年粉碎‘四人帮’的第二年，由山大、山师、曲师和山师聊城分院的韩长经、王长水，蒋心焕、朱德发，魏绍馨，孙慎之诸同志参考上述教材的部分章节，执笔编写成约二十万字的铅印本”[④]；参加了1978年11月由出版社召集的讨论和修改，“去冬（引者注：指1978年）十一月曾由山东人民出版社召集四院校执笔人员讨论了

---

① 参见田仲济、孙昌熙主编：《中国现代文学史》，济南：山东人民出版社1979年版，第184—288页。

② 参见田仲济、孙昌熙主编：《中国现代文学史》，济南：山东人民出版社1979年版。

③ 田仲济、孙昌熙主编：《中国现代文学史》，济南：山东人民出版社1979年版，第543页。

④ 田仲济、孙昌熙主编：《中国现代文学史》，济南：山东人民出版社1979年版，第543页。

一次，确定扩大篇幅，正式印行”[1]，此次修改的范围较大，“这次用了一个月的时间，讨论修改扩大了的稿本，经过二十多天的讨论修改，并重写了约三分之一以上的章节，成了现在这个样子”[2]。

由此可知，如果不是特殊的时代干扰，这部《中国现代文学史》早在20世纪60年代中期就已问世，是继王瑶的《中国新文学史稿》以及50年代中期之后陆续出版的丁易的《中国现代文学史略》、张毕来的《新文学史纲(第一卷)》[3]、刘绶松的《中国新文学史初稿》(上、下卷)[4]之后又一部重要的中国现代文学史著，而那时相当年轻的蒋心焕教授正是这部史著的七位撰写者之一。因此可以肯定地说，蒋心焕教授早在60年代中期就已成为中国现代文学研究与学科建设的参与者和开拓者。

不仅如此，蒋心焕教授还是中国现代文学分体史研究的重要参与者、开拓者和建设者。1984年，田仲济、孙昌熙主编的《中国现代小说史》由山东文艺出版社出版，这是继《中国现代文学史》之后又一在新时期具有开拓乃至开创性意义的中国现代文学史著，“1984年田仲济、孙昌熙主编的《中国现代小说史》……是最早的带探索性之作”[5]，主编田仲济先生自己也明确意识到，“在国内出版现代小说史，可能这是第一部”[6]。

蒋心焕教授是这部小说史四位撰写者之一[7]，全书共八章另加附录。他负责撰写的第三章“在斗争中成长的工人形象”，是对中国现代文学发展进程中出现的“劳工”形象及其演变的研究和认识。第七章“嵌着时代记印的历史小说中的

① 田仲济、孙昌熙主编:《中国现代文学史》，济南：山东人民出版社1979年版，第543页。

② 田仲济、孙昌熙主编:《中国现代文学史》，济南：山东人民出版社1979年版，第543—544页。

③ 参见黄修己:《中国新文学史编纂史》，北京：北京大学出版社1995年版，第151页。

④ 参见黄修己:《中国新文学史编纂史》，北京：北京大学出版社1995年版，第168页。

⑤ 黄修己:《中国新文学史编纂史》，北京：北京大学出版社1995年版，第268页。

⑥ 田仲济、孙昌熙主编:《中国现代小说史》，济南：山东文艺出版社1984年版，第5页。

⑦ 参见田仲济、孙昌熙主编:《中国现代小说史》，济南：山东文艺出版社1984年版，扉页。

人物形象”是对中国现代历史小说中人物形象的认识和评价。而他所撰写并作为“附录”形式收入这部小说史中的《中国现代小说发展概貌》则是完全不同于这部《中国现代小说史》体例的中国现代小说“简史”。从篇幅来看，全书共584页，其中蒋心焕教授所撰写的共计130页，约占全书内容的四分之一。

这里特别需要指出的是，“夏志清教授的《中国现代小说史》的英文版原著于1961年由耶鲁大学出版。香港友联出版社的中译本于1979年面世”[①]，从时间来看，夏志清所著《中国现代小说史》是第一部中国现代小说史著。因此，田仲济、孙昌熙主编的《中国现代小说史》与夏志清所著《中国现代小说史》之间的关系问题就需要注意，也就是说，田仲济、孙昌熙先生主编的这部中国现代小说史是否受到夏志清所著《中国现代小说史》的启发或影响，这直接关系到田仲济、孙昌熙主编《中国现代小说史》的开创性问题。

仅从计划撰写的时间来看，田仲济、孙昌熙先生主编的《中国现代小说史》完全是他们独立思考和自觉规划的结果，“一九七九年我们四校合编的《中国现代文学史》编写完毕后，有几位同志提出编写一本中国现代小说史的倡议，出版社认为有这个需要，几位同志的兴趣也很大，于是就商量怎样动手了”[②]，而“中国现代文学史编写完毕”的确切时间从田仲济先生的《写在后面》一文可以看出是“1979.4.3”[③]之前，因此，田仲济、孙昌熙主编的《中国现代小说史》在1979年4月3日《中国现代文学史》编写完毕时即已开始规划，而夏志清所著《中国现代小说史》中文版的确切出版时间是“1979年7月”[④]，从香港进入内地不仅需要时间，在当时还面临入境的直接困难。英文版《中国现代小说史》当时是否进入中国不得而知，深信作为严谨求实的中国现代文学研究者，如果当时看过英文版《中国现代小说史》，田仲济、孙昌熙先生一定会在他们所著《中国现代小说史》的序言或后记中予以说明。

---

① 夏志清著、刘绍铭等译：《中国现代小说史》，香港：香港中文大学出版社2015年版，第15页。

② 田仲济、孙昌熙主编：《中国现代小说史》，济南：山东文艺出版社1984年版，第1页。

③ 田仲济、孙昌熙主编：《中国现代文学史》，济南：山东人民出版社1979年版，第544页。

④ 古远清：《香港当代文学批评史》，武汉：湖北教育出版社1997年版，第564页。

因此，可以肯定地说，田仲济、孙昌熙先生主编的《中国现代小说史》完全是他们进入新时期之后，在完成《中国现代文学史》的撰写之际即已开始的独立思考的结果。这从孙昌熙先生在《中国现代小说史》“后记”中所表达出的历史开创性的自信和自豪可以看出，“读毕这部长达40万字的书稿，第一个感觉就是：自从鲁迅先生写出了第一部中国古典小说史，开创了中国小说史这门学科之后，又过了60年不平常的岁月，才有了这部不成熟的《中国现代小说史》”[①]，如果他们是在阅读了夏志清的《中国现代小说史》之后完成自己的《中国现代小说史》，这样的自信与自豪感就根本不可能出现。

由此，蒋心焕教授作为《中国现代文学史》《中国现代小说史》这两部具有特殊历史意义史著的规划者和撰写者之一，是当之无愧的新时期中国现代文学研究开拓者中的重要一员。

二、对新时期中国现代文学研究的贡献

新时期伊始蒋心焕教授便全身心投入中国现代文学研究，参与《中国现代文学史》《中国现代小说史》的撰写，在思想解放的潮流中重新论述中国现代文学重要问题和现象的意义与价值，在特殊的历史时期为中国现代文学研究作出了自己的贡献，主要表现在三个方面。

首先，在中国现代文学研究领域内自觉承担思想解放，拨乱反正的历史性任务，对重要历史问题和现象做出了自己新的认识和评价，显示了批判性地认识历史的态度和勇气。

进入新时期之后不久，包括田仲济、孙昌熙主编的《中国现代文学史》在内的几部新编中国现代文学史著首先自觉承担了“在新文学史领域的拨乱反正”[②]，并为新时期中国现代文学研究扫清思想障碍的历史性任务。蒋心焕教授作为这部文学史的撰写者之一，自觉承担了这一历史性任务，这特别表现在他明确指出中国现代文学发展进程中存在的重要问题上。

① 田仲济、孙昌熙主编：《中国现代小说史》，济南：山东文艺出版社1984年版，第580页。

② 黄修己：《中国新文学史编纂史》，北京：北京大学出版社1995年版，第217页。

如在论述“无产阶级革命文学的倡导和论争”时，着重论述“无产阶级革命文学形成运动……是在大革命失败以后”[①]，蒋心焕教授还明确指出创造社、太阳社倡导革命文学的过程中存在的问题，甚至错误：“创造社、太阳社举起无产阶级革命文学的旗帜是有功的。但是，毋庸讳言，由于白色恐怖的环境，由于思想上的唯心论和形而上学观点尚未清除，他们在理论上和行动上也有一些片面的地方，甚至是错误的表现。”[②]他具体指出创造社和太阳社在倡导革命文学过程中存在的主要问题，“（一）他们中有的人错误地分析了当时的形势，不承认当时的革命处于低潮……（二）在文艺思想上也散布了一些片面的论断……忽视了思想改造的长期性和艰巨性，把思想改造看得过于简单和容易。对于文艺的社会作用虽然作了强调，但是漠视了文艺自身的特点……过分地强调浪漫主义……忽视了面对现实的战斗。（三）他们当中有些人对鲁迅作了不应有的贬斥”[③]。

又如在论述左翼文学运动时，他以“左翼文学运动的成就和缺点”[④]为标题，在肯定左翼文学运动成就的同时指出左翼文学运动存在的“左”倾思想错误，具体表现在：一是在思想上，“左翼文艺运动，由于受到了国内外‘左’倾路线的影响，带有一定程度的‘左’的教条主义色彩。这在‘左联’的理论纲领、决议及其实际活动……中均有所表现”[⑤]；二是“在组织上，由于对中间势力估计的错误，造成宗派主义和关门主义倾向”[⑥]；三是“在创作上，因为左翼文艺工作者脱离实际斗争，生活根柢差，不仅存在着公式化和概念化的倾向，而且，一些所谓‘无产阶级文学’，实际上往往只是‘反叛的小资产阶级’的文学”[⑦]；等等。1955年丁易的《中国现代文学史略》“专辟‘中国

---

① 田仲济、孙昌熙主编:《中国现代文学史》，济南：山东人民出版社1979年版，第185页。

② 田仲济、孙昌熙主编:《中国现代文学史》，济南：山东人民出版社1979年版，第188页。

③ 田仲济、孙昌熙主编:《中国现代文学史》，济南：山东人民出版社1979年版，第188—189页。

④ 田仲济、孙昌熙主编:《中国现代文学史》，济南：山东人民出版社1979年版，第193页。

⑤ 田仲济、孙昌熙主编:《中国现代文学史》，济南：山东人民出版社1979年版，第202页。

⑥ 田仲济、孙昌熙主编:《中国现代文学史》，济南：山东人民出版社1979年版，第202页。

⑦ 田仲济、孙昌熙主编:《中国现代文学史》，济南：山东人民出版社1979年版，第202页。

左翼作家联盟的成就与缺点’一节，不但热情地从政治与文学等方面总结了其历史功绩，而且说明由于中共党内错误路线的干扰，使得‘左联’也有不少缺点”[①]，蒋心焕教授则是把自己的视野从“左联”扩展到整个左翼文学运动，论述了整个左翼文学运动存在的问题和缺点，以史家的视野和勇气触碰这一政治与文学夹杂、深刻影响中国现代文学常态化发展的重要历史问题，呼应了新时期思想解放的潮流。他所指出的左翼文学运动存在的问题和缺点实质上就是政治介入文学造成的负面影响问题。但是，这一问题至今仍然存在，政党、政治与文学之间的关系在特定历史时期很难划清界限。

再如，关于“国防文学”和“民族革命战争的大众文学”两个口号的论争，这是在抗战前夕发生却直接延续至新时期，造成巨大的时代和历史影响，给参与论争的双方都造成过重要生活乃至生命影响的文学现象。面对这样一个在当时仍未得到政治定论的问题，重新认识和评价绝非易事，任何有立场的评价都有可能招来其中一方的批评，甚至还有可能招致政治立场的是非。

蒋心焕教授在论述“两个口号论争”产生的过程，将论争双方的重要文章及观点都做了同等的历史客观的陈述和论说之后指出：“总的说来，双方的文章，各有其正确和错误之处，对每一方都要进行具体分析。”[②]这在今天看来有些折中的表达在1979年那个时候却要承担学术风险，甚至政治风险。“1978年、1979年间，对两个口号论争的重新评价又激动了许多人的心……许多人卷进了这重新评价的浪潮……而几部新文学史的编著又正处在这争论的高潮中’”[③]，蒋心焕教授参与了新时期对“两个口号论争”问题的重新认识和评价这一重要过程。

由于曾经参与并深受两个口号论争严重影响的人仍然健在，他们毫无疑问地会对曾经的历史如何评价的问题特别地关注，没有哪一方会轻易认为自己曾经的论争存在问题，甚至错误。因此，对任何一方面提出不利的意见都

---

① 黄修己：《中国新文学史编纂史》，北京：北京大学出版社1995年版，第153页。

② 田仲济、孙昌熙主编：《中国现代文学史》，济南：山东人民出版社1979年版，第206页。

③ 黄修己：《中国新文学史编纂史》，北京：北京大学出版社1995年版，第223页。

可能会引起新的问题甚至麻烦。值得注意的是，此时的胡风还没有得到平反，“‘胡风反革命集团’问题是建国后特大冤案之一，在三十年后才由中共中央给予平反昭雪，而在此前，所有新文学史都必须把他们当做反革命集团来批判”[①]，因此，如果把论争过程中出现的问题都归结在胡风一边在当时就比较“稳妥”，但是，蒋心焕教授指出的却是论争双方都不满意的“各有其正确和错误之处，对每一方都要进行具体分析”。然而，即便是得出这样的结论在当时仍然需要时代和历史勇气，需要抛开所有现实生活甚至政治风险的顾虑。

蒋心焕教授明确指出革命文学倡导和左翼文学运动存在的问题，甚至错误，正是新时期伊始在中国现代文学研究领域中自觉承担解放思想、拨乱反正的时代与历史使命的重要表现。以标题的形式明确讨论革命文学倡导与左翼文学运动存在的“缺点”，这样的行为在今天看来依然让人惊异，在1979年思想解放刚刚开始的那个特殊历史境域中就更加引人注目，这实质上是批判性地面对和认识历史的态度与勇气的表现。

然而，现今的文学史著在讨论这些历史问题存在的“缺点”时不是在此前论述的基础上进一步反思和深化而是予以最大程度的淡化，能用标题的形式明确讨论这些历史问题“缺点”的更是未见[②]，20世纪50年代直至新时期初期中国现代文学研究领域讨论历史问题时存在着明确的是与非的态度缺失，这与蒋心焕教授等人在新时期所表现出的史家立场和态度相较是隐性的历史倒退。

其次，清晰地提出需要重新认识和讨论的重要历史问题和文学现象，并对这些问题和现象做出自己的认识和评价。

蒋心焕教授对新时期中国现代文学研究的贡献还表现在他于力所能及的范围内全面系统地提出了需要重新认识和讨论的重要历史问题和文学现象，并在新时期这一特殊时代境域中对这些重要问题和现象做出自己的认识和评价。如他参与撰写的《中国现代文学史》第五章“第二次国内革命战争时期的文学

① 黄修己：《中国新文学史编纂史》，北京：北京大学出版社1995年版，第152页。

② 参见朱栋霖、丁帆、朱晓进主编：《中国现代文学史1917～1997》，北京：高等教育出版社1998年版，第135页。

（上）”，论述了第二个十年的文学思潮。由于政党政治的直接介入，这一时期的政治往往高于文学。随着时代的变迁，处理这一时期的历史问题深受政治意识形态影响，新时期伊始依然如此，对这一时期复杂历史问题的认识和评价不是单纯的学术能力就能解决。因此，蒋心焕教授自觉承担起思想解放、拨乱反正的重任，但思想解放的重任当然不可能在他这里完成，更不可能一次性完成。因此，他在面对这一时期的文学思潮时所做的更为重要的是全面系统地提出那些需要重新认识和讨论的重要历史问题和现象，以引起新时期中国现代文学研究者们的注意并共同参与这些问题的认识和讨论。

在“第二次国内革命战争时期的文学（上）”这一章中他提出的问题主要有：“无产阶级革命文学运动的产生和发展”“对法西斯‘民族主义文学’的斗争以及对‘新月派’等的批判”。“无产阶级革命文学运动的产生和发展”①，主要包括三个重要历史问题：（一）无产阶级革命文学的倡导和论争，（二）左翼文学运动的成就和缺点，（三）关于“国防文学”和“民族革命战争的大众文学”的论争。“（一）无产阶级革命文学的倡导和论争”②，可以说是中国新文学发展进程中最为重要的现象，它将阶级观念与政党和政治意识形态引入文学，使原本超越生活或高于生活的文学与直接的现实生活相纠缠，发生不久的中国新文学的性质和状态因此发生质的变化，政治化和工具化是其首要表现。因此，如何认识和评价无产阶级革命文学的倡导和论争是面对20世纪20年代文学思潮时的首要问题，在新时期伊始重新提出这一问题并让读者和研究者共同参与讨论具有特殊意义。“（二）左翼文学运动的成就和缺点”③，其中最为重要的是如何认识和评价具有明确政治倾向性的“左联”及左翼文学运动问题，在新时期伊始重新提出这一问题首先就具有政治敏感性，从政治还是从历史出发认识和评价这一问题是研究者面临的首要困境，而公开讨论这一问题的“缺点”就需要学术勇气，新时期的到来为这一

① 田仲济、孙昌熙主编：《中国现代文学史》，济南：山东人民出版社1979年版，第184页。

② 田仲济、孙昌熙主编：《中国现代文学史》，济南：山东人民出版社1979年版，第184页。

③ 田仲济、孙昌熙主编：《中国现代文学史》，济南：山东人民出版社1979年版，第193页。

学术勇气的表现提供了重要的时代背景，而这一学术勇气反过来也成为新时代的重要表现。“（三）关于‘国防文学’和‘民族革命战争的大众文学’的论争”[①]，涉及当时新文学两大群体如何面对民族战争这一重要时代问题，产生了相当深远的时代和历史影响。“对法西斯‘民族主义文学’的斗争以及对‘新月派’等的批判”，其中涉及中国现代文学发展进程中相当重要的几个问题：（一）对法西斯“民族主义文学”的斗争，（二）对“新月派”的批判，（三）对“自由人”和“第三种人”的批判，（四）对“论语派”的批判。其中，“对法西斯‘民族主义文学’的斗争”[②]，“民族主义文学”可以说是当时执政的国民党当局直接出面组织倡导的文学运动，对这一问题的认识和评价到目前为止可以说仍然难以突破，更不要说1979年那个时候了，从当时仍然把这一文学倡导定性为“法西斯”就可见其性质的严重。后三个问题今天似乎已得到一定程度的合理评价，但是，由于政治意识形态的介入，对这些重要历史问题的认识和评价也许“永远在路上”。蒋心焕教授也许早就意识到了这一点，因此，在新时期到来时将这些重要历史问题全面、系统地提出来以供研究者们重新认识和讨论也许更有意义。

第三，客观呈现批判对象的理论主张和观点。1979年蒋心焕教授参与撰写的《中国现代文学史》第五章“第二次国内革命战争时期的文学（上）”，即第二个十年的中国现代文学思潮，由于政治意识形态的影响，在新时期伊始讨论这些问题首先面临的依然是如何处理文学与政治的关系问题。

在受到批判的“民族主义文学”“新月派”“自由人”“第三种人”“论语派”四个对象中，最为重要的是“民族主义文学”，在新时期到来之初仍然被看作“完全适应国民党反动派对外投降、对内镇压的反共卖国政策的需要”[③]，被冠以“法西斯”的罪名。如今程度虽然有所减轻但仍然是批判的对象，认为它“鼓吹以‘民族意识代替阶级意识’、攻击革命文学作家‘把艺术囚在阶

① 田仲济、孙昌熙主编：《中国现代文学史》，济南：山东人民出版社1979年版，第203页。

② 田仲济、孙昌熙主编：《中国现代文学史》，济南：山东人民出版社1979年版，第209页。

③ 田仲济、孙昌熙主编：《中国现代文学史》，济南：山东人民出版社1979年版，第209页。

级上’，是‘虚伪投机，欺世盗名’，反对左翼文学运动”[①]。其他几个批判对象虽然程度略有不同，但性质与“民族主义文学”无异，如“对‘新月派’的批判是无产阶级革命文学发展历程中一次具有重要意义的斗争，也是无产阶级的阶级论和资产阶级的人性论在文艺思想战线上第一次严重较量”[②]；对“自由人”和“第三种人”的批判，“既是一场批判资产阶级文艺思想的斗争，又是一场宣传和捍卫马克思列宁主义文艺思想的斗争”[③]；对“论语派”的批判是“反对资产阶级文艺思想的一项重要内容”[④]，从这些可以看出1979年的中国现代文学研究在面对这样几个重要历史问题时所面临的困境。

蒋心焕教授在面对这一困境时所采取的重要策略或方法是尽可能客观地呈现批判双方的核心观点或理论主张，从而让读者或研究者判断其合理性。如关于“民族主义文学”，他们的理论观点很明确，就是要用民族主义替代或对抗阶级意识或阶级斗争。蒋心焕教授呈现了他们的核心观点和主张：一是民族意识或民族主义文学的重要性，“个人或阶级间的一切得失，都是细微渺小的争持，宏伟磅礴的民族意识和民族精神应该能扫荡一切，消除一切，融合一切！——这是这个时代下一切从事文学者所应明白体认的一个原则”[⑤]；二是阶级意识的危害，“阶级意识在中国，可以说，是陷民族于灭亡的穽井”[⑥]。关于“新月派”，一是客观呈现他们对无产阶级文学的“攻击”，如“诬蔑当时整个文坛是‘荒欠的年头’、‘混乱的年头’，攻击革命文艺是‘功利派’、‘训世派’、‘攻击派’、‘偏激派’、‘主义派’等思想市场上的‘不正当’的行业”[⑦]；二是梁实秋关于“人性论”的核心观点，“人性并没有两样，他们都感到生老病死的无常，他们都有爱的要求”，“文学是没有阶级性的”，“伟大的文学乃

---

① 朱栋霖、丁帆、朱晓进主编：《中国现代文学史1917～1997》（上），北京：高等教育出版社1999年版，第139页。

② 田仲济、孙昌熙主编：《中国现代文学史》，济南：山东人民出版社1979年版，第215页。

③ 田仲济、孙昌熙主编：《中国现代文学史》，济南：山东人民出版社1979年版，第218页。

④ 田仲济、孙昌熙主编：《中国现代文学史》，济南：山东人民出版社1979年版，第219页。

⑤ 田仲济、孙昌熙主编：《中国现代文学史》，济南：山东人民出版社1979年版，第210页。

⑥ 田仲济、孙昌熙主编：《中国现代文学史》，济南：山东人民出版社1979年版，第210页。

⑦ 田仲济、孙昌熙主编：《中国现代文学史》，济南：山东人民出版社1979年版，第213页。

是基于固定的普遍的人性"[①]。关于"自由人"和"第三种人"，他列举了胡秋原、苏汶的主要观点，"文学与艺术，致（至）死是自由的"，"文艺之最高目的，即在消灭人类间一切的阶级隔阂"[②]。关于"论语派"，他综合了林语堂与周作人的主要观点：一是文学要远离政治，"他们声言，'不谈政治'，专事提倡所谓'以自我为中心，以闲适为格调'，'取较闲适之笔调语出性灵'的小品文，说什么'宇宙之大，苍蝇之微，皆可取材'"[③]；二是文学要有"雅兴"而不是斗争，"小品文可以'说理'，可以'言情'，而'无关社会学意识形态鸟事，亦不关兴国亡国鸟事'"[④]。

面对这些复杂的历史问题，蒋心焕教授一方面做力所能及的认识和评价，另一方面则是尽可能客观呈现他们的核心观点或理论主张，让史实本身说话以避免意识形态先入为主，从而能够最大限度地避免历史问题和现象为我所用。对这些批判对象的核心观点或理论主张的客观呈现，可以说是蒋心焕教授在新时期中国现代文学研究领域自觉承担思想解放、拨乱反正任务的重要表现和贡献。无论是"民族主义文学""自由人"和"第三种人"，还是"新月派"和"论语派"，他们的理论观点或主张毫无疑问有其自身的合理性，否则就根本不需要花力气予以批判。因此，在无法为这些理论观点或主张的合理性进行公开分析或辩护时，把它们客观呈现出来是面对这一历史时的最好选择，并且这样的呈现本身同样需要时代和历史的勇气。

三、"未竟"的心愿：《中国现代小说发展概貌》的意义

2014年山东人民出版社出版的《蒋心焕自选集》收录了蒋心焕教授1984年参与撰写，以"附录"形式收入田仲济、孙昌熙主编的《中国现代小说史》中的《中国现代小说发展概貌》一文，这看似寻常的举动背后或许隐含着蒋老师一个未竟的心愿，那就是在《中国现代小说发展概貌》的基础上撰写一部自

---

① 田仲济、孙昌熙主编：《中国现代文学史》，济南：山东人民出版社1979年版，第214页。
② 田仲济、孙昌熙主编：《中国现代文学史》，济南：山东人民出版社1979年版，第217页。
③ 田仲济、孙昌熙主编：《中国现代文学史》，济南：山东人民出版社1979年版，第219页。
④ 田仲济、孙昌熙主编：《中国现代文学史》，济南：山东人民出版社1979年版，第220页。

己的中国现代小说史。

有研究者注意到田仲济、孙昌熙主编的《中国现代小说史》是中国内地最早的带有探索性的中国现代小说研究史著，却没有注意到这部小说史中实际上还有一部完全不同体例或构架的中国现代小说简史，这就是蒋心焕教授撰写的《中国现代小说发展概貌》。它是蒋心焕教授1979年参与撰写《中国现代小说史》的过程中对中国现代小说发展进程与状态的完整、系统、独立思考和极简明的表述，它与田仲济、孙仲田先生主编的《中国现代小说史》存在显著的区别。

第一，完全不同的体例或构架。田仲济、孙昌熙主编的《中国现代小说史》，“它的体例很特别，是根据小说塑造人物形象来编排的”①，而蒋心焕教授的《中国现代小说发展概貌》采用的体例或构架则是以时间为顺序，他非常明确地把中国现代小说发展进程分为1918—1927、1927—1937、1937—1949②三个十年来叙述，这不仅与田仲济、孙昌熙先生主编的《中国现代小说史》的体例或构架不同，而且与1979年田仲济、孙昌熙先生主编的《中国现代文学史》的体例或构架不同。可以说，在此之前还没有以这样的时间段划分来叙述或构架的中国现代文学研究史著。

如王瑶的《中国新文学史稿》是“依照《新民主主义论》关于文化革命四个时期的论述，分为四个阶段，即1919—1927，1928—1937，1937—1942，1942—1949……这种分期方法，与当时教育部拟定的教学大纲，基本上一致”③，此后中国内地出版的中国现代文学史著，如1955年7月丁易的《中国现代文学史略》、10月张毕来所著《新文学史纲》（第1卷）、1956年4月刘绶松所著《中国新文学史初稿》都基本上采用这样的历史分期方法，“作为建国后第一部新文学史，王瑶的《史稿》已经描画了‘五四’后新文学发展的基本

① 黄修己:《中国新文学史编纂史》，北京：北京大学出版社1995年版，第268页。

② 参见田仲济、孙昌熙主编:《中国现代小说史》，济南：山东文艺出版社1984年版，第547—568页。

③ 黄修己:《中国新文学史编纂史》，北京：北京大学出版社1995年版，第133—134页。

轮廓……后出的《史略》、《史纲》和《初稿》，在这些方面均无甚增益”[①]，这一历史叙述的体例或构架直到1984年1月出版的《中国现代小说史》，在以“附录”形式收入其中的《中国现代小说发展概貌》中才得以突破，非常明确地将中国现代小说史分为三个十年。

在此之前，只有1949年后移居香港的李辉英1970年出版其著作《中国现代文学史》时明确地意识到中国现代文学三个“十年”：“如果我们承认中国新文学革命起于一九一七年，那么，到了一九四九年，已是三十二年了……而一九四九年又是大陆变色的一年，是个重大的历史年代，用这个年代做为新文学发展的一个重要年代而把本课结束在这里，那也是十分合理的。”[②]但是，他所著的《中国现代文学史》却并没有明确按照1917—1927、1928—1937、1937—1949三个时期来叙述[③]。同在香港的司马长风，他所著三卷本《中国新文学史》把中国新文学分为文学革命（1915—1918）、诞生期（1918—1920）、成长期（1921—1928）、收获期（1928—1937）、凋零期（1938—1949）五个时期。[④]夏志清所著《中国现代小说史》把中国现代小说的发展进程分为初期（1917—1927）、成长的十年（1928—1937）、抗战期间及胜利后（1937—1957）三个时期。

在此之后，1984年6月黄修己所著《中国现代文学简史》“将1917年文学革命开展后，至1920年定为新文学的‘发生期’，1921年至1949年则分为三个发展期”[⑤]，钱理群等著《中国现代文学三十年》明确“将新文学分为三个十年”，而本书则是1987年8月出版。

因此可以肯定地说，蒋心焕教授用三个十年的方法划分中国现代小说发展进程是他独立思考的结果，仅从中国现代文学史著的体例或构架来看，毫无

---

① 黄修己：《中国新文学史编纂史》，北京：北京大学出版社1995年版，第175页。

② 李辉英：《中国现代文学史》，香港：香港东亚书局1972年版，第2页。

③ 参见李辉英：《中国现代文学史》，香港：香港东亚书局1972年版，第1—15页。

④ 参见司马长风：《中国新文学史》（上卷、中卷、下卷），香港：香港昭明出版社1975年版、1976年版、1978年版。

⑤ 黄修己：《中国新文学史编纂史》，北京：北京大学出版社1995年版，第233页。

疑问具有历史的开创性，是他对新时期中国现代文学研究的特殊贡献。

第二，清晰的历史发展进程及阶段性。因为用三个十年来叙述中国现代小说的发展历史，任何一位读者都会从他这里获得关于中国现代小说清晰的发展进程及其阶段性。相较而言，田仲济、孙昌熙先生主编的《中国现代小说史》，因为“是以人物形象来分章的”[①]，也就是以人物形象来结构历史，如主编所说“这种分法有其方便的方面”[②]，但有其明显的不足，“若为全面、深入地反映现代小说的发展状况和规律，则‘田孙本’亦有局限性……如若改个名称，为《中国现代小说人物形象史》，固仍有不确切处，比较起来似乎与内容较为切近”[③]，也就是说，虽名为“中国现代小说史”，但只是反映了现代小说人物形象这一内容，对中国现代小说的发展及演变则鲜有涉及。

但是，蒋心焕教授的《中国现代小说发展概貌》由于用三个十年分段叙述中国现代小说的发展与演变，十分清晰地描述了中国现代小说的发展进程、状态及阶段性。可以非常肯定地说，这一关于中国现代小说清晰的历史发展进程、状态及阶段性从此前所有的中国现代文学史著中都无法获得，当然也包括田仲济、孙昌熙主编的《中国现代小说史》。

第三，宏观认识与具体评价。蒋心焕教授的《中国现代小说发展概貌》对中国现代小说史的叙述采取的方式是宏观认识与具体作家、作品评价相结合，也就是在叙述三个十年中国现代小说的发展时，都是先对每一个十年小说发展的总体状态予以宏观的概括和认识，然后对各阶段具有代表性的作家作品予以具体的评述。如第一个十年的小说创作，他首先总结了三点，“第一，在众多的题材中，反封建的题材占据着重要的地位……第二，涌现了一批体现五四时代精神的生活在社会底层的劳动者形象……第三，小说创作的体裁和表现格式呈现出多样化的面貌”[④]，然后是“择要介绍这个时期有影响、有成就的小说创

① 田仲济、孙昌熙主编:《中国现代小说史》，济南：山东文艺出版社1984年版，第3页。

② 田仲济、孙昌熙主编:《中国现代小说史》，济南：山东文艺出版社1984年版，第5页。

③ 黄修己:《中国新文学史编纂史》，北京：北京大学出版社1995年版，第269—270页。

④ 田仲济、孙昌熙主编:《中国现代小说史》，济南：山东文艺出版社1984年版，第549—550页。

作”[1]，主要是鲁迅，文学研究会的叶绍钧、冰心、王统照、乡土作家王鲁彦以及庐隐、许地山，创造社的郁达夫、张资平，革命文学作家蒋光慈，此外还有冯沅君、凌叔华[2]。第二个十年和第三个十年均是运用这样的叙述方式。

第四，是对中国现代小说的独立认识和叙述。蒋心焕教授撰写的《中国现代小说发展概貌》虽然作为“附录”的形式收入《中国现代小说史》，但有以下四点需要说明：(1)它虽然名为“概貌”但内容丰富，这不仅表现在他对每一个十年小说发展的宏观认识，而且表现在他具体论述的每一个十年都基本上涵盖了中国现代小说发展进程中的重要作家作品，其中还论述了较为边缘的作家如沉樱等[3]。(2)特别值得注意的是，《中国现代小说概貌》还论述了张恨水的小说，这是新时期，也是1949年之后的中国现代文学研究最早关注到通俗小说或通俗文学，具有开创性。(3)它是在田仲济、孙昌熙主编的《中国现代小说史》之外而不是以此为基础对中国现代小说的独立思考，更不是对这部小说史的概括和总结。事实也正是如此。如果是这部中国小说史撰写完成之后，主编将即将编定的小说史初稿或定稿交给他，让他写一篇“概貌”并以“附录”的形式放在书中，那可以说完全没有必要，每一位读者或研究者在阅读这部著作之后都会形成自己的“概貌”。相反，如果硬性写一篇这部小说史的“概貌”，不仅有画蛇添足之嫌，更是对读者阅读和理解能力的怀疑。(4)《中国现代小说发展概貌》是一部中国现代小说简史。从这篇“附录”的具体内容来看，如果将“中国现代小说概貌”改为“中国现代小说发展简史”，这或许更能够与它的内容和结构相契合。但是，在《中国现代小说史》中不可能再出现一个“中国现代小说简史”。由此，这一在新时期具有独立思考与开创性的中国现代小说简史的意义与价值被“概貌”二字长久压抑掩盖。如果当时不是以“附录”的形式放在《中国现代小说史》中，而是另行在

---

① 田仲济、孙昌熙主编：《中国现代小说史》，济南：山东文艺出版社1984年版，第551页。

② 参见田仲济、孙昌熙主编：《中国现代小说史》，济南：山东文艺出版社1984年版，第547—557页。

③ 参见田仲济、孙昌熙主编：《中国现代小说史》，济南：山东文艺出版社1984年版，第567页。

期刊杂志上以《中国现代小说简史》的形式发表，或者再退一步说，如果2014年以《中国现代小说简史》而不是《中国现代小说发展概貌》收入山东人民出版社出版的《蒋心焕自选集》时，它的意义与价值就会充分显现出来。

由此，也许可以肯定地说，1984年完成的《中国现代小说发展概貌》所隐含着的正是一部蒋心焕教授心中的“中国现代小说史”，1984年之后蒋心焕教授正值人生与学术研究的黄金时段，如果能按照他在《中国现代小说发展概貌》中构想展开，他便完全有能力撰写一部属于他自己的“中国现代小说史”。如果是这样，蒋心焕教授对中国现代文学研究的贡献就会更加显著。令人遗憾的是，蒋心焕教授在完成中国现代小说史的撰写后不久，因教学任务的需要受命转向中国现代散文研究，这对学者而言具有致命的风险。但蒋心焕教授接受了安排，留下了难以弥补的学术研究遗憾。

重新阅读《中国现代小说发展概貌》一文，虽然时隔40多年但依然闪耀着特殊时代的思想光辉！

3. 中国现代文学研究的代际传承之我见

——基于对《中国现代文学研究的代际传承——以蒋心焕教授为例》的阅读感受

山师2021级中国现当代文学专业硕士研究生

按　语：2022年4月20日上午，李宗刚教授在为2021级中国现当代文学专业20名硕士研究生开设的“学术论文写作指导”课程中，谈及其近期发表在《长江学术》2022年第2期上的长篇论文《中国现代文学研究的代际传承——以蒋心焕教授为例》。研究生通过阅读这篇长文，从论文写作的内在规律和以蒋心焕先生为代表的中国现代文学研究的代际传承两个方面，交流了自己的阅读感受，这表明中国现代文学研究的代际传承是一个绵延不断的历史过程。尤其需要指出的是，这一历史过程在当下通过课堂教学等形式获得了最为直接的呈现。为了能够更好地展现研究生对学术研究的代际传承的感受，现把他们的具体感言汇聚在一起，以飨读者。

李冬旭：老师文章的摘要部分简明扼要却又条理清晰地勾勒出蒋心焕先生的学术之路与学术风采，不仅有客观的系统评述，更包含着后世学人对前辈学人的尊崇之情，深情处蕴含学理，理智处饱含崇敬，为文章的进一步论述打下了坚实的基础。

在开头部分，对于温儒敏先生专著的引用极富学理性，对“代际”二字进行了深刻的阐释，并以此提出了论文进行梳理的相关方法——“本文拟以蒋心焕为例，就中国现当代文学研究的第二代学者是如何接续了中国现当代文学研究的第一代学者的风骨和精神，又对第三代学者的成长起到了怎样的积极促进作用，从学术的代际传承的维度进行阐释”。站位高，学术视野开阔。以此开头，既极具专业性地抓住了蒋心焕教授学术之路的主线，又能够吸引原本不了解蒋心焕先生的部分读者。

在论述过程中，大量的史料更为论述增添了学理性和真实性，甚至有的史料更是老师自己保留或搜集的，这种严谨的态度和保存与收集史料的功夫更值得我们学习。

闫　晗：文章之所以选择以蒋心焕教授为代表的第二代学者作为研究对象，主要是因为：一时代有一时代的学术，一时代有一时代的学者。蒋心焕教授作为中国现当代文学研究的第二代学者，既继承了第一代学者的学术研究传统，又对第三代学者的成长起到了积极的促进作用，因此第二代学者在整个中国现当代文学研究中起着承上启下、至关重要的作用。

在主体部分，论文又通过详实的史料论证分析了蒋心焕教授是如何做到“做人与作文的统一”“建构独具特色的文学史书写学术体系”“重视原始资料的搜集与研究”“教书育人，薪火相传”等多个方面的。

在结语部分，论文进一步升华，既总结了以蒋心焕教授为代表的第二代学者在曾经的历史传承中起到的重要作用，又对承担历史使命的下一代学者寄予厚望，这也印证了文章的最后——“学术研究正是在代际的传承中的得以绵延向前的！”

杨惟嵋：学术事业需要一代代学者的持续努力和传承才能够不断向前发展。本文以蒋心焕教授在学术和教育工作上的为例，较为全面、深入地展现了中国现代文学研究的代际传承，以及这种代际传承背后所隐含的一代代学人之间的深厚情谊与学术情怀。但本文讲述的不仅仅是蒋心焕教授一个人，也包括了田仲济、朱德发、魏建等不同代际学者的故事。虽然他们在学术研究上有着各自的独特性，但学术情怀却是一脉相承的，正是在他们的共同努力下，山师文学院成为中国现当代文学研究的重镇，学院的学术氛围也因为一代代学人的传承而历久弥新。

韩晓婷：本文的关键词与核心在于“代际传承”，所以第一部分强调了一个优秀学者的根本，即重视“做人与作文的统一”；第二部分落脚于治学方面，蒋老师在继承第一代的基础上建构了独具特色的文学史书写学术体系，既重视原始资料的搜集与研究，又在充分占有资料的基础上阐释观点，这无疑是

“山师学派”学术研究传统薪火相传的体现。蒋心焕老师作为山师第二代学者，在继承田仲济、薛绥之、冯中一等第一代学者学术传统的基础上，继往开来，针对每一位研究生的个性“传道授业解惑”，培育了魏建老师、李宗刚老师、郭济访老师、万直纯老师等优秀学生，如今他们已成为新时期中国现当代文学研究事业发展历程中的有力推动者。

邱天豪：老师的这篇文章，与我们通常所阅读的论文的最大区别，首先在于研究对象上。本文并没有像传统论文一样，以作家作品或者文学现象、文学思潮、文学流派作为研究对象，也并非进行学术史梳理的研究，而是以蒋心焕教授的学术生涯为研究对象，透过个体深入探究学术史脉络。通过对蒋心焕教授人生经历、思想内核和学术观念、学术成就的梳理，进入了“第二代学者”创作群体的学术生涯，再现“第二代学者”生活和奋斗的历史现场，使我们谨记前人学者的治学态度和学术成就。其次，文章结构清晰，从蒋先生的“重视做人与作文统一”的人生观起始，扩展到“建构特色的文学史学术体系”，再写到蒋先生对文献资料的态度，最后谈到蒋先生的教育理念和成就，由浅入深，层层步入真实。最后，老师的“散文笔法”应用在论文写作中，使得论文冲淡平和、自然优雅，而不会带来枯燥的观感。

孙　源：论文以蒋心焕教授为例，展现了中国现当代文学研究第二代学者的人格风貌与学术境界。第二代学者继承了第一代学者的风骨，又促进了第三代学者的成长。蒋心焕教授承续武大的学术基础，又发扬了“山师学派”的治学精神。论文主体内容以蒋心焕教授“重视做人与作文的统一”“建构独具特色的文学史书写学术体系”“重视原始资料的搜集与研究”“教书育人，薪火相传”四个方面论述。论述过程展现了对于田仲济、刘绶松、蒋心焕等学者重视原始文献资料的山师中国现当代文学学科传统的传承，在充分占有资料的基础上阐释观点，从蒋心焕教授自己的回忆文本和朱德发、魏建等学者的追忆出发，还原了蒋心焕教授的学术发展轨迹。论文的最后，李宗刚老师回忆了蒋心焕教授对自己论文的肯定，这显示着学术代际生命的传承和学术研究的未来。通过对蒋心焕教授学术人生的回顾梳理，读者可以探寻到中国现代文学研究的学术代际传承与其学术史价值和意义。

崔雪娇：与一般的论文不同，本文抛开文本与作者，而且以学者为研究对象，以蒋心焕教授为例，考察了中国现代文学研究的代际传承。通过对蒋心焕教授学术人生的回顾梳理，就中国现当代文学研究的第二代学者是如何接续了第一代学者的风骨和精神，又对第三代学者的成长起到了怎样的积极促进作用进行阐释。

通篇读下来，文章不是充满严谨专业名词的学术论文，而是平易近人的散文式文章。因立足于蒋心焕教授的个人经历，所以拉近了与读者之间的距离，又因引用了几段蒋心焕教授自己所回忆的求学日志，我们阅读此文时仿佛在欣赏人物传记，活生生的人物如在眼前。蒋心焕教授从田仲济和刘绶松老师那里接过了做人要做一个好人的接力棒，并身体力行，坚守自己的良知与文化立场，教授下一代学者时传授他们做人之道理，在学术上则建构自己的学术体系，保持相对独立的学术思考，不人云亦云。同时重视史料的搜集与研究，这种种的研究态度与方法都随着教书育人传授于下一代学者，与学生之间相互成就，在学术道路上扶持而行。细细读下来，不仅对蒋心焕教授有了一定的了解，对山师现当代学科的其他几个老师也有了一定的认识。

史艳丽：李老师的文章从第一代学者与第二代学者之间的关系出发，论述了蒋心焕的学术成就，既看到了其中的学术精神传承，又看到了他对于建设中国现当代学科的贡献；文章还对蒋心焕为人和为文的关系进行考察，探究了为人和为文的统一；对他的成长和教育经历进行梳理，看到了生活中各个方面对他精神品质的影响，并挖掘出其内在精神。蒋心焕还把自身的学术精神传递给下一代学术研究者，教书育人，薪火相传。他刻苦的学术专研精神建构了独具特色的文学史书写学术体系。

相安琪：文章依据温儒敏对20世纪30年代出生的学者的代际界定，将蒋心焕先生作为研究代际传承的例子，实现了个体与时代的互文。第一节基于蒋心焕先生的个人品德和经历，阐发个人境界对做学问的境界的决定作用。其间，田仲济先生与刘绶松先生对他产生了深刻的影响，蒋心焕先生也将这种做学问的温厚素养继续传承给了下一代学生。随后，文章从蒋心焕的文学研究入手，对他的研究风格进行了梳理。蒋心焕重视原始文献资料，在第一代学者文学史书写的继承之下，又形成了自己的独立思考，于70年代撰写的一系列论文体现了第二代学者新旧研究范式的转换。前期参与编撰的《中国现代文学史》到后期的《新编中国现代文学史》，体现了其思想逐渐走上成熟的过程。他的历史小说研究能够走出现代文学的疆域，进而对其发展演变的历史进行合纵连横的梳理，这为他后来提出中国近代文学向现代文学的转换奠定了坚实基础。蒋心焕先生注重原始资料的收集，主要体现在鲁迅研究资料的保存收集上，同时也有历代学者共同努力完成的文献资料汇编出版。在教书育人方面，蒋心焕先生不仅在学术上，还在人生态度上给学生以春风化雨的教诲，并且扩展到了学生的终身教育，这与第一节中从田仲济和刘绶松先生那里继承的“做人与作文相统一”之精神一脉相承，也影响了后面的第三代、第四代学者，同时重视历史文献的治学特征也得到了延续。

王　菁：李老师这篇论文从蒋心焕老师“重视做人与作文的统一”“建构独具特色的文学史书写学术体系”“重视原始资料的搜集与研究”“教书育人，薪火相传”四个方面对蒋心焕老师在中国现代文学研究的代际传承中所做出的贡献进行分析阐释。任何学术事业的发展都离不开一代代学者的持续努力和传承，蒋心焕作为中国现当代文学研究的第二代学者，既接续了中国现当代文学研究第一代学者的风骨和精神，又对第三代学者的成长起到了积极的促进作用。一个时代有一个时代的学术，一个时代也有一个时代的代表性学者。李老师把每一代学者放在历史进化的链条中，还原其社会角色，真正地对他们做到“理解之同情”，勘探出中国学术是如何在艰难中嬗变的。李老师这篇文章以蒋心焕为例，就中国现当代文学研究的第二代学者是如何接续了中国现当代文学研究第一代学者的风骨和精神，又对第三代学者的成长起到了怎样的积极促进作用，从学术的代际传承的维度进行阐释。

南泽宇：山东师范大学中国现当代文学学科有着光荣的传统，取得了一系列成就。印证该成就的除了如《中国现代小说史》等一系列经典著作，还在于学科70年的发展过程中，涌现了一大批突出的学者，在代际传承中形成了绵延不断的学者群体。就此而言，本文从一个很好的角度梳理了山师现当代文学的学科成就，具有纪念前辈学者与激励后辈的功用。同时，该文的学术价值，在本文中体现为蒋老的学术经历对后辈学人的启示与引领，具体而言，就是要坚守学术良心、坚持独立思考、重视做人与作文的统一；延续和构建重视史料、重视回顾、重视总结的学科传统；除了重视科研，还要注重教学的学者品格。也正如文章最后所说：“学术研究正是在代际的传承中得以绵延向前的！”

吴姗姗：李老师在论文中指出了蒋心焕老师作为第二代学者是如何继承了第一代学者的求知治学之路，又是怎样开启和启蒙了第三代学者的学术研究视野的，正所谓“江山代有才人出，各领风骚数百年”，随着第二代学者功成身退，从历史舞台的中心走向边缘，尤其是随着他们的离场，他们作为历史传承中重要链条的使命已经基本完成，历史的重任落到了下一代学者的肩上。从这样的意义上说，学术研究正是在代际的传承中得以绵延向前的。李老师不仅对蒋心焕老师的学术研究进行了严谨准确的梳理，也以蒋老师学生的身份进行了点点滴滴的回忆，让我们不仅看到了一位严以治学的学术大家，也看到了一位循循善诱的厚德之师。

申　雪：老师的这篇文章通过对蒋心焕学术人生的回顾与梳理，从中探寻到中国现代文学研究的学术代际传承是如何进行的，还从学术的代际传承的维度勘探出中国学术是如何嬗变的，具有非常重要的学术史价值和意义。全文从四个角度对蒋心焕教授进行了梳理：首先是其内在的精神，即“重视做人与作文的统一”；其次是其在重视原始文献资料的山师中国现当代文学学科传统影响下的自我独立学术研究历程；再次是其重视原始资料的搜集与研究；最后是教书育人工作。文章深入浅出，层层递进，将学术研究的代际传承链条梳理得十分清晰。

韩晨辉：“江山代有才人出，各领风骚数百年”，该文界定了蒋心焕作为中国现代文学研究的代际传承人的身份，认为其作为中国现当代文学研究的第二代学者，既接续了第一代学者的风骨与精神，又对第三代学者的成长起到了积极的促进作用。蒋心焕在前辈学者的指导下，特别重视“做人与作文的统一”，能在迷狂当中坚持理性，在放纵面前守住尊严，既不“落井下石”，又不“反戈一击”，展现了知识分子的风骨。蒋心焕不仅继承了前辈学者的风骨，也在学术上有所拓展，形成了自己的研究特色。他执笔的《中国现代文学史》《中国现代小说史》《中国新文艺大系（1937—1949）散文杂文集》都是他学术路程上的鲜明坐标。蒋心焕的学术研究继承了“山师学派”的传统，即注重资料在学术研究当中的重要作用。例如他与朱德发合作完成的《第三次国内革命战争时期解放区文艺运动资料汇编》，他的资料工作既发扬了第一代学者的学术精神，又开启了自我的学术转型之路。同时，蒋心焕还培育了一大批优秀的第三代学者，如魏建、郭济访等学人。

朱　敏：老师这篇文章把蒋心焕置于历史进化的链条，努力还原其社会角色，就中国现当代文学研究的第二代学者是如何接续了中国现当代文学研究的第一代学者的风骨和精神，又对第三代学者的成长起到了怎样的积极促进作用，从学术的代际传承的维度进行阐释。从这个意义上说，通过对蒋心焕学术人生的回顾梳理，我们探寻到中国现代文学研究的学术代际是如何进行的。蒋心焕教授承续武大的学术基础，又发扬了山师学派重视做人与作文的统一，并以此建构独具特色的文学史书写学术体系，重视原始资料的搜集与研究，完成教书育人薪火的相传。同时蒋心焕与田仲济、刘绶松等学者一样重视原始文献资料，在充分占有资料的基础上阐发出自己的观点。论文的论述还引用了魏建、李宗刚老师等人对蒋心焕教授的追忆，感情真挚。

韩知晓：这篇文章结构非常明确，以蒋心焕教授为例，以中国现当代文学研究的第二代学者是如何接续了中国现当代文学研究的第一代学者的风骨和精神，又对第三代学者的成长起到了怎样的积极促进作用为主线，详细阐释了现当代文学研究的代际传承。

文章的四个部分详细介绍了蒋心焕教授的方方面面，比如他的治学、他的研究、他的教书育人等。同时，从这些文字中我们也可以看出李老师治学之严谨，也必定是大量阅读了各种文献资料，这样才能够得心应手。作为一名中国现当代文学专业的研究生，我们也应明确“任何学术事业的发展都离不开一代代学者的持续努力和传承”，肩负起自己的责任，努力学习，广泛阅读，贡献出自己的一份力量。

刘昭艺：这篇论文以蒋心焕为例，对中国现当代文学研究的第二代学者是如何持续了中国现当代文学研究的第一代学者的风骨和精神，又对第三代学者的成长起了怎样的积极促进作用，从学术的代际传承的维度进行阐释。

论文主要依据蒋心焕的学术生涯展开，内容翔实，突出蒋心焕作为第二代学者的代表性和在学术史中的传承意义，研究方法值得借鉴。

潘超群：论文以温儒敏《第二代中国现代文学学者自述》为出发点，以蒋心焕先生作为研究代际传承的例子，论述了中国现代文学研究的代际传承。老师不仅富有问题意识，而且结合具体史料进行分析，主要对蒋心焕为代表的第二代学者进行考察，把每一代学者个体放在时代的大背景中，指出他们既承接了中国现当代文学研究的第一代学者又对第三代学者起到了启发作用。

路新宇：蒋心焕在前辈学者的指导下，特别重视做人与作文的统一，既不“落井下石”，又不“反戈一击”，展现了知识分子的风骨。以蒋老师为例子，山师涌现了一大批突出的学者，代际传承形成了绵延不断的学者群体。从这个意义上，本文很好地梳理了山师现当代文学的学科成就，具有纪念与激励后辈的功用。历史需要有人整理、阐释，前辈的精神也需要代代相传，后辈学子也会无限缅怀前辈。可惜，未能聆听蒋先生教诲。

沙奕君：之前在“山师现当代”公众号上看到过有关蒋心焕教授的信息，正如李老师上课所讲，蒋老师相对于朱德发老师，可能知道的人要少一些。今天读了李老师所作《中国现代文学研究的代际传承——以蒋心焕教授为例》一文，我受益匪浅。李老师提出写出好的文章，开头部分是关键，文章开篇就用简明扼要的摘要，吸引了读者的目光。突出蒋老师在武汉大学学习、深造的重要经历，他又继承发扬了“山师学派”的优良学风，博采众长、融会贯通，终成继往开来的学术明星。李老师的文章勾勒出蒋心焕老师的学术生涯全景图。文章还融入了李老师的个人学术经历，让蒋老师的教师形象更加丰满立体，值得我们学习。

后 记

2021年1月22日，蒋心焕老师离开了我们和他默默奉献的教育事业、中国现当代文学研究事业。作为蒋老师培养的研究生，我们一致认为应该为他出版一部书，也是为他们那一代人保留一些资料。我们的具体设想，详见本书前言。

为编著本书，蒋老师指导的研究生郭济访、万直纯、杨学民、李天程、史振伟等参与了本书的策划工作，提出了许多具有建设性的意见。

在具体的编著过程中，李宗刚的博士研究生胡玥协助我们做了大量具体的工作。他在整理大量既有资料的基础上，还承担了多数生平记述初稿的起草任务。胡玥与蒋老师都是南通人，他就读过的学校就是蒋老师的母校。因此，在寻找、查阅蒋老师的南通时期资料方面，胡玥贡献很大，搜集到许多不可多得的原始文献资料。后期史振伟同学做了许多烦琐而具体的编辑工作。

感谢蒋心焕老师的一些老朋友、老学生提供了重要的口述史资料。他们是（以年龄为序）：张杰、吕家乡、唐育寿、宋遂良、袁忠岳、张怿慈、韩之友、翟德耀、姚健。还要感谢史超、宋听月、朱迪、朱文健等同学，他们为采访和整理访谈录付出了许多辛劳。

本书编委会没有组织约稿，收入本书的纪念文章、诗歌等都是自发撰写的。在这里我们向蒋心焕老师亲属和弟子以外所有撰写纪念诗文的作者表示深挚的谢意！

需要说明的是，本书追求客观呈现，尽可能做到言必有据。故而，书中生平记述部分，材料多的就写得详细，材料少的就写得简略，例如蒋心焕老师有断断续续的日记，而且有些年份是空白，有些月份是空白。在这种情况下，我们找到重要材料就附在每章之后，没有的并非不重要。蒋心焕老师致其他人的信件，我们没有搜集到，并非有意不收入本书。

《蒋心焕志》完稿了，即将付梓。此刻，我们的心情，与我们当初跟随蒋老师读书时提交毕业论文时的心情近似。当时我们希望老师满意，此刻我们希望老师的在天之灵欣慰；当时我们希望得到评审专家的肯定和指导，此刻我们希望得到读者的认可和指教。

在编写过程中，我们得到了山东师范大学社科规划处的鼎力相助，本书入选“中国现当代文学学科‘山师学人’研究资料丛书”，并获得山东省双一流学科建设经费的资助。在此，我们向所有为本书出版给予鼎力支持的诸位同仁表示感谢！

谨以此书向我们敬爱的老师致敬！向他们那一代人致敬！

魏　建　李宗刚

2023年6月22日

图书在版编目(CIP)数据

蒋心焕志:一个师范人及一代人的历史 / 魏建等著.
济南:山东人民出版社,2024.9. -- ISBN 978-7-209
-14506-0

Ⅰ.K825.46

中国国家版本馆CIP数据核字第2024E4N519号

蒋心焕志——一个师范人及一代人的历史

JIANG XINHUAN ZHI —— YIGE SHIFAN REN JI YIDAIREN DE LISHI

魏 建 等著

主管单位 山东出版传媒股份有限公司
出版发行 山东人民出版社
出 版 人 胡长青
社 址 济南市市中区舜耕路517号
邮 编 250003
电 话 总编室(0531)82098914
市场部(0531)82098027
网 址 http://www.sd-book.com.cn
印 装 山东新华印务有限公司
经 销 新华书店

规 格 16开(169mm × 239mm)
印 张 30
字 数 460千字
版 次 2024年9月第1版
印 次 2024年9月第1次
ISBN 978-7-209-14506-0
定 价 90.00元